Das Problem des Verstehens im Unterricht

Jens Rosch

Das Problem des Verstehens im Unterricht

Jens Rosch

Johann Wolfgang Goethe-Universität
Frankfurt am Main 2010

Frankfurter Beiträge zur Erziehungswissenschaft

Reihe Monographien

im Auftrag des Dekanats
des Fachbereichs Erziehungswissenschaften
der Johann Wolfgang Goethe-Universität
herausgegeben von
Frank-Olaf Radtke

© Fachbereich Erziehungswissenschaften der
Johann Wolfgang Goethe-Universität
Frankfurt am Main 2010

Hergestellt: Books on Demand GmbH

Bibliografische Information der Deutschen Bibliothek
Die Deutsche Bibliothek verzeichnet diese Publikation in der Deutschen
Nationalbibliografie; detaillierte bibliografische Daten sind im Internet
über http://dnb.ddb.de abrufbar.
ISBN: 978-3-9813388-2-9

Inhaltsverzeichnis

Statt eines Vorworts
von Andreas Gruschka 7

1. Pragmatisches Verstehen als bildungstheoretisches
   Konzept 9

   1.1. Lernen und Verstehen 9
   1.2. Verstehen als Kompetenz 20
   1.3. Bedingungen der Möglichkeit 33
   1.4. Rekonstruktion von Lernprozessen 49

2. Verstehen als Problem der Einheit von Sozialität und
   Sache 57

   2.1. Bestimmung der Fragestellung 57
   2.2. Diagnostische Ausdifferenzierung 65
   2.3. Differenzierungen in der Aufgabenbearbeitung 74
   2.4. Verstehen als sprachpragmatische Synthese 91

3. Verstehen als Problem der Einheit von
   Sequenzialisierung und Vorstellung 101

   3.1. Die Bedeutungsstruktur des Gegenstandes 102
   3.2. Sequenzanalytische Erschließung der
        Interaktionsstruktur 120
   3.3. Zur Genese von Verstehen 159

3.4. Zur Fallstruktur in der Systematik ihrer bedeutungsgenerierenden Momente 183

3.5. Realisierung pragmatischen Verstehens von Mathematik 187

4. Verstehen als Problem der Einheit von Oberflächen- und Tiefenstruktur 195

4.1. Der Gegenstand als Problem 196

4.2. Der Gegenstand als Aufgabenfolge im Unterricht 251

4.3. Zur sozialen Konstitution von Verstehen und Nichtverstehen 266

5. Pragmatisches Verstehen als didaktisches Grundproblem – Theoriebildung auf empirischer Grundlage 285

5.1. Didaktische Aufgabenanalyse und die Rekonstruktion von Lernprozessen 285

5.2. Verstehen in sachlicher und sozialer Hinsicht 292

5.3. Bildungsprobleme in Lernprozessen 298

Anhang 309

1. Transkript zum zweiten Kapitel 309

2. Transkript zum dritten Kapitel 312

3. Schülernotizen zum dritten Kapitel 320

4. Skizze des Tafelbildes zum vierten Kapitel 322

5. Transkript zum vierten Kapitel (mit Lehrbuchauszug) 322

Literatur 337

Statt eines Vorworts

Die vorliegende Studie entstand aus Fragestellungen, die Jens Rosch als Lehrer und praktizierender Therapeut für Legasthenie und Dyskalkulie seit 2004 Schritt für Schritt in mein Forschungskolloquium an der Frankfurter Goethe-Universität eingebracht, in der Diskussion präzisiert und schließlich detailliert ausgearbeitet hat. Sachliche Grundlage dieses Forschungsprojekts war das Interesse, ein Stück weit zu verstehen, unter welchen Bedingungen und auf welche Weise Lernen in unterrichtsförmigen Sozialzusammenhängen zu gelingen oder zu scheitern vermag. Obwohl den Autor während seiner Arbeit an den drei Fallstudien noch weitere, in der Ausarbeitung erst auftauchende Fragen und Probleme beschäftigten, liegt der Schwerpunkt der Analysen dennoch ganz klar auf einer methodisch geleiteten Beantwortung dieser Frage.

Als vor fünfundzwanzig Jahren erstmals die Auswertung der Begleitstudie des doppelqualifizierenden Bildungsgangs des Kollegschulversuchs Nordrhein-Westfalen für die Lehrgänge zum Erzieher erschien, bilanzierten wir die Bemühungen mit der gleichzeitigen Feststellung von Bedingungen und Möglichkeiten reicher Kompetenzentwicklung und gelingender fachlicher Identitätsbildung einerseits und deren schulisch curricularen Behinderungen andererseits. Ein solches Fazit war Ausdruck einer spezifischen Fragestellung und einer mit ihr verbundenen Problemsicht auf Bildung und Entwicklung. Ohne den gleichsam auf eine Mehrfachbelichtung von Wirklichkeit bezogenen, sowohl Kompetenzentwicklung als auch Identitätsbildung in den Fokus des wissenschaftlichen Interesses rückenden Blick wären wir damals wohl kaum zu einer auf diese Weise differenzierenden Aussage gelangt. Wenn Rosch zwanzig Jahre später in einem anderen Handlungsfeld ähnlich gelagerte Fragestellungen aufgrund seiner Forschungsmethode quasi kontextfrei in den Blick nimmt, darf man auf die Ergebnisse insofern ganz besonders gespannt sein, als sein sequenzanalytischer Forschungszugang den Gehalt pädagogischer Theoriebildung nicht an den Anfang der Untersuchung stellt. Das Interessante in diesem Zusammenhang ist also, welche Handlungsprobleme durch eine immanente Rekonstruktion der Praxis von Lehre und Lernen unter dem Blickwinkel ihres pragmatischen Gelingens in einen theoretisch „nicht unmittelbar vorbelasteten" Fokus der Aufmerksamkeit geraten.

Anhand seines spezifischen Interesses für die Frage nach den Möglichkeiten und Grenzen jener Art des Lernens, welche Martin Wagenschein einmal als Menschenrecht bezeichnet hat und die in Kreisen engagierter Praktiker wohl immer noch als eine Art Geheimformel für eine Mehrzahl emphatischer pädagogischer Bemühungen gelten kann, entwickelt Rosch zunächst sein eigenes theoretisch-begriffliches Handwerkszeug. Dies gibt ihm im Folgenden die Möglichkeit einer theoriegeleiteten Rekonstruktion der konkreten Bedingungen und Ergebnisse dreier typologisch unterschiedener unterrichtsförmiger Lernprozesse. Beim Versuch, die verschiedenen Einzelbefunde unter der Klammer einer theoretisch präzisierten Fragestellung am Ende zusammenzudenken, scheint ihm im Ansatz eine pragmatische Sicht auf die empirischen Bedingungen schulischer Bildungsprozesse zu gelingen. Doch der Leser urteile selbst.

Frankfurt am Main, 3. 10. 2010   A. Gruschka

1. Pragmatisches Verstehen als bildungstheoretisches Konzept

1.1 Lernen und Verstehen

Ausgangspunkt dieser Arbeit ist die von Praktikern und von Theoretikern immer wieder vorgetragene Behauptung, ein großer Teil der Schüler würde im Kontext von Schule und Unterricht lediglich ein Wissen und Können erwerben, das sie dazu befähigt, gewisse Prüfungsleistungen erwartungsgerecht zu erbringen, hätte aber in einem elementaren Sinne gar nicht verstanden, worin die jeweilige Problematik der Gegenstände besteht – so zum Beispiel, wenn standardisierte Aufgaben gelöst werden.

In der Schulpraxis sind solche Befunde spezifischer Ausdruck eines pädagogischen Selbstverständnisses, welches so alt ist wie die Disziplin und in diesem Sinne mehr oder weniger direkt auf ein Bildungsverständnis im Humboldtschen Sinne bezogen. Gleichwohl ist die unausgesprochene Voraussetzung entsprechender Feststellungen, wenn sie aus einem unmittelbaren Erleben heraus getroffen werden und somit als Teil des Reflexionswissens der Profession – im Sinne Erich Wenigers: als Theorien zweiter Stufe – anzusehen sind, immer das Funktionieren und somit Bestehen der Institution Schule im je konkreten historischen Kontext.

Von diesem Befund ist sowohl die von Eltern oft zu hörende Klage, ihre Kinder würden in der Schule nicht das lernen, was sie später im Leben einmal brauchen könnten, als auch eine dezidiert bildungstheoretische Kritik an derzeit vorfindlichen Organisationsformen der Institution Schule zu unterscheiden. Erstere lässt sich mit Blick auf eine soziologische Rekonstruktion der Leistungen von Schule und Unterricht für eine integrierende gesellschaftliche Praxis von Sozialisation leicht auf den kleinsten gemeinsamen Nenner konkreter Kritik an der je konkreten Praxis einer Schule oder eines Lehrers bringen. Die logische Folge dessen kann dann aus der Sicht einer pädagogisch denkenden Instanz nur in einer Aufforderung zur Verständigung über die vermeintlichen oder realen Missstände zwischen den beteiligten Akteuren bestehen; die gesetzliche Grundlage einer so verstandenen Mitwirkung, die bis zu privater Trägerschaft gehen kann, dürfte heute in den verschiedenen Bundesländern kein prinzipielles Problem mehr sein.

Anders verhält es sich mit der bildungstheoretischen Kritik an schulischer Praxis. Sie artikulierte sich zunächst als Reformpädagogik und war historisch auf die Möglichkeit von Unterrichtspraxis im Rahmen einer bereits etablierten, sich mit dem gesellschaftlichen Zusammenhang entwickelnden und deshalb stets von Neuem zu gestaltenden Institution Schule gegründet. Erst in der konkretisierten Logik solcher Voraussetzungen gewinnt der alte aufklärerische Anspruch, die Heranwachsenden zum furchtlosen Gebrauch ihres eigenen Verstandes zu befähigen, seine ganze Brisanz. Er steht somit in einer systematischen Spannung zwischen der im Rahmen vorstrukturierter Praxis wahrzunehmenden Funktion und dem emanzipatorischen Ziel der Bildungstheorie mit deren immanenter Kritik am Bestehenden.

Dieser Spannung entspricht eine grundbegriffliche Unterscheidung mit weitreichenden methodologischen Konsequenzen. Das darin zum Ausdruck kommende Problem ist fundamental für schulpädagogische Theoriebildung und Begriffsentwicklung. Es wird sichtbar, wenn man sich nach den Möglichkeiten fragt, die eingangs formulierte Behauptung zu falsifizieren. Dieser Behauptung gemäß würde es im Kontext von Schule und Unterricht nicht selten vorkommen, dass Schüler lernen, ohne zu verstehen, was sie da lernen.

Nimmt man die solcherart behauptete Differenz von Lernen und Verstehen zum Ausgangspunkt methodisch fundierter Bemühung um die Rekonstruktion von Lernprozessen auf empirischer Basis, so sind vorab mindestens zwei Problemkomplexe zu unterscheiden. Der erste betrifft jene Frage, die in einer Forschung, welche sich methodisch an differentieller Psychologie orientiert, als Problem der Operationalisierung bezeichnet werden würde. Um überhaupt auf empirischer Grundlage über das Lernen sprechen zu können, wäre es unumgänglich, sowohl die Struktur der sich verändernden Kognitionen als auch den Zeithorizont der hypothetischen Veränderung je konkreter Personen vorab genauer zu bestimmen: Änderungen in der kognitiven Struktur werden sichtbar in Form veränderter Reaktionen auf ein und dieselbe Aufgabe, wobei diese einen strukturell zu umschreibenden Problembereich zu repräsentieren hätte, welcher in bestimmtem zeitlichen Abstand auf pragmatisch vergleichbare Weise im Kontext der zu erforschenden kognitiven Struktur aktualisiert wird. Von Lernen würde man in jenem Fall sprechen, da sich aufweisen ließe, dass eine beobachtete Veränderung der Reaktion auf vergleichbare Herausforderungen weder Ergebnis von Zufall noch Ausdruck organischer Reifungsprozesse sein kann. Die entsprechenden Prozesse, Lernen als Ausdruck kognitiver Entwicklung, sind dann als unsichtbar konzeptualisiert, so wie das Denken als ein Teil kognitiver Prozesse prinzipiell unsichtbar bleibt und letztlich nur auf der Basis von

Reaktionen des betreffenden Organismus rekonstruierbar ist.

Diese im behavioristischen Paradigma angesiedelte Problemfassung hat den Vorteil, dass der entsprechende Lernbegriff in seiner Allgemeinheit nicht auf Menschen und noch nicht einmal auf Lebewesen beschränkt ist; seine Stärke besteht unbestreitbar darin, dass sich auf dieser Grundlage etwa die spezifischen Leistungen verschiedener Lebewesen oder auch die von Menschen und Maschinen in einem Feld je klar umgrenzter Anforderungen, wie sie z. B. durch das Schachspiel repräsentiert werden, vergleichen lassen. Ihm steht jedoch ein anderer Komplex von Zusammenhängen innerhalb empirisch erfassbarer Wirklichkeit gegenüber, welcher als Ausdruck der spezifischen Möglichkeiten und Grenzen des Menschen gelten muss: Kommunikation und Interaktion. Mit diesen Begriffen ist derjenige Teil menschlichen Verhaltens bezeichnet, welcher im Rahmen sozialer Praxis an die Realisierung und das Verstehen von Bedeutung gebunden ist und solcherart als konstitutiver Bestandteil der sinnstrukturierten Welt aufzufassen ist. Interaktionen und Kommunikation sind im Unterschied zur inneren Bewegung der Darmzotten oder zum imaginären Gehalt jener Protostrukturen, aus denen sich das Denken in seiner Einheit aus zeitgebundener Syntax und kontextbildender Semantik im Verlaufe der Ontogenese heraushebt, durch Beobachtbarkeit ausgezeichnet.

Nun wird aber bei der Beobachtung beliebiger Phänomene von einem menschlichen Beobachter intuitiv und oftmals unwillkürlich entschieden, ob es sich beim beobachteten Sachverhalt um einen Bestandteil der sinnstrukturierten Welt handelt oder nicht. Zwar dürften prinzipiell alle auf die Rezeptoren des menschlichen Nervensystems einwirkenden Reizkonstellationen zu Vorstellungsgehalten werden können, aber bei weitem nicht alle Konstellationen werden auch zu Inhalten menschlicher Wahrnehmung. Da nur ein verschwindend geringer Teil jener Operationen, welche das psychische System des Menschen konstituieren, als relativ dauernder psychischer Gehalt tatsächlich in Erscheinung tritt, ist die menschliche Wahrnehmung aktuell nicht nur begrenzt durch die rezeptiven Möglichkeiten der menschlichen Sinnesorgane, sondern zusätzlich durch jene Momente psychophysischer Instanzen, die für eine Auswahl im Rahmen der Totalität möglichen Sinnesmaterials unter der Bedingung zu realisierender Selbsterhaltung des Organismus und seiner Psyche verantwortlich sind. Die solcherart permanent stattfindende Auswahl von Wahrnehmungsinhalten, als funktionelle Bedingung menschlicher Lebenspraxis aufgefasst, ist eine präkognitive Bedingung des psychischen Apparats. In diesem Sinne wird es kaum Gehalte menschlicher Imagination geben, die nicht sinnstrukturiert sind.

Von solcher Einbettung einer jeden Wahrnehmung in den konkreten

Lebenszusammenhang ist die Frage zu unterscheiden, als was die sich konstituierenden Wahrnehmungsgehalte aufgefasst werden. Diese Frage ist von gleicher Allgemeinheit wie die Unterscheidung verschiedener Typen menschlicher Praxis. Innerhalb dieser ist die erkenntnisbezogene jener Ort, an welchem eine Systematisierung denkbarer Typen nach formalen Gesichtspunkten erfolgt. Demgemäß müssen zumindest vier Typen von Wahrnehmungsgehalten unterschieden werden, die sich nach heutigem Stand der Entwicklung menschlichen Wissens auf unterschiedlich verfasste Bereiche der Wirklichkeit beziehen: auf die stochastischen, die sinnstrukturierten, die epistemisch konstituierten bzw. auf die sich weitgehend durch Orientierung an leibgebundenen Erfahrungen konstituierenden Aspekte innerhalb der unendlichen Mannigfaltigkeit der Welt.

Diese Unterscheidung betrifft zunächst nur die materiale Seite der Frage, als was die sich in der menschlichen Psyche konstituierenden Wahrnehmungsgehalte aufgefasst werden bzw. gemäß heutigem Wissensstand aufzufassen sind. Zugleich kann diese Frage in formaler Hinsicht auf jene spezifischen Bedeutungsfunktionen bezogen werden, welche die Psyche des Menschen zu einem hochorganisierten kognitiven Apparat werden lassen. Hier sind, im Anschluss an die pragmatisch-semiotische Grundlegung menschlichen Erkennens durch Charles Sanders Peirce, zumindest drei Arten von Bedeutungserzeugung zu unterscheiden. Sie lassen sich entlang der formalen Struktur des Bezeichnens ausdifferenzieren und werden von Peirce selbst Erstheit, Zweitheit und Drittheit genannt. Ohne an dieser Stelle zu sehr ins Detail gehen zu wollen sei angemerkt, dass die Peircesche Drittheit in einem genetischen bzw. generativen Sinne zwar die komplexeste Bezeichnungsstruktur ist, dass sie aber in materialem Sinne elementar ist, weil sie eben gerade jener syntaktischen Struktur entspricht, die in Form einer spezifischen synthetischen Leistung der menschlichen Sprache, etwa bei der Formulierung eines einfachen Satzes, in Erscheinung tritt: als Realisierung der logischen Bedeutung einer Proposition, was in struktureller Auffassung gerade die semantische Einheit der Unterscheidung von materialem Verweis und formaler Prädikation darstellt. Damit korrespondiert also der materialen Elementarität in Bezug auf das Verstehen einfacher Sätze eine entsprechende formale Seite, die dem Denken in Propositionen entspricht.

Wenn etwa ein vierjähriges Kind mit Blick auf einen konkreten Weltausschnitt fragt: „Was ist das?", und als Antwort mit einer Aussage der Form „Das ist ein Klavier" konfrontiert wird, so realisiert es verstehenderweise eine Einheit aus seinen eigenen, hier und jetzt andrängenden Eindrücken mit dem als sprachliche Form wahrgenommenen

Wort Klavier. Die Funktionen des menschlichen Gedächtnisses werden es ihm in der Folge ermöglichen, sowohl weitere eigene Eindrücke verstehend mit dem entsprechenden Wort zu assoziieren als auch im Zusammenhang mit ganz anderen Eindrücken umgekehrt bei Nennung des Wortes durch einen anwesenden Interaktionspartner sich der eigenen Erfahrungen zu erinnern. Auf solche Weise strukturiert die Sprache von Kindheit an das Ganze menschlicher Erfahrung. Zugleich erwirbt jedes Kind ein intuitives Verständnis jener Form der sprachlichen Synthesis, die einen einfachen Satz zur konstituierenden Einheit konkreter und abstrakter Weltgegebenheiten werden lässt. Das in gattungsgeschichtlicher Hinsicht Komplizierteste, sprachliche Synthesis, ist also in seiner Beziehung zu den dynamischen Möglichkeiten der menschlichen Psyche zugleich das ontogenetisch Elementare.

Dem behavioristischen Lernbegriff kann also aus der Perspektive der Frage nach der möglichen Bedeutung menschlicher Wahrnehmungen ein Begriff von Erfahrung gegenübergestellt werden, dessen Gehalt sich über die Reproduktion allgemeinen Wissens durch spezifisches Können hinaus auf die Konstitution von Sinn und Wissen aus der fortgesetzten Synthese konkreter und abstrakter Erfahrungsbestandteile bezieht.

Dieser Umstand ist in konstitutionstheoretischer Hinsicht äußerst bedeutungsvoll. Die Frage, als was die sich stets konkret konstituierenden Wahrnehmungsgehalte aufgefasst werden (können bzw. sollen), erhält dadurch nämlich den Status einer orientierenden Grundhaltung. Jede neue Erfahrung wird so auf das in der Erinnerung repräsentierte Ganze des Selbstverständnisses – angefangen beim eigenen Namen – und der immer neu zu realisierenden Weltbindung beziehbar. Auf diese Weise treten Sprache und Bedeutung als universelle Medien menschlicher Daseinsform in die Erscheinung von Form. Zugleich werden je konkrete Weltgegebenheiten, Krisen der Erfahrung etwa (wenn die zu leistende Orientierung zunächst nicht gelingt) in Gestalt einer Prädikation abstrakter Entwicklungstatsachen fassbar. In diesem Sinne ist individuelles menschliches Leben auf der einen Seite uralt und in seiner Grundstruktur so vertraut wie etwa die Erfahrungen von Geburt und Altern, auf der anderen Seite jedoch stellt jedes aktuelle Neue zunächst eine Herausforderung an das sprachliche Ausdrucksvermögen und die sich darin manifestierende Phantasie dar. Das Problem beim Lehren und Lernen besteht demgemäß aktual darin zu realisieren, auf welche Weise das Unfassbare, Unbekannte im Wahrnehmungshorizont der als organische Materie immer spezifisch strukturierten Psyche in die sprachliche Form des Vertrauten und das heißt konkret – in das Erfahrungsganze einer Bedeutung gelangt. Die Form dafür ist so elementar wie die syntaktisch-semantische Einheit eines einfachen Satzes, der Inhalt jedoch ist sowohl subjektiv (als Grundmoment bzw. Ergebnis von Selbstbestimmung innerhalb autonomer Lebenspraxis) als auch objektiv (im Sinne der Realisierung einer Auswahl im Rahmen aktual zur Verfügung stehender Prädikationsmöglichkeiten) innerhalb des jeweiligen Erfahrungsganzen bestimmt. Auf diese Weise ist jede mögliche oder gerade nicht mögliche, als mögliche dann auch vollzogene oder eben konkret nicht vollzogene Prädikation für eine Lebenspraxis folgenreich.

In Bezug auf eine analoge Problembestimmung im Rahmen des behavioristischen Lernbegriffs wird hier eine entscheidende Differenz sichtbar. Der Vorstellung einer kumulativen Realisierung von Wissen mittels fortgesetzter Auseinandersetzung mit einer konkret wie auch immer beschaffenen Umgebung tritt das zweifache Problem gegenüber, die Wahrnehmungsgehalte einerseits auf ein Ganzes bisheriger Erfahrung zu beziehen (Orientierung) und sie andererseits sprachlich so zu benennen (Unterscheidung und Bezeichnung), dass sich im Ergebnis dieser Prädikation eine Wissensstruktur realisiert. Erst auf solche Weise wird es möglich, beim Lernen auf empirischer Grundlage zwischen verschiedenen Vermittlungsebenen zu unterscheiden.

Von der eben skizzierten erkenntnistheoretischen Grundposition aus wird es nun möglich, die eingangs implizit gestellte Frage nach dem Unterschied von Lernen und Verstehen zu explizieren und hinsichtlich der Möglichkeiten ihrer empirischen Erforschung methodisch genauer zu bestimmen. Im Begriff des Lernens und seinem pragmatischen Pendant, dem des Lehrens, ist in syntaktischer Differenz zu heute üblichem Sprachgebrauch traditionell und auf unmittelbar einleuchtende Weise stets ein materialer Bezug enthalten – als mögliche Antwort auf die Frage: Was wird gelernt bzw. gelehrt? Jede solche Antwort ist rein strukturell, also im Einklang mit grammatischen Regeln und der mittels ihrer intuitiven Realisierung konkret generierbaren Bedeutung, geeignet, einen Lerngegenstand zu benennen. Ein solcher Lerngegenstand kann nun abstrakt oder konkret bestimmt sein – vgl. etwa: Mathematik versus Schwimmen. Entsprechend sind die an ihn gebundenen Vorstellungsinhalte entweder allgemeine, sprachlich fixierbare Bedeutungen oder aber an je besondere Kontexte bzw. Situationstypen gebundene Vergegenwärtigungen gelingender Praxis. Im Unterschied zur alltäglichen Lebenspraxis ist die übergroße Mehrheit von in der Schule anzutreffenden Lehr- und Lerngegenständen von ersterer Art. Man könnte sogar so weit gehen und in einem genuin schulpädagogischen Sinne die begriffliche Differenz von Sozialisation und Lernen über diesen Unterschied bestimmen: Auf solche Weise wird der Begriff des Lernens heutzutage oftmals als Pendant zum Lehren gebraucht. Lernen wird dann direkt und nicht selten auf assoziativ-unkontrollierte, kurzschlüssige Weise mit jenem Inhalt in Verbindung gebracht, der als Thema einer Interaktionsfolge den Rahmen für Kommunikation unter Anwesenden abgibt. Seine konkrete Konstitution und die so realisierten Bedeutungen wären jedoch für eine Lerngruppe, z. B. eine Schulklasse, und im Prinzip sogar für jeden Kommunikationsteilnehmer in der Erfahrungsoffenheit seiner Individualität mittels empirischer Forschung erst zu bestimmen. Das Problem dieser Forschung liegt also genau in jener Frage begründet, die oben beim Versuch der Unterscheidung von Lernen und Verstehen als Frage danach, als was eine Wahrnehmung gedeutet bzw. wie ein Wahrnehmungsgehalt aufgefasst wird, formuliert wurde.

Ob Schüler im Unterricht nun Mathematik in der spezifisch-logischen Konstitution ihrer Gegenstände kennen- oder eher im Kontrast dazu in einem unabsehbaren Meer rätselhafter Zeichen zu schwimmen lernen, ist zumindest eine Frage der Inszenierung des jeweiligen Lehr- und, reziprok dazu, der operativen Genese des jeweiligen Lerngegenstandes. So könnte ich als Schüler im Mathematikunterricht etwa das Auflösen linearer Gleichungen lernen oder aber im Unterschied dazu lediglich, wie man durch geschickte Nutzung von zur Verfügung stehenden Hilfsmitteln das „richtige" Ergebnis einer Mathematikaufgabe findet. Vielleicht mag das subjektiv gesehen für manch einen Schüler gar kein Unterschied sein – für einen Lehrer aber, der den Gegenstand seiner Tätigkeit so ernsthaft vertritt wie die eigene Berufswahl, ist es sehr wohl einer. Deshalb müsste es auch eine Bezeichnung für den solcherart in Erscheinung tretenden Unterschied im Prozess der Vergegenwärtigung und psychischen Repräsentanz von Gegenständen geben. Diese Bezeichnung nun findet sich im Begriff des Verstehens. Seine Bedeutung wurde bereits implizit als prädikative Konkretisierung von Wahrnehmungen im lebenslang fortgesetzten Prozess sprachlicher Artikulation bestimmt. Die dafür notwendigen Synthesen werden in der Vorstellung intuitiv realisiert, und umgekehrt zeigt sich die Unvollständigkeit des Verstehens im Misslingen der Prädikation eines Gegenstandes beim Versuch der Artikulation einer entsprechenden Sprachgestalt.

Interessanterweise wurde die entsprechende begriffliche Differenz, wie sie hier zunächst zur Markierung eines Erkenntnisproblems im Rahmen professioneller pädagogischer Praxis am Beispiel verdeutlicht geworden ist, bereits vor über hundert Jahren von einem Mathematiker als ein Allgemeines beim Versuch expliziert, die philosophischen Grundlagen seines Faches zu bestimmen. Im Rahmen des Versuchs einer epistemischen Klärung der Substanz des mathematischen Funktionsbegriffs gelangte Gottlob Frege zur begrifflichen Unterscheidung von Sinn und Bedeutung eines Gegenstandes. Diese Unterscheidung betrifft die Gesamtheit der Unterschiede zwischen imaginierten Gegenständen einschließlich deren konnotativer Bedeutungen einerseits und jenen im wissenschaftlichen Rahmen der Mathematik geleisteten Definitionen, die einen abstrakten Gegenstand erst in die logisch konkrete Form konsistenter Begrifflichkeit überführen. In die Sprache moderner Erkenntnistheorie gefasst ist es der Unterschied subjektiver und objektiver Perspektiven auf einen zunächst nur kontextuell bestimmten Gegenstand.

Dieser Unterschied nun ist in didaktischer Hinsicht insofern relevant, als sich um ihn herum zwei in systematischer Hinsicht polare Abgrenzungen des Gegenstandsbereichs diesbezüglicher empirischer Forschung vornehmen lassen. Nach der Seite des Lernens ausgewählter Gegenstände hin kann in Betonung ihrer objektiven Bedeutungsstruktur zum einen gefragt werden, ob Schüler diese Gegenstände gelernt haben oder nicht. Als unterscheidendes Kriterium dessen könnten dann aufgabenförmige Realisierungen eines entsprechenden Gegenstandes dienen, mit denen Schüler im Sinne von Handlungsanforderungen wiederholt konfrontiert werden. Gemäß dem oben erläuterten psychologischen Lernbegriff wäre nur in jenem Fall von einem empirischen Nachweis des auf einen bestimmten Gegenstand bezogenen Lernens auszugehen, da Schüler, welche die entsprechenden Aufgaben zunächst nicht zu bewältigen in der Lage sind, diese zu einem späteren Zeitpunkt sachgerecht bearbeiten. Zusätzlich müsste auszuschließen sein, dass dieses Ergebnis in der Folge von Zufall oder der von Lernprozessen relativ unabhängigen Veränderung innerer Konstellationen, wie sie etwa für Reifung typisch sind, entstanden ist.

Ein solcher Lernbegriff kann als logisches Minimum einer über die Bearbeitung entsprechender Aufgaben vermittelten Vorstellung von kognitiver Entwicklung gelten. In Bezug auf die bereits vollzogene Unterscheidung von Lernen und Verstehen muss er aber als naiv bezeichnet werden. So wie jede Wahrnehmung das jeweils wahrnehmende Individuum vor die Frage stellt, als was die entsprechend wirkenden Reize denn aufzufassen sind, wäre in Unterscheidung subjektiver und objektiver Perspektiven im Zusammenhang mit der intuitiven Erfassung eines möglichen Gegenstandes der Wahrnehmung zunächst nach dessen Status bzw. Sinn in Bezug auf den in die jeweilige Lebenspraxis eingebetteten Prozess seiner Konstitution zu fragen. Die möglicherweise sichtbaren Reaktionen müssen ihre objektive Bedeutung nicht notwendigerweise in jenem Rahmen finden, den die Beobachter der Interaktion auf selbstverständliche Weise zugrunde legen.

Die Frage nach der Pragmatik entsprechender Situationen stellt sich im Zusammenhang mit dem Problem, auf der Grundlage jener Regeln, die für Interaktionen bestimmten Typs bzw. für Kommunikation allgemein konstitutiv sind, die Bedeutung entsprechender Reaktionen zu bestimmen. Wird beispielsweise mittels standardisierter Aufgaben versucht, in einer oder auch in verschiedenen Schülergruppen zu bestimmen, ob die Individuen einen bestimmten Gegenstand gelernt haben und damit im Sinne der mit den Aufgaben gestellten Fragen bzw. Probleme auch beherrschen, so handelt es sich um die Pragmatik einer Leistungsüberprüfung. Werden die Aufgaben darüber hinaus im schulischen Rahmen gestellt, so wird es für die Schüler intuitiv klar sein, dass sie an die Aufgaben unter analogen Voraussetzungen heranzugehen haben wie an Leistungskontrollen im Unterricht.

Dann geht es also um die Überprüfung ihres Wissens und Könnens unter den Bedingungen bemessener Zeit. Eine prinzipiell offene Art der Problemwahrnehmung wird dann nahezu ausgeschlossen sein; wie in Klassenarbeiten gilt es dann, eine Aufgabe als bereits bekannten Problemtyp wiederzuerkennen, zu klassifizieren und nach einem bekannten Modus zu bearbeiten. Die entsprechende Erwartung speist sich aus den Gepflogenheiten schulischen Lernens und seiner Überprüfung, wobei ein maßgebliches Ziel dieser Überprüfung in der längerfristigen Zertifizierung entsprechender Leistungen besteht. Nun ist aber bekannt, dass eine der Funktionen von Schule darin besteht, auf dem Wege von Bewertung Unterschiede zwischen den Schülern zu erzeugen bzw. zu objektivieren. Dementsprechend muss gemäß dieser Funktionslogik das andere Ziel schulischer Leistungsüberprüfung, welches in der Diagnostik von Lernschwierigkeiten besteht, auf längere Sicht zurücktreten: Die zu bearbeitenden Aufgaben werden dann gerade nicht individuell ausgewählt, sondern in gleicher Weise einer ganzen Gruppe gestellt, auch wenn von vornherein klar ist, dass ein Teil der Schüler diese nicht wird erfolgreich bearbeiten können. Diese Praxis ist der Legitimation unterschiedlicher Zertifizierung im Kontext des Gleichbehandlungsgrundsatzes schulischer Erziehung geschuldet. Soziologen sehen darin eine der konstituierenden Bedingungen moderner Gesellschaft mit ihrer Leistungsethik als Reaktion auf die tatsächliche oder auch nur vermutete Grundkonstitution des Menschen.

Intuitiv wissen die Schüler das. Sie wissen auch, dass die Begründung für nicht differenzierende Gleichbehandlung in dem Umstand gesehen wird, dass entsprechende Aufgaben Thema des vorangegangenen Unterrichts waren und dass deshalb davon ausgegangen wird, jeder der Teilnehmer am Unterricht sei in der Folge entsprechender Thematisierungen prinzipiell in der Lage, sie erfolgreich zu bearbeiten. Deshalb ist der Umstand, dass allen Schülern die gleichen Aufgaben gestellt werden, auf objektive Weise eingebunden in eine Logik, die von vornherein die Ambivalenz möglicher Gegenstände und deren Bedeutung im Rahmen einer auf individuelle Perspektiven verweisenden Lebenspraxis negiert. Die dementsprechenden Forschungsfragen nach den objektiven Lernprozessen in Schülergruppen sind also in impliziter Abgrenzung zur Pragmatik individueller Reaktion auf irritierende Wahrnehmungsbefunde gestellt. Damit aber wird eine strukturell wirksam werdende Spannung innerhalb des Lernbegriffs sichtbar, die sich als in widersprüchlicher Weise bemerkbar machende Unterscheidung subjektiv bestimmter Richtungen in der langfristigen kognitiven Veränderung einer Person und jener objektiven Vergleichsoperationen zeigt, die die Grundlage der im vergangenen Jahrzehnt in einer größeren Zahl durchgeführten Leistungsstudien bildet. Diese Spannung ist dafür verantwortlich, dass etwa Kinder und Jugendliche in autonomer Wahrnehmung der Sozialisationsalternative – hat das in der Schule Thematisierte einen Sinn oder nicht, und worin besteht ggf. seine Bedeutung? – ganz andere Fragen stellen und beantworten mögen, vorausgesetzt, sie hätten praktisch dazu Gelegenheit, als von Fachwissenschaftlern in heuristischer Konkretisierung von bisher empirisch noch weitgehend uneingelösten Kompetenzentwicklungsmodellen in verschiedenen Bereichen erwartet wird. In dieser Perspektive aber stellt sich die Frage nach der Bedeutung jener Vergleichsmaßstäbe, die als Grundlage vieler Leistungsstudien dienen und die als in pragmatischer Hinsicht nicht gesättigte prinzipiell nicht in der Lage sind, zwischen den in einer Entwicklungsperspektive zugrunde gelegten subjektiven Bewertungsmaßstäben der Heranwachsenden und den durch wissenschaftliche Epistemologie objektivierend vorgeprägten kriterialen Maßstäben so zu vermitteln, dass diese strukturelle Spannung selbst zum Gegenstand empirischer Forschung werden könnte.

Hinsichtlich der eingangs gestellten Frage nach dem möglichen Unterschied zwischen Lernen und Verstehen eines Gegenstandes kann nun eine entscheidende Abgrenzung vorgenommen werden. Zu unterscheiden wäre zunächst, ob es sich um das Verstehen alltäglicher Zusammenhänge handelt oder nicht. Im Alltag wird das Verstehen nur dann zum Thema von Kommunikation und von möglichen Interaktionen der Klärung, wenn eingeschliffene Routinen des Verhaltens und der selbstverständlichen Bewältigung entsprechender Anforderungen scheitern. Insofern ist die Frage nach dem Verstehen hier eine Frage, die typisch für Krisensituationen ist. In der selbstverständlichen Bewältigung des Alltags jedoch kommt eine gesonderte Problematisierung des Lernens so gut wie nie vor. Lernprobleme sind typisch für institutionalisierte Prozesse im Rahmen von Schule. Der Begriff der Sozialisation dagegen unterscheidet nicht zwischen Gelingen und Scheitern, sondern impliziert in der Perspektive der Bewährung im Leben eher die Frage nach der Selbstbestimmung und der Wahl einer passenden, also erfahrungsgesättigten Lebenspraxis.

Gemäß dieser Logik wäre im Umkehrschluss davon auszugehen, dass mit der systematischen Problematisierung von Lernen Situationen thematisiert sind, die potentiell krisenhaft sind: Kann Lernen gelingen oder scheitern, so wäre in beiden Fällen nach der jeweiligen Gestalt entsprechender Praxis zu fragen. Im Falle des Gelingens könnte es sich durchaus um eine bewältigte Krise des Verstehens handeln; würde es sich im Gelingensfall jedoch lediglich um Routine handeln, so muss nach dem Neuen in Bezug auf den Gegenstand gefragt werden, nach dem konkreten Inhalt des Lernens. Würde es sich lediglich um ein oberflächliches Wissen handeln, so stellte sich im schulischen Rahmen die Frage nach der Legitimität der Behandlung eines entsprechenden Gegenstandes unter einer Bildungsperspektive. Im Falle des Scheiterns aber muss prinzipiell von einer Krise des Verstehens ausgegangen werden, einfach weil Verstehen ein konstitutives Moment von Kommunikation ist und die Feststellung des Scheiterns erwarteter Lernprozesse selbst wieder Bestandteil damit verbundener Interaktionen. Ein Verstehen des eigenen Nichtverstehens könnte so zwar im Alltag eine Form des Gelingens sein, die es dem betroffenen Individuum ermöglicht, sich von bestimmten Anforderungen abzugrenzen, unter einer verpflichtenden Perspektive auf den Lerngegenstand im Rahmen allgemeiner Bildung aber ist dies unmöglich: eine jede „Routine fortgesetzten Nichtverstehens" wäre in pragmatischer Hinsicht Bestandteil pathologischer Konstellationen und müsste als solche selbst zum Gegenstand empirischer Forschung werden.

Dann wird also klar, dass die Frage des Lernens in einer Perspektive auf pragmatisches Gelingen zwingend die Untersuchung des Lehrens entsprechender Gegenstände im Kontext ihres Verstandenseins bzw. Nichtverstandenseins, zumindest was eine intuitive Wahrnehmung der Grundbedeutung, die ihren Sinn innerhalb eines individualisierten Erfahrungsganzen konstituiert, erforderlich macht. Wenn so gefragt wird, dann müsste es zumindest darum gehen, mögliche Fehler bei der Bearbeitung von Aufgaben zu untersuchen und auf diesem Wege das jeweilige Denken zu rekonstruieren. Fehlermuster würden auf Momente verweisen, die nicht als Ausdruck von zufälligen performativen Störungen im Rahmen des Prozesses der Aufgabenbearbeitung deutbar sind. Zugleich stellte sich dann aber die Frage nach der objektiven Bedeutung einer entsprechenden Reaktion auf eine Aufgabe neu. Wenn die Aufgabe nicht sachgerecht bearbeitet wurde, dann muss aus der Sicht des entsprechenden Individuums davon ausgegangen werden, dass es sich bei der Aufgabe um ein Problem handelt. Würde nämlich der Fehler Ausdruck routinisierter Aufgabenbearbeitung sein, so wäre zu fragen, ob denn die Aufgabe überhaupt in dem Sinne verstanden worden sei, wie sie gemeint war. Dann wäre im Sinne Freges zumindest zwischen der objektiven Bedeutung des mit der Aufgabe bezeichneten Gegenstandes und den Verstehensperspektiven der die Aufgabe bearbeitenden Person zu unterscheiden.

Zusätzlich zur deskriptiven Unterscheidung verschiedener Fehlertypen ist in der solcherart deutlich werdenden Perspektive auf Lernen also die auf Erklärung ausgerichtete Frage enthalten, auf welche Verstehensvoraussetzungen bzw. Deutungsgewohnheiten eine konkrete Aufgabe bei einem potentiell lernenden Individuum trifft. Diese Frage bildet den Kern der in dieser Arbeit verfolgten Forschungsperspektive.

1.2. Verstehen als Kompetenz

Fragt man nach dem pragmatischen Verstehen von möglichen oder wirklichen Gegenständen des Lernens, so ist diese Frage aus Lehrersicht in erster Linie eine diagnostische. Bei ihrer Beantwortung im Falle eines bestimmten Gegenstandes und eines konkreten Schülers kann es bei entsprechender Rekonstruktion nicht nur um Bejahung oder Verneinung gehen – dies wird ein Professioneller ohnehin situationsgebunden auf intuitive Weise entscheiden, und insofern handelt es sich auch beim Verstehen von Lehrern um eine typische Wahrnehmungsgestalt – sondern es muss darüber hinaus um eine Darstellung der Möglichkeiten und Grenzen und damit um eine Bestimmung der Perspektiven des Verstehens gehen.

Die Frage nach dem konkreten Verständnis eines Schülers, der sich einem Lerngegenstand zuwendet, und der entsprechenden intuitiv realisierten Verknüpfungsstruktur, die zumindest auf sprachlich-formale und material-weltbezogene Wahrnehmungskonstellationen verweist, führt in solcher Perspektive auf Lehrerseite also zum reziprok repräsentierbaren Problem, die am Schüler wahrnehmbaren Reaktionen im konkreten Kontext der Aufgabenbearbeitung zu deuten und in ihrer möglichen Krisen-, Problem- und Prozesshaftigkeit letzten Endes auch zu verstehen. Damit erweist sich das oben in seinem wissenschaftstheoretischen Rahmen strukturell bestimmte pragmatische Verstehen im Rahmen von Lehr- und Lernprozessen als ein genuin bildungstheoretisches Konzept.

Dazu wurden drei Fallstudien durchgeführt. Die in der Form von Interaktionsprotokollen dokumentierten Lehr- und Lernprozesse zeichnen sich durch die Besonderheit aus, dass sie aus Kontexten unterschiedlichster Art und Weise der Institutionalisierung von Bildung stammen.

Beim ersten Fall handelt es sich um integrative Lerntherapie in einer Kleingruppenkonstellation. Zwei Schüler und ein Therapeut, welcher in professioneller Perspektive an der Auflösung hartnäckiger und inhaltlich schwerwiegender Lernschwierigkeiten arbeitet, befinden sich dort am Anfang eines Aufgabenbearbeitungsprozesses, der als erstes Problem das Verstehen des Wortlauts der entsprechenden Aufgabe stellt. Dementsprechend kann der Fall zunächst als ein Problem von Sprachverstehen bezeichnet werden. Eine detaillierte Analyse der entsprechenden Interaktionen zeigt jedoch, dass sich die problematischen Verstehenslinien des Falles nicht in der Sachdimension gegenstandsbezogenen Sprachverstehens erschöpfen, sondern auf zusätzliche, in der Spezifik der Sozialdimension der Schüler begründete Verstehensmomente verweisen.

Der zweite Fall wird durch einen Problemlösungsprozess im privaten Raum repräsentiert, in den eine Schülerin und ein mit ihr verwandter Erwachsener auf eine Weise einbezogen sind, dass im Anschluss an einen selbständigen Lösungsversuch der Schülerin sich ein Dialog zwischen dem Erwachsenen und der Jugendlichen entspinnt, in dessen Ergebnis die Schülerin in der Lage ist, nicht nur das erste Problem auf selbständige Weise erfolgreich zu bearbeiten, sondern darüber hinaus noch ein sachstrukturell vergleichbares, aber im Detail wesentlich komplizierteres Problem. Hier ergibt sich die Frage nach der empirischen Struktur des Problemlösungsprozesses und nach den sachlichen und sozialen Gelingensbedingungen des Lernens. Als ein solches Moment zeigt sich in der Analyse der Umstand, dass die Schülerin am Ende des Dialogs, welcher dem gelingenden Problemlösungsprozess vorausgeht, in die Lage versetzt ist, sich vom vormaligen eigenen Nichtverstehen im Medium einer symbolischen Darstellung zu distanzieren.

Im dritten Fall geht es um die Erschließung der sozialen Sinnstruktur einer schulischen Unterrichtsstunde. Die Frage der entsprechenden Analyse lautet zunächst, welche Momente des Unterrichtsgegenstandes notwenig bzw. hinreichend für ein Verstehen in der oben bestimmten pragmatischen Bedeutung des Begriffs sind. Es handelt sich damit zunächst um eine didaktische Analyse in jenem Sinne, wie es von Klafki vor fünfzig Jahren als Kern der Unterrichtsvorbereitung von Lehrern herausgestellt worden war. Im Unterschied zum Klafkischen Konzept wird jedoch im Anschluss an die Bestimmung der Gelingensbedingungen für ein Verstehen der Sache und die damit notwendig zu verbindende Erschließung der Schüler für diese Sache auch das empirische Ergebnis der als möglich gedachten Erschließung im Unterricht analysiert. Diese Analyse nun bezieht sich zum einen auf das Problem, wie der komplexe Gegenstand im sozialen Prozess des Unterrichts so in Teile bzw. Problemaspekte zerlegt wird, dass deren sukzessive Bearbeitung im Sinne eines didaktischen Arrangements – einer Aufgabenfolge – möglich wird und betrifft somit jene Fragen, die in der didaktischen Diskussion mit dem Begriff der Elementarisierung verknüpft sind. Zum anderen wird im Versuch einer radikalen Wendung dieser Diskussion in eine deskriptive Richtung das Problem der empirischen Rekonstruktion der von den Schülern in den Unterricht eingebrachten Konzepte bzw. Vorstellungen vom Gegenstand im Rahmen einer Sequenzanalyse der Unterrichtsstunde verfolgt. Im Ergebnis zeigt sich, dass die im sozialen Prozess der Kommunikation in diesen eingebrachten Momente des Verstehens bzw. Nichtverstehens durch den Unterricht zwar selbst hervorgebracht werden, dass sich aber diese thematisch bestimmende Sozialität in einem Gegensatz zu den Ergebnissen sachbezogener Rekonstruktion der Bedingungen pragmatischen Verstehens des Gegenstandes befindet.

In Differenz zu den anderen beiden Fallanalysen steht diese Rekonstruktion damit im Zeichen der Bewältigung einer Komplexität des Lehrgegenstandes, wie sie wohl prinzipiell nicht für eine einzige Unterrichtsstunde bzw. Einheit sozialen Geschehens mit Anfang und Ende als gelingend gedacht werden kann. Im Sinne der Ermöglichung eines produktiven Verhältnisses der Schüler zum Gegenstand als konstitutivem Bestandteil einer verstehenden Beziehung zur Welt wird damit die Art und Weise ihrer Zuwendung zur Sache, zum eigenen Vorverständnis und auf dieser Grundlage zur gesamten sozialen Wirklichkeit des Unterrichts als eigentliches Problem erkennbar. Das führt auf die Frage, ob die sozialstrukturellen Bedingungen einer Thematisierung des Gegenstands im Unterricht auf Seiten der Schüler individuelle Bildungsprozesse ermöglichen oder nicht. In Analogie zum zweiten Fall, in welchem das Erschließungsproblem sich in der Frage nach den Bedingungen der Möglichkeit zum Verstehen (und Beurteilen) der eigenen Praxis des Umgangs mit dem Gegenstand konkretisieren ließ, wäre dann also nach der sachlichen Entsprechung sozialstruktureller und gegenstandsspezifischer Momente des Unterrichts zu fragen.

Die Fallstudien folgen einer je gegenstandsspezifischen Logik von Rekonstruktion. Alle drei Lehrgegenstände gehören der Mathematik an. Während es sich im ersten Fall um das Problem der Bestimmung sprachstruktureller Voraussetzungen des Verstehens und ihre Konkretisierung im sozialen Kontext handelt und das mathematikspezifische Verstehensproblem zunächst als Strukturmoment im Kontext der empirisch untersuchten Praxis verbleibt, geht es im zweiten und dritten analysierten Fall jeweils ganz klar um ein fachspezifisches Verstehensproblem: den Umgang mit Variablen im Rahmen algebraischer Lösungsmethoden für eine Modellierung sogenannter Sachprobleme sowie die

Umformung sogenannter gemeiner oder gewöhnlicher Brüche in Dezimalbrüche. In allen drei Fällen ist mit der jeweils fixierbaren, manifesten Gegenständlichkeit der empirischen Prozesse von Verstehen und Nichtverstehen ein je spezifisches, latentes und deshalb tiefer liegendes Verstehensproblem verbunden, welches die Frage nach der Gelingensgestalt von Prozessen kognitiver Entwicklung aufwirft. Im ersten Fall handelt es sich mit der Parallelisierung quantitativer Vorstellungen um Probleme, die in der Mathematikdidaktik unter den Bezeichnungen Verständnis für Größen und ihre Einheiten bzw. Proportionalität bekannt sind. Im zweiten Fall geht es um jene „abstrakte Anschauung", die – obwohl von Mathematikern mehrfach beschrieben – noch immer didaktisch kaum fassbar ist und als grundlegende, die Vorstellung bestimmende Fähigkeit zur Realisierung von Mengenoperationen gelten kann. Im dritten Fall schließlich wird mit dem mathematischen Begriff der gebrochenen Zahl jene Spannung thematisch, welche einerseits den Mengenbegriff im Zusammenhang mit seinem in logischer Hinsicht doppelten Bezug zu diskreten und kontinuierlichen Größen zeigt, was neben dem mathematischen seinen physikalischen Bezug deutlich macht, und andererseits entwicklungslogisch die Frage nach den Bedingungen intuitiver Realisierung jener abstrakten Strukturvorstellungen aufwirft, welche die Mathematik im Verlaufe ihrer langen Entwicklung hervorgebracht und insbesondere in den letzten zweihundert Jahren als Zahlverständnis in ganz eigenen Modellen konkretisiert hat.

Alle drei Interaktionsprotokolle stehen damit in mehr oder weniger direktem Zusammenhang zur Schulmathematik. Diese Wahl in Bezug auf mögliche Themen von Lehr-Lern-Interaktionen wurde bewusst getroffen. Zum einen handelt es sich bei mathematischen Themen um solche, die das Problem des Verstehens auf zugespitzte Weise stellen. Hier scheinen Lernschwierigkeiten insgesamt häufiger zu sein als in anderen Fächern, und mit der Dyskalkulie bzw. Rechenschwäche gibt es mittlerweile einen psychodiagnostisch umschriebenen Bereich von diesbezüglicher Problematik. Ähnlich wie hartnäckige Schwierigkeiten beim Lesen und Rechtschreiben im Falle der Legasthenie reichen die Probleme der betroffenen Kinder oft über die jeweiligen Fächer Mathematik bzw. Deutsch hinaus, auch wenn die entsprechenden Komplexe von Lernschwierigkeiten psychologisch als Teilleistungsstörungen definiert sind. Den in dieser Arbeit zu analysierenden Sequenzen ist gemeinsam, dass es sich bei den Lehrgegenständen um Aufgaben handelt, deren Verständnis nicht nur auf mathematisches Wissen und Können, sondern ebenso auf Prozesse der Sprachrezeption angewiesen ist. Damit stellt sich das Problem des Verstehens in einem fachübergreifenden, mathematische wie muttersprachliche Fähigkeiten umfassenden Zusammenhang.

Im vierten Kapitel handelt es sich zudem bei einem ausgewählten Thema der Bruchrechnung – der Umwandlung sogenannter gemeiner oder gewöhnlicher Brüche in Dezimalbrüche – um einen Gegenstand, der sehr voraussetzungsreich hinsichtlich eines Verstehens der Sache ist und innerhalb der Mathematikdidaktik deshalb auch als schwierig gilt. Bei der Bruchrechnung scheiden sich die Geister – der Lernenden wie der Lehrenden – allein schon deshalb, weil sich in der Entwicklung mathematischen Verständnisses spätestens hier die Frage nach einem Lebensweltbezug des Lehr-Lern-Gegenstandes solcherart stellt, dass eine unmittelbare Bejahung nicht mehr möglich ist. Obwohl konkrete Brüche auf vielfache Weise im Leben vorkommen, gehört die Bruchrechnung im Ganzen nicht zu jenen Beständen mathematischen Wissens und Könnens, welche zur Bewältigung des Alltags unbedingt erforderlich sind. Eine öffentliche Debatte vor knapp fünfzehn Jahren, welche sich um entsprechende Thesen im Zusammenhang mit der bildungstheoretisch orientierten Habilitationsschrift des Bielefelder Mathematikdidaktikers Hans-Werner Heymann drehte, betraf genau diesen Punkt und vermag noch immer die ungenügende Legitimationskraft eines naiv verkürzten Verständnisses von Alltagsorientierung zu beleuchten. Die Systematik der Bruchrechnung ist nämlich eher deshalb tradierter Gegenstand der Schulmathematik, weil sie eine tiefere Einsicht in das Wesen und die konkrete Bedeutungsstrukturiertheit jener Objekte des Quantitativen erlaubt, die gemeinhin Zahlen genannt werden. Deshalb könnte ein ernsthafter Bildungstheoretiker auch nichts gegen eine wirkliche Durchdringung der Bruchrechnung in ihrer ganzen Systematik haben. Voraussetzung dessen wäre jedoch, dass der Gegenstand nicht nur als Anhäufung unverständlicher Rechenregeln erscheint, die weitgehend willkürlich aneinander gereiht sind, sondern dass er in den verschiedenen Schichten seiner Semantik verstanden wird.

Insofern steckt hinter der Auswahl der im Folgenden zu analysierenden Sequenzen implizit die Frage, wie sich die Beziehung des sprachlich fundierten Verstehens kleiner Texteinheiten, wie sie etwa durch einfache Sätze, Satzgefüge sowie Satzverbindungen repräsentiert werden, zum Verstehen ganzer Sinnzusammenhänge und einer detaillierten Erfassung von deren Bedeutungsschichten denken lässt. Diese Frage ist eine im Rahmen der Textwissenschaften und der Linguistik ziemlich tiefliegende. Sie betrifft die Möglichkeit einer übergreifenden Sicht auf die verschiedenen Ansätze, die Entstehung von Bedeutung mittels je spezifischer Methoden aus den sprachwissenschaftlichen Teilgebieten Syntax und Textlinguistik zu beschreiben. In ihrem logischen Kern ist es die Frage nach der empirischen Beziehung von konstruktiv und kontextuell realisierter Bedeutung. Das Bauprinzip der ersten Art von Bedeutung besteht in der Zusammensetzung kleinerer Einheiten zu größeren und wird in der Regel zeitunabhängig gedacht; als prototypisch dafür kann die Mathematik gelten. Bedeutungen der zweiten Art dagegen sind zu ihrer Konstitution explizit auf Sequenzialität angewiesen und müssen deshalb sowohl von der Voraussetzung verfließender Zeit als auch von der Möglichkeit in ihr lokalisierbarer Inseln innerpsychisch repräsentierter ideeller Dauer ausgehen; Prototyp einer solchen Bedeutungsbildung ist die allgemeine Pragmatik. Beide Arten der Wahrnehmung von Sprache sowie dementsprechender Realisierung von Bedeutung sind konstitutiver Bestandteil menschlicher Praxis.

Das damit zusammenhängende Problem der Rekonstruktion von Sprachverstehen und einer diesbezüglichen Explikation seiner notwendigen Bedingungen im empirischen Kontext verweist im Grenzgebiet von Psychologie und Linguistik auf den Begriff der Sprachkompetenz. Noam Chomsky, der diesen Begriff vor einem halben Jahrhundert prägte, hatte damit die doppelte Fähigkeit eines Menschen bezeichnet, einerseits grammatisch korrekte Sätze einer Sprache hervorzubringen und andererseits mögliche Realisierungen von Sätzen dieser Sprache unter der Perspektive zu beurteilen, ob sie sprachlich wohlgeformt sind oder nicht. Dabei sind durchaus Abstufungen möglich. Ob etwa ein Satz des Deutschen oder Englischen im Sinne einer Grundbedeutung überhaupt verständlich ist und ob seine Form als sprachlich korrekt oder aber als „ungrammatisch" wahrgenommen wird, sind durchaus zwei verschiedene, gleichermaßen denkbare Fragen an die konkrete Ausdrucksgestalt eines einzelnen Satzes.

Beide Versionen von Wohlgeformtheit im Rahmen einer Gestaltwahrnehmung von Sprache unterscheiden sich voneinander wie Syntax und Semantik. Seine spezifische Bedeutung gewinnt der von Chomsky im Rahmen einer Erklärung des menschlichen Spracherwerbs konzipierte psychologische Begriff der Sprachkompetenz jedoch im Kontext linguistischer Syntax-Theorie. Die Syntax in jener Form, wie sie von Noam Chomsky als Theorie der generativen Grammatik vor allem in den fünfziger und sechziger Jahren des zwanzigsten Jahrhunderts entwickelt worden war, zeichnet sich dadurch aus, dass in ihr beide Realisierungsprinzipien für Bedeutung in einer bestimmten Weise als kombiniert gedacht werden: Einerseits ist jeder Satz in einer beliebigen Sprache Bedeutungseinheit und wird als solche antizipiert und wahrgenommen; andererseits stellen Sätze spezifische Synthesen aus Satzbestandteilen dar. Diese Elemente der Sprache – Phoneme, Morpheme und Wörter – bilden gemäß sprachspezifischen Regeln kategorial unterscheidbare Bestandteile des Gesamtwortschatzes einer Sprache und gelten seit Ferdinand de Saussures Gegenstandsbestimmung der Linguistik vor etwa hundert Jahren als deren Strukturkern. Das System der Sprache besteht demgemäß in einer spezifischen Ordnung von Beziehungen zwischen lautlich wahrnehmbarer Form und referenziell bzw. syntaktisch realisierter Bedeutung.

Sprachkompetenz im Chomskyschen Sinne ist dann die Fähigkeit eines idealen Sprecher-Hörers von Sprache, deren in einer konkreten lautlichen Gestalt erscheinenden Einheiten syntaktische Strukturbeschreibungen so zuzuordnen, dass die den Lautmustern von Wortfolgen entsprechenden semantischen Interpretationen sich in Übereinstimmung mit der spezifischen Grammatik – verstanden als Menge von Regeln der Satzerzeugung – einer Einzelsprache befinden. Diese „grammatische Fähigkeit" eines Hörers, sprachliche Einheiten zu verstehen, ist der artikulatorischen Fähigkeit eines Sprechers reziprok, aus einem individuell repräsentierten Wortschatz Elemente so auszuwählen und sequenziell zu kombinieren, dass ein grammatisch korrekter Satz entsteht. Vergegenwärtigt man sich nun die Gesamtheit an kombinatorischen Möglichkeiten der Anordnung einer endlichen Mengen von Sprachelementen, die in etwa so mächtig ist wie ein durchschnittlicher Satz, so vermag vielleicht deutlich zu werden, dass Grammatik im Sinne des intuitiven Wissens um die Kombinationsregeln von Wörtern zu Sätzen mehr sein muss als die in einem Gedächtnis repräsentierten möglichen Nachbarschaftsbeziehungen von Wörtern in einem wohlgeformten Satz. Dies folgt aus der Tatsache, dass wir einerseits die Fähigkeit besitzen, Satzkerne ohne prinzipielle Beschränkung der generativen Kapazität so um zusätzliche Satzbestandteile zu erweitern, dass diese Erweiterungen wieder auf grammatisch korrekte Sätze führen, und dass wir zudem andererseits als kompetente Sprecher einer Sprache in der Lage sind, Sätze auch dann intuitiv zu verstehen, wenn sie sehr lang sind bzw. wenn davon auszugehen ist, dass wir ihnen als Artefakten im Sinne einer Gesamtheit von Nachbarschaftsbeziehungen konkreter Elemente noch nie zuvor begegnet sind. Sprachkompetenz in diesem Sinne erscheint so als überaus spezifische Fähigkeit, komplexeste Informationsmengen in kürzester Zeit zu strukturieren und regelbasiert hervorzubringen.

Diese Fähigkeit ist in doppelter Hinsicht frappierend: einmal durch ihre empirische Universalität, den Umstand also, dass sie nicht an einen wie auch immer konkret zu fassenden Stand kultureller Entwicklung gebunden ist; zum anderen aber noch durch die Tatsache, dass sie von fast allen Mitgliedern einer menschlichen Gemeinschaft ab einem bestimmten Alter als realisiert gelten kann, und zwar unabhängig vom Vorhandensein von auf ihren Erwerb spezialisierten sozialen Institutionen. Damit stellt sich in systematischer Perspektive aber unausweichlich die Frage nach den Bedingungen der Möglichkeit des kindlichen Spracherwerbs. Chomskys Antwort darauf ist so einfach wie folgenreich: Es gibt eine spezifische Eigenschaft des menschlichen Geistes, die in der Fähigkeit besteht, mentale Operationen so zu repräsentieren, dass sie die grammatische Struktur wahrgenommenen Sprachmaterials in Gestalt einer rekursiven Regel (bzw. einer Folge von Regelanwendungen) intern zu generieren vermögen. Eine solche Generierung ist beides zugleich: Realisierung von konkreter Sprachstruktur auf der Basis vorheriger regelgerechter Synthesen wie auch Test auf die Adäquatheit der aktuellen Synthese im Kontext der Lebenspraxis des Sprechenden. Korrekturen an möglichen Fehlern sind dann nicht allein als Richtig-falsch-Schema im Gedächtnis repräsentierbar, sondern darüber hinaus als heuristischer Ausgangspunkt für eine Modifikation der bisher zugrunde gelegten Regelbasis. Sprache wäre demgemäß ein Prozess, dessen geistige Wirklichkeit in der regelbasierten Reproduktion und ggf. sukzessiven Transformation der für eine Sprachgemeinschaft typischen artikulatorischen Operativität besteht. Für Kinder bedeutete dies, dass sie ihre im Ganzen unbewusst repräsentierte grammatische Regelbasis auf dem Wege fortgesetzter Verständigungsversuche in einem oder verschiedenen muttersprachlichen Milieus so lange modifizierten, bis mit einer relativen Sättigung der von ihnen beim Sprechen realisierten rekursiven Mechanismen ein extern wahrnehmbares Stadium der Sprachkompetenz erreicht wäre. Zugleich folgt aus dieser psycholinguistischen Theorie des Spracherwerbs, dass der Gebrauch von Sprache in seiner Einheit aus Artikulation und Verstehen unabschließbar im Sinne eines lebenslang andauernden Prozesses ist. Die Theorie enthält damit eine Erklärung für jenes spezifische Moment, welches seit Beginn des philosophischen Nachdenkens über Sprache immer wieder beschrieben und als eines ihrer Wesensmerkmale benannt worden ist: *Energeia* im Sinne einer dynamischen Wirklichkeit, aus der jeder kompetente Sprecher und Hörer von Sprache notwendigerweise schöpft.

Im Unterschied zu *Ergon* als den statisch gedachten Sprachaspekten – man könnte sie als die Textlichkeit von Sprache bezeichnen – bezeichnet *Energeia* traditionell jene ihrer Seiten, die mit der Dynamik der Prozesse des Sprechens, Hörens sowie der artikulatorischen Tätigkeit insgesamt verbunden ist. Diese Prozesse werden prinzipiell nur in ihren Ergebnissen wahrnehmbar. Deshalb verwundert es nicht, dass sie im Rahmen eines positivistischen Wissenschaftsverständnisses kaum zum Gegenstand der Erforschung von Sprache und Spracherwerb geworden sind. Demgegenüber sind sie in einem eher romantisch inspirierten Zeitalter vielfach thematisiert und in Gestalt der zur Grundlage einer entsprechenden Weltsicht erhobenen sprachlichen Kreativität nicht nur in

Zusammenhängen ästhetischer Wahrnehmung als genuin menschliche Eigenschaft aufgefasst und gefeiert worden, sondern wurden von einigen wenigen Denkern ebenso dem Versuch einer wissenschaftlichen Erforschung unterzogen. Auf diese bis zur Mitte des zwanzigsten Jahrhunderts weitgehend in Vergessenheit geratenen sprachwissenschaftlichen Traditionen beruft sich Chomsky, wenn er versucht, die aufgrund ihrer spezifischen Verfasstheit einer objektivierenden Wahrnehmung nur schwer zugänglichen Charakteristika der Sprache und des mit ihr organisch verbundenen kreativen Ausdrucks zu thematisieren. In der dritten seiner Ende der sechziger Jahre in Berkeley gehaltenen und im Deutschen unter dem Titel *Geist und Sprache* erschienenen Vorlesungen heißt es diesbezüglich:

„Im Verlauf dieser Vorlesungen erwähnte ich einige der klassischen Ideen, welche die Sprachstruktur betreffen, sowie die gegenwärtigen Versuche, sie zu vertiefen und zu erweitern. Es scheint klar zu sein, dass wir die Sprachkompetenz – die Kenntnis einer Sprache – als ein abstraktes System betrachten müssen, das dem Verhalten zugrunde liegt, ein System, das aus Regeln konstruiert ist, die zusammenwirken, um die Form und die spezifische Bedeutung einer potentiell unendlichen Anzahl von Sätzen zu determinieren. Ein solches System – eine generative Grammatik – liefert ein Explikat der Humboldtschen Idee der ‚Form der Sprache', die Humboldt in seinem berühmten, posthum erschienenen Werk *Über die Verschiedenheit des menschlichen Sprachbaues* in einer dunklen, aber bedeutungsschweren Bemerkung als ‚das in dieser Arbeit des Geistes, den artikulierten Laut zum Gedankenausdruck zu erheben, liegende Beständige und Gleichförmige' definiert. Eine derartige Grammatik definiert die Sprache im Humboldtschen Sinn, nämlich als ‚eine sich ewig erzeugende (...) wo die Gesetze der Erzeugung bestimmt sind, aber der Umfang und gewissermaßen auch die Art des Erzeugnisses gänzlich unbestimmt bleiben'." (Chomsky 1973, S. 118)

Dieses bei Chomsky zu findende Humboldt-Zitat gemahnt an jene Diskussionen, die in den vergangenen Jahren innerhalb der Erziehungswissenschaft um das Prozess-Produkt-Paradigma geführt wurden. Nimmt man die seit etwa zwei Jahrzehnten zu findende Kritik an bildungstheoretischer Argumentation im Zusammenhang mit Diskussionen um die Gestaltung von Schule und Unterricht ernst, so führt das auf die Behauptung, Bildungsplanung sowie die empirische Erforschung schulischen Lernens sei notwendig auf eine Produktorientierung verwiesen. Wie sich eine solche Orientierung in methodologischer Hinsicht konkretisiert und worin ihre aus der spezifischen Verfasstheit des Untersuchungsgegenstandes erwachsenden Grenzen bestehen, wurde oben bereits diskutiert. Hier ist dem hinzufügen, dass die im Rahmen Humboldtscher Bildungstheorie zugrunde gelegte anthropologische Basis des Menschen diesen nicht nur als Wesen zeigt, das verschieden strukturierten Wirklichkeiten angehört und deshalb kaum auf den gemeinsamen Nenner von auf irgendeine Weise homogen geformter Gesetzlichkeit zu bringen ist –

Humboldt unterscheidet diesbezüglich zumindest zwischen den Gesetzmäßigkeiten in der organischen Natur, in der Geschichte und im Regelgebrauch der Vernunft -, sondern eben auch als sprachmächtiges Wesen, das aufgrund seiner natürlichen Ausstattung mit der Fähigkeit versehen sei, „unendlichen Gebrauch von endlichen Mitteln" zu machen. Diese Fähigkeit nun ist in Humboldtscher Sicht so verortet, dass sie als spezifische Eigenschaft menschlicher Rede die strukturelle Einheit von Denken und Sprechen zum Ausdruck bringt:

> „Subjective Thätigkeit bildet im Denken ein Object. Denn keine Gattung der Vorstellungen kann als ein bloss empfangendes Beschauen eines schon vorhandenen Gegenstandes betrachtet werden. Die Thätigkeit der Sinne muss sich mit der inneren Handlung des Geistes synthetisch verbinden, und aus dieser Verbindung reisst sich die Vorstellung los, wird, der subjectiven Kraft gegenüber, zum Object und kehrt, als solches auf neue wahrgenommen, in jene zurück. Hierzu aber ist die Sprache unentbehrlich. Denn indem in ihr das geistige Streben sich Bahn durch die Lippen bricht, kehrt das Erzeugniss desselben zum eignen Ohre zurück. Die Vorstellung wird also in wirkliche Objectivität hinüberversetzt, ohne darum der Subjectivität entzogen zu werden. Dies vermag nur die Sprache; und ohne diese, wo Sprache mitwirkt, auch stillschweigend immer vorgehende Versetzung in zum Subject zurückkehrende Objectivität ist die Bildung des Begriffs, mithin alles wahre Denken unmöglich. Ohne daher irgend auf die Mittheilung zwischen Menschen und Menschen zu sehn, ist das Sprechen eine nothwendige Bedingung des Denkens des Einzelnen in abgeschlossener Einsamkeit." (zit. nach Menze 1965, S. 233)

Die in der Sprachpraxis des Menschen notwendig verortete Struktureinheit von Denken und Sprechen verweist auf jene sprachliche Wirklichkeit, welche von Chomsky mit dem Begriff der Sprachkompetenz bezeichnet worden ist. Wenn Sprache als Prozess, wie in obigem Humboldt-Zitat ausgedrückt, in einer Versetzung von Denkimpulsen „in zum Subject zurückkehrende Objectivität" besteht und wenn zugleich, „indem in ihr das geistige Streben sich Bahn durch die Lippen bricht", diese Versetzung nur auf dem Weg über eine artikulatorische Bewegung möglich wird, dann stellt sich natürlicherweise die Frage nach der Beschaffenheit des Prozesses. Diese Frage aber umfasst zwei Seiten. Zum einen müsste erklärt werden können, auf welche Weise die subjektiven Denkimpulse, welche selbst als mit einer autonomen Lebenspraxis verknüpfte, spontane Äußerungen eines kognitiven Apparats erscheinen, zu jener Gestalt gelangen, die als „wirkliche Objectivität" ein sprachliches Erzeugnis bilden – eine Textlichkeit, *Ergon* –, das dann seinerseits „im Denken ein Object" zu werden vermag, mithin Gegenstand einer verstehenden Bemühung im Rahmen subjektiver Tätigkeit. Die andere Seite der Frage besteht dann in dem Problem zu erklären, auf welche Weise dieses Objekt, das ja selbst zunächst nur als Ergebnis einer spontanen Äußerung erscheint und in seiner lautlichen bzw. sonstigen, auf syntaktische Strukturierung verweisenden Beschaffenheit in einen Vergleich mit anderen Wahrnehmungsgehalten versetzt ist, als das verstanden wird, was Sprache als Ergebnis des Sprechens typischerweise ausmacht: zum Ausdruck gebrachte Bedeutung.

Erst in der Perspektive einer auf solche Weise systematisch verfassten Fragestellung, die sich auf dem epistemischen Grund der von Humboldt begründeten anthropologischen und bildungstheoretischen Tradition der Erforschung des Menschen als eines Natur- und Kulturwesens findet, wird die ganze Tragweite der von Chomsky vorgelegten Konzepte zur Erklärung der spezifischen Wirklichkeit von Spracherwerb und Sprachgebrauch deutlich. Das seit Saussure als Form purer Arbitrarität aufgefasste Bindeglied zwischen der lautlichen und der semantischen Seite des Sprachlichen erweist sich als hochkomplexer grammatischer Mechanismus, der diesseits aller einzelsprachlichen Ausgestaltung zur strukturtheoretisch beschreibbaren Grundausstattung des Menschen gehört. Diese aber ist nun gemäß Chomskys Erkenntnissen keinesfalls unbestimmt oder gar beliebig, sondern umfasst die Fähigkeit zur Ausbildung eines generativen mentalen Apparates, der in konkret spezifizierter Form als intuitive Kenntnis von Sprache erscheint und im Sinne eines rekursiven Mechanismus einerseits den Sätzen der Sprache gemäß formalsprachlich explizierbaren Regeln Strukturbeschreibungen zuordnet und andererseits solche Strukturbeschreibungen auf ihre Übereinstimmung mit der Gesamtheit der in einer Basis enthaltenen Regeln testet. Ersterer Aspekt betrifft die Artikulation und das Verstehen sprachlicher Einheiten, letzterer dagegen eine spezifische Fähigkeit zur Gestaltwahrnehmung von sprachlich ausgedrückter Bedeutung.

Damit lässt sich nun eine in Bezug auf das Problem des Verstehens entscheidende begriffliche Präzisierung vornehmen. Wurde bisher zwischen der lautlichen und der Bedeutungsseite von Äußerungen unterschieden und die Strukturbeschreibung eines Satzes als diejenige Vermittlung erkannt, die auf der Grundlage syntaktisch realisierter Information sowohl die phonologische als auch die semantische Struktur entsprechender sprachlicher Einheiten zu determinieren vermag, so stellt sich in der Perspektive der Humboldtschen Fragestellung das Problem, die in obigem Zitat benannte synthetische Verbindung zu denken, welche „die Thätigkeit der Sinne" mit „der inneren Handlung des Geistes" in eine real gelingende Einheit zu bringen in der Lage ist, so wie jeder grammatisch korrekte Satz eine Synthese von Bedeutung realisiert. Oder andersherum gefragt: Wie sind diejenigen Momente beschaffen, an denen ein Verstehen scheitern kann?

Eine Antwort darauf steckt in der von Chomsky explizierten Unterscheidung zwischen sprachlicher Oberflächen- und Tiefenstruktur. Da

Chomsky im Verlauf seiner Arbeit an der Theorie der generativen Grammatik, so wie sie bisher in ihren allgemeinen Zügen dargestellt wurde, selbst zu grundlegenden Einsichten und einer damit verbundenen Präzisierung entsprechender Modelle kam, erscheint es angebracht, sich diese Unterscheidung genauer anzuschauen. Prinzipiell kann man sagen: Die Tiefenstruktur hält Sprache auf der Satzebene semantisch zusammen und ist dafür verantwortlich, dass ein kompetenter Sprecher und Hörer bei einer grammatisch korrekten Äußerung der Alltagssprache sofort versteht, was im Ganzen gemeint ist.

Voraussetzung dafür ist aber, dass der Hörer den Satz nicht nur in seiner Lautlichkeit verstanden hat, sondern darüber hinaus in der Lage ist, der wahrgenommenen Sequenz sprachlicher Zeichen – die einer geordneten Menge von Wörtern einer Einzelsprache entspricht – eine Grundbedeutung so zuzuordnen, dass für ihn in der Vorstellung eine Synthese von der Art möglich ist, wie sie durch Humboldt als Bedingung gleichermaßen für sprachliche Tätigkeit und für Erkenntnis postuliert worden ist. Eine solche Vorstellung aber umfasst ein Ganzes, welches in der Linguistik wie in der Logik traditionellerweise als Proposition bezeichnet wird und das zu seiner Konstitution selbst auf mehrere Operationen verwiesen sein kann. Umgekehrt, wenn es für einen Sprecher darum geht, eine solche Proposition zu artikulieren und damit einen Sachverhalt zu prädizieren, ist dies notwendigerweise an die Gesamtgestalt einer dementsprechenden Vorstellung gebunden.

Hier nun greift Chomskys Unterscheidung. Je nachdem, ob es sich um ein Problem der Artikulation oder des Verstehens handelt, wäre der Ausgangspunkt kognitiver Operationen entweder ein ideeller Zusammenhang oder eine bereits artikulierte, nun durch die Wahrnehmung konkretisierte sprachliche Gestalt. Sprachkompetenz umfasst dann beide Seiten der Fähigkeit, gedanklich mittels spezifischer grammatischer Operationen vom jeweils einen zum jeweils anderen zu gelangen. Generative Grammatik unterscheidet deshalb zwischen dem bereits genannten Problem, einem Satz seine Strukturbeschreibung zuzuordnen, und dem anderen, die syntaktische Einheit eines Satzes aus seinen Wort- und Morphembestandteilen heraus herzustellen. Im letzteren Fall ist nun unmittelbar einsichtig, worin die von Humboldt bezeichnete Synthese besteht: Wenn den Sinneseindrücken etwa Prädikate zugeordnet werden können, dann geschieht dies zum einen mittels eines Wortes (oder einer Wortgruppe), welches die Vielfalt der Eindrücke in einer konkreten Bezeichnung – einem Eigennamen, Begriff oder Pronomen – bündelt, und zum anderen mittels eines weiteren Wortkomplexes, welcher ersteres Zeichen mittels zusätzlicher Formative – das sind im Allgemeinen Wörter eines Lexikons – auf eine solche Weise näher bestimmt, dass die entsprechende Verbindung in der Vorstellung eine Aussage oder allgemeiner eine sprachliche (Satz-)Bedeutung zum Ausdruck bringt: eine Proposition.

Damit wird die Unterscheidung und reziproke Synthese mindestens zweier funktional als Subjekt bzw. Prädikat beschreibbarer Bestandteile eines einfachen Satzes im strukturellen Kern entsprechender grammatischer Operationen sichtbar. So werden ein Akt der Referenz und die zugehörige Prädikation logisch aufeinander bezogen. Möglich ist dies durch jene einfachen Formen der Sprache, die Chomsky Basisketten nennt und die von der entsprechenden syntaktischen Komponente einer generativen Grammatik auf hochspezifizierte Weise im Sinne konkreter Wortsynthesen und daran geknüpfter Phrasierungen hervorgebracht werden. Die Zusammensetzung solcher elementarer Wort- und Morphemketten zu größeren logischen Einheiten generiert die Tiefenstruktur eines Satzes.

Von dieser Struktur ist jene Strukturbeschreibung zu unterscheiden, die im Rahmen traditioneller Grammatik im Ergebnis einer Analyse der Satzglieder und ihres jeweiligen funktionalen Zusammenhangs entsteht. Zwar drücken entsprechende Beziehungen aus, auf welche Weise (und damit in welcher spezifischen Bedeutung) Subjekt, Prädikate, Objekte, Attribute und dgl. grammatische Bestimmungen aufeinander bezogen sind, doch sind diese Relationen bisweilen so abstrakt, dass eine unmittelbare referenzielle Interpretation nicht möglich ist. Dies betrifft vor allem Fälle, in denen mehrere Propositionen logisch miteinander kombiniert sind, ohne dass eine entsprechende syntaktische Verkettung unmittelbar ausgedrückt wäre. Solche Ketten nennt Chomsky Oberflächenstruktur.

Oberflächen- und Tiefenstruktur von Sätzen können zusammenfallen, müssen es aber nicht. Deshalb stellt sich in einer Verstehensperspektive die Frage nach deren Entsprechung. Obwohl semantisch gleich, sind sie syntaktisch unterschiedlich repräsentiert. Um beim Sprachverstehen eine Oberflächenstruktur semantisch interpretieren zu können, muss sie in ihre Basisketten – elementare Propositionen – zerlegt werden, damit diese nach einem spezifischen, der Struktur logisch zugrunde liegenden Relationsschema zu einer Tiefenstruktur zusammengesetzt werden können. Erst in einer syntaktischen Tiefenstruktur kommen Syntax und Semantik auf eine Weise zusammen, dass von intuitiver Bedeutungserfassung durch einen Hörer und damit von Verstehen in einem logisch-pragmatischen Sinne die Rede sein kann.

1.3. Bedingungen der Möglichkeit

Im Sinne des Bezugs größerer Theoriebausteine aufeinander verweist das bisher Dargestellte auf eine psycholinguistische Fundierung des in den fünfziger Jahren von Wolfgang Klafki entwickelten Konzepts kategorialer Bildung. Statt deren bloßer Postulierung, wie es etwa geschieht, wenn die Möglichkeit entsprechender Synthesen anhand von Beispielen aus der Unterrichtsvorbereitung nur behauptet wird, muss es heute um eine Rekonstruktion der für solche Synthesen notwendigen und hinreichenden Bedingungen auf pragmatischer Grundlage gehen. Dazu erscheint es sinnvoll, die Chomskysche Theorie und ihre analytischen Möglichkeiten zunächst an einem konkreten Fall zu explizieren.

Bei diesem Fall handelt es sich um eine Aufgabe aus dem Mathematikunterricht einer vierten Grundschulklasse. Das Beispiel verdankt sich Heinrich Bauersfeld, der eine Analyse dieser Aufgabe und einer darauf bezogenen Interaktionssequenz erstmals 1978 publizierte. Die Besonderheit der Aufgabe besteht darin, dass es sich bei deren konkreter Ausdrucksgestalt um einen einzigen Fragesatz handelt. Damit sollte eine Analyse dieses Satzes mit dem theoretischen Rüstzeug der Chomskyschen Theorie in der Lage sein aufzuzeigen, wie an die Frage nach den Bedingungen der Möglichkeit pragmatischen Verstehens im konkreten empirischen Kontext prinzipiell herangegangen werden könnte.

Bauersfelds Fallbeispiel lautet konkret: „Welche Wassermenge liefert eine Heilquelle a) täglich, b) monatlich, c) jährlich bei einer Ausschüttung von 200 hl pro Stunde?" (zit. nach Ohlhaver/Wernet 1999, S. 196)

Es handelt sich hier um einen einfachen Satz, der in pragmatischer Hinsicht als Frage in Erscheinung tritt und in semantischer Hinsicht auf die Bestimmung einer unbestimmten Menge Wassers abzielt. Die diesen Satz repräsentierende Zeichenkette besteht aus vierzehn deutschen Wörtern und fünf anderen Formativen, wobei die Einheit des Satzes und die damit zu verbindende Bedeutung mittels Großschreibung des ersten Wortes und eines abschließenden Fragezeichens markiert ist. Die im Folgenden zu leistende syntaktische Analyse hätte aufzuzeigen, an welchen Strukturmomenten des obigen sprachlichen Artefakts pragmatisches Verstehen scheitern könnte bzw. unter zu konkretisierenden Bedingungen sogar scheitern muss.

Eine grammatische Konstituentenanalyse nach der Art traditioneller Linguistik führt dabei zunächst auf die folgenden Bestimmungen:

- Welche Wassermenge / Objekt,
- liefert / Prädikat,
- eine Heilquelle / Subjekt
- a) täglich, b) monatlich, c) jährlich / Temporalbestimmungen,
- bei einer Ausschüttung von 200 hl pro Stunde / weitere Adverbialbestimmung,
- ? / abschließendes Satzzeichen.

Die Gesamtkette könnte so als aus fünf Teilen zusammengesetzte Frage wahrgenommen werden, wobei die Teile eine ganz bestimmte Sequenzordnung bilden und jeweils in sich nochmals sequenziert sind. Die entsprechende Wahrnehmungsgestalt lässt sich dann folgendermaßen darstellen, wobei mittels des Zeichens + die intuitiv zu leistenden Phrasierungen bezeichnet werden und sowohl die Großschreibung am Satzanfang als auch das Fragezeichen am Satzende als parataktische Kennzeichnungen ausgeblendet werden:

(1) welche Wassermenge + liefert + eine Heilquelle + a) täglich, b) monatlich, c) jährlich + bei einer Ausschüttung von 200 hl pro Stunde.

Diese syntaktische Kette unterscheidet sich von der zuvor explizierten funktionalsemantischen Struktur des Satzes dadurch, dass zu ihrer Erzeugung (und ihrem Verstehen) keine explizite Kenntnis grammatischer Kategorien nötig ist. Es genügt, die Wörter zu kennen, mit ihnen Bedeutungen zu assoziieren sowie über gewisse Informationen zur Organisation des Gesamtwortschatzes zu verfügen, die sich als implizites Wissen über die Unterscheidung von Wortarten und damit verbundene Bedeutungsdifferenzierungen sowie über die mögliche Ordnung entsprechender Wortkomplexe im Satzzusammenhang bzw. entsprechender Worte im Rahmen von Wortkomplexen vorstellen lassen. Dem entspricht eine intuitive Unterscheidung der „Bauprinzipien" von mindestens drei Sprachebenen: von Propositionen im Sinne *semantischer Einheiten*, von Nominal- und Verbalphrasen als den *syntaktischen Trägern von Referenz und Prädikation* sowie von *weiteren Phrasierungen*, die formal durch das Merkmal syntaktischer Subordination gekennzeichnet sind und material Referenz und Prädikation logisch konkretisierende semantische Differenzierungen (Adverbialbestimmungen, Objekt- und Attributbedeutungen) zum Ausdruck bringen. Auf diese Weise kommt im Rahmen der Sprachkompetenz bei der Artikulation und beim Verstehen von Sätzen ein intuitives Wissen um die richtige Reihenfolge solcher Satzteile im Kontext zum Ausdruck.

Solches implizite Wissen gibt einem kompetenten Sprecher-Hörer des Deutschen die Möglichkeit, Kette (1) allein an syntaktischen Merkmalen zunächst als Frage zu erkennen und ihr sodann eine assoziierte Kette zuzuordnen, welche ihr strukturell zugrunde liegt:

(2) eine Heilquelle + liefert + bei einer Ausschüttung von 200 hl pro Stunde + a) täglich, b) monatlich, c) jährlich + eine Wassermenge.

Die Ketten (1) und (2) repräsentieren dieselbe Proposition. Zwischen ihnen sind aber zwei syntaktische Unterschiede zu erkennen: Der erste betrifft die Ersetzung des Fragepronomens *welche* durch den unbestimmten Artikel *eine* und erklärt sich operativ mittels der informationssemantischen Differenz zwischen Frage und Antwort: Fragen markieren im Kontext ihrer Thematisierung eine leere Stelle und zielen mit einer immanenten Antworterwartung auf deren semantische Füllung. Aussagen dagegen sind als logisch-pragmatische Grundgestalt einer Antwort, die genau dies leisten könnte, die syntaktischen Grundformen. Ihre Satzbedeutungen sind elementar, Fragen sind syntaktisch von ihnen abgeleitet.

Der zweite Unterschied betrifft die Reihenfolge der fünf Satzteile. Im Deutschen hat man es im Gegensatz zum Englischen mit einer sogenannten elastischen Wortstellung zu tun: die Reihenfolge der typischen Satzteile ist im Rahmen bestimmter Wahlmöglichkeiten offen. Dennoch determiniert die Wortstellung auf subtile Weise den Unterschied von Frage und Antwort. Dieser Unterschied lässt sich durch die gestaltverändernde Wirkung von Vertauschungsoperationen auffassen. Der zunächst unübersichtlich erscheinende Gestaltwechsel von (1) A + B + C + D + E zu (2) C + B + E + D + A etwa weist die folgenden strukturellen Fixpunkte auf: In beiden Ketten steht die finite Verbform *liefert* an zweiter Stelle und trennt damit einen „Vorbereich" (A bzw. C) von einem „Nachbereich" (C + D + E bzw. E + D + A) ab. Mit dem intuitiven Wissen darum, dass am Anfang einer (Bestimmungs-)Frage das Erfragte und am Ende einer (transitiv realisierten) Aussage das Ausgesagte in seinem Bezug zum am Anfang eingeführten Referenzpunkt benannt wird, zeigt der Gestaltwechsel von (1) zu (2) damit rein strukturell an, dass A und C wechselseitig in einer Art Subjekt-Objekt-Beziehung stehen müssen, während D und E als von diesem Wechsel zwischen den Satzbereichen nicht betroffene Konstituentien nur erweiternde Bestimmungen dieser Beziehung sein können.

Dieses syntaktische Wissen wird jedoch im Falle konkreter Sätze mit deren Semantik konfrontiert. Beispielsweise würde die Kette (1') eine Wassermenge + liefert + eine Heilquelle + a) täglich, b) monatlich, c) jährlich + bei einer Ausschüttung von 200 hl pro Stunde, in welcher die gleiche Konstituentenreihung wie in (1) realisiert ist, intuitiv sofort als ungrammatisch erkannt werden, weil der unbestimmte Artikel am Anfang der sequenziellen Wahrnehmung auf die Fixierung einer Referenz statt auf die Markierung des zu bestimmenden Teils einer Frage verweisen würde. Die im Rahmen intuitiver Wahrnehmung wahrgenommene Unregelmäßigkeit bestünde also darin, dass in (1') die Konstituentenreihung einer Frage mit dem Wortmaterial eine Aussage kombiniert ist, eine solche Aussage aber keinen Sinn ergibt.

Was an dieser Stelle zunächst deutlich wird, ist Chomskys Grundidee: Sätze als Sequenzierungen von Wörtern entstehen gedanklich aus Basisketten, die einfachste Satzstrukturen tragen und auf solche Weise intuitiv verständlich sind, wenn sie pragmatisch sinnvolle Zusammenhänge prädizieren. Basisketten als elementare logisch-syntaktische Strukturen sind dabei von gleicher Einfachheit wie etwa die Prädizierung sinnlicher Wahrnehmungen (ich sehe dich, du hörst mich) oder die logifizierende Zuordnung abstrakter Prädikate zu Phänomenen im Bereich der aktuellen Aufmerksamkeit (X ist ein P).

Vor dem Hintergrund der Erwartung einer auf solcher Basis intuitiv gelingenden Interpretation satzförmiger Äußerungen könnte nun umgekehrt der Versuch, die mit der Form (1') verbundene Unverständlichkeit zu ordnen, auf der Grundlage intuitiven Wissens über die Welt und deren logischer Repräsentation im Gesamtrahmen des Systems der Sprache auf folgende Basiskette führen:

(3) eine Quelle + liefert + Wasser.

Da Basisketten gemäß Chomskys Theorie syntaktisch durch spezifische Operationen (Ersetzung von Wörtern, Vertauschung von Wortgruppen, Zusammenfügung bzw. Trennung von Wortgruppen und Wörtern, Einfügung bzw. Ausstreichung von Morphemen u.a. m.) in kompliziertere Ketten umgewandelt werden, soll das „sprachliche Endprodukt" einer phonetisch konkret interpretierbaren Oberflächenstruktur aus ihnen generiert werden, und umgekehrt am Ende des Prozesses der internen Analyse einer solchen Oberflächenstruktur als Bestandteile der Proposition einer Tiefenstruktur vorliegen, müsste es einen Weg – eine Folge von Transformationen der den Ketten entsprechenden syntaktischen Strukturmuster – geben, auf welchem Kette (2) eine Gestalt erlangt, die Kette (3) enthält. Das dabei realisierte Prinzip – wiederholtes Operieren als Iteration bestimmter Umformungen in durch kontextspezifische Regeln spezifizierter Reihenfolge – macht in diesem Zusammenhang einsichtig, wie es möglich ist, dass die gemäß dem Humboldtschen Verständnis aufgefasste Sprache „unendlichen Gebrauch von einer endlichen Anzahl von Mitteln" zu machen in der Lage ist.

Auf solche Weise wird auch die Idee sprachlicher Wohlgeformtheit genauer fassbar, welche als Gestalt gleichermaßen syntaktisch wie semantisch konstituiert wird: Erscheint ein Satz als ungrammatisch, so stellt dies eine Irritation im Interpretationsprozess dar, und das kann nun in der Folge dazu führen, dass die Prozesse der Bedeutungszuschreibung entweder ganz blockiert werden oder aber dass eine „Reparatur des Defekts" versucht wird. Eine solche aber ist an die Erwartung intuitiv gelingenden Verstehens gebunden und kann gelingen oder scheitern. Deshalb wird es sich bei solchen Interpretationsprozessen in der Regel nicht um jene Art des Sprachverstehens handeln, die für voll entwickelte Sprachkompetenz im Sinne eines kognitiven Mechanismus für die routinierte Zerlegung der Gesamtstruktur eines Satzes in seine logisch-syntaktischen Bestandteile charakteristisch ist. Diese wäre nämlich auf eine problemlose Interpretation der Kette (1) bezogen.

In der bisherigen Rekonstruktion des Verstehens hat sich also folgendes Problem gezeigt: Wie kann ein kompetenter Sprecher und Hörer, welcher in der Lage ist, Kette (1) als Frage zu deuten und sie in die syntaktische Grundform von Kette (2) umzuwandeln, dieser eine Gestalt zuordnen, in welcher Basiskette (3) enthalten ist und möglicherweise so mit weiteren syntaktischen Konstituentien kombiniert wird, dass eine sukzessive Transformation der entsprechenden Gestalt in Kette (2) deren Grundbedeutung zu erschließen vermag?

Konkreter Ausgangspunkt einer solchen Analyse gemäß Chomskys theoretischen Vorgaben muss die Feststellung sein, dass es sich bei (2) um eine Oberflächenstruktur handelt, wohingegen (3) Bestandteil der zugrunde liegenden Tiefenstruktur ist. Jene realisiert über die bloße Phrasierung von (2) hinaus eine Gesamtstruktur von horizontaler und vertikaler Verknüpfung syntaktischer Bestandteile, wie sie der zu Anfang bereits benannten funktional-semantischen Struktur gemäß traditioneller linguistischer Analyse entspricht:

S[NP1 [eine Heilquelle] NP1 VP1[liefern-*3. Pers. Sing.* NP3[bei einer Ausschüttung von 200 hl pro Stunde]NP3 NP4[a) täglich *conj* b) monatlich *conj* c) jährlich]NP4 NP2[eine Wassermenge]NP2] VP1]S.

In dieser Oberflächenstruktur S[NP1 VP1]S, deren Verbalphrase VP1[liefern-*3. Pers. Sing.* NP2[eine Wassermenge]NP2]VP1 durch zwei zusätzliche Nominalphrasen NP3 und NP4 erweitert ist, kann auf der dem Satz nächstgelegenen Hierarchieebene NP1-VP1 eine Basiskette

(4) eine Heilquelle + liefert + eine Wassermenge

ausgegliedert werden, welche der Kette (3) sehr ähnelt. Dennoch sind die Ketten (3) und (4) weder syntaktisch noch semantisch identisch. In syntaktischer Hinsicht unterscheiden sie sich durch das jeweils in ihnen enthaltene Wortmaterial: (3) eine Quelle vs. (4) eine Heilquelle sowie (3) Wasser vs. (4) eine Wassermenge, was in logisch-pragmatischer Hinsicht dann semantische Differenzen erzeugen muss. In der formalen Konstituentenstruktur unterscheiden sie sich jedoch nicht. Deshalb könnte zunächst davon ausgegangen werden, dass Kette (4) eine Basiskette der Tiefenstruktur von Kette (2) ist.

Hier nun wiederholt sich in der Analyse pragmatisch-strukturell das oben bereits aufgezeigte Problem, sukzessive zu verstehen, wie ein kompetenter Sprecher und Hörer die der Kette (2) entsprechende Oberflächenstruktur S[NP1 VP1]S in eine ihr syntaktisch zugrunde liegende Tiefenstruktur transformiert, welche Basiskette (4) enthält und so die Grundbedeutung von Kette (3) zu realisieren vermag. Zugleich gilt es nun, jene Spezifika zu explizieren, *welche Kette (4) über das intuitive Verstehen von Kette (3) hinaus zu einer problematischen Bedeutungsstruktur werden lassen* könnten.

Ohne die Analyse in dieser Stelle zu sehr in Detail treiben zu wollen sei in methodischer Hinsicht angemerkt, dass es auf dem angezeigten Wege prinzipiell möglich sein sollte, diese Frage unter Zugrundelegung einer generativen Transformationsgrammatik des Deutschen zu beantworten, indem eine passende Folge regelhaft realisierter Ableitungen einer je neuen Kette aus einer je alten sukzessive aufgelistet wird. Diesen Weg würde ein streng an Chomskys Theorieentwurf orientiertes psycholinguistisches Vorgehen versuchen zu beschreiben. Da eine Diskussion solcher Transformationsgrammatiken den Rahmen dieser Arbeit sprengen muss, gilt es hier, entsprechende Details zunächst auszublenden und sich auf den Weg einer problemorientierten semantischen Analyse zu konzentrieren. Dabei müsste am Unterschied der Ketten (3) und (4) angeknüpft werden. Dazu können die beiden möglichen Übergangsketten

(3')   eine Heilquelle + liefert + Wasser
(3'')   eine Quelle + liefert + eine Wassermenge

betrachtet werden. Die Kette (3') ist zwar als Aussage grammatisch korrekt, aber pragmatisch ohne weitere Spezifizierung des entsprechenden Kontexts unsinnig, weil (3') im Vergleich zu (3) als überbestimmt erscheint und nur im Zusammenhang einer zu intendierenden weiteren Bestimmung der vom Wasser ausgesagten Inhaltlichkeit überhaupt eine eigenständige Bedeutung gewinnen kann: Eine solche hätte hier gerade die Qualität des gelieferten Wassers zu spezifizieren.

Im Gegensatz dazu ist jedoch die der Kette (3'') entsprechende Aussage unmittelbar verständlich, wenn der Interpretierende über einen Mengenbegriff verfügt, der sich pragmatisch auf die Volumenbestimmung von Flüssigkeiten bezieht. Kette (3") ist als sowohl syntaktisch als auch semantisch wohlgeformte zwar sehr abstrakt, müsste aber in Gestalt einer potentiellen Aussage im Unterschied zu (3') nicht als pragmatisch unsinnig wahrgenommen werden. Grundlage solchen Verstehens wäre allerdings ein intuitives Wissen um die Mehrdeutigkeit des Sprachelements *etwas liefern*. Diese umfasst eine Kontextdifferenzierung natürlicher und kultureller Bedingungen: Man könnte damit sowohl den Austausch zwischen Personen im Rahmen von sozialer Vereinbarung als auch die Aneignung natürlicher Ressourcen im Rahmen eines sozialen Prozesses bezeichnen.

Dieser Unterschied enthielte auch – sein gelingendes pragmatisches Verstehen vorausgesetzt – einen Kontext für die Konkretisierung jener Referenz, welche sich in einer Erweiterung von *Quelle* zu *Heilquelle* ausdrückt und in der Logik intuitiven Verstehens von (3") zu (4) führt: ein intuitives Wissen um die besondere Qualität des zu liefernden Wassers und die Erwünschtheit einer Verfügung darüber im allgemeinen sozialen Zusammenhang. Dem würde syntaktisch die Erweiterung des anderen, die Prädikation realisierenden Satzteils von der einfachen, zunächst weitgehend unbestimmten Form *liefert Wasser* zum Syntagma *liefert eine Wassermenge* korrespondieren: Dieses nämlich enthält mit dem Artikel *eine* einen Determinator, der strukturell die syntaktische Unterscheidung zwischen Determiniertheit und Indeterminiertheit des darauffolgenden Nomens trägt und sie so überhaupt erst als neue grammatische Bestimmung in den die Prädikation realisierenden Satzteil einführt. Auf diese Weise wird die Bedeutungsstruktur der Proposition auf subtile Weise erweitert: Die besondere Qualität motiviert nämlich eine Fraglichkeit, die im Kontext erwünschten Verfügens über das Wasser dessen quantitative Bestimmung betrifft.

Die der Kette (4) entsprechende Aussage ist nun zwar eine Erweiterung von (3), dennoch enthält der Satz eine Fraglichkeit, welche nach weiterer semantischer Bestimmung und damit auch syntaktischer Erweiterung verlangt. Die Fraglichkeit erwächst nun aus der quantitativen Unbestimmtheit der Mengenvorstellung. Diese ist der allgemeinen Vorstellung des Lieferns inhärent. Zu erwarten ist also eine Konkretisierung des abstrakten Bezugs zwischen der referenziell noch unbestimmten Heilquelle und dem über sie Ausgesagten. Erst mit einer solchen Konkretisierung würde die Aussage intuitiv verständlich.

Neben der materialen Unterscheidung natürlicher und kultureller Bedingungen verlangt *liefern* nun aber eine formale Unterscheidung des zu Prädizierenden hinsichtlich seines zugrunde gelegten Verlaufscharakters: Es könnte sich um einen (symbolisch verdichteten) Akt oder aber einen in der Vorstellung zu konkretisierenden Prozess des Lieferns einer

Wassermenge handeln. In beiden Fällen wäre mit einer je unterschiedlichen Bestimmung der Mengenvorstellung zu rechnen, so wie die Gesamtheit natürlicher und kultureller Kontextbedingungen auf Vorstellungen der allmählichen Ansammlung von Wasser an einem konkreten Ort oder aber eine Vereinbarung über die Lieferung von als verfügbar vorgestellten Wassermengen bezogen sein kann.

Eine so bestimmte Konkretisierung könnte also in prinzipiell zwei Richtungen erfolgen, je nachdem ob die Vorstellungen sich an Möglichkeit oder Wirklichkeit orientieren. Im Falle eines symbolisch bestimmten Aktes von Liefern wäre die Möglichkeit einer Lieferung an das Vorhandensein von nicht nur qualitativ, sondern entsprechend auch quantitativ bestimmten Wassers geknüpft. Intuitive Verstehensgrundlage wäre hier eine Vorstellung von auf Flüssigkeiten bezogener Mengeninvarianz: Es kann genau soviel Wasser geliefert werden, wie als vorab vorhanden assoziiert werden kann. Im Falle eines zu konkretisierenden Prozesses von Liefern reicht es dagegen, wenn ein entsprechender Prozess als Gesamtvorstellung im Sinne einer erfahrungsgesättigten Assoziation realisiert werden kann. Dazu reicht es im Prinzip, wenn man sich zugleich den Prozess mit seinem Ergebnis vorstellen kann. Im Kern handelt es sich dabei um eine Realisierung grammatischer Grundbedeutung bezogen auf die Verbkategorie im Unterschied zu der der Nomen:

(5) eine Heilquelle + (mit großem Wasserausstoß) + liefert + eine (große) Wassermenge,
(6) eine Heilquelle + (mit geringem Wasserausstoß) + liefert + eine (geringe) Wassermenge,
(7) [die] Heilquelle + (in Bad Vilbel) + liefert + eine (konkret bestimmte) Wassermenge.

Die verschiedenen Möglichkeiten zur logisch-syntaktischen Erweiterung von Kette (4) in einer Richtung, die durch Kette (1) empirisch vorgegeben ist und die über den kognitiv realisierten Mechanismus einer Transformationsgrammatik zum Ergebnis von Kette (2) führen soll, lassen sich also semantisch durch zwei unterscheidbare Strukturtypen von Referenzbestimmung kennzeichnen, die eine je spezifische Art der Prädikation erfordern: Entweder wird die Heilquelle durch ein abstraktes Attribut genauer bestimmt, durch welches die im Denken daran anknüpfenden Möglichkeiten zur Prädikation analytisch zugleich vorgegeben wie eingeschränkt werden, oder aber die Referenz erfolgt als konkreter Weltbezug und bindet eine Prädikation dann an Möglichkeiten, sich die Referenz in einem konkreten Prozess auf der Grundlage sinnlich gestützter Erfahrung zu vergegenwärtigen. Worin besteht nun die empirische Realisierung dieser Strukturtypen durch das sprachliche Material der Mathematikaufgabe?

Die Aufgabenformulierung selbst bietet folgende beiden Realisierungen einer solchen möglichen Bestimmung an:

(8) eine Heilquelle + liefert + (täglich, monatlich, jährlich) + eine Wassermenge,
(9) eine Heilquelle + liefert + (im Sinne einer Ausschüttung) + eine Wassermenge.

Beide Realisierungen sind den analytisch explizierten Strukturtypen in gewissem Sinne analog. Mit Kette (8) wird zwar keine volle Konkretisierung des semantischen Zusammenhangs erreicht, aber die in Bezug auf (4) explizierte Fraglichkeit wird hier mittels der Entscheidung für eine Prozessbedeutung des Lieferns bestimmt: Obwohl keine konkrete Heilquelle genannt ist, erzeugt die geordnete Aufzählung dreier Zeitadverbien eine Vorstellung von konkret zu beobachtendem Wasserfluss. Trotz der Unbestimmtheit des über die Heilquelle Ausgesagten erfolgt dadurch eine Konkretisierung der Vorstellung. Es ist etwa möglich, sich eine Quelle vorzustellen, aus welcher Tag und Nacht Wasser ganz bestimmter Qualität herausfließt. Insofern nähert sich die Gesamtbedeutung intuitiv der mittels Kette (7) ausgedrückten Totalität möglicher Konkretisierung an – zumindest soweit es Vorstellungen bezüglich eines länger andauernden Fließens betrifft. Diese müssten auf das jeweilige Ergebnis einer solchen Lieferung bezogen werden können. Dabei enthält die dreifache temporale Bestimmung implizit den Verweis auf Denkmöglichkeiten im Zusammenhang mit differenzierenden Vorstellungen vom Grundparadigma der Zeit, in dessen Rahmen verschiedene Zeitdauer quantitativ verglichen und somit nominalisiert vorgestellt wird.

Mit der Kette (9) jedoch wird keinerlei konkretistisch deutbare Konkretisierung vorgenommen. Insofern handelt es sich hier analog zu den Ketten (5) und (6) um abstrahierende Konkretisierungen. Im Unterschied zur relational ausgedrückten quantitativen Bestimmung in diesen beiden Ketten wird in Kette (9) aber lediglich die Prozessbedeutung des Lieferns negiert. Dadurch wird die in Bezug auf den Kontext von Kette (4) fragliche Unbestimmtheit nun mit einer Aktbedeutung versehen. Sowohl bei der Heilquelle als auch bei der gelieferten Wassermenge handelt es sich somit um unbestimmte Abstrakta, für deren Zusammenhang ein Fakt der Entsprechung konstatiert wird: Das Liefern hat als Ergebnis eine Wassermenge, und die Heilquelle liefert dieses Ergebnis als Ausschüttung. Der Zusammenhang besteht hier lediglich darin, dass die in (8) noch an eine Zeitdauer gebundene, in (5) und (6) durch einen impliziten Größenvergleich realisierte Vorstellung des Lieferns einer Menge in (9) gänzlich entsinnlicht wird. Dem entspricht ein Wortbildungsprozess durch Substantivierung. Dadurch, dass nur noch der Fakt des Lieferns, grammatisch realisiert in der substantivischen Bedeutung von Ausschüttung, in Betracht gezogen werden soll, generiert sich in der Sprache auf formalem, syntaktischem Wege ein semantisches Gebilde, dessen Bedeutung an die aufgezeigten Operationen semantischer Konkretisierung qua abstrahierender Ableitung gebunden ist. Verstanden werden kann diese Bedeutung nur, wenn das Liefern als ein Ausschütten interpretierbar ist, dessen Ergebnis eine qualitativ und quantitativ bestimmte Wassermenge darstellt.

Hier ist zu konstatieren: Abstrakter im Sinne von widersprüchlich, also auf eine ganz bestimmte Weise unbestimmt, kann ein Zusammenhang sprachlicher Prädikation kaum sein. Im Unterschied zu den Ketten (5) und (6) mit deren innerem syntaktischen Vorgang der sukzessiven Verschiebung lokal abgrenzbarer Teilbedeutung wird in Kette (9) keine eigenständige logische Kategorie bezeichnet. Eine Ausschüttung umfasst semantisch sowohl das Fließen im Sinne einer Prozessbedeutung als auch die Fixierung im Sinne einer Mengenbestimmung. Der Bezeichnungsvorgang selbst mit seiner implizit definierenden, eine kategoriale Synthese von Zeit und Menge konstituierenden Bedeutung ist der eigentliche Gegenstand dieser pragmatisch eher als konstatierend in Erscheinung tretenden Aussage. Zum Verständnis von Kette (9) ist die abstrakte kategoriale Bedeutung einer solchen in der Vorstellung zu realisierenden Gestalt also bereits vorauszusetzen.

Die Analyse des semantischen Zusammenhangs führt somit zurück zur Frage nach deren syntaktischer Generierung. Hier nun trägt Chomskys Unterscheidung zwischen sprachlicher Oberflächen- und Tiefenstruktur. Die formale Erweiterung von (4) zu (9) sieht zwar syntaktisch einfach aus, ist aber, wie die Analyse eindringlich nahegelegt hat, semantisch hochkompliziert. Kette (9) verweist auf eine Oberflächenstruktur, deren zugeordnete Strukturbeschreibung im Sinne einer intuitiv verständlichen Tiefenstruktur sich aus mehreren elementaren Propositionen zusammensetzt:

(9') (eine Quelle + Wasser) + ausschütten,
(4') (eine Heilquelle + eine Wassermenge) + liefern.

Diese Ketten enthalten zwei Propositionen, die sich syntaktisch in etwa so unterscheiden, wie die oben genannte Mehrdeutigkeit des Verbs liefern es lexikalisch bestimmt: Verstanden als natürliche Ressource erscheint die Quelle begrifflich als ein Ort, an welchem sich Wasser allmählich ausschüttet bzw. unter nicht näher bestimmten Umständen ausgeschüttet wird. Verstanden als kultureller Zusammenhang erscheint die Quelle als Instanz, die eine Gruppe von Abnehmern mit Wasser zu versorgen in der Lage ist.

Während (9') gemäß ihrem Inhalt konkretistischer Art ist, dabei aber – der darin enthaltenen Unbestimmtheit entsprechend – auf einer magischen Naturvorstellung beruht, kann (4') demgegenüber nur als abstrahierend bezeichnet werden. Dieser Umstand zeigte sich in der bisherigen Analyse als Gestalt semantischer Ambivalenz der verbalen Bedeutung von *liefern* und zwingt somit einen Interpreten im Rahmen eines Prozesses pragmatischen Verstehens zu deren Konkretisierung.

Vielleicht ist es sinnvoll zu sagen, dass Kette (9') den möglichen Bedeutungsumfang von Kette (4') quasi halbiert: Die im gleichen Kontext erfolgende Nennung von liefern und ausschütten verweist zum einen auf die Reziprozität im Verhältnis von Geben und Nehmen und bezeichnet zum anderen implizit die Unterscheidung natürlicher und kultureller Bedingungen im Vorgang des Lieferns. Umgekehrt lässt sich nun nachvollziehen, wie der kompetente Interpret sein Verständnis einer vollen Bedeutung der Prädikation in Kette (4') im Durchgang durch die Realisierung der entsprechenden Teilbedeutung in Kette (9') zu entwickeln vermag.

Eine semantisch orientierte Analyse zeigt also, dass die Bedeutungsstruktur der Verbalphrase in Kette (4) auf das Vorliegen einer syntaktischen Tiefenstruktur mit zwei Basisketten verweist, deren jeweilige Bedeutung der in den Ketten (3) bzw. (4') und (9) bzw. (9') konkret ausgedrückten entspricht. Zugleich lässt sich nun auch der „formale Abstand" zwischen Oberflächenstruktur (2) und ihrer bisher noch unbekannten Tiefenstruktur abschätzen: Da die mit Kette (9) ausgedrückte Bedeutung Bestandteil der Gesamtbedeutung von Kette (2) ist, hätte der grammatische Transformationsmechanismus jene elementarisierende Leistung zu erbringen, welche sich im syntaktischen Unterschied von Kette (9) einerseits und den beiden logisch-pragmatisch aufeinander bezogenen Ketten (9') und (4') ausdrückt. Dieser Unterschied bestimmt nicht nur den minimalen Umfang logisch-pragmatischer Verstehensprobleme, sondern auch die mögliche Struktur syntaktischer Transformationsoperationen zu deren Überwindung. Im vorliegenden Fall sind diese auf Operationen der Substantivierung des Verbs *ausschütten* und die syntaktische Einbettung des entsprechend veränderten Formativs in den Rahmen einer umgreifenden Proposition sowie auf die Transformation jener logischen Verknüpfung bezogen, welche die von den Basisketten repräsentierten elementaren Propositionen so zueinander in Beziehung setzt, dass die logisch-pragmatische Gesamtbedeutung von Kette (2) entstehen kann.

Auch hier sind verschiedene Möglichkeiten denkbar:

(10) wie + (eine Quelle + Wasser) + ausschütten, so + (*diese* Quelle + Wasser) + liefern,
(11) wenn + (eine Heilquelle + eine Wassermenge) + ausschütten, dann + (*diese* Heilquelle + *diese* Wassermenge) + liefern.

Wie bereits dargestellt, unterscheiden sich beide Möglichkeiten logischer Verknüpfung voneinander wie Konkretes und Abstraktes. Zudem sieht man nun, dass sich die volle Realisierung der Bedeutung von (9) in zwei Stufen der Konkretisierung generieren lassen muss: Die mit Kette (10) vorgenommene Analogisierung zweier Prozessbedeutungen verweist auf den parallelen zeitlichen Verlauf des mittels (9') und (4') Bezeichneten und zielt auf deren syntaktisch zu realisierende logische Synthese. Die Parallelität der Verläufe konstituiert die Einheit einer Gesamtbedeutung. Die entsprechende Bedeutungsstruktur repräsentiert den mit syntaktischen Mitteln realisierten logischen Kern des in den Ketten (7) und (8) auf je konkrete Weise ausgedrückten Subjekt-Objekt-Zusammenhangs. Dabei wird die in der Vorstellung zunächst abstrakt realisierte Referenz im ersten Schritt syntaktisch verdoppelt. Ergebnis dieser Semiose ist eine Quelle, die Wasser ausschüttet und liefert.

Im zweiten Schritt wird dieser qualitative Subjekt-Objekt-Zusammenhang quantitativ bestimmt. Nach Art der in den Ketten (5) und (6) realisierten Verschiebung konkretisiert sich nun die Vorstellung einer Wassermenge auf der intuitiv zu realisierenden logischen Grundlage eines Wissens um Mengeninvarianz im Rahmen des in der Vorstellung bereits konstituierten Prozesses von Ausschütten und Liefern. An dieser Stelle der Analyse wird jene Einheit von sequenziell bestimmbarer Operativität und intuitiv zu leistender Gesamtvorstellung theoretisch greifbar, welche das Problem des in der zweiten Fallrekonstruktion zu analysierenden empirischen Zusammenhangs ausmacht und eine Bedingung prädikativer Synthese bei der Bestimmung von etwas Unbekanntem zu sein scheint. Im Fall des hier analysierten syntaktisch-semantischen Zusammenhangs lässt sich als Bedingung der Möglichkeit von Verstehen zunächst festhalten, dass die Spezifik einer konditionalen Verknüpfung von Prämisse und Konklusion nicht ohne eine zweistufige Verdopplung von zunächst abstrakter, unbestimmter Referenz sowie eine damit zu verbindende zweimalige Konkretisierung der zu synthetisierenden Teilbedeutungen im Rahmen syntaktischer Transformation realisierbar ist. Im Ergebnis einer mehrstufigen Semiose konstituiert sich die Gesamtbedeutung einer Heilquelle, die qualitativ und quantitativ bestimmtes Wasser ausschüttet und liefert sowie als Ergebnis eines solchen – quasi auf einen Blick überschaubaren – Gesamtprozesses eine bestimmte Wassermenge hervorbringt.

Diese hochkomplex konstituierte Wassermenge bezeichnet den informational-semantischen Kern des insgesamt ausgesagten Inhalts. Die Form der Sprache verweist auf einen grammatischen Mechanismus, der als Folge syntaktischer Operationen einen semantisch bestimmbaren Prozess sukzessive zu realisierender Semiosen determiniert, in deren Ergebnis sich in der Vorstellung eine fixierbare Gesamtbedeutung generiert hat. Diese Gesamtbedeutung enthält sowohl fixe Bedeutungskerne nach der Art von Lexikoneinträgen als auch dynamische Bedeutungsmomente, die – wie die Rekonstruktion des semiotischen Prozesses gezeigt hat – die Bedingungen ihrer Möglichkeit in der spezifischen Synthese eines Subjekt-Objekt-Zusammenhangs sowie den in ihn eingehenden Teilprozessen der Konstitution jener Elemente haben, welche die semantische Sättigung der Basiskette (4) in der Vorstellung eines Interpretanten pragmatisch gelingen lassen: Nun lässt sich angeben, zu welchem sprachlichen Endpunkt die logisch-syntaktische Analyse durch einen kompetenten Sprecher-Hörer gemäß spezifischer syntaktischer Transformationsregeln angesichts der Oberflächenstruktur von Kette (2) im Falle routinierten pragmatischen Verstehens auf generativem Wege gelangen müsste:

(12) wenn + eine Heilquelle + (eine bestimmte Zeit lang) + (Wasser)+ ausschüttet, dann + liefert + diese Heilquelle + (während dieser Zeit) + (als Ergebnis des Ausschüttungsprozesses) + eine (auf diese Weise) – (bestimmte) Wassermenge.

Der entsprechende konditionale Zusammenhang ist unmittelbar einleuchtend, sein intuitives Verständnis gelingt allein aufgrund der angenäherten propositionalen Bedeutungen seiner beiden syntaktischen Bestandteile. Die Unbestimmtheit von Kette (4) konkretisiert sich in der auf Erfahrungsgrundlage angebahnten Synthese zwischen der Vorstellung eines Wasserflusses von bestimmter Dauer und dem beim Auffangen dieses Wassers in einem Behälter verfügbar werdenden Ergebnis des dementsprechenden Ausschüttungsprozesses. Diese doppelte Bestimmung bezeichnet die Konstituierung des in Kette (9) kompakt ausgedrückten Vorstellungsinhalts durch einen mikrosemiotischen Prozess, der analog zu dem in den Ketten (5) und (6) realisierten eine quantitative Bestimmung mittels Verdopplung einer abstrakten Referenz intern generiert, sowie durch die damit einhergehende sukzessive pragmatische Einbettung der referierenden Semiosen in den Rahmen des in Kette (7) als Reihung dreier Temporalisierungen konkretisierten Prozesskontexts. Mit dem intuitiven Verständnis von Kette (12) erhält dann die Oberflächenstruktur aus Kette (2) die Gestalt

(13) wenn + eine Heilquelle + 200 hl pro Stunde + ausschüttet, dann + liefert + diese Heilquelle + a) täglich, b) monatlich, c) jährlich + eine Wassermenge.

Ein intuitives Verständnis von Kette (12) im eben explizierten Sinne bedeutet nun aber nicht, dass ein Rezipient quasi automatisch auch den der Kette (13) zugrunde liegenden Sachverhalt verstehen kann: Die bisherige Analyse zielte einzig und allein auf die Bedingungen der Möglichkeit, den mit Kette (2) syntaktisch repräsentierten propositionalen Zusammenhang im Rahmen eines intuitiv realisierten grammatischen Mechanismus in eine Form zu transformieren, die syntaktisch durch Kette (13) repräsentiert wird. Ein solches Verständnis umfasst zunächst nur die Fähigkeit zur syntaktisch-semantischen Parallelisierung der Phrasenstrukturen von (12) und (13). Eine solche Parallelisierung in Analogie zum semiotischen Prozess, wie Roman Jakobson ihn für die Verssprache und dort realisierte Typen der Bedeutungsgenerierung beschrieben hat, stellt aber lediglich die im Falle der Verssprache auf konkrete Wahrnehmung sprachlichen Materials bezogenen Voraussetzungen für eine Interpretation dar. Insofern handelt es sich hier um notwendige, aber nicht hinreichende Bedingungen für Verstehen. Dass nämlich die Syntagmen [200 hl pro Stunde] und [(eine bestimmte Zeit lang) + (Wasser)] bzw. [a) täglich, b) monatlich, c) jährlich] und [(während dieser Zeit) + (als Ergebnis des Ausschüttungsprozesses)] tatsächlich jeweils vergleichbare Bedeutungen tragen, lässt sich ohne weitere Interpretation nicht behaupten: An dieser Stelle sind im Rahmen der Suche nach den Bedingungen der Möglichkeit für pragmatisches Verstehen von (1) einerseits der konkrete Gehalt der Frage nach einer unbekannten Wassermenge und andererseits das psycholinguistische Problem von deren Bestimmung auf der Grundlage zu konkretisierender Bedeutung innerhalb eines semiotischen Prozesses zu unterscheiden. Zumindest lässt sich sagen, dass die Art und Weise der semiotischen Bestimmung gleichermaßen materiale, auf Problemwahrnehmung bezogene wie formale, auf Sprachverstehen bezogene Bedingungen impliziert. Umgekehrt kann aber als sicher gelten, dass ohne die bereits explizierten Strukturmomente als konkrete Bedingungen im Rahmen intuitiv realisierter Sprachkompetenz pragmatisches Verstehen nahezu ausgeschlossen ist.

Bezogen auf diese Bedingungen lässt sich festhalten, dass für ein pragmatisches Verstehen von Kette (2) deren grammatische Transformation in die Gestalt von Kette (13) notwendig ist: In der sprachlichen Oberflächenstruktur eines einfachen Satzes sind in logischer Hinsicht zwei Basisketten enthalten, welche wiederum immanent das syntaktische Strukturmuster des Gesamtsatzes in eine syntaktische Tiefenstruktur zu transformieren erforderlich machen. Die vermeintlich einfache Oberflächenstruktur S[NP1 VP1]S wird im oben rekonstruierten Gelingensfall pragmatischen Verstehens in die Tiefenstruktur S[*cond.conj.1* S1[NP1 VP2]S1 *cond.conj.2* S2[NP1' VP1]S2]S transformiert.

Die Tiefenstruktur setzt sich also aus zwei Propositionen S1 und S2 zusammen, die ein konditionales Satzgefüge S[S1 S2]S bilden. In Langfassung lautet diese:

S[*cond.conj.1* S1[NP1[eine Heilquelle]NP1 VP2[NP3'[200 hl pro Stunde]NP3' ausschütten-*3. Pers. Sing.*]VP2]S1 *cond.conj.2* S2[NP1'[*det.* Heilquelle]NP1' VP1'[liefern-*3. Pers. Sing.* NP4[a) täglich *conj.* b) monatlich *conj.* c) jährlich]NP4 NP2[eine Wassermenge]NP2]VP1']S2]S.

Es erscheint im Sinne einer Vergegenwärtigung des gesamten Transformationsprozesses als instruktiv, sich die innerhalb der Propositionen S1 und S2 vollzogenen Teiltransformationen näher anzusehen: Bezogen auf die Oberflächenstruktur S[NP1 VP1[liefern-*3. Pers. Sing.* NP3 NP4 NP2]VP1]S sind die beiden Propositionen der Tiefenstruktur S1[NP1 VP2[NP3' ausschütten-*3. Pers. Sing.*]VP2]S1 und S2[NP1' VP1'[liefern-*3. Pers. Sing.* NP4 NP2]VP1']S2 jeweils syntaktisch reduziert. S2 erscheint als unmittelbares Ergebnis derjenigen Reduktionsoperation, welche aus der Oberflächenstruktur S deren nach dem Muster von Kette (9) „semantisch abstrahierenden" Anteil *NP3[bei einer Ausschüttung von 200 hl pro Stunde]NP3* syntaktisch herauslöst und dadurch eine Proposition der Art von Kette (8) erzeugt. Bei S2 handelt es sich also um den „semantisch konkreten" Anteil der Oberflächenstruktur von (2). Wie aber kann man sich die Konstituierung von S1 auf dem Wege einer Transformation der herausgelösten Nominalphrase NP3 vorstellen?

Dazu sind zweierlei Arten von Regelanwendung notwendig: Zum einen geht es hier um eine weitere Aufspaltung von NP 3 in ihre Binnenstruktur NP3[bei-*präp.dat.* NP5[eine Ausschüttung NP3"[von-*präp.dat.* 200 hl pro Stunde]NP3"]NP5]NP3. Zunächst erfolgt eine syntaktische Herauslösung von NP5 aus NP3. Sodann müssten zwei logisch aufeinander bezogene Operationen nacheinander erfolgen. Einer semantisch motivierten Ersetzung von [bei-*präp.dat.*] durch S[wenn-*cond.conj.1* S1[...]S1 dann-*cond.conj.2* S2[...]S2]S entspricht die Transformation der Oberflächenstruktur von (2) in die Tiefenstruktur von (13). Aber unmittelbar darauf, vielleicht auch im Zusammenhang damit und d. h. im Rahmen einer komplizierteren Gesamttransformation, müsste die

47

Umwandlung der Nominalphrase NP5[eine Ausschüttung NP3"[von-*präp.dat.* 200 hl pro Stunde]NP3"]NP5 in die Verbalphrase VP2[NP3'[200 hl pro Stunde]NP3' ausschütten]VP2 erfolgen.

Auslöser dieser zweiten Art von Regelanwendung kann nur die materiale Uninterpretierbarkeit einer präpositionalen Fügung des Typs [bei-*präp.dat.* [eine Ausschüttung...]] sein. Erst im Zusammenhang mit einer Umkehrung des Substantivierungsprozesses von *ausschütten* zu *Ausschüttung* auf der Grundlage von im Lexikon gespeicherten Einträgen und damit verbundenen formalen Wortbildungsprozessen wird eine solche Transformationsoperation evident. Hier nun stellt sich die Frage nach der empirischen Realisierung entsprechender Transformationen: Entweder diese gelingt routiniert, und man hätte es dann mit einem bereits bekannten syntaktischen Strukturtransformationsmuster zu tun, was auf bereits realisierte ähnliche Fälle pragmatischen Verstehens verweist. Oder die Transformation ist für den Rezipienten ein Problem, und pragmatisches Verstehen scheitert zunächst an diesem Komplex von intuitivem Wissen um grammatische Transformationsregeln.

In letzterem Falle hätte man es mit einer bildungsrelevanten Situation zu tun: Auf dem Wege einer Explikation der in der Aufgabenformulierung enthaltenen Bedeutungsmomente und ihres syntaktisch-semantischen Bezuges aufeinander im Rahmen einer Analyse der Bedeutung der Aufgabenstellung ließe sich prinzipiell das unbekannte syntaktische Strukturtransformationsmuster erschließen. Insofern handelt es sich bei der oben vorgenommenen Explikation um eine Analyse des Bildungsgehalts der Aufgabe in formaler Hinsicht. Eine solche Explikation ist, wie bereits deutlich geworden, auf die Vergegenwärtigung impliziter materialer Bedeutungsmomente vor dem Hintergrund eigener Erfahrung im Rahmen eines Prozesses sukzessive konkretisierter Anschauung verwiesen.

Inwiefern dies auf eine echte Erkenntnis im Sinne der Auflösung affektiver Spannung im Ergebnis eines länger andauernden Prozesses von Verstehensbemühung und fortgesetzter Erschließung bezogen sein kann, wird bei der ersten Fallrekonstruktion deutlich: Eine Schülerin ist aufgrund eigener Anschauung schließlich in der Lage, die Kontextbedeutung zu erschließen, indem sie das Problem der Aufgabe in der Form prädiziert, wie viel Wasser „rausgetan" würde. Diese sprachliche Konkretisierung ist ähnlich verfasst wie die in der Bedeutung des Lieferns enthaltene Ambivalenz. Da es sich um eine eigene Sprachschöpfung der Schülerin am Ende des Interpretationsprozesses handelt, kann davon ausgegangen werden, dass sie damit eine selbst gewonnene Erkenntnis artikuliert.

Diese kann beschrieben werden als Stabilisierung einer sich durch verschiedene Mikrokontexte verschiebenden Bedeutung in der eigenen Vorstellung. Die Prädikation *pro Stunde werden 200 hl rausgetan* realisiert dabei eine (hier passivische) Verbalphrase nach Art von VP2, die, wie rekonstruiert, aus der Nominalphrase NP5 durch syntaktische Strukturtransformation entsteht. Der im empirischen Material manifestierte Umstand, dass diese Prädikation hier eher gelingt als die lexikalische Transformation von *Ausschüttung* zu *ausgeschüttet* ist ein Beleg für die These, dass die grammatische Regelbasis für pragmatisches Verstehen grundlegend und insofern entsprechend konkretisierte Sprachkompetenz dessen notwendige Bedingung ist.

1.4. Rekonstruktion von Lernprozessen

In Bezug auf das bildungstheoretische Konzept pragmatischen Verstehens lässt sich damit festhalten: Ob die im Unterricht zum Gegenstand einer erschließenden Bemühung gemachten Themen bzw. Aufgaben von Lernenden tatsächlich verstanden werden, in jenem Sinne, wie es gemäß Humboldtscher Vorstellung als allgemeinste, freieste und regeste Wechselwirkung von Ich und Welt typisch für die kreativen Prozesse sprachlicher Artikulation und Rezeption wäre, ist eine zutiefst empirische Frage. Das theoretische Rüstzeug zu ihrer Beantwortung im konkreten Fall liefert die in strukturalistischer Perspektive entfaltete moderne Linguistik sowie die methodologisch auf sie aufbauenden Verfahren empirischer Forschung in den Sozialwissenschaften.

Solche Verfahren, die auf eine Erschließung der sozialen Sinnstruktur von Lernen bezogen sind, eignen sich im Unterschied zu den rein deskriptiven, eher an Oberflächenstrukturen von textförmigen Ausdrucksgestalten sozialer Praxis interessierten Verfahren dazu, die für die bildungstheoretische Rekonstruktion von Lernprozessen charakteristischen Probleme, welche vor allem an die Aufklärung der für Lernen im Krisenmodus typischen Ambivalenzen gebunden sind, mittels geeigneter methodischer Vorkehrungen in den Blick zu nehmen. Die wichtigste dieser Vorkehrungen besteht in einer Interpretationsregel, die man Vollständigkeitsgebot nennen könnte. Gemäß dieser Regel sind bei der Explikation des Sinngehalts einer Äußerung alle pragmatisch unterscheidbaren Strukturtypen von konkret ausgedrückter Bedeutung zu berücksichtigen. Solche Strukturtypen beziehen sich gleichermaßen auf Unterschiede in den pragmatischen Gelingensbedingungen zu vollziehender Sprechakte wie auf Unterschiede in der Tiefenstruktur lexikalisch konkreter Realisierungen von Sprache. Dadurch ist es möglich, die in einer Oberflächenstruktur objektiv enthaltenen Mehrdeutigkeiten zu unterscheiden, gegeneinander abzugrenzen und in Lesarten, die unter Umständen stark kontrastieren können, während des Interpretationsprozesses zu fixieren. Diese Vorkehrung ist nötig, um die in den Anschlüssen der Interaktionsfolge empirisch nicht realisierten Bedeutungen später falsifizieren zu können. Ohne eine solche methodische Operation bleiben Deutungen spekulativ und mit ihnen verbundene Geltungsansprüche im Status subjektiver Behauptungen. Zumindest in jenen Fällen, da die empirisch realisierte Sinnstruktur über Bedeutungsvarianten ausgedrückt wird, deren Tiefenstruktur sich nicht ohne Weiteres im Prozess routinegemäßer Deutung von sprachlichen Oberflächenstrukturen erschließt, ist dies Bedingung der Möglichkeit für die objektivierende Erschließung der Fallspezifik sozialer Interaktionen und insbesondere von Lernprozessen (vgl. 1.3.). Die oben erörterte Fragestellung, ob Lernprozesse in der Praxis von Schule und Unterricht tatsächlich durch das selbstverständliche Gelingen pragmatischen Verstehens ausgezeichnet sind oder ob dies mangels Problembewusstseins der Beteiligten bzw. rekonstruktionslogischer Vorkehrungen aufseiten von Beobachtern lediglich unterstellt wird, führt somit zum empirischen Kern des Bildungsproblems.

Die in den Kapiteln 2, 3 und 4 ausführlich dargestellten Fallstudien sind der Rekonstruktion von Lernprozessen unter der Perspektive pragmatischen Verstehens gewidmet. Alle drei Fallrekonstruktionen gründen sich auf die Methode der Sequenzanalyse. Mittels einer solchen an objektiven Sprachstrukturen orientierten pragmatischen Analyse ist es möglich, jene sozialen Besonderheiten eines Falls zu bestimmen, die mit der Eröffnung einer entsprechenden Interaktion implizit – auf zunächst unsichtbare Weise – gesetzt sind und in der Folge die Entwicklung des sozialen Geschehens bestimmen. Obwohl sich prinzipiell mit jedem Sprechakt die Folge der Interaktionen auch ganz anders gestalten könnte, wären die Beteiligten dazu nur Willens und in der Lage, wirkt die konkret realisierte Bevorzugung bestimmter Optionen gegenüber anderen langfristig strukturgenerierend. Ob die Beteiligten diesen Umstand bewusst vor Augen haben oder durch die soziale Dynamik des Geschehens eher unbewusst in den Strukturierungsprozess hineingezogen werden, mag subjektiv Unterschiede in der intuitiven Deutung der Interaktionen nach sich ziehen. Hinsichtlich der objektiven Bedeutung des Interaktionsganzen gemäß den spezifischen grammatischen und pragmatischen Regeln für die Artikulation und das Sprachverstehen, für die logische Reziprozität sozialer Interaktionsperspektiven sowie für das intuitive (formalisierbare) logische Schließen als heuristisch-regelbasierte Grundlage epistemisch konkret repräsentierter Zusammenhänge ist es kein Unterschied.

Haben sich aber die zunächst impliziten Möglichkeiten sozialer Interaktion erst verwirklicht, dann sind sie zu einem realen Bestandteil des sozialen Kontexts geworden. Deshalb werden entsprechende Orientierungen für die Interaktionsteilnehmer in der Folge auch manifest eine Trägheitskraft entfalten, für deren Überwindung sich in der konkreten Interaktion zumindest eine bestimmte soziale Motiviertheit zeigen müsste. Anderenfalls wird im Rahmen einer empirischen Interaktionsfolge die Möglichkeit einer konkreten Nutzung alternativer Handlungsoptionen zunehmend erschwert.

Einmal etablierte Strukturen bestimmen also explizit oder implizit die Erwartungen der Interaktionsteilnehmer und schränken als reziprok unterstellte Sinnoptionen die routinegemäßen Denk- und Handlungsmöglichkeiten aller Interaktionsteilnehmer ein. In einer Sequenzanalyse können Bedeutungsstrukturen des in der Gesamtheit seiner Textualität gegebenen Interaktionszusammenhangs dann als Fallstruktur gelten, wenn eine Reproduktion der entsprechenden Strukturen im sequenziell fixierten Interaktionsrahmen rekonstruiert werden konnte. Wenn sich also auf längere Sicht der objektive Sinngehalt sozialen Geschehens gegen die Absichten der Akteure oder sogar im manifesten Widerspruch zu deren impliziten Erwartungen durchsetzt, ist dies ein Ausdruck für den unhintergehbaren inneren Zusammenhang eines strukturell bestimmten, fallspezifisch realisierten Typs sozialen Geschehens. Die drei Fallstudien zielen in erster Linie auf die Rekonstruktion solcher Zusammenhänge. Zu diesem Zweck werden Interaktionssequenzen aus verschiedenen Kontexten des Lehrens und Lernens analysiert. Zum einen handelt es sich um Lerntherapie in einer Kleingruppenkonstellation (Kapitel 2), zum anderen um individuelle Hilfe im privaten Raum (Kapitel 3) sowie schließlich um außendifferenzierten Schulunterricht in jener Konstellation, wie sie sich im Rahmen eines auf die leistungsgemäße Homogenisierung von Lerngruppen bezogenen Kurssystems ergibt (Kapitel 4). Dadurch kann eine größere Variabilität spezifischer Konstitutionsbedingungen für den möglichen Zusammenhang von Lehren und Lernen untersucht werden.

Beim ersten Fall geht es um eine Erschließung des Sinngehalts jener Aufgabe, deren Text oben bereits im Hinblick auf die Bedingungen der Möglichkeit für pragmatisches Verstehen analysiert wurde. Dieser Aufgabentext liegt zwei Schülerinnen in schriftlicher Fassung vor. Die im zweiten Kapitel analysierte Sequenz beginnt zunächst mit der Formulierung eines Arbeitsauftrags durch den in einer Lehrerrolle agierenden Erwachsenen. Bei der mündlichen Formulierung geht er davon aus, dass die Schüler in der Lage seien, die Aufgabe selbstständig zu lösen. Es dauert aber nicht lange, bis der Aufgabentext im Rahmen der Gruppe zum Gegenstand sinnerschließender Bemühungen wird. Im sich nun ergebenden Klärungsprozess werden sukzessive die jeweiligen Möglichkeiten und Grenzen der beiden Schüler bezüglich gelingender Verstehensprozesse und deren Prädikation deutlich. Zugleich zeigt sich aber auch ein spezifischer Umgang des Lehrers mit dieser problematischen Situation. Als Forscher hat man es hier also mit der interessanten Konstellation zu tun, dass zum einen die Frage nach den für pragmatisches Verstehen notwendigen Bedingungen im empirischen Sozialkontext wiederkehrt, mithin ein konfrontierender Vergleich der psycholinguistisch explizierten Resultate mit den während des Interaktionsverlaufs thematisch werdenden Verstehenselementen möglich wird, und dass zum zweiten auf empirischer Grundlage daran anknüpfend die Frage gestellt werden kann, ob (ggf. mit welchen Einschränkungen) die für pragmatisch gelingendes Verstehen notwendigen Bedingungen auch hinreichend sind.

Hier nun zeigt sich eine für die Rekonstruktion von Lernprozessen charakteristische Besonderheit. Während nämlich Sprache im Modus ihres sowohl in kognitiver als auch sozialer Hinsicht routinierten Gebrauchs durch kompetente Produzenten und Rezipienten unter der selbstverständlichen Prämisse wahrgenommen wird, sie ermögliche eine problemlose Verständigung, kehrt sich die pragmatische Konstellation beim institutionalisierten Lernen um: Die aus einem Erlebnis des Nichtverstehens resultierenden Irritationen werden nun in der Regel nicht mehr spontan auf den Erzeuger einer unverständlichen Ausdrucksgestalt zugerechnet, sondern haben zunächst als Ausdruck einer intuitiv zwar nicht erschließbaren, im weiteren Fortgang des Lernens aber langfristig zu erschließenden Rätselhaftigkeit zu gelten. Die entsprechende Regel gilt für die Produktion und Rezeption von Äußerungen, die der Darstellung eines Gegenstands dienen, gleichermaßen. Wenn beispielsweise ein Schüler zu einer Antwort auf die vorhergehende Lehrerfrage ansetzt, kann er nie ganz sicher sein, dass jenes Bild vom Gegenstand, welches er seiner Artikulation zugrunde legt, sich mit der entsprechenden Vorstellung des Lehrers deckt. Umgekehrt sollte ein Schüler, wenn er den Lehrer nicht versteht, die pragmatisch zunächst wohl naheliegende Deutung, der Gesprächspartner erzähle Nonsens, bewusst ausschließen. Und die für einen Lehrer geltende Verpflichtung, nicht nur die Äußerungen seiner Schüler, sondern diese selbst zu verstehen, wird in der pädagogischen Literatur so häufig angeführt, dass sie außerhalb empirischer Kontexte zunächst nicht gesondert problematisiert werden soll. Unterricht als sozialhistorische Form steht aber der methodisch kontrollierten Forschung strukturell offenbar näher als der freien Konversation unter Anwesenden im Modus öffentlicher Unterhaltung. Die entsprechenden Regeln, nach denen sich Unterricht pragmatisch konstituiert, deuten also eher auf die Erschließungsbedürftigkeit als auf das Erschlossensein der Gegenstände. Dementsprechend haben konkrete Thematisierungen ihre Anknüpfungspunkte zunächst im Unbekannten und stehen unter dem Imperativ von dessen Erschließung. Die in ethischer Hinsicht für Unterricht und insbesondere für seine institutionalisierten Formen geltend gemachten Forderungen nach tiefgreifendem Verstehen finden hier ihre sozialstrukturelle Grundlage und sind für die Sozialform offensichtlich unverzichtbar.

Während also im Alltag das Nichtverstehen als Ausnahme gelten kann bzw. dort nicht prinzipiell ein Scheitern von Kommunikation nach sich zieht, weil eine reziprok intendierte Verständigung immer die Möglichkeit hat, an anderen Stellen neu anzuknüpfen, steht die Thematisierung von Gegenständen im Unterricht unter dem Imperativ ihrer Erschließung. Deshalb erhält Nichtverstehen im konkreten sozialen Kontext von Unterricht eine andere Bedeutung als im Alltag: Da es interaktionslogisch in Bemühungen um die Erschließung eines Gegenstands eingebettet ist – was sich auf Grundlage der zeitlich-sequenziellen Strukturierung entsprechender Bemühungen an empirischem Material prinzipiell auch rekonstruieren lässt – kann es gemäß den für Unterricht konstitutiven Regeln in pragmatischer Hinsicht nur als Scheitern gedeutet werden. Deshalb muss im Rahmen einer Rekonstruktion der sozialen Sinnstruktur von Lernen und Unterricht notwendigerweise die Frage Berücksichtigung finden, ob sich Schüler einem Gegenstand überhaupt unter einer Verstehensperspektive zuwenden. Wo dies nicht der Fall ist, wäre demgemäß – streng genommen – von der Unmöglichkeit gelingenden Unterrichts auszugehen, da dessen spezifische Voraussetzungen im Sinne pragmatischer Konstitutionsbedingungen für eine Erschließung des Sinngehalts von Gegenständen nicht realisiert sind. Umgekehrt müsste aber dann davon ausgegangen werden, dass jene Ausdrucksgestalten, in denen der Unterrichtsgegenstand bei seiner Thematisierung in Erscheinung tritt, nicht nur formal auf dessen Erschließung bezogen sind, sondern eine solche im pragmatisch zu charakterisierenden Normalfall material auch ermöglichen. Deshalb ist nun hier auf den wesentlichen Umstand hinzuweisen, dass dieser Gegenstand seinerseits eine sequenziell bestimmte Bedeutungsstruktur trägt. Wenn ein Lernender sich also einem solchen Gegenstand zuwendet, so erfolgt dies nicht ausschließlich auf eine Weise, wie es der Zuwendung zu einem kompakten Ding, dem auf einen Blick überschaubaren Gegenstand im Rahmen von Alltagspraxis, entspricht.

Das Erfassen der Bedeutung dieses Gegenstandes ist selbst ein Prozess. Dieser Prozess ist nicht nur durch zufällige Impulse, Wahrnehmungsgewohnheiten und ein entsprechendes Denken des Schülers bestimmt, sondern ebenso durch die Erscheinungsweise des Gegenstands. Sofern beide Seiten nicht zusammenpassen, hat der Lehrer die Aufgabe, eine solche Passung aktiv herzustellen. Insofern kann man ganz allgemein sagen, dass der Lehrer notwendigerweise Didaktiker ist und (bzw. weil) der Gegenstand eine innere Aufgabenstruktur hat, die pragmatisch zu erschließen ist. Der in solchem Sinne verallgemeinerte Begriff einer Aufgabe enthält somit die beiden zu unterscheidenden Seiten einer sequenziell bestimmten Binnenstruktur des Gegenstandes und einer sozialen Struktur des Umgangs mit diesem Gegenstand. Bezogen auf die Rekonstruktion von Lernprozessen könnte man abstrahierend sagen, dass es sich bei diesen beiden Seiten um die jeweilige Strukturiertheit von Psyche und sozialem Prozess handelt. Letzterer zeigt erstere, die wiederum pragmatisch auf die Erschließung des in konkreter Weise erscheinenden Gegenstands bezogen ist.

Will man verstehen, auf welche Weise die Bemühungen um eine Erschließung des Gegenstands gelingen oder scheitern können, so kommt man nicht umhin, den Bezug dieser beiden Seiten aufeinander am konkreten empirischen Material zu rekonstruieren. Im Fokus der Aufmerksamkeit taucht dann die Frage nach der Konstitution des Gegenstands als Problematik von Evidenz in ihrer je spezifischen Form auf. Bevor also noch von einer möglichen Erschließung des Gegenstands die Rede sein kann, muss erst dessen Konstituierung als Gegenstand gesichert sein. Vermittlung ist keine Kategorie an sich, sondern prinzipiell auf zu Vermittelndes angewiesen. Lernen dagegen ist pragmatisch auf einen Gegenstand angewiesen.

Damit Vermittlung und Lernen überhaupt möglich sind, muss der Gegenstand klar bestimmt sein. Ist er dies nur als äußerlicher, so wird das Ich in seiner sich in der Zeit konkretisierenden Beziehung zu ihm entweder ein praktisches Interesse am Gegenstand erwerben, das nur in jenen Fällen auf Dauer nicht erlahmt bzw. ganz erlischt, da besagter Gegenstand ein Problem des Alltags markiert – etwa als Teil der Berufsperspektive oder als Hobby – oder aber weitgehend interesse- und somit beziehungslos bleiben. Andersherum, soll als Ergebnis von Unterricht eine dauerhafte Beziehung zum Gegenstand im Sinne gelingender Vermittlung im Rahmen eines allgemeinen Bildungsprozesses gestiftet werden, so ist dies für ein Ich nur möglich, wenn es Fragen an den Gegenstand stellt.

Eine entsprechende Perspektive ist nun notwendigerweise sprachlich bestimmt. Als solche enthält sie mit der Eigenschaft sprachlicher und pragmatischer Sequenzierungsregeln (in der präskriptiven Wahrnehmung) des Gegenstandes potentiell jenen Strukturgesichtspunkt, welcher oben bereits als generative Binnenstruktur des Gegenstands benannt wurde. Eine solche Problemperspektive ist aber in der Tradition des Nachdenkens über Erkenntnis durchaus nicht neu. Hegel beispielsweise unterscheidet in seiner Wissenschaft der Logik in Bezug auf die Kategorie der unendlichen Quantität zwischen einem guten und einem schlechten Unendlichen und meint damit jenen Aspekt sich im Prozess bestimmender Bedeutung, welcher den Unterschied zwischen einer bloßen Negation der Bestimmtheit und einer wirklichen Bestimmung ausmacht. Eine Frage zeigt demnach nicht einfach etwas Unbekanntes. Fragen an einen Gegenstand zu stellen hieße stattdessen, zunächst die ihn in der Vorstellung teilweise mitkonstituierende Diffusität zu bestimmen. Ist nun aber der Gegenstand – wie im Unterricht die Regel – als Teil der kulturellen Wirklichkeit tatsächlich mit einer Bedeutungsstruktur ausgestattet, so kann deren Erschließung wohl prinzipiell nicht ohne jene Sequenzialität gedacht werden, die als Charakteristikum von Sprache gelten muss.

Wenn also in der Didaktik – etwa bei Klafki – von wechselseitiger Erschließung die Rede ist, so ist mit dieser Formel die doppelte Bestimmtheit des Bezugs zweier Sequenzialitäten aufeinander bezeichnet, die zum einen in der vom gegebenen Bedeutungsganzen ausgehenden analytischen Bewegung einer Psyche besteht, die sich einen konkreten Gegenstand – etwa ein sprachliches Artefakt – generativ zu erschließen versucht, und die sich zum anderen erst mit der Artikulation einer Sprachäußerung im sozialen Kontext auf solche Weise verständlich zu machen trachtet, dass die entsprechende – nun umgekehrte – generative Bewegung bei der Produktion eines sprachlich strukturierten Bedeutungszusammenhangs von Gesprächspartnern als solche wahrgenommen und verstanden werden kann. Im gelingenden Fall kann von wirklicher Vermittlung zwischen Psyche und Sozialität auf dem Weg über einen Gegenstand gesprochen werden. Im Unterschied zur verbreiteten Ansicht, eine solche Vermittlung müsse zwecks der begrifflichen Bestimmung einer Unterrichtssituation vorausgesetzt werden, ist hier nun aber festzustellen, dass ihre Herstellung im Prozess und somit eine entsprechende Rekonstruktion am empirischen Material das eigentliche Problem der Sache ausmacht.

Auch in jenen Fällen, da es sich beim Gegenstand nicht um ein sprachliches Artefakt handelt, kann mit dessen vorauszusetzender, kulturell bestimmter Bedeutung eine sequenziell geordnete Strukturiertheit angenommen werden. Deren konkrete Bestimmung im Einzelfall kann, wie die Gewichtung der analytischen Bestandteile im 4. Kapitel zeigt, mitunter langwierig und auf eine phänomenologische Analyse des mit dem Gegenstand kulturhistorisch und psychogenetisch verbundenen Verstehensproblems angewiesen sein. Der pragmatische Unterschied zwischen einem Gegenstand und einer Aufgabe besteht – wie oben aufgezeigt – aber eben gerade darin, dass diese an jenen eine Frage zu stellen vermag. Eine solche Fraglichkeit ist zu rekonstruieren.

Die damit verbundene didaktisch-theoretische Problematik lässt sich in erster Fassung folgendermaßen charakterisieren: Wenn pragmatisches Verstehen in direkter struktureller Entsprechung zum Begriff der Sprachkompetenz auf eine Gegenstandserschließung verweist und diese konstitutiv für kategoriale Bildung sein soll, wie lässt sich dann der Prozess einer solchen Erschließung im Sinne einer intuitiven Realisierung der epistemischen Gegenstandsstruktur denken?

Entsprechende Fragen schließen dort an, wo Martin Wagenschein in der Physik- und Mathematikdidaktik die Forderung vertreten hat, Unterricht müsse Verstehen lehren. In Bezug auf die allgemeindidaktische Diskussion wäre die vor 30 Jahren von Günther Buck an Wolfgang Klafki eher implizit gestellte Frage zu reformulieren und in Erinnerung zu bringen, wie es denn in einer postulierten kategorialen Synthese von Besonderem und Allgemeinem denkbar sein soll, das auf je konkrete Weise Beispielhafte eines Beispiels, welches aus der natürlichen Perspektive eines Lernenden heraus ja zunächst immer nur Beispiel für etwas Allgemeineres, prinzipiell noch Unbekanntes sein kann (und genau genommen auch nur auf solche Weise verstanden als exemplarisch zu gelten hat), im Sinne von Vermittlung als ein Bekanntes und damit natürlich auch strukturell Bestimmtes aufzuzeigen.

Diese Fragen sollten im 5. Kapitel, das der Auswertung der empirischen Ergebnisse unter der bis hierher aufgewiesenen Fragestellung gewidmet ist, explizit oder implizit mitbedacht sein. In Bezug auf die im vorigen Abschnitt analysierte Aufgabe lässt sich somit abschließend feststellen, dass die logisch-pragmatische Realisierung der Tiefenstruktur satzförmiger Äußerungen unter der Perspektive ihres verstehenden Erschließens der ideellen Realisierung von Lerngegenständen in der für didaktische Fragestellungen traditionell zugrunde gelegten Perspektive durchaus gleichwertig sein könnte. Bedingung dessen wäre eine methodisch fundierte Rekonstruktion von deren formalem und materialem Bildungsgehalt.

2. Verstehen als Problem der Einheit von Sozialität und Sache

2.1. Bestimmung der Fragestellung

Zum pädagogischen Problemkontext

Beim in der ersten Fallrekonstruktion zu analysierenden empirischen Material handelt sich um eine Lehr-Lern-Sequenz, in welche neben einer im weitesten Sinne lehrenden Person zwei Lernende eingebunden sind. Obwohl es sich nicht um Schulunterricht handelt, sollen letztere zunächst als Schüler und ersterer als Lehrer bezeichnet werden. Inwiefern sich diese Rollendifferenzierung in Analogie oder in Kontrast zu bisher gängigen Vorstellungen von Lernen in der Schule befindet, hat die Analyse selbst zu erweisen. Ausgangspunkt der Bemühungen um eine Rekonstruktion der sozialen Sinnstruktur des empirischen Geschehens ist die in Kapitel 1 aufgewiesene bildungstheoretische Fragestellung pragmatischen Verstehens.

Der in der Sequenz agierende Lehrer ist männlich und verfügt über fünf Jahre Berufserfahrung, die beiden Schüler dagegen sind weiblich. Eine Schülerin (S1) nimmt bereits seit drei Monaten einmal wöchentlich an Lehr-Lern-Veranstaltungen jenes Kontexts teil, dem die vorliegende Sequenz (siehe Anhang) entstammt. Die andere Schülerin (S2) ist im entsprechenden Kontext neu. Beide Schülerinnen besuchen die achte Klasse eines Gymnasiums. Es handelt sich hier also um ein differenziertes soziales Setting in minimaler Besetzung. Diese Differenzierung umfasst sowohl nach gängiger Auffassung schultypische Rollenbeziehungen als auch darüber hinaus gehende Sozialbeziehungen, welche auf in den individuell realisierten Konstellationen verborgene Erwartungen bzw. Probleme verweisen.

Neben der Lehrer- und der Schülerrolle lassen sich die Schüler als Individuen von der durch sie formierten Schülergruppe unterscheiden. Damit ist jene psychische Dimension von Lehr-Lern-Prozessen, die in ihrer Bereichsspezifik außer von der Mathematikdidaktik mittlerweile auch von der differentiellen Psychologie nahe stehenden Richtungen der empirischen Bildungsforschung untersucht wird, von vornherein um eine für soziales Lernen spezifische kommunikative Dimension erweitert (vgl. dazu 1.1).

Dadurch wird neben der für Leistungsstudien typischen Frage nach den individuellen Fähigkeiten zur Aufgabenbearbeitung, welche jenem Strukturaspekt von Sprachkompetenz entspricht, der in 1.3. im Zuge einer Rekonstruktion der Bedingungen der Möglichkeit zum Verstehen von sequenziell ausgedrückter Bedeutung am konkreten Aufgabentext erschlossen worden war, im Folgenden durch die Sozialität der Aufgabenbearbeitung ein zweiter Strukturaspekt sichtbar: die in Gestalt einer Gruppenlogik in Erscheinung tretende Sozialdimension des empirischen Geschehens. Damit erhält die Fallanalyse über die materiale Problematik gegenstandsbezogenen Sprachverstehens hinaus einen direkten Bezug zur Diskussion um einen versteckten oder heimlichen Lehrplan, die Ende der 70er Jahre des 20. Jahrhunderts aus sozialwissenschaftlicher Richtung angestoßen worden war.

In dieser Diskussion lassen sich zwei Seiten unterscheiden, die das Argument des Formalen aus je unterschiedlicher Richtung in Szene setzen. Auf der einen Seite werden mit den nichtmaterialen Voraussetzungen schulischen Unterrichts jene strukturellen Besonderheiten sozialer Interaktion betont, die sich seit den Anfängen staatlich organisierter Bildungsveranstaltungen empirisch wahrnehmbar herausgebildet haben. Meist wird in diesem Zusammenhang auf die kulturellen Leistungen der Schule im Kontext der Herausbildung moderner Gesellschaften verwiesen und dabei das Fragile entsprechender Interaktionen vor dem Hintergrund von zumindest seit Entstehung von Reformpädagogik als gesellschaftlicher Bewegung übergreifenden Zivilisationsprozessen betont.

Auf der anderen Seite aber gibt es eine Kritik an jenen strukturellen Besonderheiten schulischer Interaktion, die als hinderlich für die Entstehung von gebildeten Persönlichkeiten gelten müssen. Diese Kritik wurde in je unterschiedlichen Theorie- und Praxiskontexten vorgetragen und ist logisch durch die implizite Annahme gekennzeichnet, eine Inszenierung von Bildungsprozessen in jenem genuin pädagogischen Verständnis, wie es seit Humboldt als richtungsweisend gilt, sei im Rahmen der sozialen Bedingungen von Schule in modernen Gesellschaften möglich. Im weiteren Sinne ihres Begriffs handelt es sich hier um ein Argument der Reformpädagogik selbst.

Während die eine Seite also die formale Struktur des schulischen Sozialisationsprozesses als notwendig für den gesellschaftlichen Prozess betont, kritisiert die andere Seite die Spezifik des Prozess aus der je nach Argumentation material oder formal gefassten begrifflichen Perspektive des vor allem in Deutschland tradierten pädagogischen Bildungsverständnisses heraus. Diese Perspektive ist als philosophische letztlich eine genuin kritische, insofern sie einerseits das Bestehende prinzipiell unter Legitimationsdruck sieht und andererseits die sich dadurch konstituierenden Widersprüche unter systematischer Perspektive wahrnimmt. Man könnte sagen, dass sich in der auf solche Weise bildenden dialektischen Konstellation von Argumenten die Gesellschaft und das Individuum in ihrer jeweiligen neuzeitlichen Gestalt gegenüber stehen.

Andererseits gibt es immer noch ein Defizit hinsichtlich der Erforschung jener Besonderheiten von Lehr-Lern-Prozessen, die sich als förderlich bzw. hinderlich für die Entstehung von Wissen, Können und Selbstwert und damit letztlich für die Entwicklung von ihr Leben unter heutigen und zukünftigen Bedingungen meisternden Individuen vorstellen lassen. Dieses Defizit ist an die Beobachtung gebunden, dass unter äußerlich gleichen, insgesamt ähnlichen Bedingungen Individuen unterschiedliche Entwicklungen durchlaufen. Es sieht so aus, als würden manche Individuen die in der Schule gebotenen Lerngelegenheiten nutzen und andere nicht. Dabei geht es nicht nur um sozialstrukturell horizontale Differenzierungen wie die nach Begabung, Neigung oder Initiative, sondern auch um die sich im sozialen Gefüge der Gesellschaft vertikal auswirkenden Unterschiede.

Inwiefern entsprechende Unterschiede durch diese möglicherweise sehr fein differenzierten Besonderheiten sozialer und psychischer Konstellation konstituiert werden, wäre am vorliegenden empirischen Material zu erschließen. Die theoretische und methodische Grundlage dafür ist das bereits aufgewiesene bildungstheoretische Konzept pragmatischen Verstehens in Verbindung mit einer bereits vielfach erprobten sequenzanalytischen Erschließung der sozialen Sinnstruktur von Ausdrucksgestalten kultureller und sozialer Praxis, insbesondere von Interaktionsprotokollen. Die Darstellung orientiert sich an dem Ziel, einerseits die Gewinnung der Resultate im Analyseprozess nachvollziehbar zu machen und andererseits das in Kapitel 1 entworfene, zunächst theoretische Konzept empirisch so zu konkretisieren, dass die Pragmatik von Lehre und Lernen in ihrem reziproken Bezug aufeinander möglichst tiefgehende Einsichten in deren wirkliche Vermittlung erlaubt. Die Aufklärung der materialen und formalen Aspekte gelingender oder scheiternder Lehr- und Lernprozesse erhält damit eine unmittelbare Bedeutung für die Beantwortung der Frage, ob bzw. wie sich das Bildungssystem mit einem Bildungsverständnis in pädagogischer Tradition vermitteln lässt.

Rahmung und Segmentierung

Die Interaktion beginnt mit einer Aufgabenstellung durch den Lehrer. Dieser hat den Schülerinnen je einen Zettel vorgelegt, der eine handschriftliche Kopie der Heilquellen-Aufgabe in der unter 1.3. bereits analysierten Fassung enthält. Zusätzlich formuliert er die Aufforderung, innerhalb einer bestimmten Zeit (fünf Minuten) selbständig über die Lösung dieser Aufgabe nachzudenken sowie eine solche Lösung ggf. schriftlich festzuhalten. Der Interaktionsrahmen ist damit in prinzipieller Analogie zu Prozessen von Lehre und Lernen im Schulunterricht konstituiert. Ziel ist eine Bearbeitung bzw. Erschließung des vom Lehrer eingebrachten Gegenstands. Die Bestimmung in zeitlicher Hinsicht verweist auf eine Prozesssteuerung des Lernens im Rahmen bemessener Zeit.

Die sich daran anschließende Sequenz besteht aus drei Segmenten, die sich zunächst ganz formal durch zwei Pausen von je 17 Sekunden (zwischen dem ersten und zweiten) sowie 10 Sekunden (zwischen dem zweiten und dritten Segment) ergeben. Darüber hinaus sind auch die einleitende Lehreräußerung, mit welcher die Sache der Heilquellen-Aufgabe in Form eines konkreten Arbeitsauftrags inszeniert wird, sowie das erste Interaktionssegment durch eine Pause von 15 Sekunden Dauer getrennt.

Den Abschluss der zu analysierenden Sequenz bildet eine Lehreräußerung, mit welcher ein wie auch immer zu fassendes Gelingen konstatiert (bzw. behauptet) wird und der Arbeitsauftrag vom Sequenzanfang in veränderter Form nochmals erteilt wird. Die Veränderung bezieht sich zum einen auf den Umstand, dass aus dem Gesamtkontext der schriftlich gestellten Heilquellen-Aufgabe eine Teilaufgabe herausgelöst wird, die vom Lehrer probeweise als *Aufgabe a* bezeichnet wird und deren sachlicher Gehalt im Folgenden zu rekonstruieren sein wird, und zum anderen auf den konkreten Gehalt des Arbeitsauftrags selbst: aus Nachdenken und dem Versuch seiner Verschriftlichung wird schließlich Rechnen.

Da nach dem Abschluss dieser Sequenz im Transkript eine Pause von 54 Sekunden folgt, ist zunächst davon auszugehen, dass die Schülerinnen an jener Stelle tatsächlich beginnen, sich in schriftlicher Form mit der Heilquellen-Aufgabe auseinander zu setzen. Ob dieser Prozess von Erfolg gekrönt sein wird oder nicht, kann zunächst natürlich nur mit einer gewissen Unsicherheit prognostiziert werden. Es kann aber davon ausgegangen werden, dass nach dem Ende der zu analysierenden Sequenz ein Prozess der selbständigen Auseinandersetzung mit dem Sachproblem der Heilquellen-Aufgabe beginnt.

Das Interessante in Bezug auf die bereits aufgeworfene Frage nach den sprachpragmatischen Lernvoraussetzungen ist hier also zunächst, ob und inwiefern sich die in 1.3. explizierten Strukturmomente in der Interaktion wiederfinden. Neben dem sich beiläufig ergebenden Test auf empirische Plausibilität der psycholinguistischen Rekonstruktion der Aufgabenstruktur wird es darüber hinaus aber brisant sein, unter welchen kommunikativen Rahmenbedingungen ein Verstehen der mit der Aufgabe gegebenen Sache möglich wird bzw. unmöglich bleibt.

Eröffnung: das Problem und erste Gelingensbedingungen zu seiner Lösung

Das erste Segment beginnt mit einer lachend hingeworfenen Bemerkung von S1, die jenes Element des Aufgabentexts zum Thema macht, welches als Kürzel von der für natürliche Sprache typischen Konvention einer Phonem-Graphem-Entsprechung abweicht: das Zeichen *hl*. Als aus dem Kontext gerissenes freies Zeichen könnte es verschiedene Bedeutungen haben, als mit einem Punkt versehenes „*hl.*" findet es sich beispielsweise im Duden als Abkürzung von *heilig* wieder. Der Lehrer nimmt das von der Schülerin eingebrachte Verfahren der Herauslösung einer konkreten Schwierigkeit aus dem Gesamtkontext der Aufgabe insofern ernst, als er frei zu assoziieren beginnt, was ihm zum Thema *ha ell* so einfällt. Zugleich betont L aber die Fragwürdigkeit des Ergebnisses seiner freien Assoziation. Er deutet also den Einwurf von S1 als verkürzte Form einer Frage nach der Bedeutung des Zeichens *hl*, beantwortet diese Frage aber nicht im Aufgabenkontext, sondern so, als sei sie kontextlos gestellt, und knüpft auf diese Weise an das Lachen von S1 an. Er artikuliert etwas Absurdes und zielt auf einen Komikeffekt.

Indem L demonstriert, wie man an die Beantwortung einer solchen Frage herangehen könnte, ohne die Frage jedoch tatsächlich auf im Kontext sinnvolle Weise zu beantworten, gibt er die Frage an S1 zurück. Diese beginnt nun ihrerseits zu spekulieren und äußert eine Vermutung, die, bezogen auf eine Strukturanalyse dieses Zeichens, scheinbar ganz zufällig die Hälfte der Wahrheit enthält: Das *h* wird – offenbar über eine sprachliche Assoziation – als hundert gedeutet und innerhalb der Wortverbindung *hundert Meter* sachlich völlig korrekt als das Hundertfache einer Größeneinheit interpretiert. Falsch dagegen ist die Einheit selbst. Bei S1 handelt es sich um jene Schülerin, die bereits seit drei Monaten Teil des vorliegenden Lehr-Lern-Kontexts ist.

Nun nimmt L eine erneute Dekontextualisierung des Zeichens *hl* vor. Zugleich betont er den formalen Rahmen der Situation, indem er das fragwürdige Zeichen als etwas stilisiert, das auch er in der aktuellen

Situation vor sich habe. Er betont das Moment des Ungewissen bezüglich der Bedeutung von *ha ell* – er macht einerseits fast ein Rätsel daraus, und fragt andererseits S2 direkt nach dessen Bedeutung. Statt einer Antwort von S2 ist im Transkript lediglich deren Lachen dokumentiert. Das Absurde der Situation besteht darin, dass ein Lehrer hier auf recht eigenwillige Weise aus seiner Rolle schlüpft und bezüglich eines Details jener Aufgabe, die er selbst gestellt hat, auf eine solche Weise absolutes Unwissen, ja geradezu Ratlosigkeit zum Ausdruck bringt, dass die herkömmlichen Rollenvorstellungen bzgl. Lehrer und Schüler auf dem Kopf zu stehen scheinen: verkehrte Welt.

Das Komödiantische setzt sich in der nächsten Lehreräußerung fort. Er deutet das Lachen von S2 als *nein* und artikuliert es unter Verwendung dialektaler Färbung mit der markanten Intonation einer Frage so, dass mit dieser Rückfrage zugleich Zweifel am Nichtwissen von S2 ausgedrückt wird: Ich kann nicht glauben, dass du das nicht weißt. Der so zum Ausdruck gebrachte Affekt enthält die Erwartung, dass S2 doch eigentlich wissen müsste, was sich hinter *hl* verbirgt.

Diese Erwartung wiederum schließt einerseits direkt an die zuvor aufgebaute Interaktionslogik einer verkehrten Lehrer-Schüler-Welt an, denn wenn sich der Lehrer in einer Rolle befindet, die normalerweise von Schülern ausgefüllt wird, so bleibt in formaler Beibehaltung dieser Logik für S2 nur noch die Rolle des Lehrers übrig – die Rolle dessen also, der es eigentlich wissen müsste. Andererseits steht die affektiv gestützte Erwartungsgewissheit von L bezüglich des Wissens von S2 in eigentümlicher Spannung zur allvertrauten Lage eines nichtwissenden Schülers. Von diesem wird nämlich in der Regel erwartet, dass er auf jene Fragen, die der Lehrer stellt, eine Antwort weiß. Weiß er keine, so wird ihm das in der Logik einer gewöhnlichen Lehrer-Schüler-Beziehung gewiss angekreidet werden. Er hätte also keinen Grund zum Auftrumpfen und zum demonstrativen Artikulieren von Erwartungen. Insofern handelt es sich bei der Reaktion von L in Ausfüllung der Schülerrolle um ein Durchbrechen gewohnter Muster: Einerseits macht L vor, wie ein nichtwissender Schüler auch reagieren könnte – nämlich selbstbewusst, andererseits drängt er S2 mit der untergründig natürlich noch vorhandenen Autorität seiner Lehrerrolle in die Position des Wissenden. Das widersprüchliche Element dieser Situation findet sich auf beiden Seiten, sowohl bei L als auch bei S2 wieder: L scheint sich mit gutem Gewissen demonstrativ zu seinem Nichtwissen zu bekennen; S2 dagegen sieht sich mit der kontrafaktischen Unterstellung konfrontiert, dass sie diejenige ist, die etwas weiß.

Der entsprechende logische Widerspruch geht in die Sprachgestalt des zweiten Satzes der Äußerung von L ein: *Aber ell ist doch ...* Der Satz ist aber noch nicht beendet, da meldet sich bereits ein anderes Subjekt zu Wort, das den Satz sinnvoll ergänzt und ihn so zu einer bedeutungstragenden Einheit (mit Thema-Rhema-Struktur) macht: S1. Indem L unter Verwendung der adversativen Konjunktion *aber* sprachlich einen Einspruch artikuliert, provoziert er im Kontext des zuvor inszenierten Rollen-Verwirrspiels selbst einen Akt des Widersprechens. S1 schlüpft (unbewusst) in die Lehrerrolle und unterbricht jenen Schüler, der – obwohl unwissend – einen Einspruch in der Sache vorzunehmen wagt. Zugleich bleibt S1 natürlich Schüler. Das Markante an ihrem Einspruch ist, dass sie ihn in genau jenem Moment vornimmt, da ihr ein fehlendes Wissenselement gleichsam zufällt. Der psychische Impuls für ihr Handeln entstammt also einer Erkenntnis. Die vom Handelnden in Anspruch genommene Autorität aber ist die eines Wissenden.

Damit vollzieht sich im Augenblick des Einspruchs eine Neuordnung des gewohnten Autoritätsverhältnisses. Die sich nun situativ konstituierende Autorität ist keine, die einem a priori gesetzten Sozialverhältnis entstammt, sondern bildet sich als Evidenzimpuls im Ergebnis eines Erkenntnisprozesses.

Zusammengefasst: In der Rolle des renitenten Schülers fordert der Lehrer die Schüler implizit auf, ihm als Wissende in der Rolle eines kompetenten Lehrers sprachlich etwas entgegen zu halten. Den Evidenzrahmen des sich solcherart anbahnenden Wortwechsels aber bildet die Sache – hier das Verstehen einer Abkürzung im Sinnzusammenhang eines mathematischen Aufgabentexts.

Unterscheidung von Verstehen in sachlicher und sozialer Hinsicht: Schüler/Gegenstand, Lehrer/Lernproblem

Vor dem Hintergrund dieser rollentheoretischen Analyse nun tritt das eigentliche Lehr-Lern-Problem zu Tage. Der zu erwartende Einspruch kommt nämlich nicht von S2, sondern von S1. Sie findet im Moment des Widersprechens die andere Hälfte der Bedeutung von *hl* – sie erinnert sich an etwas, das sie schon einmal wusste: *l* ist die Abkürzung für *Liter*. Deshalb könnte aus den Einzelbedeutungen von *h* (hundertmal) und *l* (ein Liter) die Gesamtbedeutung von *hl* erschlossen werden. Es scheint, als sei sie im Unterschied zu S2 bereits mit Sprachspielen der eben skizzierten Struktur vertraut. Dennoch ist ihre Erkenntnis noch stark an den Kontext, also die stattgefundene Interaktion gebunden. Ob sie das intuitiv Erkannte auch in anderem Kontext verbalisieren könnte, ist ungewiss.

Zugleich ist der Einwurf von S1 eine Einmischung in das Gespräch zwischen L und S2. Indem S1 reagiert, wird S2 im Rahmen einer Pragmatik der dialogischen Gesprächsführung – Höflichkeit im Verhalten, Wohlgeformtheit der Sprachbestandteile – angehalten, nicht zu reagieren. Es entsteht also die grundlegende Frage, ob mit der Erkenntnis von S1 auch S2 versteht, was eben geschehen ist.

Ein solches Verstehen wäre nach zwei Seiten hin zu konkretisieren: Einerseits sollte es ein Verstehen des Kontexts beinhalten, in welchem der Einspruch von S1 vorgenommen wurde (Soziallogik), andererseits müsste es aber auch ein Verstehen der zur Debatte stehenden Frage nach der Bedeutung des Zeichens *hl* auf der Basis seiner Bestandteile umfassen (Sachlogik).

Indem also S1 jene Erkenntnis hat, die im vorliegenden Fall einen Ausweg aus der Krise des Nichtverstehens bietet, wird das Problem von S2 zugespitzt. Entweder sie kann das Geschehene nachvollziehen – dann wird auch sie zumindest ahnen, was *hl* bedeutet, oder sie wird sich in einer ähnlichen Lage finden wie zu Beginn der Sequenz – also im Nichtverstehen des Kontexts. Die Differenzierung und Präzisierung beider Verstehensdimensionen (Sach- und Soziallogik) vor dem Hintergrund der oben skizzierten Unterscheidung von Individuum und Gruppe ist jene erkenntnisbezogene Aufgabe, welche zu lösen für den Lehrer im Folgenden ansteht.

Mit der spezifischen Aufgabe individueller Diagnostik des Verstehensproblems ist im hier vorliegenden Lehr-Lern-Kontext ein anderes Problem verknüpft, das sich als analytisch-didaktisches bezeichnen lässt. Die Aufgabe, welche sich den Schülern stellt, ist nämlich zunächst kein elementares Lebensproblem, wie es sich etwa als Aufgabe der Veränderung pathogener Beziehungsstrukturen in der Familientherapie stellt, sondern darüber hinaus eine in kultureller Hinsicht feststehende Sache – etwas, das sich nicht beliebig variieren (aushandeln) lässt, weil es als Sache durch eine eigene Logik strukturiert ist. Was also in sozialer Hinsicht differenzierbar ist (z. B. Rollen), erweist sich in sachlicher Hinsicht als allgemein (Erkenntnis).

Die auf Entwicklung bezogene soziale Dimension einer Diagnostik von Verstehensproblemen wird somit auf der anderen Seite durch die Eigenlogik der Sache bestimmt. Inwiefern die analytische Durchdringung dieser Sache mehr als nur eine pragmatische Selbstverständlichkeit ist, wurde in den Abschnitten 1.2. und 1.3. bereits deutlich gemacht. Hier wird es für die Untersuchung des Verstehensproblems in seiner ganzen Komplexität wichtig sein, beide Seiten – die Pragmatik der Rolle und der Sache – zu unterscheiden.

Im bisher analysierten Anfang des ersten Segments kommt die Sachdimension mit der ihr eigenen Normativität an der Stelle zum Vorschein, da L die eben von S1 gewonnene Erkenntnis bestätigt. Offenbar ist der Lehrer nicht nur zufrieden mit dem Einspruch der Schülerin, sondern nimmt ihn zum Anlass, die Logik des Zeichens *hl* in seiner Sprache zu erklären. Bei dieser Erklärung greift L auf die von S1 zuvor eingebrachten Vorstellungen zurück. Er macht eine Analogie auf bezüglich der Bedeutung des Formativs Meter im Gesamtwort Kilometer zur Bedeutung des Grundworts Liter, das bei der Interpretation des Zeichens *hl* mit von der Partie sein muss. Außerdem nennt er jenes Wort, für welches das Einzelzeichen *h* innerhalb des Gesamtzeichens *hl* steht. Was dem Lehrer vorschwebt, ist die Unterstellung, dass sich mit dieser Analogie die von S1 zu Beginn des ersten Segments implizit gestellte Frage nun beantworten lässt: Das Zeichen *hl* steht für *Hektoliter*.

Die sich daran anschließenden Reaktionen von S1 bzw. S2 deuten zunächst darauf hin, dass das komplex inszenierte Rätsel um das aus dem Aufgabentext stammende unbekannte Zeichen *hl* nun gelöst ist. Zumindest dürften beide Schülerinnen den Text vorlesen können. Damit lässt sich der Abschluss einer ersten Phase der Interaktion konstatieren, in welcher die Übertragung des Aufgabentexts aus dem Medium der Schrift ins Medium gesprochener Sprache, vermittelt über eigene Vorstellungen von der Sache im Zusammenhang mit bedeutungsgenerierenden Regeln, thematisch war.

Das ist zwar, bezogen auf den Anspruch des Verstehens, zunächst nicht viel, aber umgekehrt kann festgehalten werden, dass ohne Kenntnis einer objektivierten Lautgestalt des graphisch gegebenen Zeichens *hl* dieses erst recht seine Rätselhaftigkeit bewahren müsste. Insofern handelt es sich um einen notwendigen ersten Schritt.

2.2. Diagnostische Ausdifferenzierung

Die Lehrerperspektive

Was ist bis hierher geschehen? In Reaktion auf den Arbeitsauftrag, fünf Minuten lang selbständig über eine mögliche Lösung des Sachproblems nachzudenken (und eine solche gegebenenfalls aufzuschreiben), hatte S1 den Rahmen dieses Auftrags verlassen und die Initiative ergriffen. Statt selbst über die Aufgabenstellung nachzudenken, beansprucht sie die Hilfe des Lehrers. Damit bringt sie zum Ausdruck, dass sie sich im Rahmen der ihr zu Gebote stehenden Möglichkeiten eine selbständige Lösung der Aufgabe nicht zutraut. Durch ihre Initiative ändert sich die

Situation im Ganzen: Nicht nur der Lehrer L, auch die andere Schülerin S2 wird aus dem durch den Arbeitsauftrag gesetzten pragmatischen Rahmen herausgelöst. Beide werden in etwas Neues eingebunden. Gleichwohl ist der Arbeitsauftrag als solcher noch nicht annuliert. In jenem Fall, da etwa S2 die Frage von L nach der Bedeutung des Zeichens *hl* sachgerecht beantwortet hätte, wäre die Ausgangssituation nämlich wiederhergestellt gewesen. Sowohl S1 als auch S2 hätten beide selbständig weiter nachdenken können. In formaler Hinsicht des Ablaufs wäre das auch der Fall gewesen, wenn der Lehrer die Frage von S1 selbst beantwortet hätte.

Dass L dies nicht tut, verweist auf die Spezifik des Settings (Therapie und nicht Unterricht). Dass aber S2 die Frage von L nicht beantworten kann, verweist auf ihr eigenes Problem im Umgang mit der Sache der Heilquellen-Aufgabe. Das bedeutet: S1 hat eine Frage aufgeworfen, die nicht nur wesentlich bezüglich ihres eigenen Nachdenkens über die Sache ist, sondern auch wesentlich für die realen Möglichkeiten von S2, die Aufgabe zu lösen. Auf diese Weise findet sich L in einer gegenüber dem Sequenzanfang veränderten Lage. Hatte er zunächst eine Aufgabe gestellt, die von den Schülerinnen gelöst werden sollte, so begegnet er im Rahmen der Logik seiner Profession nun selbst einer Aufgabe: Wie kann er den Schülerinnen zu jenen Voraussetzungen verhelfen, die notwendigerweise vorhanden sein müssen, um die von ihm gestellte Aufgabe zu lösen? (siehe 1.3.)

Im Unterricht steht diese Frage von vornherein in Spannung zum vom Lehrplan festgelegten Vermittlungsauftrag in Hinsicht auf das Fach und seine Inhalte. In der Therapie jedoch ist der damit verbundene normative Zielkonflikt institutionell geregelt: Es gibt keinen Lehrplan. Die Entwicklung beider Schüler steht im Vordergrund.

Deshalb gibt es auf Grund der Logik der Sache auf der Basis intendierten Verstehens keine Alternative dazu, die von S1 aufgeworfene Frage zu beantworten. Mit Beantwortung dieser Frage durch den Lehrer wäre in der Pragmatik von Unterricht nun damit zu rechnen, dass beide Schülerinnen dem eingangs formulierten Arbeitsauftrag nachkommen und selbständig über eine Lösung der Heilquellen-Aufgabe nachdenken.

Zwei Schülerperspektiven

Diese Erwartung wird aber – unmittelbar an die in der Logik der Sache abschließende Erklärung des Lehrers zur Bedeutung eines Hektoliters – von der Schülerin S1 erneut durchbrochen.

S1: Also sind zweihundert Hektoliter äh eintausend äh Liter? Oder nicht? (Lachen)

Mit der Konjunktion *also* stellt die Schülerin S1, nennen wir sie von dieser Stelle an die erfahrene Schülerin, einen logischen Bezug zur vorangegangenen Erklärung des Lehrers in der Sache her. Wenn bekannt ist, wie viele Liter einen Hektoliter ausmachen, so muss es möglich sein, aus diesem Fakt auch abzuleiten, um wie viele Liter es sich bei den in der Aufgabe genannten *200 hl* handelt.

Zugleich drückt die Schülerin mit der Form einer Frage aus, dass sie genau diesen Zusammenhang nicht herstellen kann. Sie geht sogar soweit, eine Aussage zu tätigen: Zweihundert Hektoliter sind eintausend Liter. Begleitet wird diese Aussage in Frageform aber von einer weiteren Frage, mit welcher sie die Entscheidung darüber, ob die Aussage wahr oder falsch ist, ganz ihrem Gesprächspartner überträgt.

Die erfahrene Schülerin versteht einerseits, was von ihr erwartet wird, und weiß andererseits, dass sie diese Erwartung nicht erfüllen kann. Die Konjunktion *also* bedeutet gerade nicht, dass sie (voll und ganz) verstanden hätte, was zweihundert Hektoliter sind. Aber immerhin wird eine Ahnung ausgedrückt. Der Gebrauch der Konjunktion zeugt vom Bewusstsein einer mit der Sache gegebenen Fragerichtung. Das anschließende Lachen ist demgegenüber Ausdruck der Peinlichkeit einer Situation, in der man weiß, dass man die in der Sache berechtigte Erwartung eines Gegenüber nicht wird erfüllen können.

Die Schülerin weiß also, was sie nicht weiß. Ihre neuerliche Frage – wieder lachend vorgetragen – schließt direkt an den Anfang des Segments an. Sie erhofft sich vom Lehrer Hilfe. Sie ist sich dessen bewusst, dass ihr ohne Verstehen der angesprochenen Details aus dem Text eine selbständige Lösung der Heilquellen-Aufgabe nicht gelingen kann.

L: Ah, jetzt die nächste Frage. Zweihundert Hektoliter. Also ich hab hier n Zettel...

Der Lehrer drückt mittels der Interjektion *ah* ein Erkennen des Problems der Schülerin aus. Er interpretiert deren Äußerung als Frage: Wie viele Liter sind zweihundert Hektoliter? Er deutet diese Frage in einem sachlogischen Sinn als Folgeproblem zur eingangs von der Schülerin aufgeworfenen Frage nach der Bedeutung des Zeichens *hl* – trotz Kenntnis des Aufbaus der Bedeutung des Zeichens aus den Bedeutungen seiner Teile ist S1 nicht in der Lage, diese Bedeutungsstruktur auf das komplexere Zeichen *200 hl* zu übertragen.

Indem L dieses neue Problem als Frage bezeichnet, versachlicht er es. Statt es zu beantworten, holt er einen Zettel hervor. Mit diesem Vorgehen wird das im Kontext der Heilquellen-Aufgabe aufgetauchte Problem erneut dekontextualisiert. Damit tritt der Lehrer wie bereits in seiner Reaktion auf die Eingangsfrage einen Schritt zurück und überlässt der Schülerin zunächst die Initiative bei der Beantwortung der selbstgestellten Frage. Es geht nun um eine erweiterte Struktur von sich aus Teilen zusammensetzender Bedeutung.

S2: Können wir nicht einfach Liter hinschreiben?

Nun mischt sich die zweite Schülerin ins Gespräch von L und S1 ein. Doch anders als es die im Therapiekontext erfahrene Schülerin vorher gestaltete, liegt der Intervention von S2 keine Erkenntnis zu Grunde. Die Schülerin schlägt im Umgang mit dem Problem des Verstehens des Zeichens *200 hl* einen Bearbeitungsmodus vor, der pragmatisch dem Abwählen eines Schulfaches entspricht. Bezogen auf den Bildungsbegriff bedeutet das im konkreten Fall: Dieses Ich weicht einem Stück Welt aus.

Die unerfahrene Schülerin überträgt ihre Verhaltensgewohnheit aus einem externen pragmatischen Rahmen (Schule bzw. Alltag) in den therapeutischen Kontext. Sie hat noch keine sachgebundene Vorstellung von ihrem eigenen Lern- bzw. Erkenntnisproblem (vgl. dazu 1.1.) Die Erfahrung, bestimmten Dingen – zumindest aber dem Verstehen grundlegender Prinzipien des Bedeutungsaufbaus – in ihrer eigenen Entwicklungsperspektive nicht ausweichen zu können, fehlt ihr noch.

L: Na, die Aufgabe ist erstmal gegeben, denn wenn du das umrechnen kannst, die Hektoliter in Liter, dann klar, dann spricht da nix dagegen. (...)

Der Lehrer beharrt zunächst auf der von ihm ausgewählten Aufgabe. Zugleich kommt er der Schülerin entgegen, indem er ihren Vorschlag als Möglichkeit deutet, aus dem zunächst unverständlichen Text einen verständlichen zu machen. Dabei reformuliert er die von der erfahrenen Schülerin eingebrachte neue Frage. Der Lehrer versucht also, die unerfahrene Schülerin zu einer Umdeutung ihrer Problemsicht zu bewegen. Zugleich hält er die Aufgabe als Sachproblem erst einmal fest.

Mit einer Interaktion, die jener zu Anfang des Segments ähnelt, geht dieses zu Ende. Auch die zweite, von der erfahrenen Schülerin aufgeworfene Frage, wie viele Liter denn *200 hl* seien, wird im dialogischen Gespräch zwischen dieser Schülerin und dem Lehrer beantwortet. Auf eine Frage des Lehrers nach weiteren individuellen Problemen antwortet S2 verneinend.

Das bereits formulierte Lehr-Lern-Problem, das mit einer Entscheidung bezüglich der Frage zusammenhängt, ob S2 als Zeuge der sachgebundenen Interaktion zwischen L und S1 ebenfalls das verstanden hat, was für S1 nun Bedeutung hat, bleibt als Problem bestehen.

Die Fraglichkeit einer Gruppenperspektive

Während im ersten Segment die erfahrene Schülerin S1 mit ihrer sachbezogenen Eigenständigkeit die Richtung des therapeutischen Geschehens bestimmte, nimmt im zweiten Segment die Interaktion ihren Ausgang bei der unerfahrenen Schülerin S2. Ausgehend von der Frage, nach welchen Kriterien eine mögliche Lösung der Aufgabe denn tatsächlich eine Lösung wäre, reformuliert S2 das vorher bereits von ihr eingebrachte Wahlprinzip: Wenn mehrere Möglichkeiten dargeboten sind, so kommt es (wie etwa bei multiple-choice-Aufgaben üblich) darauf an, eine auszuwählen.

In Bezug auf die implizite Frage nach Kriterien dieser Auswahl formuliert S2 außerdem ihre eigene Strategie: das Raten als eine sinnvolle Möglichkeit, zum richtigen Ergebnis zu gelangen. Sprachlich sind diese in sachlicher Hinsicht absurden Vorstellungen so ausgedrückt, als erwarte die Schülerin eine Bestätigung durch den Lehrer.

Wie nun könnte dieser angesichts der sachlichen Absurdität reagieren? Im Kontext von Unterricht würde er die Vorschläge ganz sicher strikt zurückweisen. Im therapeutischen Setting aber erhalten sie allein dadurch eine eigene Bedeutung, dass sie den ersten Vorschlag von S2 bezüglich der Frage darstellen, wie mit dem Sachproblem der Aufgabe auf sinnvolle Weise umgegangen werden kann. Würde der Lehrer sie einfach zurückweisen, so entstünde in der Folge aus dem Kontext heraus die Frage: Ja wenn nicht so, wie dann? Dann aber stellte sich die Frage nach Kriterien einer sinnvollen Lösung in der gleichen Weise wie am Anfang dieses zweiten Segments.

Bevor es in der Interaktion zwischen L und S2 also um das Verstehen des Sachkontexts der Aufgabe gehen kann, müsste zuerst ein Verstehen in sozialer Hinsicht gewährleistet werden: Was haben Antworten auf die mit der Heilquellen-Aufgabe gestellte Frage für eine Bedeutung im aktuellen Interaktionskontext?

Anders als in der Schule sind Antworten im therapeutischen Kontext

Teil einer Beziehungslogik, die nicht unmittelbar auf das Erreichen eines Abschlusses bzw. Erlangen eines Zertifikats ausgerichtet ist. Stattdessen geht es um die Lösung einer meist schon lang andauernden Lernproblematik, deren Symptom zwar ein einzelner Schüler sein mag, die aber in ein größeres Beziehungsgeflecht zwischen Schüler, Eltern und Lehrer in der täglich besuchten Schule eingebettet ist.

Deshalb besteht ein erster Schritt in Richtung auf Verstehen im vorliegenden Kontext bereits darin, dass die Schülerin ihr eigenes Denken an dessen kommunikativ entstehenden Folgen zunächst erfahren und in der Perspektive auch bewerten kann.

Voraussetzung dafür ist einerseits die aktive sprachliche Auseinandersetzung mit einem Gesprächspartner und andererseits das Verfügen über bzw. der Zugriff auf eine Urteilsbasis.

Unter diesen Voraussetzungen wird es möglich, eine im Gespräch vertretene Meinung als die eigene zu erfahren und diese in der Auseinandersetzung mit den Urteilskriterien des Gesprächspartners als sachlich angemessen oder auch als (in der Sache) sinnlos zu bewerten. Wichtig in diesem Zusammenhang ist der Umstand, dass die Urteilskriterien in der Bewertungssituation selbst einsichtig werden müssen. Im gegenteiligen Fall entbehre das resultierende Urteil seiner sachbezogenen Rationalität.

In jenem Falle aber, da eine Meinung mit der Kraft des eigenen Urteils vertreten wurde und anschließend in der Diskussion als falsch und in einem sachlichen Sinne bedeutungslos erfahren wurde, gerät die entsprechende Person (als Meinungsträger) in eine Krise.

Ein Weg aus dieser Krise führt letztlich nur über den Umbau der eigenen Urteilsbasis. Damit verbundene kognitive Umstrukturierungen verweisen auf jenen Lernbegriff, welcher in der Psychologie Grundlage für die Messung von Lernzuwächsen ist. Das Problem dabei ist aber die Stabilität der so entstehenden Strukturen.

Deshalb kann vom Umbau der eigenen Urteilsbasis nur in jenem Fall die Rede sein, da die entsprechende Person sich im Ergebnis der Überwindung einer Krise auch tatsächlich geändert hat: als Meinungsträger. Es geht dann um eine Veränderung im Ich-Welt-Verhältnis.

Der Lehrer ist also im therapeutischen Kontext gehalten, den in der Sache absurden Vorschlag der unerfahrenen Schülerin nicht zurückzuweisen. Tatsächlich greift er ihn auf und betont das Moment des pragmatischen Unterschiedes zwischen Sachhaltigkeit und Sinnlosigkeit. Zugleich bringt er das damit verbundene Urteil in einen Zusammenhang zur Person von S2. S1, die das entsprechende Sprachspiel bereits kennt, kommt S2 in der Hinsicht zu Hilfe, dass sie eine Aussage einwirft, welche im Kontext von Schulunterricht nicht toleriert werden würde. Die erfahrene Schülerin hilft der unerfahrenen also, den Kontext in sozialer Hinsicht zu verstehen. Zugleich nimmt auch sie damit den (in Gruppenlogik formulierten) Vorschlag von S2 ernst. Dadurch wird die unerfahrene Schülerin fähig, sich von einem für sie unverständlichen Text abzugrenzen.

Dann geschieht etwas, das für ein Verstehen in sozialer Hinsicht entscheidend ist: Der Lehrer erhält, nachdem beide Schülerinnen Gelegenheit hatten, sich von der als Überforderung erfahrenen Aufgabe abzugrenzen und somit einen Bezug zu ihren Erfahrungen im Schulunterricht herzustellen, den Aufgabenkontext in sachlicher Hinsicht.

Damit weist er den Versuch, die Aufgabe einfach abzuwählen, zurück und hält das grundlegende therapeutische Ziel eines verstehenden Umgangs mit den Dingen dieser Welt aufrecht. Es wird ein Weltausschnitt neu in den Blick genommen.

Zugleich betont er die soziale Seite des Aufgabenkontexts. Indem er einerseits die Gruppenkonstellation hervorhebt und der Gruppe andererseits symbolisch beitritt, inszeniert er erneut einen Widerspruch hinsichtlich der Rollen: In Reaktion auf die symbolische Abgrenzung der Schülerin S1 von hypothetischen Individuen, die in der Lage sind, die gestellte Aufgabe zu lösen (*Wunderkinder*), und einer angebahnten gleichzeitigen Abgrenzung von jenen Individuen **und** von der Sache übernimmt der Lehrer erneut eine Schülerrolle (*...wir sind zu dritt, das ist unser Vorteil.*) Gleichzeitig bleibt er natürlich Lehrer.

Als solcher konstatiert er nun die Hilflosigkeit der beiden Schülerinnen vor dem Hintergrund der Erwartung, dass die Aufgabe als Mathematikaufgabe gelöst werden soll. Er nimmt implizit eine Bewertung vor. Die Aufgabe als logisch-pragmatischer Bezug auf einen Weltausschnitt konkretisiert die Mannigfaltigkeit der Welt im Rahmen allgemeinster Ich-Welt-Beziehung. Das Festhalten an ihr realisiert eine Totalität dieser Beziehung und bahnt regeste Wechselwirkung von Ich und Welt an. Das Moment der Wahlfreiheit tritt demgegenüber zurück.

Zur Fraglichkeit des Gegenstandes

Zwar versucht die erfahrene Schülerin noch, die Intervention des Lehrers zu unterlaufen, indem sie zwischen Sach- und Sozialdimension changiert, doch ändert dies prinzipiell nichts an der Gesprächskonstellation im Ganzen. Der Lehrer zeigt sich nun als auch in der Sache urteilsfähige Instanz und bringt den Unterschied zwischen bloßem Raten und einer Idee, welche tatsächlich mit dem Sachkontext der Aufgabe in Verbindung steht, ins Spiel.

Indem er sich S2 zuwendet, wendet er sich von S1 ab.

L: (...) S2, also so zu raten, weiß ich nicht. Hast du irgend eine Idee.

Waren vorher S1 und S2 gleichzeitig – also als Gruppe – angesprochen, so entspinnt sich nun ein Dialog zwischen dem Lehrer und jener Schülerin, die das Raten als Option eingebracht hatte. Der Lehrer fragt nach ihren Vorstellungen in der Sache.

Indirekt macht er bereits hier mögliche Kriterien einer Entscheidung darüber, ob ein bestimmter Lösungsvorschlag tatsächlich eine Lösung der Aufgabe darstellt, zum Thema. Da die Aufgabe nichts mit konkretem (nassem) Wasser zu tun hat, können solche Kriterien nur im Verständnis jener Sprache wurzeln, in der die Aufgabe formuliert ist.

Nachdem der Lehrer also über die Beziehungshaltigkeit eine Thematisierung der Sozialdimension durch die Schülerinnen zugelassen und dabei die Sachdimension aufrecht erhalten hat, artikuliert er einen (noch nicht begründeten) Zweifel am Vorschlag von S2. Seine Frage nach einer Idee zielt auf Alternativen.

In sozialer Hinsicht ist S2 angesprochen, die eingebrachte Vorstellung von Sachrationalität aber bestimmt (normativ) die Wahrnehmung des Themas in der Gruppe. Die folgenden Äußerungen werden sich darauf beziehen lassen müssen. Insofern stellen sie (implizit oder explizit) eine Bestätigung oder Negation der normativen Basis (Sachrationalität) dar. S2 gerät damit also unter Entscheidungszwang. Ihre Fähigkeit, ein eigenes Urteil in der Sache abzugeben, wird somit an eine folgende Fremdbeurteilung innerhalb der Gruppe gekoppelt.

S2: Na da muss man ja nichts mehr selbst rechen, da steht ja a, be oder ce. Kann man ja einfach ankreuzen.

Die Schülerin beharrt auf ihrem Vorschlag. Ausgangspunkt ihrer Lesart ist die Annahme, bei der gestellten Aufgabe müsse nicht selbst gerechnet werden. Daran sind zwei Aspekte bemerkenswert.

Einerseits reagiert sie mit ihrer Aussage auf die vom Lehrer implizit ausgedrückte Erwartung, dass bei dieser Aufgabe gerechnet werden muss: Es mag sein, dass hier gerechnet werden muss. Trotzdem ist (für mich, die Schülerin S2) nicht ersichtlich, was hier gerechnet werden muss. Also handelt es sich bei ihrer Aussage um die Projektion eines Wunsches in den Bereich der Sachlogik, um einen Kurzschluss von Sozial- und Sachdimension.

Andererseits drückt sie aus, dass *man ja nichts mehr selbst rechen* muss, dass also bereits ein anderer gerechnet haben müsste. Die Evidenz dieser Interpretation schöpft S2 aus den Formativen *a)*, *b)* und *c)* im Aufgabentext. Diesem Argument zufolge könnte ihre Interpretation der

Aufgabe sinngemäß lauten: Aus einer Heilquelle fließen 200 hl Wasser. Handelt es sich bei dieser Wassermenge a) um eine tägliche, b) um eine monatliche oder c) um eine jährliche Ausschüttung? In dieser Lesart gäbe es tatsächliche keine sachlichen Anhaltspunkte für eine Entscheidung, und Raten wäre pragmatisch zumindest nicht sinnlos. Diese Interpretation lässt aber völlig unverständlich, was hier überhaupt zu rechnen sein könnte.

Die Schülerin hat weder den Aufgabentext – als sprachliches Artefakt – noch die Pragmatik von Rechenoperationen verstanden. Entscheiden und Rechnen als Markierungen für den Sozial- und den Sachbezug des Aufgabentexts sind nun im Kontext unterschieden. Die Unterscheidung selbst hat soziale Gestalt: zwei Meinungen stehen sich gegenüber. Damit wird die bisher implizite Frage nach Entscheidungskriterien zu einem expliziten Teil der Sachrationalität.

L: Na dann guck mal, dann mach, genau, mach sozusagen was du für richtig hälst. Und S1 du machst auch was du für richtig hälst. Eine Minute Zeit, ja? In ner Minute reden wir dann. (10 sec.)

Der Lehrer hält die Schülerin nun ganz explizit zum selbstverantwortlichen Handeln an. Er ist zu Anfang seiner Äußerung noch im Zweifel darüber, ob diese Aufforderung die Schülerin einer Lösung des Problems näher bringt. Das zeigt sich am tastenden Parallelismus des Anfangs der Äußerung: *Na dann guck mal, dann mach...* , wie auch am relativierenden Einschub *sozusagen*. Nachdem er diese Entscheidung in Bezug auf S2 getroffen hat, erhält S1 den gleichen Arbeitsauftrag.

Mit der Angabe eines zeitlichen Rahmens für die Erfüllung des Arbeitsauftrags stellt der Lehrer per Gestaltähnlichkeit einen Bezug zur eingangs formulierten Arbeitsaufgabe her. Im Unterschied zum Sequenzanfang ist das soziale Setting nun aber differenziert: Die erfahrene Schülerin S1 hat inzwischen zumindest eine Vorstellung davon, dass es sich bei einer Wassermenge von 200 hl um zwanzigtausend Liter handelt (wie viel auch immer das sei...), die unerfahrene Schülerin S2 dagegen hat im Gespräch eine Lesart des Aufgabentexts vertreten und kann nun damit rechnen, diese ihre Lesart in Kürze verteidigen zu müssen.

Die abschließende Ankündigung: *„In ner Minute reden wir dann."*, betont im Kontrast zur Zumutung der Selbstverantwortlichkeit den Probecharakter der Konstellation. Dem formellen Charakter der gestellten Aufgabe wird ein informelles Element entgegengehalten. Der Gefahr des Scheiterns wird die Brisanz von Bewertungssituationen, wie sie im schulischen Kontext in pragmatischer Hinsicht unausweichlich ist, genommen.

2.3. Differenzierungen in der Aufgabenbearbeitung

Ein Text – zwei Aufgaben – drei Interpreten

Mit dem Ende des zweiten Segments war vom Lehrer in sachlicher und sozialer Hinsicht ein neuer Anfang gesetzt worden. Zugleich ist die Pragmatik der Aufgabenbearbeitung nun eine veränderte: In sozialer Hinsicht haben beide Schülerinnen denselben Arbeitsauftrag erhalten, nämlich die anfangs gestellte Aufgabe in einer bestimmten Zeit zu bearbeiten. Im Vergleich zum Sequenzanfang ist diese Zeit jedoch verkürzt – ein Fakt, der entweder in Richtung einer Gelingens- oder Misslingenserwartung auf Seiten des Lehrers interpretierbar ist oder auch als variierte Qualitätserwartung bezüglich der Antworten der Schülerinnen. In sachlicher Hinsicht gibt es jedoch eine Differenz zwischen der Aufgabe für S1 und der für S2.

Diese Differenz liegt im Kontext der bisherigen Interaktion. Die Aufgabe für S2 besteht darin, ihre Meinung zu vertreten – vor dem Hintergrund der kontextuellen Anzeichen dafür, dass diese Meinung sachlich falsch sein könnte. Die Aufgabe für S1 dagegen ist die Heilquellen-Aufgabe.

Die bisherige Interaktion macht deutlich, dass sich beide Schülerinnen ihre nun zu bewältigende Aufgabe selbst ausgesucht haben: S2 möchte etwas entscheiden – also soll sie entscheiden; S1 hatte im ersten Segment Erkenntnisse in der Sache – also ist die Sache thematisch.

Indem der Lehrer diese Aufgaben festlegt, differenziert er das Setting hinsichtlich Sach- und Sozialdimension in der Weise der oben formulierten erkenntnisbezogenen Aufgabe. Der Bezugsrahmen der Gruppe ist nun nur noch implizit, jede Schülerin hat ihre eigene Aufgabe: Für S2 wird es darum gehen, mit L überhaupt erst einmal eine sachhaltige Aufgabe auszuhandeln; S1 dagegen hat eine Erkenntnisaufgabe.

Das dritte Segment beginnt in analoger Weise wie das erste. Die erfahrene Schülerin durchbricht die mit der Aufgabenstellung formulierte Erwartung und konstatiert damit implizit, dass sie sich nicht in der Lage fühlt, die Aufgabe selbständig zu lösen. Im Unterschied zum ersten Segment trägt ihre Affektivität nun aber einen Charakter von Ernsthaftigkeit der Sache gegenüber. Dies ist eine Folge der im zweiten Segment kollektiv vorgenommenen Abgrenzung von der Zumutung einer zu schweren Aufgabe. Damit übernimmt sie erneut die Initiative.

Im Vergleich zur im zweiten Segment entstandenen Perspektive einer Abgrenzung auf affektiver Basis tritt nun das neue Grundelement einer Argumentation hinzu. Indem die erfahrene Schülerin in sozialer

Hinsicht an der Abgrenzungsperspektive festhält, versucht sie eine sachliche Begründung dafür zu geben, warum sie die Aufgabe nicht zu lösen vermag. Diese Begründung enthält kein Argument, das auf sie selbst als Person bezogen wäre, sondern bewegt sich sprachlich ausschließlich im Sachkontext der Aufgabe. Dennoch handelt es sich um eine Begründung für ihre persönliche Art von Beziehung zur Aufgabe.

S1: Aber das ist ja scheiß, äh, ist ja blöd, wenn ich jetzt ein, welche Wassermenge liefert eine Heilquelle jährlich bei einer Ausschüttung von zweihundert Hektoliter

Die Schülerin ist nun in den Sachkontext der Heilquellen-Aufgabe eingetaucht. Indem sie sich von der Zumutung der Aufgabe abgrenzt, reformuliert sie den Aufgabentext und verändert ihn dabei: Sie nimmt eine Interpretation vor. In ihrer nun aktualisierten Lesart kommen weder die Formative *a)*, *b)* oder *c)* vor noch die mit *a)* und *b)* verbundenen Zeithorizonte einer täglichen oder monatlichen Ausschüttung. Zugleich fehlt jene Bestimmung der Ausschüttung in zeitlicher Hinsicht, welche den (abstrakten) Wasserfluss im Sachkontext der Aufgabe quantitativ bestimmt. Im Transkript fehlt zudem ein das Ende einer Äußerung markierendes Satzzeichen.

Hier sind zwei Lesarten möglich. Entweder die Schülerin hat ihre Äußerung ganz bewusst an jener Stelle unterbrochen, an der ihre Äußerung endet. Dann müsste im Transkript ein Punkt eingefügt werden. In diesem Fall hätte sie den von der Aufgabe repräsentierten Sachkontext nicht verstanden. Oder aber die Schülerin konnte ihre Äußerung nicht zu Ende bringen; vielleicht wurde sie unterbrochen. Dann wären im Transkript drei Punkte als Zeichen einer abgebrochenen Äußerung einzufügen. In diesem zweiten Fall wäre davon auszugehen, dass der unvollständige Satz bedeutet: *...welche Wassermenge liefert eine Heilquelle jährlich bei einer Ausschüttung von zweihundert Hektolitern pro Stunde*. Auch in diesem Fall bliebe das von ihr vorgebrachte Argument dafür, dass sie sich von der Aufgabe abgrenzt, implizit – also nur angedeutet. Die Argumentation wäre eine Argumentation auf Probe. Es könnte dann aber davon ausgegangen werden, dass sie die Teilaufgabe c in sachlicher Hinsicht verstanden hätte.

Hier nun tritt jener Unterschied zu Tage, der am Ende von Abschnitt 1.3. in Diskussion der Frage nach den sprachpragmatischen Lernvoraussetzungen der Heilquellen-Aufgabe erarbeitet worden war: Ein volles Verständnis des Sachkontexts der Aufgabe ist von einem sprachpragmatischen Aufgabenverständnis zu unterscheiden. Ersteres umfasst die Fähigkeit, das mathematische Problem zu lösen. Letzteres dagegen zielt zunächst nur auf eine adäquate Interpretation der im Medium der Sprache gegebenen Problemkonstellation. Letzteres ist eine notwendige Bedingung für ersteres.

S2: Also, das heißt dann eher pro Stunde, also täglich, monatlich, jährlich?

Da keine Pause zwischen den Äußerungen von S1 und S2 transkribiert ist, muss davon ausgegangen werden, dass S1 durch S2 unterbrochen wurde. Das bedeutet, dass S2 nun explizit von einer Pragmatik der Dialogführung im Sinne sprachlicher Wohlgeformtheit abweicht. Die Interaktion erhält die Stilistik eines Streitgesprächs. Zugleich kann davon ausgegangen werden, dass S1 die Teilaufgabe c als Aufgabe verstanden hat. Damit stellt sich nachträglich die Frage, warum sie diesen Sachkontext als blöd konnotiert. Diese Frage müsste im weiteren Verlauf der Interaktion noch thematisch werden.

Mit der resümierend gebrauchten Konjunktion *also* zu Beginn ihrer Äußerung drückt S2 aus, dass sie nun auch an der Diskussion des Aufgabenkontexts teilnehmen möchte. Mit der Phrase *das heißt dann* konstatiert sie, dass bisher in der Interaktion (im dritten Segment) etwas geäußert wurde, was sie einer Thematisierung für Wert erachtet. Damit stellt sie einen Bezug zwischen der von S1 präzisierten Aufgabenfassung und ihrer eigenen Interpretation her. Sie macht die Lesart von S1 zur Voraussetzung und zieht daraus eine Schlussfolgerung.

Diese Schlussfolgerung aber wird nicht in der Form einer Aussage vorgenommen, sondern als Frage formuliert. Der Versuch einer Umformung dieser Frage in eine Aussage führt auf der Grundlage der oben explizierten Interpretation der Lesart von S2 in Bezug auf die Aufgabe („Aus einer Heilquelle fließen 200 hl Wasser. Handelt es sich bei dieser Wassermenge a) um eine tägliche, b) um eine monatliche oder c) um eine jährliche Ausschüttung?") zu folgender veränderten Lesart: „Eine Heilquelle wird in verschiedenen Zeiträumen betrachtet. Es ist bekannt, dass aus dieser Heilquelle 200 hl Wasser **pro Stunde** fließen. Wie viel Wasser fließt **dann** aus dieser Heilquelle täglich, monatlich und jährlich?"

Mit dieser Veränderung wäre im Prozess der Prädikation mit S2 etwas Entscheidendes passiert. Sie hätte, in welcher rudimentären Form auch immer, im Zuge einer Wahrnehmung der Lesart von S1 intuitiv erkannt, dass es sich bei der Heilquellen-Aufgabe nicht um das Problem einer Entscheidung, sondern um das Problem einer Schlussfolgerung handelt: Mit der Proposition, die ihre Frage sprachlich trägt, nimmt sie eine Strukturierung des im Aufgabenkontext implizit thematisierten Zeitparadigmas vor. In folgender Weise: Zuerst stelle man sich eine quantitativ bestimmte Ausschüttung *pro Stunde* vor, dann erst gehe man gedanklich zu den Ausschüttungen *täglich, monatlich, jährlich* über. Damit hätte sie – bezogen auf die Sequenzialität des Aufgabentexts – eine Vertauschung vorgenommen. Zusätzlich hat S2 mittels der schlussfolgernd gebrauchten Konjunktion *also* das Moment von Kausalität in den Sachkontext hineingebracht. Sie hat damit intuitiv die Bedeutung der präpositionalen Fügung *bei einer Ausschüttung von...* realisiert.

Mit dem in übertragener Bedeutung gebrauchten Komparativ (eines Zeitadverbs) hält S2 assoziativ die Verbindung zu ihrer Lesart einer anstehenden Entscheidung: Angesichts des Aufgabentexts sind verschiedene Interpretationen der zu lösenden Aufgabe möglich. Es gibt die Möglichkeit, die Aufgabe als Entscheidungsproblem zu verstehen. Es gibt aber auch die Option, den Sachkontext als Kausalzusammenhang zu interpretieren. Das Zeitadverb *eher* drückt dann eine subjektive Präferenz von S2 zugunsten der zweiten Interpretationsmöglichkeit aus. Die erste Möglichkeit wurde aber noch nicht endgültig verworfen. Für welche Interpretation sich S2 entscheidet, hängt von einer Antwort auf die von ihr gestellte Frage ab.

Noch ist die unerfahrene Schülerin S2 unsicher in ihrem Verhalten. Sie hält assoziativ an ihrer alten Lesart fest. Zugleich hat sie die nun im Raum stehende neue Lesart interpretativ realisiert und intuitiv – vielleicht nur als Möglichkeit – wahrgenommen, dass ihre alte Lesart sachlich nicht angemessen ist. Sie kann sie aber nicht loslassen. Was ihr dazu fehlt, ist die klärende Kraft eines Urteils.

S1: Genau. Ja aber das ist ja doof, weil hier steht ja nur zweihundert Hektoliter pro Stunde. Und man weiß ja nicht wie viel jährlich. Da müssen wir dann

Die erfahrene Schülerin bestätigt die von ihrer (hinsichtlich Selbstwahrnehmung) noch unerfahrenen Lernkollegin geäußerte Intuition und beantwortet so deren Frage. Zugleich betont sie damit das informelle Moment im institutionell angestoßenen Lehr-Lern-Prozess und auf diese Weise den Unterschied des therapeutischen Settings zum schulischen Kontext. Versucht man diese Situation dennoch in einen schulischen Rahmen zu übersetzen, so ist das nur auf der Basis einer Pragmatik möglich, die für Gruppenarbeit typisch ist.

Indem S1 die Rolle einer im Sachkontext kompetenten Person übernimmt, erhält sie nun selbst die Kontinuität zu ihrer zuvor getätigten Äußerung. Diese aber war an L adressiert. Die erfahrene Schülerin bringt es also fertig, sich unterbrechen zu lassen, die Unterbrechung kurz zu kommentieren und anschließend den angedeuteten Gedanken weiterzuführen. Dazu wiederholt sie ihre subjektive Bewertung der Aufgabenkonstellation und liefert nun eine detaillierte Argumentation.

Diese Argumentation beinhaltet eine präzise Reformulierung des Sachkontexts der Teilaufgabe c. Nun wird deutlich: Die Ablehnung der Aufgabe durch S1 gründet darauf, dass das (zumindest bei Teilaufgabe c) erfragte Datum im Kontext der Heilquellenaufgabe unbekannt ist – mithin: darauf, dass die Aufgabe ein mathematisches Problem konstituiert.

Doch die Schülerin geht noch weiter. Sie setzt zu einer Beschreibung dessen an, was im Aufgabenkontext getan werden könnte, um dennoch zu einer Beantwortung der Frage von Teilaufgabe c zu gelangen.

L: mhmh

An dieser dramaturgisch sensiblen Stelle schiebt der Lehrer einen minimalistisch gestalteten Kommentar ein: eine Bestätigung der von S1 vorgenommenen Beschreibung. Auf diese Weise bleibt er als bewertender Gesprächspartner präsent, ohne die Schülerin bei der Verbalisierung ihrer Gedanken unterbrechen zu müssen.

S1: tausend mal rechen bis dann auf eine, bis wir dann jährlich kommen oder täglich oder monatlich.

Die Schülerin beschreibt mit ihrer Argumentation einen großen Bogen, beginnend mit ihrer subjektiven Abgrenzung vom Sachproblem über die sich anschließende zweimalige Reformulierung von Teilaufgabe c bis zur Beschreibung der Tatsache, dass eine Rechnung nötig ist, um das erfragte Datum zu ermitteln.

Zudem muss die Schülerin eine Vorstellung von der Komplexität der für die Lösung der Teilaufgabe c zu bewältigenden Rechnung haben. Bemerkenswert ist in diesem Zusammenhang ihre Formulierung: *Da müssen wir dann (...) tausend mal rechnen bis ...* Es ist nämlich ein typisches Lernproblem rechenschwacher Kinder und Jugendlicher, dass sie auf Grund undifferenzierter Zahlvorstellungen nicht über effektive Rechenstrategien verfügen. Die dadurch entstehende Kompliziertheit einfacher Aufgaben lässt sich am Beispiel des Unterschiedes etwa der tausendmaligen Addition (2 + 2 , fortlaufend tausendmal addiert) und der einmaligen Multiplikation (1000 * 2 , einmal multipliziert) veranschaulichen. Der realen Sequenzialität von tausend Einzeloperationen steht dann die eine reale Operation gegenüber, deren (vorzustellende) Bedeutung darin besteht, dass sie tausend Einzeloperationen umfasst und den vorgestellten Prozess in einem Moment überblickt. Die Argumentation zeigt also, dass die Bewertung der Aufgabe als doof durch die Schülerin S1 mit ihren eigenen Gewohnheiten und Erfahrungen beim Rechnen zusammenhängen könnte.

Bemerkenswert ist zudem, dass sie trotz Schwierigkeiten bei der sprachlichen Formulierung ihres Gedankens auch die Teilaufgaben a und b in ihre Interpretation des Gesamtkontexts der Heilquellen-Aufgabe einbezieht. Es zeigt sich, dass sie nun die Heilquellen-Aufgabe als sprachliches Artefakt (d. h. in der Sachdimension) verstanden hat.

Als einziges Problem mit der Aufgabe bleibt nun ihre Beziehung – mithin der affektive Bezug zu einem Stück Welt – bestehen. Die Schülerin erwartet eine Überforderung im Prozess des konkreten rechnenden Umgangs mit den Zahlen. Diese Erwartung beinhaltet ein unbewusstes Festhalten an Wahrnehmungsmustern, die im Verlauf ihrer Lernbiographie erworben wurden. Eine Überwindung dieser Muster (zumindest situativ-kontextuell) wäre ein deutlicher empirischer Beleg für den Ablauf eines Bildungsprozesses im Humboldtschen Sinne.

L: Ja, das ist ne Matheaufgabe. Tausend mal rechnen würde viel zu lange dauern, aber gut, das versteh ich. (...)

Der Lehrer reagiert nun mit der ganzen Autorität seiner Rolle normativ auf das von der Schülerin vorgetragene Argument. Sein einleitender Satz: *„Ja, das ist ne Matheaufgabe."*, beinhaltet zunächst eine Bestätigung der von S1 getätigten Sachaussage. L verbalisiert damit seinen zuvor nur minimalistisch angedeuteten Kommentar. Er nutzt die Autorität seiner Rolle, um die Sache mit ihrer Logik im sozialen Rahmen der Interaktion zu stärken und stellt zugleich einen Bezug zum Sinnhorizont der therapeutischen Veranstaltung her: Arbeit an Lernschwierigkeiten im mathematischen Bereich – Arbeit am Problem von S1.

Mit dem nächsten Satz: *„Tausend mal rechnen würde viel zu lange dauern..."*, legitimiert L das Argument von S1 in sachlicher Hinsicht. Indirekt sagt er damit zu ihr: Wenn das die einzige Möglichkeit wäre, zum Ergebnis zu gelangen, würde ich dein Urteil bezüglich der Aufgabe teilen. Da er aber dieses Urteil explizit nicht bestätigt, sagt er indirekt auch: Es gibt eine einfachere Möglichkeit, um zum Ergebnis zu gelangen. Im sachlichen Kern referiert L hier auf jenen Minidialog zwischen ihm und S1 am Ende des ersten Segments, in welchem es um die Bedeutung von *200 hl* ging (allgemein: um Operationsvorstellungen zum Vervielfachen auf der Grundlage einer Vorstellung vom Aufbau des Zahlenraums zumindest bis zehntausend).

Zugleich beschwichtigt der Lehrer die Schülerin hinsichtlich der Radikalität ihres Urteils. Mit seinem Einschub *aber gut, das versteh ich* betont er den Kontrast von Sach- und Sozialdimension in der bewertenden Äußerung von S1 und erklärt sich solidarisch mit ihrem Affekt. Da er aber eine adversative Konjunktion gebraucht, grenzt er gleichzeitig beide Seiten der Bewertung gegeneinander ab. Er äußert damit Verständnis für die Situation (in affektiver Hinsicht), hält jedoch an der Sache als Sache fest. Er mutet der Schülerin implizit zu, über ihre Erfahrungen und Wahrnehmungsmuster hinauszugehen. Hier handelt es sich um eine konkretisierte Vermittlung des zu Anfang aufgezeigten Widerspruchs: Hinter der Bildungszumutung durch den Lehrer zeigt sich ein Konzept von Erziehung, welches auf das implizite Versprechen einer Erschließung der Sache gründet.

Im Kontext der bisherigen Interaktionen hat der Lehrer Grund zu der Annahme, dass die von der Schülerin nun also verstandene Aufgabe für sie (objektiv) kein unlösbares mathematisches Problem mehr darstellt.

L: (...) Und du, ähm S2, verstehst gar nicht was hier los ist. Denkst sozusagen man muss sich entscheiden, a oder be oder ce.

Damit wendet sich der Lehrer an die unerfahrene Schülerin. Obwohl sie zuvor bereits spontan eine Intuition geäußert hat, die auf ein Verständnis der Aufgabe deutet, unterstellt L ihr (scheinbar böswillig) die andere Variante einer angenommenen Interpretation des Aufgabentexts. Begleitet wird dieser Akt der Interpretation in der Sache von einer Bewertung in sozialer Hinsicht: „*...du (...) verstehst gar nicht was hier los ist.*" Damit ist die Schülerin nun mit ihrer ganzen Person angesprochen, zu reagieren.

Mit dem zweiten Satz seiner Äußerung präzisiert L seine Interpretation der Lesart von S2 bzgl. des Texts der Heilquellen-Aufgabe. Zugleich stellt er eine Kontinuität zu jener Äußerung her, die seiner veränderten Aufgabenstellung am Ende des zweiten Segments unmittelbar vorausging und mit welcher S2 zum Ausdruck gebracht hatte, sie verstehe die Aufgabe so, dass nichts selbst zu rechnen, sondern nur anzukreuzen sei. Damit legt L ihr etwas in den Mund, was sie kurz zuvor tatsächlich geäußert hat. Er stellt Kontinuität in der Sache her.

Beide Seiten der Lehreräußerung zusammengenommen legen die für ein Streitgespräch spezifische Erwartung an die Schülerin an, dass sie nun entweder zugeben möge, sie habe sich vorhin geirrt, oder aber dass sie die indirekt zitierte Äußerung verteidigt.

Der Einschub *sozusagen* relativiert die Unterstellung durch den Lehrer zugleich etwas. Möglicherweise fühlt er sich nicht wohl in seiner Haut: Mit seinem harten Urteil überschreitet er eine Grenze in der Beziehung zur Schülerin. Der Einschub betont den Probecharakter aller im Kontext getätigten Äußerungen.

S2: Ja, ich würd schon sagen ...

Die Schülerin widerspricht dem Lehrer nicht: habituell bleibt sie ganz in ihrer Rolle. Ihr *ja* kann sich nur auf den letzten Satz des Lehrers beziehen. Auf dessen ersten Satz und die darin steckende Peinlichkeit der Situation reagiert sie sehr verhalten. Mit dem Gebrauch des Konjunktivs von *sagen* knüpft sie an das relativierende *sozusagen* der Lehreräußerung an. Zugleich beharrt sie mit dem Adverb *schon* auf ihrer ersten Lesart und fällt damit hinter den mit ihrer zuvor ausgedrückten Intuition erreichten objektiven Erkenntnisstand im Kontext zurück. In der Schüleräußerung steckt viel Unsicherheit.

L: Wer wird Millionär, welche Antwort ist richtig, a, be oder ce?

Der Lehrer unterbricht die Schülerin, widerspricht ihr aber nicht direkt – er hält lediglich den Kontext eines Streitgesprächs um eine ganz bestimmte Sache aufrecht. Offenbar will er den Widerspruch der Schülerin provozieren.

Zusätzlich unterstellt er nun per Gestaltähnlichkeit einen veränderten Kontext: die Fernsehsendung „*Wer wird Millionär?*" Die Charakteristik dieser Game-Show besteht zum einen darin, dass sie einen Wettbewerb in außerschulischem Kontext inszeniert, dessen Gewinner mit (viel oder wenig) Geld belohnt wird. Zum anderen ist im Prinzip keine Diskussion über die Richtigkeit der Antworten vorgesehen – der Talkmaster repräsentiert die alleinige Wahrheitsinstanz. Die Kandidaten müssen sich entscheiden, von der sachlichen Richtigkeit dieser Entscheidung hängt der weitere Spielverlauf ab. In dieser Pragmatik kommen so gut wie alle Kandidaten an jenen Punkt, wo sie die richtige Antwort nicht kennen und auf ihr Glück beim Raten angewiesen sind.

Der entscheidende Unterschied zum therapeutischen Kontext besteht darin, dass in der Game-Show eine Antwort vom Typ: „Ich weiß es nicht.", pragmatisch insofern unsinnig ist, als sie zum Ausschluss führt.

Indem der Lehrer die Lesart der Schülerin zur Heilquellen-Aufgabe in einen anderen Sachkontext überführt, führt er innerhalb des Streitgesprächs einen Kontrast zwischen deren Interpretation der Aufgabenpragmatik und der Pragmatik eines verstehenden Umgangs mit den Dingen der Welt ein. Damit macht er die von S2 in der Sache eingebrachte Lesart des Aufgabenkontexts zum potentiellen Thema des Streitgesprächs. Eine Bewertung innerhalb der Gruppe würde dann aus der Stellungnahme zur Sache einen Beziehungsaspekt machen.

S2: mhmh

Die Schülerin bestätigt erneut, was der Lehrer ihr in sachlicher Hinsicht als Lesart unterstellt. Der Minimalismus ihrer Zustimmung mag damit zusammenhängen, dass sie nicht weiß, worauf der Lehrer mit seinem Vergleich zur Game-Show hinaus will. Indirekt bestätigt sie dessen vorher ausgesprochenes Urteil bezüglich ihres Nichtverstehens der Aufgabe.

Indem die Schülerin auch die sachbezogene Kontextveränderung durch den Lehrer widerspruchslos hinnimmt, begibt sie sich voll und ganz in eine passive Rolle. In sachlicher Hinsicht bedeutet das ein Verharren in ihrer ersten Lesart der Aufgabe. In sozialer Hinsicht deutet es darauf hin, dass sie sich nun mit dem Stand der Dinge abzufinden bereit ist.

Sie hat resigniert und harrt der Dinge, die auf sie zukommen. Es kann davon ausgegangen werden, dass im aktuellen Kontext eine Bildungsbewegung nur als intentional deutlich bestimmte Negation genau dieses Kontexts möglich ist.

L: Dann kreuz an, was das richtige ist.

Der Lehrer nimmt nun in sozialer Hinsicht die Rolle des Talkmasters an. Indem er die Schülerin zu einer schriftlich markierten Äußerung auffordert, bahnt er eine Entscheidung bezüglich des weiteren Gesprächsverlaufs an. Falls er tatsächlich die angedeutete Rolle beibehalten sollte, so müsste er bei einer falschen Antwort die Schülerin aus dem Spiel (der Interaktion) ausschließen.

Die Ambivalenz der Äußerung besteht darin, dass die Schülerin aufgefordert wird etwas zu tun, wovon sie wissen kann, dass es sinnlos ist. Sie muss dann in der Folge ihrer Handlung damit rechnen, von genau jenem, der sie dazu aufgefordert hat, zur Rechenschaft gezogen zu werden.

Der Lehrer ist im Begriff, eine paradoxe Intervention vorzunehmen. Er hat vor, die Schülerin die Sinnlosigkeit ihrer Entscheidung erleben zu lassen. Kontext dieser Intention ist die am Ende des zweiten Segments für S2 in differenzierter Weise formulierte Aufgabe.

Differenzierung von Verstehensmomenten

Bezüglich der für das Lehr-Lern-Problem grundlegenden Frage nach den Möglichkeiten und Grenzen des individuellen Verstehens einer Sache im Kontext von Situationen, in welchen ein anderer einen Verstehensakt in eben jener Sache erlebt, muss für die Schülerin S2 konstatiert werden: Das von S1 Erkannte hat keine wirkliche Beziehung zur Sicht von S2 auf den Sachkontext der Aufgabe erhalten.

Die in der Schulpädagogik selten hinterfragte Annahme, dass das Erleben einer sachbezogenen Interaktion – etwa, wenn ein Schüler im Rahmen einer mündlichen Leistungskontrolle vom Lehrer examiniert wird – für die hinsichtlich der Pragmatik einer Prüfung unbeteiligten Zeugen zu einem Wissenszuwachs oder gar zu einer Erkenntnis führt, erweist sich im vorliegenden Kontext zunächst als falsch. S2 übernimmt zwar die sachadäquate Interpretationsmöglichkeit der Aufgabe von S1, gelangt aber dadurch nicht zu einem echten Verstehen, weil sie sich nicht von ihrer eigenen, falschen Interpretation abgrenzen kann. In thematischer Abgrenzung vom Lehr-Lern-Kurzschluss in Bezug auf Lehrer und Schüler (Kurzschluss hinsichtlich des Themas einer Interaktion, also in der Sache) soll die hier zu konstatierende Enttäuschung lehr-lerntheoretischer Hoffungen im Rahmen von Lerngruppen (z. B. Schulklassen) Lern-Erlebnis-Kurzschluss genannt werden.

Zunächst genügt es festzuhalten, dass in der kategorialen Differenz von Lernen und Erleben jener mögliche Unterschied zwischen Sach- und Sozialdimension von in Lehr-Lern-Kontexte eingebetteten Interaktionen aufgehoben ist, der am Ende von 2.1. bereits rekonstruiert wurde. In weiterer begrifflicher Perspektive müsste zwischen Lernen und Erfahrung in ähnlicher Weise differenziert werden, wie sich das Erleben innerpsychischer Prozesse (z. B. affektive Seite von Erkenntnis) vom Erleben im sozialen Kontext (z. B. Objektivierung von Erkenntnis) unterscheiden lässt. (Siehe daran anknüpfend 5.2. und 5.3.)

Ausgangspunkt für die Rekonstruktion der im dritten Segment stattfindenden Interaktion waren die vom Lehrer am Ende des zweiten Segments differenzierten Aufgabenstellungen für die erfahrene Schülerin S1 und die neue Schülerin S2. Trotz äußerlicher Ähnlichkeit in der Sprachgestalt des Arbeitsauftrags ging es für S2 im Unterschied zu S1 darum, ihre eigene Lesart der Heilquellen-Aufgabe als Meinung zu verteidigen und im anstehenden Streitgespräch die Konsequenzen dafür zu tragen.

Für beide Schülerinnen kann auf Grund des bisherigen Verlaufs festgestellt werden, dass sie im Rahmen ihrer jeweiligen Aufgaben aktiv waren. Für S2 ist darüber hinaus die Besonderheit zu konstatieren, dass sie kurzzeitig im gedanklichen Kontext von S1 involviert war, was auf die Spezifik des sozialen Rahmens verweist.

Dies muss nun genauer interpretiert werden. Bezüglich beider Aufgabenstellungen kann in der Perspektive auf Verstehen die sachliche von der sozialen Seite unterschieden werden. S1 hat die Aufgabe in sachlicher Hinsicht zwar verstanden, sich von der Aufgabe als Aufgabe aber in sozialer Hinsicht abgegrenzt. Inwieweit sie sich von der anschließenden Äußerung des Lehrers hat überzeugen lassen, ist offen. Da L sich anschließend S2 zugewandt hat, für die im Kontext eine andere Aufgabenstellung rekonstruiert wurde, entsteht für S1 folgende Alternative: Entweder, sie hat die Aufgabe nun auch in sozialer Hinsicht (und das heißt insbesondere: „im Bauch") verstanden – dann könnte sie beginnen zu rechnen. Oder aber der normative Impuls des Lehrers konnte sie („im Bauch") nicht überzeugen – dann würde sie für sich nach wie vor Hilfe vom Lehrer einfordern. Für S2 dagegen gilt es in sachlicher Hinsicht zu begreifen, dass ihre Lesart des Aufgabentexts auf einem Missverständnis (einer Fehlinterpretation von Sprache) beruht. Dieses Begreifen ist an ein entsprechendes Urteil bezüglich ihrer eigenen (alten) Lesart gebunden. Da ein solches Urteil vom Lehrer bereits formuliert worden ist, geht es für S2 in sozialer Hinsicht darum, im mittlerweile aufgebauten Kontext eines Streitgesprächs die Sachposition ihres Gegners zu übernehmen. In der pragmatischen Synthese von Sach- und Sozialdimension aber müsste sie ein entsprechendes Urteil ganz allein („aus dem eigenen Bauch heraus") treffen können.

Im weiteren Fortgang der Interaktion können nun abstrahierend zwei thematische Stränge unterschieden werden. Der eine Strang zielt auf konventionelles Verständnis der Sache „Heilquellen-Aufgabe" und umfasst all jene sprachlichen Details, die in der psycholinguistischen Analyse in 1.3. aufgezeigt worden waren. Der andere Strang aber ist durch das in Lern- und Bildungsprozessen grundlegende Problem bestimmt, dass Verstehen (im Sinne einer Erkenntnis) an die Unterscheidung einer gültigen Beschreibung von allen ungültigen gebunden ist. Das heißt, im konkreten Vollzug von Verstehen muss eine Entscheidung zwischen wahren und falschen Aussagen in der Sache getroffen werden können.

S1: Also das heißt also wenn ich jetzt ähm a täglich, welche Wassermenge liefert eine Heilquelle täglich bei einer Ausschüttung von zweihundert Hektoliter pro Stunde oder heißt das, gehört das nur dann zu der ce?

Für die Schülerin S1 wird deutlich, dass sie das ganze Geschehen (einschließlich der vom Lehrer vorgenommenen kontextuellen Differenzierung) in sozialer Hinsicht noch nicht versteht, obwohl sie das sprachliche Artefakt der Heilquellen-Aufgabe in sachlicher Hinsicht bereits verstanden hatte.

Schaut man sich den Verlauf der Interpretation des Aufgabentexts im Ganzen noch einmal an, so wird deutlich, an welcher Stelle sie sich befindet: Sie hat den Sachzusammenhang in seiner zeitlich gebundenen, sequenziell vorzustellenden Struktur im Prinzip verstanden. Was sie aber noch verwirrt, sind die in Bezug auf die Darstellung des Problems rein technischen Formative *a)*, *b)* und *c)*.

Die in sachlicher Hinsicht irrelevante Frage, ob es sich um eine Aufgabe handelt, die drei Teilaufgaben umfasst, oder um drei verschiedene Aufgaben in einem gemeinsamen Sachkontext, wird für S1 zur entscheidenden Alternative bezüglich Verstehens. In Bezug auf die hier mögliche Unterscheidung zweier möglicher Lesarten der Heilquellen-Aufgabe – eine sprachlich-pragmatische und eine mathematische – bedeutet dies: Die Schülerin hat die Aufgabe in sprachlich-pragmatischer Weise interpretiert und versteht nun nicht, wozu die gesonderte Kennzeichnung der unterschiedlichen Zeithorizonte gut sein soll. Was im Gewand einer Strukturierungshilfe daher kommt, erzeugt bei ihr Verwirrung. Sie nimmt die Sprache des Aufgabentexts so streng sequenziell wahr, wie gesprochene Sprache prinzipiell gemeint ist.

Hinsichtlich ihrer sprachlich-grammatischen Interpretation ist S1 zudem unsicher bezüglich der Frage, ob sich die präpositionale Erweiterung *bei einer Ausschüttung von 200 hl pro Stunde* auf die gesamte Satzkonstruktion der Frage, also auf alle drei differenzierend mit *a)*, *b)* und *c)* gekennzeichneten Zeithorizonte, bezieht oder nur auf den dritten Zeithorizont allein, mit welchem die Fügung in der Logik sich sequenziell herstellender Ordnung am engsten verbunden ist. Diese Frage berührt in ihrem Kern das Problem des Auffindens der Tiefenstruktur, welche dem Fragesatz der Heilquellen-Aufgabe zu Grunde liegt. Zudem könnte über dieses formale Verstehensmoment hinaus für die Schülerin ein materiales Verstehensmoment problematisch sein: das intuitive Wissen um die in der Aufgabe implizit unterstellte Zeitkonstanz der mengenmäßigen Bestimmung von Ausschüttung.

In der Perspektive auf das gesamte Geschehen lässt sich hier aber feststellen, dass jenes Textelement, welches von S2 zuallererst und abgehoben vom sprachlich-konkreten Inhalt des Sachkontexts wahrgenommen und interpretiert wurde, für S1 vor dem Hintergrund ihres pragmatischen Verstehens zum Problem wird. Indem sie erlebt, wie hartnäckig S2 an einer Interpretation dieser Formative im Sinne einer ausschließenden Alternative festhält, wird sie unsicher bezüglich der Richtigkeit ihrer eigenen Interpretation.

Es ist hier also erneut die erfahrene Schülerin S1, die den vom Lehrer per Arbeitsauftrag in differenzierter Weise strukturierten Kontext durchbricht. Die spezifische Sozialität der Situation (Kommunikation unter Anwesenden) provoziert eine Interpretation des diskursiven Geschehens zwischen S2 und L durch S1 in der Richtung, dass die zwischen den ersten beiden verhandelte Streitfrage auch für das Aufgabenverständnis von S1 von Bedeutung sein könnte. Indem sie nicht fähig ist, in eine eigenlogische und selbstbestimmte Beziehung zur Aufgabe zu treten, tritt sie dem zwischen S2 und L zur Aushandlung stehenden Diskurs bei. In ihrer Frage sind die Sach- und die Sozialdimension des bisherigen Geschehens in unvermittelter Weise gemischt. Ihre Fragehaltung zeugt hier von einer pragmatischen Bedeutung prinzipieller Unsicherheit dem Gegenstand gegenüber.

Sie erfragt beim Lehrer ein in der Sache unwesentliches Detail der Aufgabe und zugleich in sozialer Hinsicht eine Entscheidung darüber, welche Interpretation des Aufgabentexts die angemessene ist. Ihr Ich-Welt-Verhältnis in Bezug auf den Gegenstand ist nun vakant geworden. Die Schülerin S1 befindet sich in der Krise. Dadurch wird die vom Lehrer am Ende des zweiten Segments vorgenommene Differenzierung des Kontexts implizit aufgehoben. Nun ist wieder die Gruppe mit der spezifischen sozialen Differenzierung in Lehrer- und Schülerrolle zum Bezugsrahmen des Geschehens geworden.

S2: Ja.

Die unerfahrene Schülerin ist nun aus der zuvor aufgebauten Interaktionslogik (Verbindlichkeit von Setzungen im Rahmen eines Streitgesprächs) herausgelöst. Sie kann sich einfach der Äußerung der erfahrenen Schülerin anschließen, ohne sich selbst in der Sache äußern zu müssen.

Nun haben beide Schülerinnen ein Problem: das Problem von S1 ist vor allem ein soziales und liegt in der Beziehungshaltigkeit des Kontexts (zur Sache und zu sich selbst); das Problem von S2 ist logisch um ihr Verstehensproblem in der Sache gruppiert – die sachliche und die soziale Seite der Problematik sind noch nicht unterscheidbar. Eine diesbezügliche Differenzierung hätte die zur gestaltgerechten Wahrnehmung des Gegenstands notwendigen Bedingungen (material) von den Anforderungen sachbezogener autonomer Urteilsbildung (formal) abzuheben und perspektivisch zu vermitteln.

L: Aha.

Der Lehrer begreift, dass sich die von ihm bestimmte Differenzierung des pragmatischen Rahmens der Interaktion nun verändert. Ließ sich diese Differenzierung als Reaktion auf eine spezifische Erkenntnisaufgabe bezüglich seiner (Handlungs- bzw.) Verhaltensmöglichkeiten im Lehr-Lern-Prozess deuten, so umfasst die Interjektion *aha* zumindest die intuitive Erkenntnis, dass sich die Lage gegenüber dem Zeitpunkt der von ihm vorgenommenen Aufgabendifferenzierung geändert hat.

Aus je individuellen Bezugssystemen der sachbezogenen Interaktion ist nun ein Legitimationsproblem für Meinungen im Bezugsrahmen der Gruppe geworden, welcher S1, S2 und L angehören. Die vom Lehrer im zweiten Segment beschworene (auf paradoxe Weise inszenierte) Symmetrie der Dreiergruppe hat ihn in seiner themensetzenden kommunikativen Dominanz nun eingeholt. Die erfahrene Schülerin S1 hat auf selbstbewusste Weise für sich Hilfe eingefordert, die neue Schülerin S2 dagegen sich aus der Sache und der damit verbundenen Diskursivität zunächst zurückgezogen.

S1: Die ist unlogisch, die Aufgabe.

Diese Äußerung der erfahrenen Schülerin stellt die Einheit von Sach- und Sozialdimension wieder her. Diese beinhaltet zunächst eine negative Vermittlung: Der Gegenstand erscheint subjektiv als Unsinn. (Siehe zu diesem Problem eine weitergehende Analyse in 5.3.) S1 hält somit objektiv ihre Abgrenzung von der Aufgabe aufrecht. Zugleich formuliert sie ein spezifisches Kriterium dafür, ob sie mit einem im Rahmen eines Lehr-Lern-Prozesses dargebotenen Gegenstand in Beziehung zu treten gewillt ist oder nicht: Logik im Sinne eines Grundaspekts von (in pragmatischer Hinsicht) gelingendem sozialen Geschehen.

Damit emanzipiert sich die Schülerin insoweit von ihrem Lehrer als der Entscheidungsinstanz in der Sache, als sie selbst für ihre Argumente dieses Gelingenskriterium in der Situation glaubhaft in Anspruch nehmen kann. Insbesondere ist daran die Bereitschaft gebunden, ihre Lesart nachdrücklich zu vertreten und ggf. zu verteidigen.

In sachlicher Hinsicht kritisiert S1 an der Aufgabe, dass ihr durchaus vorhandenes pragmatisches Verständnis – offenbar weiß sie, dass sie den sprachlichen Kontext nun versteht – dennoch nicht ausreicht, um die Aufgabe voll und ganz zu verstehen. Obwohl sie die Sache versteht, versteht sie nicht die Aufgabe. Denn die ist in einer verrätselten Sprache mit *a)*, *b)* und *c)* formuliert.

S2: Da hätte man einen Punkt machen sollen und dann danach groß schreiben.

Beide Schülerinnen sind sich in ihrer abgrenzenden Beziehung zur vom Lehrer gestellten Aufgabe einig. Im Unterschied zum zweiten Segment ist diese kollektive Abgrenzung nun aber in pragmatischer Hinsicht explizit begründet.

Die neue Schülerin S2 hat sich nun offenbar (zumindest situativ) von ihrer alten Lesart abgegrenzt. Indem sie die Aufgabe im Detail kritisiert, sagt sie implizit zweierlei: Erstens, dass ihre Lesart in der Sache nicht angemessen war. Zweitens bringt sie ganz direkt zum Ausdruck, wie die Aufgabe sprachlich hätte gestaltet sein müssen, damit der Aufgabentext auch für sie (in erster Lesung) sachlich angemessen interpretierbar gewesen wäre.

Damit nimmt S2 in doppelter Hinsicht eine kritische Position im Rahmen der sachgebundenen Interaktion ein. Zum einen kritisiert sie die von ihr selbst vor kurzem noch vertretene Lesart. Damit hat sie das oben formulierte Verstehensziel in sozialer Hinsicht nun erreicht. Zum anderen kritisiert sie das sprachliche Artefakt einer Aufgabe und nimmt auf diese Weise eine Expertenrolle bei der Beschreibung von Lehr-Lern-Prozessen (Interpretation von Lernschwierigkeiten) ein. Damit knüpft sie direkt an jene eigene Äußerung zu Beginn des dritten Segments an, mit welcher sie eine Intuition hinsichtlich der Erkenntnis sprachlich-struktureller Grundelemente der Aufgabenbedeutung – also in der Sache – verbalisiert hatte. (Vgl. am Anfang von 2.3.)

Mit dem Gebrauch des unpersönlichen Pronomens *man* nimmt sie nun ebenso wie ihre erfahrenere Lernkollegin S1 ein Gelingenskriterium für mögliches Verstehen in Anspruch, dass allgemein und in dieser Bedeutung auf explizite Weise pragmatisch ist. Der Gebrauch des Konjunktivs in Verbindung mit der Modalität des Sollens verweist in diesem Zusammenhang auf die aus ihrer Sicht bestehende Differenz zwischen dem Artefakt der Heilquellen-Aufgabe und ihrer Vorstellung von einer verständlich formulierten Aufgabe.

Der konkrete Inhalt ihrer Kritik an der Aufgabe ist auf solch eine Vorstellung bezogen: Statt einer aufzählenden Reihung der Zeitadverbien *täglich, monatlich und jährlich* sollten die Autoren der Aufgabe ihrer Sicht nach an einer Stelle zwischen den Adverbien *einen Punkt machen* und *danach groß schreiben,* was sich als Formulierung mehrerer Aufgaben in mehreren Sätzen interpretieren lässt. Mit diesem Vorschlag schließt sie inhaltlich an die von S1 zuletzt formulierte Frage an, mit welcher diese die beiden Lesarten von S1 und S2 im Minikontext einer Frage untergebracht hatte (s. o.).

Ob S2 die Heilquellen-Aufgabe nun auch in sachlicher Hinsicht verstanden hat, lässt sich an dieser Stelle der Interaktion noch nicht entscheiden. Zumindest ist es nun nicht mehr prinzipiell auszuschließen.

In Bezug auf die zuvor von S1 formulierte Kritik, an die sich S2 ganz einfach anschließt, muss aber festgestellt werden, dass die von S1 implizit in Anspruch genommene (und kritisierte) Unterscheidung zweier möglicher Lesarten, einer sprachlich-pragmatischen und einer mathematisch-formalen, durch S2 noch nicht verstanden sein kann. Dazu wäre neben einer Entscheidung gegen ihre eigene (alte) „Lesart" auch ein Verständnis der Sache bis in die sprachliche Tiefenstruktur hinein nötig.

L: Okay, also eigentlich sind das mehrere Aufgaben.

Der Lehrer interpretiert den Vorschlag von S2 in sachlicher Hinsicht – also in einem Kontext, der über die von S1 und S2 gleichermaßen ausgedrückte Abgrenzung hinausgeht – und gibt zugleich den Einwänden beider Schülerinnen, sachlich gesehen, recht. In einem größeren Kontext stimmt er dem von S1 zuvor eingebrachten Angemessenheitskriterium zu und schafft in Ausfüllung seiner Lehrerrolle die Grundlage für eine zugleich intuitive wie formalisierbare Verstehensbasis in der Lehr-Lern-Gruppe.

Nun kann die Gesamtheit der bisherigen Interaktionen mit einer zunächst hypothetisch untergestellten („gelingenden") Einheit von Sach- und Sozialdimension des kommunikativen Prozesses als Herausbildung einer Erfahrungsgrundlage im Umgang mit Textaufgaben bzw. im Nachdenken über den Wasserausstoß von Heilquellen gedeutet werden. Die darin zum Ausdruck kommende widersprüchliche Einheit eines formalen („Aufgabe" als Element eines Lern- bzw. Bildungsprozesses) und eines materialen („Sache" als Weltausschnitt) thematischen Strangs verweist auf einen in der Logik der Bildungstheorie beschreibbaren Prozess. Im Kern dieses Prozesses findet sich das Problem des Verstehens mit seinen beiden Teilaspekten der Rekonstruktion von Bedeutung und der Entscheidung zwischen konkurrierenden Lesarten. In der Einheit beider thematischen Stränge ist das für die Bildungstheorie wesentliche Moment von Zueignung der Sache insofern enthalten, als – wie oben sichtbar wurde – eine sachgerechte Entscheidung nicht ohne Angemessenheitskriterium sinnvoll gedacht werden kann. Das sichtbar gewordene Moment einer Argumentation enthält also im Kern bereits die Realität eines in der Logik der Sache erst noch zu explizierenden Bildungsprozesses.

Sozialer Bezugsrahmen für die Geltung der explizit oder implizit ausgedrückten Argumente aber ist die Gruppe, die aus S1, S2 und L besteht. Die Rollendifferenzierung innerhalb dieser Gruppe beinhaltet für L einerseits die (fast in selbstverständlicher Weise) professionalisierte Verantwortung dafür, dass die Argumente sachlich richtig sind. Sie umfasst aber andererseits auch die (in der didaktischen Literatur oft beschworene, aber selten analysierte) Verantwortung dafür, dass die anwesenden Schüler die Argumente nachvollziehen können – also Verstehen in sozialer Hinsicht. Unterricht in professionellem Selbstverständnis wäre demgemäß auf eine Synthese beider Seiten bezogen.

Vor diesem Hintergrund kann die Äußerung des Lehrers in folgender Weise gedeutet werden: Es geht in der Heilquellen-Aufgabe nicht um eine Heilquelle, sondern um die im sachlogischen Rahmen der Veranstaltung spezifisch-mathematische Frage nach einem proportionalen Zusammenhang zweier Größen. Nur in solchem Kontext kann ein Bezug der pragmatischen Grundlagen für Verständnis zu dem mit einer Rechnung, die Volumenvergrößerung in Bezug auf Zeit quantitativ bestimmt, evozierten mathematisch-strukturellen Zusammenhang sinnvoll gedacht werden. Wirkliches Verständnis auch dieser Sache aber ist intuitiv und muss dennoch verbalisierbar sein.

Eine solche Verbalisierung enthielte dann (potentiell) eine Begründung dafür, warum so und nicht anders gerechnet werden kann. Im Kontext der Heilquellen-Aufgabe geht es in dieser Hinsicht um ein elaboriertes Operationsverständnis für die Multiplikation im Kontext von Größen und ihren Einheiten. Im Sinne immanenter Zielbestimmung verweist dies auf pragmatisches Verstehen von Mathematik.

Das vom Lehrer mit seiner Aussage implizit formulierte Argument kann folgendermaßen paraphrasiert werden: Ihr stört euch daran, dass mit den Formativen *a)*, *b)* und *c)* eine Aufgabenfolge formuliert ist, während es für uns (in rollendifferenzierter Weise) hier erst einmal um das Verstehen des Sachzusammenhangs geht (bzw. gehen müsste).

Indem er den Schülerinnen recht gibt, hält er also dennoch an seiner Erwartung fest, dass die mit der Aufgabe verbundene Sache im aktuellen Lehr-Lern-Kontext verstanden werden soll. Vor dem Hintergrund des analogen, bereits erschlossenen Sinnbezugs der Eröffnungssequenz (vgl. 2.1.) kann somit als *Fallstruktur* formuliert werden: Bei dieser Art Unterricht handelt es sich um eine erkenntnisbezogene Praxis, die angesichts der immanenten Widersprüchlichkeit von Sozial- und Sachdimension einer solcherart motivierten Praxis im Sinne einer pragmatischen Gelingensbedingung auf Verstehen in seiner Einheit von Sozialität und Sache notwendig verwiesen ist.

S1: Das sind vier, fünf, sechs Aufgaben.

Die erfahrene Schülerin sieht sich nun verstanden in ihrem mit der Sache (in deren konkreter Gestalt) verbundenen Verstehensproblem und auf diese Weise ermutigt, die Sachaussage des Lehrers zu kommentieren.

Sie geht mit ihrer Aussage über das durch die Formative *a)*, *b)* und *c)* markierte Verstehensproblem hinweg und hat nun möglicherweise bereits konkrete Rechnungen vor Augen. In Bezug auf ihre vorher geäußerte Vorstellung *tausend mal rechnen* handelt es sich um eine Konkretisierung, welche den Unterschied zwischen einer unlösbaren und einer lösbaren Aufgabe enthält.

Obwohl S1 in der Logik der Interaktion – im Sinne eines affektiv verursachten Trägheitsmoments – subjektiv immer noch an einer Abgrenzung von der Aufgabe festhält, enthält der Kontext im Ergebnis der Äußerung bereits jenes konstruktive Element ihrer eigenen Vorstellung, das auf mathematisches Aufgabenverständnis zielt. Die Logik ihres Einspruchs ist eine ganz analoge zu jener Äußerung, mit welcher sie das dritte Segment eingeleitet hatte. Indem sie sich abgrenzt, erkennt sie. Sach- und Sozialdimension gewinnen in ihrer Äußerung eine (noch) widersprüchliche Einheit. Es handelt sich (aber) bereits um gelingende

Prädikation. Darin ist ein synthetisches Urteil inbegriffen.

S2: Stimmt.

Die noch unerfahrene Schülerin stimmt dem Argument des Lehrers und der Aussage ihrer erfahreneren Lernkollegin zu. Die im Raum stehende Beschreibung des Sachzusammenhangs wird dadurch in der Gruppe legitimiert.

Es ist aber nicht klar, ob jener größere Kontext, in welchem S1 mit ihrer Aussage zuvor die Aufgabe implizit als lösbar dargestellt hat, auch für S2 in der Vorstellung aktuell ist. Mit der Zustimmung von S2 zur Meinung der anderen beiden entsteht also für L erneut das Problem, diagnostizieren zu müssen, inwieweit die unerfahrene Schülerin den Interaktionskontext (in sachlicher wie sozialer Hinsicht) tatsächlich verstanden hat.

Damit wird die bereits mehrfach angesprochene erkenntnisbezogene Aufgabe der Differenzierung und Präzisierung von Sach- und Soziallogik vor dem Hintergrund der Unterscheidung von Individuen und Gruppe im Kontext der Interaktion erneut aktuell. Diese Aufgabe stellt sich zum zweiten Mal. Damit reproduziert sich nun hier ein diesbezügliches Strukturelement innerhalb der Lehr-Lern-Sequenz. Diese soziale Praxis bringt nicht nur die Maßstäbe zu ihrer Beurteilung, sondern auch die pragmatisch konkretisierten Möglichkeiten zur Bewältigung ihrer Aufgabe hervor. Immanent geht es also um Verstehen im Sinne von aufeinander bezogener Problemdiagnostik und Problemlösung auf allgemeinpragmatischer Grundlage.

2.4. Verstehen als sprachpragmatische Synthese

Mit der Zustimmung der unerfahrenen Schülerin zur vorangegangenen Äußerung des Lehrers, die formale Differenzierung des Gesamtkontexts der Heilquellen-Aufgabe betreffend, sowie zur kommentierenden Konkretisierung der damit verbundenen Aussage durch die erfahrene Schülerin kann in der Gruppe ein (vorläufiger) Konsens bezüglich einer geteilten Beziehung zur Aufgabe konstatiert werden.

Damit ist nun die entscheidende Voraussetzung dafür geschaffen, dass beide Schülerinnen auf der Grundlage eigener (intuitiver) Vorstellungen von der Aufgabe versuchen könnten, diese zu lösen. Sie verfügen über eine pragmatisch abgesicherte Grundvorstellung bezüglich Angemessenheit einer konkreten Interpretation des Aufgabentexts.

L: Dann machen wir jetzt erst mal eine Aufgabe draus, (...)

In der ersten Person Plural spricht der Lehrer die Gruppe an, der er selbst angehört. In Bezug auf die beiden Schülerinnen ist damit die Erwartung ausgedrückt, dass es auf der Basis der bisherigen Interaktion für sie möglich sein sollte, den Text der Heilquellen-Aufgabe in einer eigenen Lesart so zu reformulieren, dass diese sachangemessen ist. In Bezug auf sich selbst drückt der Lehrer aus, dass die von ihm gestellte Aufgabe für beide Schülerinnen zunächst keine echte Aufgabe (Bildungsaufgabe) war. Er kritisiert sich also selbst.

Vor dem Hintergrund geteilten sozialen Verstehens entsteht nun insbesondere für S2 die Anforderung, ihr pragmatisch abgesichertes Verständnis des Aufgabentexts in sachlicher Hinsicht zu explizieren. Es geht für sie nun um jene Prädizierung, welche S1 bereits implizit vorgenommen hat.

L: (...) eine Aufgabe S2, mach mal eine Aufgabe draus, die du verstehst.

Der Lehrer spricht die Schülerin nun direkt an und fordert sie auf, ihre eigene Lesart zu verbalisieren. Dabei wird sich erweisen, inwieweit ihre Vorstellungen von der Aufgabe tatsächlich der Logik der Sache entsprechen. Der Lehrer prüft nun die Tragfähigkeit des in der Gruppe erzielten Konsens' in sachlicher und sozialer Hinsicht. Im dialogischen Gespräch zwischen L und S2 wird es um ein Verstehen der Aufgabe in jenem Sinne gehen, wie es in 1.3. rekonstruiert wurde. Für S1, welche die Aufgabe bereits verstanden hat, wird es dagegen darum gehen, diese Interaktion beobachtend zu interpretieren und sich nicht durcheinander bringen zu lassen. Für sie geht es um die situative Stabilität ihres Verstehens. (Konkreter: um eine Änderung ihrer Vorstellungen in jenem mittleren Zeithorizont, der sich logisch zwischen den Merkmalen von Situationen und von Personen ansiedeln lässt und in welchem Kompetenzen als Konstrukte im Rahmen der differenziellen Psychologie als stabil angenommen werden.)

S2: Äh, ja, also ce ist pro, pro Stunde werden zweihundert ha ell, ähm also rausgetan.

Die von der Interjektion *äh* ausgedrückte Unsicherheit weist darauf hin, dass es sich bei der Aufforderung des Lehrers um eine echte Anforderung handelt. Mit *ja* stimmt die Schülerin gleichsam generell dem die Interaktion nun tragenden Thema zu – sie betont, dass sie sich nun nicht mehr vom Artefakt der Aufgabe abgrenzt. Mit der konstatierend gebrauchten Konjunktion *also* stellt S2 einen Zusammenhang zum Inhalt der vorangegangenen Interaktion her, insbesondere zum ausgehandelten Konsens hinsichtlich der Angemessenheit von Lesarten.

Auf der Grundlage dieses Konsens' ist es sinnvoll, aus dem Gesamtzusammenhang der Aufgabe die Teilaufgabe c herauszulösen. Mit der sprachlich zwar nicht wohlgeformten (weil verkürzten) Prädikation: „*(...) ce ist pro, pro Stunde (...)*", vermag S2 dennoch auszudrücken, wie sie sich den innerhalb der Teilaufgabe gegebenen Sachzusammenhang vorstellt: Voraussetzung ist eine Ausschüttung pro Stunde. In ihrer Äußerung ist diese erste Proposition mit einer zweiten vermischt: „*(...) pro Stunde werden zweihundert ha ell, ähm also rausgetan.*" Diese zweite Proposition enthält nun eine quantitative Konkretisierung jener Wassermenge, welche in der ersten bereits indirekt enthalten war. Die Interjektion *ähm* zeigt erneut die Anstrengung von S2 beim Prädizieren, mit der Konjunktion *also* wird erneut Evidenz konstatiert.

Mittels der ersten Proposition wird eine Auswahl in doppelter Hinsicht getroffen. Mit *ce* wird eine Teilaufgabe aus dem Gesamtzusammenhang ausgewählt, mit *pro Stunde* dagegen ein Element aus dem in der Aufgabe strukturell realisierten Zeitparadigma. Letzteres wird als materiales Bedeutungselement auf ersteren Formativ bezogen. Die in Teilaufgabe c evidente Aussage ist also die einer stündlichen Ausschüttung. Dieser Bedeutungskern wird sodann durch die zweite Proposition auf grammatisch inkorrekte Weise näher bestimmt.

Der auf diese Weise zum Ausdruck gebrachte Bedeutungskern aber ist für alle drei Teilaufgaben a, b und c die sprachlich-objektiv gegebene Grundlage des Sachzusammenhangs. Die Schülerin hat nun also verstanden, dass mit der präpositionalen Erweiterung *bei einer Ausschüttung von 200 hl pro Stunde* jener bestimmende Teil einer in ihrer Tiefenstruktur zusammengesetzten, konditionalen Satzkonstruktion bezeichnet ist, welcher die Prämisse einer Konklusion trägt. Sie hat weiterhin (zumindest intuitiv) den Fakt realisiert, dass diese Bedeutung strukturell für alle drei Teilaufgaben gleichermaßen ausgedrückt ist.

Am bemerkenswertesten ist die Wortschöpfung der Schülerin, durch welche das im Terminus *Ausschüttung* enthaltene spezifische Prozesselement ausgedrückt wird: *werden (...) rausgetan*. Damit ist empirisch eindeutig belegt, dass S2 nun die Tiefenstruktur des im Aufgabentext formulierten Satzgefüges realisiert hat. Zwar gebraucht sie noch nicht die sprachlich bessere Variante *werden ausgeschüttet*, aber der Kern der Sache – Wasser wird (im Zuge der Wirkung eines Drucks) aus einem kompakten Innenraum durch eine Öffnung hindurch, die Quelle, nach außen befördert – ist bereits lexikalisch ausgedrückt.

Die Schülerin hat die Heilquellen-Aufgabe nun (auch in sachlicher Hinsicht) auf intuitive Weise verstanden. Es besteht aber noch eine Unstimmigkeit zwischen dem einen Fakt, dass die Bedingung für alle drei Teilaufgaben formuliert ist, und dem anderen, dass die Schülerin diese Bedingung zunächst nur im Zusammenhang mit Teilaufgabe c interpretiert. Möglicherweise hat S2 nun die Tiefenstruktur intuitiv realisiert, ist aber noch verwirrt bezüglich der Bedeutung der Formative *a)*, *b)* und *c)*.

L: hmhm

Der Lehrer bestätigt das Ausgedrückte erneut (wie oben bereits für S1) in minimalistischer Manier, unterbricht die Schülerin aber nicht. Der Fluss ihrer Sprachäußerung bleibt erhalten.

S2: Und dann, ja, wie viel sind täglich, da muss man erst mal zusammenrechnen, vierundzwanzig mal zweihundert würd ich jetzt sagen.

In ihrer vorangegangenen Äußerung hatte die Schülerin die Prämisse des mit dem Satzgefüge ausgedrückten konditionalen Zusammenhangs verbalisiert, den logisch-strukturellen Platz der Konklusion jedoch nicht gefüllt. Das holt sie nun nach. Da es sich in grammatischer Hinsicht um eine Frage handelt, entspricht der propositionale Gehalt der Konklusion präzise dem in einer Teilaufgabe erfragten Datum.

Die einleitende Verbindung der Konjunktionen *und dann* drückt zugleich den Fortgang der Sprachäußerung in Bezug auf das bereits Gesagte als auch die konditionale Grundstruktur des Sachzusammenhangs aus. Mit dem Einschub *ja* vergewissert sich die Schülerin noch einmal dessen, was nun im Kontext in pragmatischer Hinsicht als angemessen gelten kann. Bei der sich anschließenden Phrase *wie viel sind täglich* handelt es sich wie bereits zuvor um eine verkürzte, also unvollständige Prädikation.

Es ist im Kontext der vorangegangenen Äußerung möglich, dass S2 mit dieser Phrase folgende Frage meint: Wie viel(e) (Liter bzw. Hektoliter) sind täglich (aus der Quelle) herausgekommen? Ob sie das intuitiv Erkannte nun aber bereits tatsächlich so klar vor Augen hat, dass von stabilem Verstehen in pragmatischer Hinsicht die Rede sein kann, ist ungewiss. Der Grund für das Fehlen der im Kontext durchaus naheliegenden Verbform könnte auch in der Unsicherheit ihrer sprachgebundenen Vorstellungen liegen. Aber im Prinzip hat sie die prädikativen Mittel zur Überwindung ihrer Verstehenskrise nun zur Verfügung.

Interessanterweise verweilt sie jedoch nicht lange bei diesem sprachpragmatischen Verstehensaspekt, sondern geht in der Vorstellung gleich zur mathematischen Interpretation der vorher angedeuteten Sachlage über: *da muss man erst mal zusammenrechnen, vierundzwanzig mal zweihundert.* Damit trifft sie auf Anhieb den Kern der mathematischen

Modellierung des Sachkontexts. Diese scheinbare Mühelosigkeit verweist einerseits auf die Fähigkeit (habitualisierte Gewohnheit), mit Rechenoperationen in Sachkontexten umzugehen: Solche Rechnungen sind für S2 im Unterschied zu S1 offenbar kein Problem. Andererseits zeigt die assoziative Schnelligkeit des Übergangs von der sprachpragmatischen zur mathematischen Seite ihrer Vorstellungen, dass sie sich die oben als für einen Bildungsprozess wesentliche Frage, warum so und nicht anders gerechnet werden kann, nicht stellt. Ihrer Assoziation liegt keine bewusst getroffene Auswahl zu Grunde. Das aber heißt – es handelt sich bei ihrer Äußerung nicht um eine Entscheidung. Von einer Einheit des Verstehens in sachlicher und sozialer Hinsicht kann also zum gegenwärtigen Zeitpunkt für S2 noch nicht die Rede sein.

Obwohl die Schülerin nun im Prinzip fähig ist, die sprachliche Bedeutung des Aufgabentexts sachgerecht zu rekonstruieren, fehlen in ihrem Verständnis noch Vorstellungen zu einer Verbindung eben dieser pragmatisch abgesicherten Sachbedeutung zur pragmatischen Bedeutung von Rechenoperationen. Letztere sind für S2 zunächst nur formale Routinen zur Bestimmung von Zahlenwerten. Statt sich Gedanken zu machen, warum so und nicht anders gerechnet werden kann, rät sie.

Die beim Raten nicht zu vermeidende Unsicherheit äußert sich in der relativierend nachgeschobenen Bemerkung *würd ich jetzt sagen*. Die Bemerkung ist Ausdruck einer habitualisierten Unsicherheit beim inhaltlichen Bezug von Rechenoperationen auf Sachkontexte. Zugespitzt formuliert: Obwohl die Schülerin das Rechnen im Sinne von formalen Routinen erlernt hat, ist die pragmatisch-kontextuelle Bedeutung mathematischer Rechenoperationen von ihr noch nicht verstanden.

Mit ihrem Bezug auf eine tägliche Ausschüttung hätte sich die Schülerin zudem für den Kontext von Teilaufgabe a entschieden. Dieser Umstand steht aber im Gegensatz zu ihrer vorherigen Positionierung, in welcher von Teilaufgabe c die Rede war. Sie wechselt also sehr schnell (und nicht reflektierend) den Kontext.

L: Wie viel wird täglich, ja, was?

Der Lehrer lässt sich vom schnellen scheinbaren Erfolg der Schülerin in Bezug auf mathematische Modellierung nicht täuschen. Er setzt mit seiner Frage diagnostisch an jener Stelle an, die – wie eben gezeigt – eine interpretative Unschärfe hinsichtlich Verstehens oder Nichtverstehens des Aufgabentexts enthält: an der Unvollständigkeit der Prädikation. Indem er die finite Verbform in der von S2 formulierten Frage verändert (von *sind* zu *wird*), die Prädikation aber selbst nicht vervollständigt, macht er zum einen den Fakt der Unvollständigkeit zum Thema und verdeutlicht gleichzeitig einen hinsichtlich Verstehens wesentlichen

Fakt: Die kleinste bedeutungstragende Einheit der Sprache ist der Satz. Zum anderen bringt er eine ganz bestimmte Fragerichtung ins Gespräch ein, die im Kontext der Aufgabe assoziativ auf folgende gelingende Sprachgestalt ausgerichtet ist: *Wie viel wird täglich ausgestoßen/ausgeschüttet?*
Die Frage des Lehrers ist auf Verstehen in pragmatischer Hinsicht gerichtet. Er ignoriert den in der Sache nicht falschen Vorschlag der Schülerin bezüglich Rechnens.

S2: Und dann noch geteilt durch...

Die Äußerung belegt, dass S2 weder den Sachkontext der Aufgabe noch die Pragmatik mathematischer Rechenoperationen verstanden hat. Sie ist im Prozess ihrer Vorstellung schnell aus ersterem Kontext herausgesprungen, um in letzterem ihrer Gewohnheit des Ratens nachzukommen. Der auf diese Weise (immer neu) entstehende unreflektierte Umgang mit mathematischen Rechenoperationen hindert die Schülerin letztlich an einer Erkenntnis in der Sache.

Das Ignorieren jener vom Lehrer zuvor eingebrachten Perspektive auf Sprache, die auf Prädizierung zielt und Erkenntnis ermöglicht, ist Ausdruck ihres Festhaltens an einer im Kontext von Schule erworbenen Strategie. Der Dialog zwischen L und S2 nimmt den Charakter eines Streitgesprächs an.

L: rausgetan meinste? Bleiben wir jetzt noch bei der Frage. Das wäre jetzt sozusagen ich sag mal Frage a. Aufgabe a.

Der Lehrer ignoriert einfach, was S2 zuvor sagte. Er hält an seiner Perspektive auf das interpretative Geschehen fest. Darin drückt sich eine Grundpräferenz für jene Lesart des Aufgabentexts aus, welche oben bereits als sprachlich-pragmatische bezeichnet worden war. In Kapitel 1 war zudem aufgezeigt worden, dass pragmatisches Verstehen einem Verstehen des mathematischen Zusammenhangs entwicklungslogisch vorausgehen muss. Insofern hält der Lehrer an einer für das lerntherapeutische Setting spezifischen Erkenntnisaufgabe für die Schülerin fest.

Zusätzlich zum Akt des Ignorierens der einen Schüleräußerung knüpft der Lehrer explizit an eine andere Äußerung derselben Schülerin an. Als sie im Rahmen des aktuellen Mikrodialogs ihren ersten Anlauf zur prädikativen Realisierung des Sachkontexts der Aufgabe genommen hatte, war ihr eine Wortschöpfung unterlaufen, an welcher ablesbar ist, dass sie die Bedeutung des Fragesatzes in seiner Tiefenstruktur (zumindest intuitiv) realisiert hatte. Diese Wortschöpfung hätte sachlich auch als Antwort auf die Frage nach einer vollständigen Prädikation gepasst: *rausgetan*. Indem der Lehrer diese Wortschöpfung nun wiederholt, beantwortet er indirekt seine zuvor gestellte Frage.

Er hält die Schülerin damit an, ihr auf schnelles Rechnen bezogenes Vorstellungsbündel zu verlassen und sich an ihre eigenen zuvor geäußerten Vorstellungen zu erinnern. Er hinterfragt ihr sachbezogenes Verständnis im Interaktionsrahmen eines Streitgesprächs.

Zugleich kommentiert er verbal dieses Vorgehen: *Bleiben wir jetzt noch bei der Frage.* (Gehen wir noch nicht zur Rechnung über.) Der darin enthaltene Appell zielt auf eine Aktualisierung des Konsens', welcher hinsichtlich der Angemessenheit von Interpretationen innerhalb der Gruppe erzielt worden war. Er macht damit seine Rolle innerhalb der Gruppe stark und betont das Ziel der erkenntnisbezogenen therapeutischen Veranstaltung.

Außerdem hat der Lehrer, indem er die von der Schülerin unvollständig prädizierte Frage mit deren eigenen Worten selbst vervollständigte, einen neuen Sachkontext konstruiert. Dieser ist seiner pragmatischen Form nach dialogisch: *Wie viel wird täglich – rausgetan?* Es handelt sich dabei um ein spezifisches Sprachspiel, das darin besteht, einen unvollständigen Satz auf (im Kontext) sinnvolle Weise zu vervollständigen. In einem größeren therapeutischen Kontext kann solch ein Spiel sinnvoll sein, um Artikulationsschwierigkeiten und andere Hemmungen beim Gebrauch der Umgangssprache zu überwinden. Indem der Lehrer dieses Spiel gleichsam mit sich selbst gespielt hat, hat er es (implizit zeigend) in den Interaktionskontext eingeführt.

Die im Zuge dieses Sprachspiels entstandene Frage soll inhaltlich festgehalten werden. Nachdem sie nun von anderen Möglichkeiten der Vervollständigung unterschieden ist, wird sie – in Analogie zur Vorgabe der Gesamtaufgabe – explizit bezeichnet: *Das wäre jetzt sozusagen ich sag mal Frage a.* Mit dem Konjunktiv und den beiden Einschüben *sozusagen* und *ich sag mal* wird diese Festlegung gleich in dreifacher Form relativiert. Der Lehrer ist äußerst unsicher, ob die Schülerin ihn versteht. Es handelt sich eindeutig um eine Festlegung auf Probe. Möglicherweise hat der Lehrer nicht verstanden, welche Schwierigkeiten die Schülerin mit der Unterscheidung der Teilaufgaben hat. Aber er versucht dennoch, einen Mikrokontext aufzumachen, den er zuerst mit *Frage a* und anschließend sogar mit *Aufgabe a* bezeichnet.

S1: Hmhm.

Die Schülerin stimmt in minimalistischer Manier zu. Das bedeutet, dass sie den Bezeichnungsvorschlag des Lehrers annimmt. Wie sie ihn versteht, ist zunächst nicht zu erkennen.

L: Aufgabe a. Kannst du die versuchen noch mal in einen Satz zu formulieren? Die Aufgabe?

Der Lehrer nimmt den zuvor geschaffenen Mikrokontext als Ausgangspunkt, um das Verständnis der Schülerin in Bezug auf die Heilquellen-Aufgabe zu testen. Es geht nun nicht mehr um den Gesamtkontext, sondern nur noch um jene Teilaufgabe, welche von S2 zuvor prädizierend in den Blick genommen worden war. (L ignoriert also auch deren Hinweis auf die Teilaufgabe c.)

Am Ende der Äußerung findet sich ein anaphorisches Sprachelement, mit welchem der Lehrer die Bedeutung des formalen thematischen Strangs der gesamten Interaktion betont und indirekt einen Bezug zum Anfang herstellt. Es entsteht die Wirkung einer Beschwörung. Sollte die Schülerin nun eine Frage in der Form eines vollständigen Satzes formulieren, und sollte dieser Satz den Sachkontext der Heilquellen-Aufgabe (bzw. zumindest einer der Teilaufgaben) richtig in einer Frage abbilden, so hätte sie sich selbst eine Aufgabe gestellt.

S2: Ja wie viel, wie viel Liter, also ha ell, werden...

Die Schülerin bejaht erneut die Situation und drückt damit aus, dass sie nun eine selbstverständliche Beziehung zum verhandelten Inhalt hat. Die Wiederholung von *wie viel* am Anfang der Frage zeigt ihre Anstrengung beim Vorstellen und Artikulieren. Die Konjunktion *also* dagegen könnte sowohl im Sinne eines erklärenden als auch eines korrigierenden Zusatzes gedeutet werden. Im ersten Fall handelte es sich um eine in der Sache nicht angemessene Gleichsetzung von Litern und Hektolitern; im zweiten Fall wäre ihre Äußerung der Sache zwar inhaltlich angemessen, verwiese aber dennoch auf eine Unsicherheit im Umgang mit der Volumeneinheit Hektoliter.

Im Unterschied zum vom Lehrer zuvor dialogisch eingebrachten Fragesatz enthält die Variante von S2 aber eine Explikation des *wie viel* als Volumen. Interpretiert man die Wortverbindung *wie viel Liter* als inhaltliche Bestimmung des zuvor geäußerten *wie viel*, so liegt es nahe, auch die Erweiterung *also ha ell* als nähere Bestimmung der Grundeinheit des Volumens *Liter* zu verstehen.

L: Aber das ist ja kein Satz!

Der Lehrer unterbricht die Schülerin in jenem Moment, da sich in ihrer Psyche entscheiden sollte, ob ihre Äußerung auf einen vollständigen Satz hinausläuft oder nicht. Damit beansprucht er ihre Aufmerksamkeit und formuliert gleichzeitig auf indirekte Weise ein pragmatisches Gelingenskriterium für die noch nicht beendete Äußerung der Schülerin. Er

erzeugt einerseits Spannung und gibt andererseits eine Hilfestellung.
Mit seinem Einwurf geht der Lehrer das Risiko ein, die Schülerin zu verwirren. Er testet die Sicherheit ihrer Vorstellungen in einem affektiv geladenen Zustand.

S2: ...ausgeschüttet.

Die Schülerin vollendet ihre Frage mit einem Partizip jenes Verbs, welches in der Tiefenstruktur des Aufgabentexts den konditionalen Nebensatz prädikativ trägt und semantisch mit dem Kernbegriff des Sachproblems zusammenhängt: *Ausschüttung*. Indem sie im formalen Bereich der Wortbildung von *Ausschüttung* zu *ausschütten* überzugehen in der Lage ist, ist sie nun auf der Grundlage ihres intuitiven Verständnisses des Sachkontexts – ausgedrückt im Wort *rausgetan* – auch in der Lage, die Tiefenstruktur auf der Basis des Aufgabentexts sicher zu realisieren.

Bei ihrer Prädikation handelt es sich um eine reduzierte Variante: alle zeitlichen Bestimmungen sind ausgeblendet. Außerdem wird der konditionale Nebensatz, in welchem die Bedingung formuliert ist, nicht artikuliert. Dennoch ist es genau diese einfache Form einer Frage, an welcher das sprachpragmatische Verstehen des Ganzen hängt: der prädikative Kern des Hauptsatzes.

Die zeitlichen Bestimmungen *täglich* und *pro Stunde* waren ebenso wie die Konkretisierung des Abstraktums *Wassermenge* (durch die Phrase *wie viel Liter*) im Kontext des Minidialogs bereits enthalten; was fehlte war einzig die lexikalische Realisierung der Hauptsatzkonstruktion.

Die Schülerin S2 hat die Aufgabe nun in sprachpragmatischer Hinsicht verstanden. Das heißt nicht, dass sie die Aufgabe auch auf Anhieb lösen kann. Im Gegenteil, die Analyse der Interaktion hat ihre Grundprobleme bei der Modellierung mathematischer Zusammenhänge auf der Basis pragmatischer Vorstellungen von der Sache aufgewiesen. Aber sie kann nun beginnen, sich mit dem mathematischen Problem (Proportionalität) auseinander zu setzen. Sie hat verstanden, worüber sie nachdenkt. Und ihr Nachdenken hat nun eine Vorstellungsbasis pragmatischer Angemessenheit.

L: Okay. Wunderbar. Siehst du die gleiche Frage, S1, in dieser Aufgabe?

Der Lehrer konstatiert, dass die Schülerin S2 ihre Erkenntnisaufgabe nun bewältigt hat. Er bezieht außerdem die andere Schülerin, welche im Verlauf des Minidialogs zwischen L und S2 sprachlich nicht in Erscheinung getreten war, wieder ins Gespräch ein. Ihre Nichteinmischung ist auf der Grundlage der vorangegangenen Interaktion als Verstehen des

Aufgabenkontexts in sozialer Hinsicht zu deuten. Damit hat nun auch der Lehrer seine erkenntnisbezogene Aufgabe der Differenzierung und Präzisierung von Sach- und Sozialdimension im Kontext eines in Gruppenkonstellation statthabenden Lehr-Lern-Zusammenhanges gelöst. Die Frage des Lehrers zielt nun auf einen Konsens bezüglich der im weiteren Verlauf zu lösenden Aufgabe.

S1: Ja.

Die Schülerin geht durch ihre Zustimmung ein konkretisiertes Arbeitsbündnis mit dem Lehrer ein, das sich auf die Teilaufgabe a bezieht. Auf Grund ihres Verhaltens im Sachkontext ist anzunehmen, dass sie die Aufgabe nun bewältigen wird.

L: Gut, dann ist das die erste Aufgabe, sozusagen Aufgabe a, nennen wir sie mal Aufgabe a. Damit starten wir jetzt, fünf Minuten zum Rechen. (54 sec.)

Der Lehrer wiederholt seine Aufgabenstellung vom Anfang. Im Unterschied zur Eingangsfassung des Arbeitsauftrags geht es nun nicht mehr allgemein um Nachdenken, sondern speziell um Rechnen. Da beide Schülerinnen über unterschiedliche Voraussetzungen im rechnenden Umgang mit solcherart Sachkontexten verfügen, steckt in der Aufgabenstellung eine implizite Differenzierung bezüglich der durch S1 bzw. S2 zu bewältigenden Probleme. Der Arbeitsauftrag selbst ist aber im Rahmen der Gruppe formuliert. Innerhalb der Gruppe sind die Lehrer- und die Schülerrolle nun wieder klar voneinander unterschieden.

3. Verstehen als Problem der Einheit von Sequenzialisierung und Vorstellung

Die folgende Fallrekonstruktion orientiert sich an dem Ziel, die in den Kapiteln 1 und 2 entwickelten Möglichkeiten der empirischen Problembestimmung und darauf bezogenen Analyse aufgabenförmiger Prozesse von Lehre und Lernen im Rahmen einer neuen, fallspezifischen Fragestellung zu einer systematischen Synthese zu führen.

Das bisher vorliegende Problem der Analyse von Lernprozessen in Kontexten institutionalisierter Lehre lässt sich folgendermaßen fassen: Wenn Lernprozesse im Zusammenhang mit der Lösung von ausgewählten, vorab fixierten Aufgaben einerseits an das Verstehen der Sprache, in welcher eine Aufgabe formuliert wird, in ihrer Tiefenstruktur gebunden ist und sich andererseits Verstehen maßgeblich an Kontexten sozialer Partizipation und Einbindung entsprechender Denkmöglichkeiten in situationsbezogen aufscheinende Evidenz – also an Ereignissen mit Erlebnischarakter – festmacht, inwiefern ist es dann möglich, das für letztere Bedingung von Erkenntnis so notwendige Moment des Zufälligen in einer Analyse strukturell zu berücksichtigen? Im Kontrast zur vorangegangenen Rekonstruktion von Verstehensproblemen geht es im Folgenden um Lehre und Lernen im Einzelfall. Im Zentrum der Analyse steht die Frage, wie sich verändernde Vorstellungen vom Gegenstand im Rahmen eines Prozesses seiner Erschließung auf die vorab bestimmte Bedeutungsstruktur bezogen gedacht werden können.

Dieser Frage wird nachgegangen, indem der vorliegende Lehr-Lern-Kontext mit seinen konkreten, als Aufgabenbearbeitungs- und als Interaktionsprotokoll vorliegenden Ausdrucksgestalten auf die darin enthaltenen Denk- und Handlungsmöglichkeiten hin befragt und in einer Sequenzanalyse der entsprechenden Interaktionsfolge die Genese von Verstehen rekonstruiert wird. Zunächst aber muss das Sachproblem in pragmatischer Hinsicht bestimmt werden.

3.1. Die Bedeutungsstruktur des Gegenstandes

Zur Pragmatik der Aufgabenbearbeitung

Beim empirischen Material handelt es sich um ein Lehr-Lern-Gespräch, das an einem Sonntagnachmittag stattfand. Eine zwölfjährige Schülerin der siebten Klasse eines Berliner Gymnasiums hatte einen Verwandten gebeten, mit ihr für den bevorstehenden Test im Fach Mathematik zu üben. Der Test sollte am darauffolgenden Montag geschrieben werden und sich auf die beiden Themen Ungleichungen und Sachrechnen beziehen.

Damit unterscheidet sich diese Lehr-Lern-Sequenz grundlegend vom bisher analysierten Material. Statt in einem schulischen oder außerschulischen institutionalisierten Kontext findet das entsprechende soziale Geschehen im privaten Raum statt. Die entsprechende Zeit, ein Sonntagnachmittag, unterstreicht das Informelle dieses Settings. Dennoch liegen dem Geschehen Ursachen sowie ein Anlass zugrunde, die einen direkten Bezug zum schulischen Kontext institutionalisierten Lehrens und Lernens aufweisen.

Über die möglichen Ursachen im Sinne des Zustandekommens von Interaktionsbedingungen und eine sich im Zusammenhang damit abzeichnende Fallstruktur wird noch ausführlicher zu sprechen sein. Was jedoch den Anlass des Zustandekommens betrifft, so handelt es sich um ein Ereignis, das für die Institutionalisierung von Lehr-Lern-Kontexten nicht typischer sein kann: einen angekündigten schriftlichen Test zu einem festgelegten Themenbereich.

Die Schülerin hat ihre Aufzeichnungen mitgebracht und erwartet von ihrem Verwandten, einem Erwachsenen, den sie als kompetent in Sachen Mathematik ansieht, dass er sich möglichst schnell mit den entsprechenden thematisch bestimmten Sachkontexten vertraut macht. Der Erwachsene nimmt nach einem kurzen Vorgespräch Einsicht in die Aufzeichnungen und stößt dort auf jene Spuren, die der schulische Mathematikunterricht im Heft der Schülerin hinterlassen hat: das sind im vorliegenden Fall vor allem Aufgaben und Lösungsversuche.

Daraufhin stellt er ihr eine analoge Aufgabe:

„Löse folgende Ungleichung: $x + 5 < 2x - 3$"

Die Schülerin löst diese Aufgabe ohne jede Schwierigkeit (vgl. dazu die Kopie ihrer Notizen im Anhang.) Sie kann auf Nachfrage hin auch ihr Ergebnis interpretieren – die Lösungsmenge der obigen Ungleichung. Damit ist klar: Aufgaben von genau diesem Typ wird die Schülerin am nächsten Tag in der Schule problemlos bewältigen. Es hat gar keinen Sinn, die Übung mit weiteren solchen Aufgaben fortzusetzen. Damit stellt sich immanent die Frage, welchen Sinn das Üben eigentlich haben soll. Es wäre ohne weiteres möglich, die Übung an dieser Stelle abzubrechen und zum normalen Geschäft eines Sonntagnachmittag überzugehen. Dann wäre der Schülerin signalisiert worden, dass sie gut auf den anstehenden Test vorbereitet gewesen wäre. Doch der Erwachsene, nennen wir ihn von dieser Stelle an Lehrer, zweifelt daran, dass dem tatsächlich so ist. Was ihn für Gründe dazu bewogen haben könnten, soll an dieser Stelle noch nicht thematisiert werden (vgl. 5.3.) Wichtig ist zunächst die Konstatierung des Fakts, dass er nun selbst diagnostisch wirksam wird, indem er der Schülerin die folgende Aufgabe stellt:

„Paul und Lena haben CDs, zusammen dreißig. Lena hat sechs CDs mehr als Paul. Wie viele CDs hat jeder?"

Diese Aufgabe unterscheidet sich von der zuerst gelösten Ungleichung auf zweierlei Weise: Zum einen wurde eine solche Aufgabe von der Schülerin bisher noch nicht bearbeitet, die Aufgabe betrifft also prinzipiell einen noch nicht vertrauten Sachkontext. Zum anderen handelt es sich um eine Sachaufgabe, eine Aufgabenform also, die sich im Gegensatz zu der bereits thematisierten Ungleichung nicht nach einem formalen Lösungsschema abarbeiten lässt. Sachaufgaben enthalten mit der sprachlichen Darstellung eines zunächst außermathematischen Sachverhalts immer die implizite Aufforderung, einer Sachsituation – sei sie nun in schriftlicher oder anderer Form dargeboten – zunächst ein Problem zu entnehmen und dieses dann mathematisch zu modellieren.

Im Gegensatz zur Ungleichung verfügt die oben angeführte Sachaufgabe also noch nicht über eine spezifische mathematische Form. Hinzu kommt der Umstand, dass auch die Aufgabe selbst im Sinne eines Aufgabentyps für die Schülerin neu ist. Diesem Umstand der Neuheit entsprechen drei Momente, die für die Schülerin in ihrer augenblicklichen Situation und für die damit verbundene Perspektive charakteristisch sind und die letztlich für die weitere Entwicklung der Interaktion entscheidend sein dürften:

- Erstens ist die Schülerin aufgefordert, einen eigenen Beitrag zur Darstellung der mit der Aufgabe evozierten Sache zu leisten. Es geht damit ganz eindeutig nicht um eine Reproduktionsleistung auf der Basis von vorab explizierten spezifischen Regeln, sondern um eine Sprachäußerung im Kontext allgemeiner Pragmatik.
- Zweitens wird die mit der Aufgabe evozierte Sache im weiteren Kontext institutionalisierten Mathematikunterrichts angesiedelt.

Deshalb dürften zusätzlich zu den im Rahmen von allgemeiner Pragmatik rekonstruierbaren Regeln Verhaltenserwartungen aus dem in sachlicher Hinsicht spezifischen Kontext der Mathematik den Interaktionskontext in einem Maße bestimmen, wie es für Alltagssituationen sonst nicht typisch ist. Dies betrifft vor allem erhöhte Erwartungen an sprachliche Genauigkeit sowie formale Widerspruchsfreiheit zu treffender Aussagen.
- Drittens kann davon ausgegangen werden, dass es sich um einen eigenen Beitrag der Schülerin handelt und dass deshalb aus ihrer Sicht nur diejenigen spezifischen Erwartungen Berücksichtigung finden, zu denen die Schülerin einen echten Bezug im Sinne einer individualisierten Beziehung zum mathematischen Gegenstandsbereich aufgebaut hat.

Die Aufgabe als Lernproblem

Eine solche Spezifik legt es aus der Sicht der Schülerin wie des Lehrers nahe, die Aufgabe als Erkenntnisproblem zu interpretieren. Worin dieses Problem aus Perspektive der Schülerin zunächst besteht, lässt sich prinzipiell nur aus deren ersten Aufzeichnungen heraus rekonstruieren, da sich an die Formulierung der Aufgabenstellung durch den Lehrer und deren schriftliche Fixierung durch die Schülerin eine Stillarbeitsphase anschließt. In dieser Zeit setzt sich die Schülerin selbständig mit dem durch die Aufgabe realisierten Problem auseinander und erzeugt auf dem Wege des Aufstellens und der Manipulation von Gleichungen eine Lösung, die sie dem Lehrer am Ende der Stillarbeitsphase mitteilt: Paul hat 9 und Lena hat 21 CDs.

Der Lehrer hat die Schülerin während der Stillarbeitsphase beobachtet und in dieser Zeit die Entstehung der ersten Aufzeichnungen auf dem Arbeitszettel der Schülerin schweigend, aber mit gespannter Aufmerksamkeit verfolgt. Er ist also über ihren Gedankengang insoweit im Bilde, als sich dieser aus den niedergeschriebenen Gleichungen und der abschließend in natürlicher Sprache schriftlich fixierten Antwort erschließen lässt.

Es ist klar: die Schülerin hat zwar auf dem Wege formaler Modellierung und sich anschließender mathematisch-syntaktischer Umformung der Aufgabenstellung ein Ergebnis errechnet, doch stellt dieses Ergebnis keine sachgerechte Lösung des Problems dar. Zwar haben Paul und Lena zusammen 30 CDs, zwar ist es tatsächlich Lena, die mehr CDs hat als Paul, doch stimmt die Differenz zwischen den jeweiligen Anzahlen von CDs, die Paul und Lena ihr eigen nennen, nicht mit der in der Aufgabenstellung festgelegten überein. Statt sechs sind es im Falle des Lösungsvorschlags zwölf CDs, die Lena mehr hat als Paul.

Nachdem der Lehrer die Schülerin mit diesem Fakt konfrontiert hat, ist sie ratlos. Sie überprüft nun die von ihr zuvor niedergeschriebenen Rechnungen, kann aber keinen Fehler im Sinne einer Verletzung formaler Rechenvorschriften finden. An dieser Stelle gesteht sie ein Nichtverstehen des Sachkontexts der Aufgabe ein.

Damit ist offensichtlich die Erwartung verbunden, der Lehrer möge ihr helfen. Einerseits hat sie nun ein Problem, andererseits hegt sie das Vertrauen, der Lehrer könne das gerade entstandene Rätsel auflösen und ihr mitteilen, an welcher Stelle ihr ein Denkfehler unterlaufen sei. Diese Verhaltenserwartung bildet eine pragmatische Grundlage für die in schulischen Kontexten heute wie selbstverständlich anzutreffende Lehr-Lern-Praxis. Fehlt sie, so muss von einer gestörten Beziehung zwischen Lehrer und Schülern ausgegangen werden.

Was die Schülerin nun vom Lehrer erwartet, umfasst die diagnostische Kompetenz, ihr Erkenntnisproblem in analoger Weise betrachten zu können wie ein Arzt eine Krankheit. So wie ein Arzt eine Vorstellung vom Leiden seines Patienten entwickelt und anschließend mittels des professionellen Wissens über dessen mögliche Ursachen zu einer therapeutischen Verschreibung helfender Maßnahmen gelangt, so wird von einem Lehrer prinzipiell erwartet, dass seine professionelle Kompetenz die Diagnose und Auflösung von Lern- und Erkenntnisschwierigkeiten auf Seiten seiner Schüler umfasst. Anderenfalls könnte von einer Passung zwischen der didaktisch-methodischen Ausgestaltung von Lehr-Lern-Kontexten einerseits und den anthropogenen und sozialisatorischen Lernvoraussetzungen der Schüler andererseits – als theoretische Grundlage für die im pädagogischen Kontext unverzichtbare Voraussetzung der Bildsamkeit von Heranwachsenden – keine Rede sein.

Vor diesem Hintergrund stellt sich die Frage nach dem implizit diagnostischen Wirken des Lehrers im Gesamtkontext der Lehr-Lern-Sequenz in verschärfter Weise. Nachdem er gesehen hat, dass die Schülerin ohne Probleme das reproduzieren kann, was im Unterricht zum entsprechenden Thema dargeboten wurde, testet er dessen Verankerung im sachlichen Rahmen jener Selbstverständlichkeiten, welche im Ganzen die allgemeine Pragmatik konstituieren. Er testet also das Verständnis des mathematischen Themas „Gleichungen und Ungleichungen" auf seine Grenzen hin – mit einer problemhaltigen Aufgabe.

Für eine Analyse der Inhaltlichkeit solchen Testens sind prinzipiell zwei Seiten zu unterscheiden. Zum einen müssen die Vorstellungen rekonstruiert werden, welche die Schülerin zunächst vom Sachkontext der Aufgabe entwickelt. Das ist – wie bereits erwähnt – empirisch zunächst nur auf der Basis ihrer Notizen möglich. Zum anderen geht es darum, den ihren Vorstellungen intuitiv zu Grunde liegenden bzw. auf diese explizit – im Sinne logischen Schließens – aufbauenden Gedankengang sichtbar zu machen. Letzteres bezieht sich im Unterschied zu ersterem auf die Sequenzialität des bedeutungsgenerierenden Zeichenprozesses.

In der Verbindung beider Fragerichtungen stellt sich für einen Beobachter, der das implizit diagnostische Wirken des Lehrers untersucht, in erster Linie die Frage, was dieser denn prinzipiell wahrnehmen kann. Damit ist das Problem einer Erschließung der Sachstruktur der Aufgabe gestellt, welche zwar mit mathematischen Vorstellungen verbunden ist, sich aber nicht in diesen erschöpft.

Zur Rekonstruktion: Nachdem die Schülerin den Aufgabentext niedergeschrieben und die konkrete Formulierung auf Drängen des Lehrers hin einmal korrigiert hat (aus *Wie viele CDs haben beide?* wird *Wie viele CDs hat jeder?*), beginnt sie zu rechnen. Konkret heißt das – sie beginnt, die Sachlage der Aufgabe in mathematischer Form zu beschreiben. Grundelement dessen ist die Gleichung.

Über welche pragmatischen Vorstellungen in Bezug auf die mathematische Form einer Gleichung die Schülerin verfügt, kann nicht mit Sicherheit gesagt werden. Der Fakt, dass sie unmittelbar zuvor eine lineare Ungleichung auf Anhieb gelöst und diese Lösung in mathematisch korrekter Form schriftlich festgehalten hat, legt jedoch nahe zu vermuten, dass sie mit der mathematischen Syntax von linearen Termen, Gleichungen und Ungleichungen vertraut ist und mit dem Thema im Schulunterricht bisher keine ernsthaften Schwierigkeiten hatte.

Um so tiefer reicht die Frage nach der konkreten Konstellation ihres Nichtverstehens im Falle der hier zu analysierenden Aufgabe.

Als erste Gleichung erscheint auf dem Papier: $G = 30$. Mit dieser Gleichung ist zunächst ausgedrückt, dass eine mathematische Größe namens G den Wert 30 hat. Diese formalsprachlich formulierte Aussage hat die Schülerin offenbar auf den ersten Satz der Aufgabenstellung bezogen: *Paul und Lena haben CDs, zusammen dreißig.* Diesen Satz hat sie zudem hinsichtlich seines konkreten Aussagegehalts reduziert – die Größe G bezeichnet in intuitiver Weise den Umstand, dass im Mikrokontext des Satzes ein quantitativ konnotiertes Etwas, das sich semantisch in Verbindung mit Paul, Lena und deren CDs befindet, durch die konkrete Zahl dreißig bestimmt wird. Genau genommen hat die Schülerin damit vom ersten Teil der Aussage abstrahiert und nur die nach dem Komma folgende Ergänzung interpretiert: *zusammen dreißig*. Dennoch dürfte es für sie kein Problem sein, den anderen Teil des Satzes zu interpretieren, wenn man sie danach fragte: *Um welche Dinge geht es in der*

Aufgabe? – Um CDs. Oder auch: *Wem gehören diese CDs? – Paul und Lena.* Es kann also angenommen werden, dass eine Gesamtheit von 30 CDs als gemeinsamer Besitz der beiden Personen Paul und Lena angesehen wird.

In der nächsten Zeile, die dem optischen Grundeindruck zufolge den zweiten Schritt in der Bemühung der Schülerin darstellt, wird nun genau diese latente Bedeutungskonstellation in die mathematische Form einer Gleichung gebracht: *30 = x + l + p*. Die dreißig Dinge, welche als Menge eine Gesamtheit bilden, setzen sich aus drei weiteren Größen zusammen. Interpretiert man die Größen l und p über die assonantische Assoziation der Anfangsbuchstaben der entsprechenden Namen als mit den beiden Personen Lena und Paul konnotiert, so bleibt im Satzkontext für eine Interpretation der Größe x zunächst nur die Vermutung, es müsse sich dabei um CDs handeln – vielleicht um gemeinsame. Damit wäre die mögliche Semantik der zweiten Gleichung als relativ eindeutig umrissen.

In syntaktischer Hinsicht fällt auf, dass die zweite Gleichung aus der ersten dadurch entsteht, dass zum einen beide Seiten der ersten Gleichung vertauscht werden und zum anderen das Zeichen G durch den mathematischen Ausdruck x + l + p ersetzt wird. Später werden zudem das erste Additionszeichen und die Größe x durchgestrichen, so dass zu einem bestimmten Zeitpunkt des Denkprozesses die Gleichung *30 = l + p* stehen bleibt.

Der Sinn dieser Korrektur verweist auf ein Tiefenstrukturelement des Aufgabenkontexts. In der ersten Variante der Gleichung steht die Größe x nämlich gemäß der allgemeinen, in der Mathematik häufig in konventioneller Form anzutreffenden Übereinkunft betreffs der Bezeichnung einer unbekannten Zahl für ein quantitatives Etwas, eine Entität, die sich einerseits von den beiden Entitäten l und p unterscheidet, aber andererseits im gleichen Sachkontext von Bedeutung sein muss. Eine solche Bedeutung ist im vorliegenden Fall von vornherein etwas Rätselhaftes, sie geht möglicherweise über die mit formalen mathematischen Methoden bestimmbare konkrete Unbekanntheit einer Zahl im Kontext einer Gleichung hinaus.

Es ist bekannt, dass Paul und Lena zusammen 30 CDs haben. Wie viele CDs jeder der beiden hat, ist unbekannt. Dieser Kontext enthält Bekanntes und Unbekanntes. Das Problem bzw. die Aufgabe besteht darin, aus dem Bekannten auf das Unbekannte zu schließen. Damit zeigt sich auf der Folie der formalen Problemstruktur die materiale Schwierigkeit für ein Verstehen: In der semantischen Basis der Tiefenstruktur ist zwischen einem Haben, das auf gemeinschaftlichen Besitz referiert, und einem Haben im Sinne von individuellem Besitz zu unterscheiden.

Letztere Bedeutung ist offenbar die im Aufgabenkontext gemeinte. Die Rede vom Zusammen-30-CDs-Haben verweist demgegenüber nicht auf gemeinschaftlichen Besitz, sondern lediglich auf den Umstand, dass Paul und Lena in der gemeinten Situation dreißig CDs zur Verfügung haben – etwa, um sich in diesem Fundus für eine zu entscheiden, die dann erklingen soll. Die Aufgabe zu bestimmen, wer wie viele CDs hat, referiert demgegenüber auf einen Kontext, in welchem es darauf ankommt, aus einer Gesamtheit von 30 CDs genau diejenigen, die Paul sowie diejenigen, die Lena gehören, herauszulösen.

In diesem Zusammenhang wird eine weitere Kontextbedingung sichtbar, ohne deren Vorliegen der Aufgabe kein Sinn zugeschrieben werden könnte: Außer Paul und Lena findet sich im Kontext niemand, der einen Besitzanspruch auf die 30 CDs geltend machen könnte.

Rechts vom Block der ersten beiden Gleichungen wurden vier weitere Gleichungen untereinander notiert: $l = Lena$, $p = Paul$, $l = x + 6$ sowie $p = x - 6$. Die ersten beiden dieser vier Gleichungen unterscheiden sich von allen anderen durch die Schülerin festgehaltenen darin, dass sie keine Zahlenangaben enthalten. Stattdessen tauchen zwei Eigennamen auf. Diese verfügen aber über keine sichtbare quantitative Konnotation. Es kann also vermutet werden, dass es sich nicht um Gleichungen im mathematischen Sinne handelt, sondern das Gleichheitszeichen in diesen Fällen nur als Hilfszeichen verwendet wird, um eine sprachliche Prädikation in Kurzform niederzuschreiben.

Zugleich bestätigt sich, was bereits über den Unterschied der Zeichen l und p auf der einen und des Zeichens x auf der anderen Seite gesagt wurde. Im Gegensatz zur semantischen Rätselhaftigkeit des Zeichens x repräsentieren die Schreibweisen $l = Lena$, $p = Paul$ in sprachlich zwar unvollkommener, aber logisch erschöpfender Weise die bereits explizierte Tiefenstruktur des ersten Satzes der Aufgabenstellung und somit den kontextuellen Rahmen: Es handelt sich um eine aus zwei Teilen zusammengesetzte Gesamtheit von CDs. Der eine Teil gehört Lena, der andere Teil gehört Paul. Bezogen auf die der Gesamtheit zu Grunde liegende Qualität, die CDs, ließe sich dann formulieren: Jede CD hat nur einen Besitzer.

Erst unter diesen Voraussetzungen kann mit einiger Aussicht auf Erfolg an die genaue Interpretation des durch den zweiten Satz ausgedrückten Bedeutungszusammenhangs herangegangen werden: *Lena hat sechs CDs mehr als Paul.* Nun ist Logik gefragt. Wenn nämlich jede CD nur einen Besitzer hat und niemand außer Paul und Lena einen Anspruch auf die CDs hat, so kann der zweite Satz der Aufgabenstellung folgendermaßen interpretiert werden: Die beiden Teile, aus denen die Gesamtheit besteht, umfassen unterschiedlich viele CDs. Der größere Teil umfasst sechs CDs mehr als der kleinere. Der größere Teil gehört Lena, und der kleinere Teil gehört Paul. So gesehen besteht das Problem lediglich darin, zwei Kardinalitäten – also natürliche Zahlen – zu finden, von denen die eine um sechs größer ist als die andere, und die zusammen dreißig ergeben. Diese Fassung des Problems hat aber seiner Gestalt nach nichts mehr mit den Personen Paul und Lena und deren gemeinsamer Verfügung über CDs zu tun.

Es ließe sich mathematisch auch folgendermaßen formulieren: Finde zwei natürliche Zahlen, deren Summe dreißig und deren Differenz sechs ergibt. Ein Interpret, der die ursprüngliche Aufgabenstellung auf solch eine Form gebracht hätte, hätte nun die Möglichkeit, durch Probieren eine Lösung zu finden. Er könnte sich etwa eine Tabelle anfertigen und in diese alle Zahlenpaare eintragen, die zusammen dreißig ergeben, um in einem zweiten Schritt dann diese Paare natürlicher Zahlen daraufhin zu sichten, ob sich die größere jeweils tatsächlich um eine Differenz von sechs von der kleineren unterscheidet oder nicht. Er könnte in der Systematik des veränderten Kontexts aber auch mit den kleinsten Zahlenpaaren beginnen, die sich um genau sechs unterscheiden – also der Null und der Sechs, der Eins und der Sieben, der Zwei und der Acht – und diese Zahlenpaare in gezielter Weise so weit vergrößern, bis sie zusammen dreißig ergeben. In beiden Varianten ist neben einer Erkenntnis der formalen algebraischen Struktur des Sachkontexts eine Systematik des Vorgehens in dem Sinne erforderlich, dass die problemlösende Person sich merken muss, welche Zahlenpaare sie bereits ausprobiert hat und welche nicht.

Von seiner mathematischen Form her handelt es sich bei dem Problem um einen Aufgabentyp, den ein Mathematiker mittels eines linearen Gleichungssystems auflösen würde. Das könnte im Fall der vorliegenden Aufgabe auch im Kopf geschehen: Stellt man sich nämlich vor, der größere der beiden Teile sei nochmals in zwei Teile unterteilt – und zwar so, dass einer dieser beiden Teile genau so groß ist wie der andere, nicht unterteilte Teil – so hat man die Sachlage klar und deutlich vor Augen. Dann besteht die Gesamtheit der dreißig CDs aus drei Teilen, von denen zwei gleich groß sind. Der dritte, durch die nochmalige Unterteilung des größeren Teils entstandene Rest umfasst dann genau jene Menge an CDs, die Lena mehr hat als Paul.

Von den drei Teilen, aus denen sich die Gesamtheit der 30 CDs zusammensetzt, ist somit Folgendes bekannt: zwei dieser drei Teile sind gleich groß, der restliche Teil aber umfasst genau 6 CDs. Hat man diese Vorstellung erst einmal klar vor Augen, so vermag sich der Sachzusammenhang wie von selbst zu erschließen. Dann müssen die beiden gleich großen Teile zusammen 24 CDs umfassen, was zwingend dahin führt, deren jeweilige Größe mit 12 CDs zu bestimmen.

Ist diese Konstellation erschlossen, so führt der Weg zurück zu den zwei Teilen der Gesamtheit an CDs über die Erinnerung an das eigene Vorgehen. So wie zuvor vom größeren Teil ein Teil von 6 CDs abgespalten worden war, wodurch zwei gleich große Teile entstanden, von denen jeder 12 CDs umfasst, so müsste nun der größere Teil gedanklich wiederhergestellt werden, indem die 6 überschüssigen CDs zu den 12 CDs des einen der beiden gleich großen Teile hinzugenommen werden. Dann entsteht die quantitative Konstellation zweier Teile, 12 CDs und 18 CDs, die zusammen 30 CDs umfassen und deren jeweilige Größe sich um genau 6 CDs unterscheidet. Im nun fälligen letzten Schritt ist lediglich die Erinnerung daran vakant, was denn die beiden Teile im Sachkontext der Aufgabe für eine Bedeutung haben: *Paul und Lena haben zusammen dreißig CDs. Lena hat sechs CDs mehr als Paul.* Die beiden Teile erhalten dann ihre sachgerechte Interpretation als Mengen derjenigen CDs, die jeweils Paul bzw. Lena gehören. Der größere Teil gehört Lena, der kleinere Teil gehört Paul.

Vor diesem Hintergrund erhält das Scheitern der Schülerin an der Aufgabe eine Kontur. Indem sie die Gleichung $l = x + 6$ aufstellt, bringt sie Folgendes zum Ausdruck: Es ist bekannt, dass Lena 6 CDs mehr hat als Paul. Dagegen ist unbekannt, wie viele CDs Paul hat. Diese Art Unbekanntheit ist in der Vorstellung der Schülerin offenbar so diffus, dass sie keinen sachlichen Bezug dieses Ausdrucks zur verkürzten Prädikation $p = Paul$ herzustellen vermag. Zwar erkennt sie, dass die Menge an CDs, die Lena gehört, um sechs größer ist als ein Unbekanntes, dass dieses Unbekannte als Größe jedoch der gleichen Bestimmung unterliegt wie die Menge an CDs, die Paul gehört, sieht sie nicht. Die Welt der mathematischen Gleichungen ist in ihrem Verständnis noch vom Bereich sprachpragmatischer Grundvorstellungen abgetrennt.

Dennoch versucht sie, beide Welten zusammenzubringen. Ausgehend vom antonymischen Zusammenhang der Bedeutungen von *mehr* und *weniger* möchte sie die Unbekanntheit näher bestimmen. Dazu nutzt sie die in den sprachlichen Vorstellungen enthaltene Logik: Wenn Lena 6 CDs mehr hat als Paul, dann hat Paul 6 CDs weniger als Lena. Dieser brillante Schluss ermöglicht ihr eine sprachliche Prädikation jener Unbekanntheit, welche sie im Rahmen der Gleichung $l = x + 6$ mit dem Zeichen x markiert hat. Das Problem im konkreten Aufgabenkontext besteht jedoch darin, dass die mit Hilfe des logischen Schlusses entstehende Gleichung $p = x - 6$ in Form des Zeichens x die gleiche Art Unbekanntheit enthält wie die Gleichung zuvor. Die Unbekanntheit wird durch etwas bestimmt, das ebenfalls unbekannt ist. Beide Unbekanntheiten aber sind nicht unterschieden.

Deshalb ist jener spezifische Unterschied, den die Schülerin mit der Unterscheidung der Zeichen l und p setzt und der den semantischen Gegebenheiten des Sachkontexts tiefenstrukturell entspricht, in der Prädikation der Unbekanntheit durch das Zeichen x wieder aufgehoben. Die Schülerin kann ihr intuitives Verständnis der vorgestellten Kontextbedeutungen nicht mit der spezifischen Aufgabenkonstellation, in welcher sich Bekanntes und Unbekanntes gegenüberstehen, verbinden.

In formaler Hinsicht ist dies wohl vor allem dem Umstand geschuldet, dass im Kontext mathematischer Gleichungen für sie das Unbekannte stets durch das Zeichen x markiert wird. Insofern müssten die Zeichen l und p auf Bekanntes verweisen. Dieses Bekannte ist in der Vorstellung der Schülerin durch die Personen Paul und Lena – möglicherweise im gleichen Alter wie sie und ihr somit in intuitiver Weise vertraut – bestimmt. Das Unbekannte aber sind CDs.

In materialer Hinsicht entspricht dem Umstand, dass es sich bei den formal gebildeten Objekten $l = Lena$, $p = Paul$ nicht um quantitative Bestimmungen handelt, die fehlende begriffliche Differenzierung zwischen Personen und den diesen Personen gehörenden CD-Mengen. Die prinzipielle Gleichheit der Objekte im Rahmen einer übergreifenden Gesamtheit – eine CD sieht in der Vorstellung aus wie die andere – ist nicht mit der Unterschiedlichkeit der Personen Paul und Lena vermittelt. Zwar werden Worte der Alltagssprache auf formalem Wege in mathematische Symbole übersetzt, diese Übersetzung vernachlässigt jedoch die Tiefenstruktur des Kontexts.

Mittels einer solchen Beschreibung wird die zunächst erwartungswidrige Tatsache verständlich, dass die Schülerin zwar die formale Gleichung $30 = x + l + p$ so zu korrigieren vermag, dass die Tiefenstruktur aufscheint, aber in der entstehenden Gleichung $30 = l + p$ die materiale Unbekanntheit des Kontexts – den gedanklichen Bezug der Zeichen l und p zu realen, aber im Augenblick noch nicht bekannten CD-Mengen – nicht mehr auffindet.

Stattdessen hat die Schülerin das Problem der Unbekanntheit in einen formalen Kontext verschoben: In den beiden Gleichungen $l = x + 6$ sowie $p = x - 6$ sieht sie offenbar quantitative Bestimmungen dieser Unbekanntheit. Indem sie die beiden in materialer Hinsicht nicht mit CDs konnotierten Bestimmungen l und p nun auf formalem Wege durch x bestimmt, wird sie ihrer eigenen Gestalterwartung gerecht, im Gleichungskontext müsse immer eine Unbekannte x bestimmt werden.

Zwar gelangt sie auf diesem Wege zu einem numerischen Ergebnis, das ihr eine quantitative Bestimmung der material mit den Personen Lena und Paul verbundenen Variablen l und p ermöglicht, die eigentliche Unbekanntheit x bleibt jedoch uninterpretiert. Die formale und die materiale Seite der Unbekanntheit haben keinen sachlichen Bezug zueinander.

Was der Lehrer also bei intuitiver Durchdringung sowohl der Sachstruktur der Aufgabe als auch des Erkenntnisproblems der Schülerin als wirkender Diagnostiker auf der Grundlage der Schüleraufzeichnungen prinzipiell erkennen kann, bezieht sich auf den Fakt des Nichtverstehens einer strukturellen Verbindung der sprachpragmatischen Tiefenstruktur und der formalen Beschreibung dieser Struktur mittels mathematischer Größen, Terme und Gleichungen.

Ein echtes Verständnis des Aufgabenkontexts wird also unausweichlich an die Prädikation des Zeichens x geknüpft sein müssen.

Rekonstruktion einer diagnostischen Perspektive

Im nächsten Schritt dieser Analyse soll versucht werden, eine mögliche diagnostische Perspektive zu rekonstruieren. Dadurch könnte die interne Rationalität des Lehrers genauer bestimmbar werden. Im Unterschied zur oben vorgenommenen Sachanalyse auf sprachpragmatischer Grundlage ist eine solche Perspektive stark fachgebunden. Der Lehrer wird in einer Rolle gesehen, mit der die doppelte Aufgabe verbunden ist, zum einen den Lern- und Erkenntnisprozess der Schülerin organisierend zu strukturieren und zum anderen die fachlichen Maßstäbe einer Behandlung der mit der Aufgabe verbundenen Inhaltlichkeit als Spezialist zu vertreten. Ob und inwieweit eine solche Perspektive in Widerspruch zum grundlegenden Bildungsanspruch von Heranwachsenden treten kann, muss sich in der anschließenden Sequenzanalyse erweisen.

Die Schülerin hat sich in einem ersten Anlauf selbständig mit der Aufgabe auseinandergesetzt. Nach kurzem Blick auf die von der Schülerin produzierten Gleichungen entschließt sich der Lehrer, ein Aufnahmegerät einzuschalten. Er fragt die Schülerin, ob sie etwas dagegen hätte, und sie verneint. Die Installierung der Technik dauert einige Sekunden:

S: Läuft's jetzt?
L: Das läuft. Fangen wir an.
S: Hm.

Bevor die Aufzeichnung beginnt, muss die Schülerin bereits gemerkt haben, dass das von ihr errechnete Ergebnis nicht stimmen kann. Anderenfalls wäre der Beginn der Interaktion unplausibel: dann müsste sie nämlich an ihrer Lösung festhalten. Sie erwartet aber Hilfe vom Lehrer. Der Beginn der im Gesamtkontext der Lehr-Lern-Sequenz potentiell problemlösenden Interaktion markiert also nochmals explizit das zwischen Schülerin und Lehrer bereits vorher eingegangene Arbeitsbündnis.

Nun ist der Lehrer in seiner diagnostischen und problemerschließenden Kompetenz gefragt: Die Schülerin hatte den Sachkontext in der vorherigen Stillarbeitsphase bereits selbständig mittels dreier Zeichen modelliert, die für mathematische Variablen bzw. für unbekannte Zahlen stehen: l, p und x. Bereits intuitiv lässt sich die Bedeutung dieser Bestimmungen aus dem Aufgabenkontext heraus explizieren: l steht für Lena, p steht für Paul, x steht für CDs.

Gemäß dieser Interpretation lässt sich das Verhalten der Schülerin als Realisierung jener drei Momente deuten, die oben im Sinne einer fachgebundenen Erwartung, den Umgang mit neuen Aufgaben betreffend, als pragmatische Grundanforderung an die produktive Begegnung mit mathematischen Sachproblemen formuliert worden ist. Indem der Lehrer den Interaktionskontext auf solche Weise als allgemeinpragmatisch strukturiert ansehen kann, vermag sich ihm erst das ganze Potential der kognitiven Modellierung des Sachkontexts durch die Schülerin zu erschließen:

Erstens nimmt die Schülerin eine eigene Interpretation des Aufgabentexts vor, indem sie die aus ihrer Sicht wesentlichen Strukturmomente aus dem Textganzen herauslöst: die beiden Personen Lena und Paul sowie die CDs, über die beide verfügen. Hierbei handelt es sich noch nicht um eine Prädikation im strengen Sinne, sondern zunächst um eine Strukturierung des Aufgabentexts nach wichtigen und unwichtigen Strukturmomenten. Die wichtigen werden herausgehoben und verschriftlicht.

Zweitens führt sie für jedes dieser drei Strukturmomente ein eigenes Kürzel ein. Damit genügt sie einer für die Mathematik typischen Erwartung, die man als formelsprachliche Realisierung bezeichnen könnte. Aus in der Alltagssprache durch Worte bezeichneten Gegenständen werden Kürzel, die nach spezifischen Regeln gehandhabt werden können. Diese besonderen Bezeichnungen sind Indizes für die durch sie bezeichneten Strukturmomente – deiktische Zeichen, die eine Referenz sowohl auf die Gegenständlichkeit der durch sie bezeichneten Dinge als auch auf die den Dingen zukommenden Bezeichnungen der Alltagssprache samt deren Konnotationen ermöglichen. Da die Regeln des Umgangs mit diesen Zeichen andere sind, als sie in der Grammatik als linguistischer Strukturtheorie der natürlichen Sprache zum Ausdruck kommen, wird auf diese Weise der Erwartung entsprochen, dass eine spezifisch-mathematische Manipulation dieser Zeichen zu einer Lösung des sprachlich formulierten Problems beitragen könnte, welches in der Aufgabe steckt. Es handelt sich dabei um ein Erkenntnisproblem, weil es nicht durch routinierte Prädikation bearbeitet werden kann und sich einer direkten Lösung durch bloße Wahrnehmung der sprachlich formulierten Tatsachen widersetzt. Dieses Problem wird zudem als mathematisches Problem aufgefasst, weil es in einem (entfernten) Zusammenhang mit Mathematikunterricht thematisch wird.

Drittens ermöglichen die von der Schülerin aus dem Textganzen herausgelösten Strukturmomente aber noch keine Lösung der Aufgabe. Die Schülerin demonstriert, dass sie mit dem Verfahren der Mathematik, unbekannte Größen durch Variablen zu bezeichnen, äußerlich vertraut ist, und zeigt bei ihrem ersten Lösungsversuch keinerlei Scheu. Es bestätigt sich, was bereits vorher in der aktiven Bezugnahme der Schülerin auf die mathematisch-formale Darstellungsweise einer Ungleichung aufschien: sie hat eine selbstverständliche Beziehung dazu. Ihre Formalisierung ist im Falle der neuen Aufgabe jedoch nur eine Paraphrasierung der ersten Aussage des Aufgabentexts: *Paul und Lena haben CDs...* In mathematischer Kurzschreibweise ließe sich das nach den von der Schülerin getroffenen Bezeichnungskonventionen auch folgendermaßen ausdrücken: p, l, x.

Damit wird bereits sichtbar, dass sich in dieser ersten Modellierung zwei grundlegende strukturale Momente der natürlichen Sprache ergänzen – Sequenzialität einerseits und Referenzialität andererseits. Zugleich zeigt sich, wie das spezifische Verfahren der Mathematik bei einer konkreten Modellierung wirkt: zum einen als Formalisierung *Satz → Zeichenfolge* und zum anderen als Reduktion *Wort → deiktisches Zeichen*. Was zusätzlich auffällt – allerdings nur dann, wenn man die ersten beiden Gleichungen mit der Sequenzialität der Prädikation im Aufgabentext kontrastiert – ist eine Umkehrung der Zeichenreihenfolge in doppeltem Sinne: Wie oben bereits erwähnt, vollzieht sich beim Übergang von der ersten zur zweiten Gleichung eine Vertauschung beider Seiten der Gleichung. Man könnte also einerseits sagen, die zweite Gleichung entstehe aus der ersten, indem man diese „von rechts nach links liest". Andererseits wird in der zweiten Gleichung das G aus der ersten in x + l + p aufgelöst, oder in exakter Terminologie – ersteres wird durch letzteres ersetzt. Und auch hierbei handelt es sich um eine genaue Umkehrung der Zeichenreihenfolge, bezogen auf die Sequenzialität der sprachlichen Prädikation. Was also hier zusätzlich als Spezifikum der Prädikation im Kontext mathematischer Formelsprache aufscheint, ist der Fakt, dass im Gegensatz zur natürlichen Sprache für Gleichungen immer zwei Sequenzialitäten in Frage kommen. Dem Übergang von der einen zur anderen entspricht die Operation einer spiegelbildlichen Vertauschung.

Die Schülerin hat also bei ihrem ersten Lösungsversuch nicht mehr und nicht weniger getan als die natürliche Sprache in ihrer Strukturalität ernst zu nehmen und zu versuchen, die in ihr ausgedrückten Referenzen in einer für Mathematik typischen Weise zu reformulieren. Damit stehen sich zwei semiotische Darstellungen des Problems gegenüber:

(I) „Paul und Lena haben CDs, zusammen dreißig."
     (natürliche Sprache),
(II) p, l, x ; G = 30, $30 = x + l + p$
     (Formelsprache).

Schauen wir uns die Spezifik der Übersetzungsleistung im Detail an: Die Referenzialität der Personen wurde durch assonantische Kürzel ausgedrückt, die Referenzialität der vakanten Gegenstände jedoch durch das für die Mathematik so typische Zeichen x. Die die beiden Personennamen verbindende Konjunktion *und* ist in der Formelsprache insofern aufgehoben, als dass p und l als Buchstaben noch an die entsprechenden Namen, deren Anlaute sie sind, erinnern, während der Buchstabe x mit CDs nur rein willkürlich verbunden ist. Die Konjunktion wird also konnotativ durch den Unterschied zwischen den assoziativ gebundenen Zeichen l und p und dem assoziativ freien Zeichen x ausgedrückt.

Andererseits bezeichnet x in der Mathematik allgemein sehr oft die Unbekannte, sie wird in Gleichungen oder Ungleichungen von vielen als Unbekanntheit schlechthin gelesen. Ihre konkrete Bedeutung besteht jedoch darin, dass sich hinter dieser Bezeichnung etwas verbirgt, was erst noch bestimmt werden soll. Die Referenzialität des x ist also insgesamt eine ambivalente: einerseits soll mit x gerechnet werden, als wäre es eine Zahl – andererseits ist x noch keine Zahl, sondern eine Unbekannte. Es kann also mit x prinzipiell nicht gerechnet werden wie mit einer Zahl.

Im vorliegenden Fall ist x als ambivalente Referenzialität das Zeichen eines krisenhaften Bestimmungsversuchs in einer noch nicht genau bestimmbaren Sprache: der (inneren, individuellen) Sprache der Schülerin – ihrem zunächst subjektiven Denken. Diese Sprache befindet sich logisch zwischen der durch Grammatik und allgemeine Pragmatik abgesicherten natürlichen Sprache einerseits und der durch formale Logik und spezifische Regeln getragenen mathematischen Formelsprache andererseits. Dem entspricht der Umstand, dass sich im ersten Formulierungsversuch der Schülerin zur mathematischen Konventionalität des x das für die natürliche Sprache so typische Strukturmerkmal der Prädikativität gesellt: in der Sequenzialität der assoziativ gebundenen Zeichen p und l und des assoziativ freien Zeichens x ist die Thema-Rhema-Struktur eines Satzes, seine informationssemantische Seite ausgedrückt. Demnach sind die Personen Paul und Lena Teil eines prinzipiell vertrauten Kontexts, während über deren CDs erst etwas ausgesagt werden muss.

Das entspricht sehr genau einer strukturellen Beschreibung des Gesamtkontexts der Aufgabe:

(III) „Paul und Lena haben CDs (...) Wie viele CDs hat jeder?"
(IV) p   l,   x   /   x?

Was sich hinsichtlich einer natürlichen Referenzialität der Alltagssprache als problemlose und routinierte Wiedergabe einer vorgestellten Konstellation aus der Alltagswelt der Schülerin ausdrückt – als Prädikation *p, l haben x* – erweist sich im Falle der vorliegenden Aufgabe als echtes Problem: *Wie viele x?* Obwohl ohne weiteres vorstellbar ist, dass Paul und Lena über CDs verfügen, lässt diese Vorstellung zunächst keine formale Konkretisierung hinsichtlich der Frage zu, über wie viele CDs denn jeder der beiden verfügt. Diese Problemhaftigkeit wurde von der Schülerin durch die Wahl des Zeichens x ausgedrückt.

Andererseits muss die Schülerin die Erwartung hegen, dass genau diese Konkretisierung möglich ist: Im Aufgabentext wird danach gefragt, und sie als Bearbeiterin der Aufgabe soll die Frage beantworten. Aus ihrer Sicht wird also vom Lehrer unterstellt, dass es mit Hilfe mathematischer Operationen möglich ist, zu einer Beantwortung der Frage zu gelangen. Mathematische Operationen aber sind nur auf mathematische Objekte anwendbar – im einfachsten Fall auf Zahlen, im komplizierteren Fall auch auf Variablen. Also liegt es nahe, aus dem Aufgabentext die Zahlenangaben herauszulösen und diese unter Zuhilfenahme von Variablen im Kontext der Aufgabe mittels mathematischer Gleichungen zu interpretieren. Genau das versucht die Schülerin, indem sie als erste mathematische Modellierung festhält: *G = 30*. Es ist vollkommen klar, was sie damit auszudrücken versucht: Paul und Lena haben zusammen dreißig CDs. Diese Prädikation erscheint in der Gleichung als eine Folge deiktischer Zeichen. Das Zeichen G steht dabei einerseits für die Gesamtheit der CDs im Aufgabenkontext. Andererseits drückt dieses Zeichen aber auch eine gemeinsame Eigenschaft von Paul und Lena aus: die Tatsache nämlich, zusammen 30 CDs zu haben. Damit steckt bereits in dieser ersten Gleichung zweierlei Sinn: eine quantitative und eine qualitative Bestimmung.

In genau diesem Sinne kann von der ersten Gleichung gesagt werden, sie stelle eine Verbindung der im ersten Satz des Aufgabentexts ausgedrückten quantitativen und qualitativen Gegebenheiten des Sachkontexts dar. In der nächsten Zeile wird diese Ausdrucksgestalt dann nach formalen Regeln manipuliert: die Prädikation dreht sich um. Liest man die neue Gleichung von links nach rechts, so hat die Schülerin zunächst geschrieben: *30 = x + l + p*. Zu einem späteren Zeitpunkt dann hat sie auf der rechten Seite des Gleichheitszeichens das x und das darauffolgende + durchgestrichen, so dass die Gleichung nun zu lesen ist als: $30 = l + p$. Was ist nun aus der qualitativen Bestimmung geworden? Während das Zeichen 30 am Anfang eines fiktiven Satzes auftaucht, steht hinter der vermeintlichen Copula (dem Gleichheitszeichen) ein Ausdruck, der ohne weiteres als Kurzform von *Paul und Lena* (bzw. *Lena und Paul*) interpretierbar ist. Versucht man diese vermeintliche Bestimmung in natürlicher Sprache zu reformulieren, so ergibt sich lediglich: *Dreißig ist die gemeinsame Eigenschaft von Paul und Lena*, oder sogar noch knapper: *Dreißig ist Paul und Lena*. Es zeigt sich, dass auf dem Wege der Übersetzung von natürlicher Sprache in Formelsprache genau jene Kontexteigenschaft verloren geht, die der qualitativen Bestimmung „zusammen 30 CDs haben" entspricht. Die mathematisch fehlerhafte Variante $30 = x + l + p$ hatte demgegenüber diese Kontexteigenschaft noch in einer assoziativ ohne weiteres zu erschließenden Weise ausgedrückt: *Dreißig sind die CDs von Lena und Paul.* Oder in grammatisch korrekter Variante: *Es sind der CDs von Paul und Lena dreißig.*

Man kann also sehen, dass für eine Rückübersetzung der ausgedrückten Gegebenheiten aus der mathematischen Formelsprache in die natürliche Sprache in der korrigierten Fassung der zweiten Gleichung das wichtigste Bindeglied des Kontexts fehlt – die CDs. Hier zeigt sich in der bereits kenntlich gemachten Ambivalenz des Zeichens x eine grundlegende Paradoxie der zugehörigen Prädikation: In genau jenem Moment, da das ambivalente Zeichen aus der Gleichung verschwindet, ist die Schülerin ihrer prädikativen Möglichkeiten im konkreten Kontext der Gleichung beraubt. Eine gelingende Prädikation müsste nämlich in Analogie zur sprachpragmatischen Variante – *X ist ein P* – in der Mathematik von der Form $x = a$ sein, mit einer konkreten Zahl a als quantitativer Bestimmung.

Im Unterschied zur sprachlichen Variante ist diese Bestimmung allerdings noch nicht dergestalt, dass aus der Gleichung unvermeidlich eine Behebung der krisenhaften Sprach- bzw. Bezeichnungssituation folgte: Die dann quantitativ bestimmte Unbestimmtheit wäre lediglich eine Bestimmung auf der Ebene des sekundären modellierenden Zeichensystems der formal organisierten Mathematik. Ohne die anschließende Bewährung im Sachkontext der Aufgabe fände sich aber für das in informationssemantischer Hinsicht als Rhema fungierende Strukturelement a keine verbindende Bedeutung zu den von Anfang an thematischen Strukturelementen p und l.

Dieser Umstand ist dem Fakt geschuldet, dass Prädikation eben gerade keine symmetrische Struktur von der Art einer Gleichung ist, sondern im Mikrokontext des Satzes – als kleinster bedeutungstragender

Einheit der Sprache – eine asymmetrische Struktur konstituiert. Oder mit anderen Worten formuliert: Bedeutung konstituiert sich in der Sprache sequenziell. Damit zeigt sich in Gestalt einer einfachen Vertauschung der beiden Seiten einer Gleichung die grundlegende semiotisch-strukturelle Differenz der zwei auf den ersten Blick ähnlichen Darstellungsweisen von Satz und Gleichung:

(V) $30 = 1 + p$,
(VI) Paul und Lena haben zusammen dreißig CDs.

Selbst wenn man die Vertauschung wieder rückgängig machte: *1 + p = 30*, so fehlte doch sowohl in der fiktiven Copula als auch in der von allen ihren konnotativen Qualitäten befreiten Dreißig jeglicher Hinweis auf jene Beziehung zweier Personen zu einem Gegenstand – einer Menge von CDs, welche in der sprachlichen Prädikation ausgedrückt wird: *etwas haben*. Im gedanklichen Mechanismus der mathematischen Modellbildung samt seinen Kennzeichen – Formalisierung, Reduktion – wird die entsprechende Eigenschaft – Besitz – schlichtweg vergessen: Von ihr wird abstrahiert. Das ist der Grund dafür, dass hinter mathematischer Modellierung eine echte Anforderung an Gedächtnis und an die konkrete Operativität sinnerhaltender Kontextergänzung steckt. Dieser Anforderung der Aufgabe entspricht auf Seiten des Individuums eine Kompetenz.

Damit kann nun aus der Sicht des Lehrers eine begründete Diagnose hinsichtlich der Probleme der Schülerin mit der Aufgabe gestellt werden. Ihrer ersten Formalisierung des Aufgabenkontexts liegen zwei weitgehend voneinander abgetrennte Vorstellungsbereiche zugrunde: ein Grundbereich des Bekannten sowie ein markierter Bereich des Unbekannten. Ersterem Bereich gehören einerseits materiale Vorstellungen zu den CD-besitzenden Personen *Paul und Lena* und andererseits formale Vorstellungen von der gegliederten Ganzheit *dreißig CDs* an. Dagegen ist letzterer in der Vorstellung diffus: x als ein Zeichen, das in der Mathematik für eine zwar bestimmte, aber noch unbekannte Zahl steht und auf rätselhafte Weise etwas mit CDs zu tun haben soll.

Der Zusammenhang zwischen den formalen und materialen Vorstellungsinhalten lässt sich nochmals strukturell differenzieren: Die Vorstellung von dreißig CDs besteht ihrer sprachlichen Form nach aus der quantitativen Bestimmung *dreißig* einer Qualität – *CD*, welche morphologisch als Pluralform prädiziert ist und als solche im allgemeinen System der Sprache eine gegliederte Ganzheit repräsentiert. Die Grundstruktur einer gegliederten Ganzheit aber ist die Dualität: zwei unterscheidbare Teile. Aber zwei solche Teile sind durch die Namen *Paul* bzw. *Lena* bezeichnet. Das Besondere an dieser Konstruktion ist, dass beide Teile in der sprachlichen Form einer aufzählenden Reihung repräsentiert sind: Die auf die beiden Teile referierenden Namen werden syntaktisch durch die Konjunktion *und* verbunden und konstituieren erst dadurch die Bedeutung einer gegliederten Ganzheit, dass die sprachlich unterschiedenen Teile gedanklich zusammen kommen: *haben, zusammen*.

Um diesen Kontext zu verstehen, müssten also die beiden voneinander abgetrennten Vorstellungsbereiche so aufeinander bezogen werden, dass eine Prädikation in der folgenden Form möglich wird:

(VII)   Paul hat eine Anzahl CDs, und Lena hat eine Anzahl CDs, *oder*
(VIII) $p = x$, $l = x$.

Im inhaltlichen Bezug von solcherart kontrastierten Darstellungen zueinander wird das Prädikationsproblem der Schülerin in ganzer Größe als semiotisch-formales sichtbar: als nicht gelingende Konsistenz. Entweder haben Paul und Lena gleich viele CDs, oder die beiden Gleichheitszeichen haben schlichtweg keine Bedeutung. Das damit bezeichnete Bedeutungsproblem ist aber spezifisch für den unterschiedlichen Zeichengebrauch in natürlicher Sprache und Mathematik: Während sprachpragmatische Referenzialität durch die semiotischen Erscheinungen von Homonymie und Polysemie gekennzeichnet ist, baut sich mathematische Referenzialität nach dem Prinzip der umkehrbar eindeutigen Zuordnung von Name und Objekt auf (vgl. dazu auch 4.1.)

Bezogen auf die Formeln in (VIII) lässt sich dann sagen: Das Zeichen x ist als x mit sich selbst identisch, es ist als Name einer noch unbekannten Zahl in ein und demselben Kontext näher – und im Ergebnis konkret – zu bestimmen. Und genau darin besteht die logische Bedeutung der Reihung zweier Gleichungen im selben mathematischen Kontext: Beide enthalten nur eine Variable. Deshalb muss das doppelt verwendete Zeichen x als ein und dieselbe Zahl interpretiert werden.

Im konkreten Lösungsansatz der Schülerin kommt dieser Umstand darin zum Ausdruck, dass beiden Personen auf allerdings nur latent ausgedrückte Weise – auf dem Wege einer quantitativen Bestimmung der Unbekannten x – die gleiche Anzahl an CDs zugeordnet wird. Dadurch gerät die Modellierung in Widerspruch zur Voraussetzung, gemäß welcher die eine Person sechs CDs mehr hat als die andere Person. Wird nun einfach versucht, diesen Fakt im Rahmen der Modellierung dadurch zu kompensieren, dass die eine Person an die andere sechs CDs abgibt, so entsteht ein neuer Widerspruch: Dann hätte nämlich die eine Person im selben Austauschprozess sechs CDs abgegeben, in welchem die andere Person sechs CDs hinzugewonnen hätte – was aber bedeutet, dass diese zwölf CDs mehr hätte als jene.

Die im Ergebnis dieser analytischen Perspektive sichtbar werdende Strategie des Lehrers könnte nun darin bestehen, die Schülerin zu einer Prädikation des Zeichens x zu bewegen. Da dies aber gemäß der eben umrissenen mathematikspezifischen Konventionalität des Zeichengebrauchs nicht in konsistenter Weise möglich ist, müsste er eine zusätzliche Prädikationsebene ins Gespräch einführen, die eine solche Inkonsistenz sichtbar zu machen vermag.

Das ideale Medium für eine solche spezifische Prädikationsebene ist die Schrift. Sie gestattet es dem Lehrer, der Schülerin anhand fixierbarer Zeichen die Inkonsistenz ihrer eigenen Bezeichnungsweise aufzuzeigen. Den damit verbundenen Problemen wird nun in einer sequenziellen Feinanalyse nachgegangen.

3.2. Sequenzanalytische Erschließung der Interaktionsstruktur

Konstitution eines Erkenntnisproblems

An die Installation der Aufnahmetechnik und die damit vollzogene Bekräftigung des Arbeitsbündnisses zwischen Lehrer und Schülerin schließt sich eine Reformulierung der Aufgabenstellung durch den Lehrer an:

L: Also, Paul und Lena haben CDs, hm, zusammen dreißig. Lena hat sechs CDs mehr als Paul. Und dazu eine Frage formuliert: Wie viele CDs hat jeder?

Der Lehrer eröffnet das Gespräch über die bereits in schriftlicher und mündlicher Form kurz thematisierte Aufgabe mit der Konjunktion *also*. Er interpunktiert damit den Kommunikationsverlauf und markiert so den Beginn einer neuen Sequenz. Indem er laut vorliest, was auf dem Zettel der Schülerin steht, bezeichnet er einerseits zusammenfassend das Thema der bisherigen Interaktion und konstatiert andererseits den Fakt, dass das mit der Aufgabe verbundene Problem noch ungelöst ist. Es ist nicht ganz klar, ob er sich damit schon an die Schülerin wendet oder noch zum Aufnahmegerät hingewandt spricht. Mit dieser Äußerung setzt der Lehrer einen formellen Beginn für die sich nun auf der Grundlage der schriftlichen Äußerungen der Schülerin anschließende Interaktion bzw. Interaktionsfolge. Zugleich dient die nochmalige Artikulation des Aufgabentexts dem Lehrer zur Selbstvergewisserung hinsichtlich der Sache

und seiner nun über diese Sache vermittelten Beziehung zur Schülerin.
Zwischen die thematische Exposition des Sachkontexts und die Artikulation der Frage schiebt er einen eigenen Kommentar ein. Dieser Kommentar strukturiert das Ganze des Aufgabentexts und könnte als spezifisches Vorgehen zur Eröffnung einer Lehr-Lern-Sequenz gedeutet werden. Seiner Form nach handelt es sich bei dem Kommentar um eine Ellipse: es fehlt die Copula *ist* an jener Stelle, welche zwischen dem auf die ersten beiden Sätze des Aufgabentexts verweisenden Pronomen *dazu* und dem auf den dritten Satz referierenden Subjekt des elliptischen Einschubs *eine Frage* nach den Regeln der Syntax des Deutschen vorgesehen ist. Seiner Funktion nach handelt es sich um Metakommunikation. Inhaltlich wird in dem Einschub selbst nicht wirklich etwas Überraschendes mitgeteilt – etwas, das mit der durch die Aufgabe evozierten Sache zu tun hätte.

Dafür wird indirekt eine ganze Menge Information über die Formulierung der Sache – also die sprachliche Struktur der Ausdrucksgestalt – bereitgestellt: Zunächst wird mit der Lokalisierung des Einschubs im Textganzen selbst bereits eine textlinguistische Strukturierung vorgenommen. So wie in der Darstellung von Mathematik- und Physikaufgaben zwischen Gegebenem und Gesuchtem unterschieden wird, gliedert der Einschub das Textganze in Exposition und Problem. Zugleich enthält der Einschub eine latente Verweisungsstruktur. Das referierende Pronomen *dazu* verweist nämlich nicht nur auf die ersten beiden Sätze, sondern bindet sie zugleich aneinander. Indem beide Sätze mit **einem** Verweis adressiert werden, konstituiert sich in der Wahrnehmung ein Rahmen für den Inhalt der Exposition als ein Ganzes. Da es sich um zwei Sätze in einem Rahmen handelt, wird also ein latenter Mikrokontext konstituiert. Dieser Mikrokontext bezieht sich auf all jene Fakten, welche im Kontext der Aufgabe als bekannt vorausgesetzt werden.

Alles nicht in den beiden Sätzen Ausgesagte wird dagegen ausgeschlossen. Dieser ausgeschlossene Inhalt ist genau jener Teil des Aufgabentexts, welcher auf das mit der dargestellten Sache verbundene Problem referiert. Die Formulierung dieses Problems wird also durch den Einschub erst angekündigt. Auf diese Weise wird explizit auf etwas verwiesen, das mit der Konstituierung des Mikrokontexts bisher noch nicht thematisiert ist. Die damit einhergehende Fokussierung der Aufmerksamkeit auf etwas Neues wird sprachlich mittels des Subjekts des elliptischen Einschubsatzes realisiert – das Problem wird als *eine Frage* gekennzeichnet. Fragen aber sind die spezifischen Formen der sprachlichen Darstellung von etwas Unbekanntem. Die der Frage zu Grunde liegende Proposition bezeichnen den Fakt, dass *jeder* eine bestimmte Anzahl CDs *hat*.

Diesem Fakt entspricht das Bestehen einer Funktionsbeziehung zwischen den im Kontext relevanten Personen und den CDs in ihrer Gesamtheit. Prinzipiell sind zwei Richtungen einer solchen eindeutigen Zuordnung denkbar: Einerseits könnte man von den Personen ausgehen und jeder Person eine Menge CDs zuordnen. Diese Zuordnung wäre eindeutig insofern, als dann jede Person eben eine ganz bestimmte Menge CDs hätte. Andererseits könnte man auch von den im Kontext relevanten CDs ausgehen und fragen, wem sie gehören. Dann müssten die CDs aber so genau wahrgenommen werden können, dass bezogen auf jede einzelne CD die Frage sinnvoll ist, wem sie denn gehöre: Paul oder Lena. Im Kontext der Aufgabenstellung erscheint nur die erste Variante sinnvoll, da es sich bei der Gesamtheit der dreißig CDs lediglich um eine Sammelbezeichnung handelt.

Man sieht, dass mit dem elliptischen Einschub: *„Und dazu eine Frage formuliert:"*, zwar nichts Neues in inhaltlicher Hinsicht ausgedrückt wird, dafür aber nicht wenig immanente Struktur markiert ist. Es handelt es sich bei diesem Einschub also um die textlinguistisch rekonstruierbare Strukturierung einer Aufgabe und insofern um eine Schulung von Metakognition, als dass damit der Prozess des verstehenden Lesens kommentiert und gestaltet wird.

S: [ein Wort unverständlich] Ell [mehrere Worte unverständlich].

Die Schülerin antwortet so schnell bzw. unartikuliert, dass die Aufzeichnung uninterpretierbar wird. Im Transkript ist lediglich zu erkennen, dass sie sich auf das von ihr selbst hervorgebrachte Zeichen l bezieht.

In sachlicher Hinsicht könnte es sich um eine Artikulation jenes Widerspruchs handeln, der nach Abschluss der Rechnung und Formulierung eines Antwortsatzes zwischen Lehrer und Schülerin bereits thematisch geworden sein muss: dass das ermittelte Ergebnis nicht mit dem Sachkontext zu vereinbaren ist. (Wenn Lena 21 und Paul 9 CDs hat, dann kann Lena nicht sechs CDs mehr haben als Paul.)

In sozialer Hinsicht könnte es ein Ausdruck von Verwicklung mit der Sache sein.

L: Tja, nun sind wir bei dem komischen Ix. Also Ell ist klar.

Der Lehrer setzt mit *tja* eine Zäsur, deren Bedeutung wohl einerseits in der Abgrenzung von einem problematischen Gegenstand und andererseits in der Vorbereitung einer resümierenden Äußerung besteht. Mögliche alternative Fortsetzungen von *Tja* wären: *das war's dann wohl* oder *nun werden wir uns so bald nicht wiedersehen.* Im Gegensatz zu diesen beiden Varianten wird im vorliegenden Fall die Sache einer Aufgabe thematisch. Zugleich beinhaltet das Resümee indirekt eine Konstatie-

rung des Scheiterns, also einer Erwartungsenttäuschung.
   Mit dem Personalpronomen 1. Person Plural wird das Vorliegen einer Gemeinsamkeit zwischen Lehrer und Schülerin bezeichnet, deren Inhalt ein Arbeitsbündnis beider Personen umfasst. Die Schülerin hatte den Verwandten um konkrete Hilfe gebeten und somit die thematische Grundlage eines gemeinsamen Interesses gelegt. Der Verwandte wurde daraufhin diagnostisch wirksam und vollzog auf solche Weise einen Rollenwechsel: vom Verwandten zum Lehrer. Mit den Worten *nun sind wir...* konstatiert er das Vorliegen eines Befunds und bezeichnet mit der anschließenden Phrase *...bei dem komischen Ix* eine konkrete Stelle auf einer nur ihm zugänglichen Landkarte möglicher Probleme. Die nähere Bestimmung dieser Stelle als komisch trägt einerseits die Bedeutung einer Verharmlosung des Problems und verweist andererseits auf einen nicht näher explizierbaren Spaßfaktor im Umgang mit Ixen. Die erste Bedeutung entspricht der Bezeichnung einer Krankheit als Wehwehchen. In der zweiten steckt möglicherweise eine diffuse Faszination für solche Aufgaben, wie sie die Schülerin nun lösen soll. Damit drückt der Lehrer konnotativ einen Unterschied zwischen sich und der Schülerin aus, die ja gegenwärtig ein Problem mit der Aufgabe hat. Zugleich entspricht die Verharmlosung einer professionell inszenierten vertrauensbildenden Maßnahme, ähnlich der, wenn ein Arzt zu einer Patientin sagt: *Frau <...>, das kriegen wir schon wieder hin. Sie dürfen/müssen/sollten allerdings...* Eine solche Form der Intervention ist nicht nur für therapeutische Beratung typisch, sondern auch für Erziehung denkbar.
   Nach dieser Logik müsste der Lehrer nun abwarten, was die Schülerin dazu zu sagen hat. Er behält jedoch die Initiative zur thematischen Bestimmung des Gesprächs in seiner Hand und redet einfach weiter. Er übergeht das Ix, um beim Ell zu landen. Damit verändert er prädikativ die Gestalt des Zeichens x auf der imaginären Problemlandkarte. Es soll also im Widerspruch zu seiner einleitenden Thematisierung nicht um das Ix selbst, sondern um dessen Unterschied zum Ell gehen, das mittels der Prädikation: *„...Ell ist klar"*, unter die unproblematischen Gegenstände subsumiert wird. Die den zweiten Satz einleitende Konjunktion *also* wird nicht in einem schlussfolgernden, sondern in konstatierendem Sinne verwendet. Zugleich wird durch diese Konjunktion ähnlich zum vorherigen Gebrauch der Interjektion *tja* eine thematische Zäsur gesetzt: *Es tut sicher weh, aber reden wir erst einmal von etwas anderem.* Gemäß dieser Logik handelte es sich bei der Äußerung: *„Also Ell ist klar"*, um eine Aufschiebung der konkretisierbaren Hilfe, die im Falle der verschreibenden Intervention: *„Sie dürfen/müssen/sollten allerdings..."*, zu einer sofortigen Artikulation möglicher Wege aus der Krise führen würde. In diesem Sinne bedeutet die Äußerung also eher: *„Noch sage*

ich dir nicht, wie du das Problem lösen kannst – lehne dich erst einmal zurück und kontrolliere deine Körper- und Geistesfunktionen."

S: Ja.

Die Schülerin bejaht das Vorgehen des Lehrers im Ganzen. Aufgrund von dessen performativer Widersprüchlichkeit in Bezug auf die allgemeine Pragmatik von Frage und Antwort scheint sie zunächst dadurch verwirrt zu sein, dass der Lehrer einerseits sofort vom x zum l übergeht und andererseits gar keine Frage stellt. Trotz anderslautender Form könnte auf Grund der Pragmatik einer Lehrer-Schüler-Beziehung die vorausgegangene Lehreräußerung als versteckte Frage gedeutet werden. Denn es besteht eine Erwartung dahingehend, dass sich die Schülerin auf der Basis der thematischen Bindung der Interaktion in sachlicher Hinsicht zur Lehreräußerung verhält. Insofern kann das *Ja* der Schülerin als Weg des geringsten Widerstands gedeutet werden.

Auf welchen der beiden Teile des Sprechakts sich das *Ja* der Schülerin bezieht, ist im Prinzip nicht feststellbar. Aufgrund einer Betonungsregel, die der Thema-Rhema-Struktur von Sprachäußerungen zu Grunde liegt, ist jedoch eher anzunehmen, das ein Bezug zum zuletzt geäußerten Satz besteht.

L: Das haste dir gut ausgedacht. Ell ist Lena, ist das der Name von Lena, oder was ist Ell?

Der Lehrer lobt nun die Prädikation der Schülerin. Da er vorher das Zeichen x als komisch bezeichnet hatte, ist der Inhalt des Lobs fraglich: Lobt er die Prädikation im Ganzen oder nur die Prädikation des Ell? Auch bei Beschränkung auf den letzteren Fall ist die Frage nicht leichter zu beantworten, da, wie oben gezeigt wurde, die entsprechende Gleichung „l = Lena" mathematisch sinnlos ist. Es drängt sich der Eindruck auf, der Lehrer lobe um des Lobes willen. Dann hätte er die Intention, der Schülerin im Kontext ihrer Krisenerfahrung zunächst zu einer positiven Selbstattribution zu verhelfen. Das pragmatisch Unsinnige daran ist jedoch, dass die Schülerin ihr Problem noch nicht gelöst hat. Das Lob kann also nur pädagogisch gedeutet werden im Sinne von: Mut machen.

Anschließend beginnt der Lehrer, die Prädikation der Schülerin zu hinterfragen. Es wird klar, dass sein Lob nur ein Trick war, um nun im Gespräch nur umso härtere Bandagen anzulegen. Das Lob war nicht als Lob gemeint, sondern als Vorwarnung. (Etwa als Botschaft im Rahmen einer Erziehung zum Skeptizismus: *Wenn dich jemand lobt, dann sei auf der Hut.* Oder: *Wenn dich jemand lobt, dann frage dich warum.*) Damit deutet sich eine Struktur für das thematisch wie sozial bezogene Vorgehen des Lehrers an: Kurz vorher war Ell noch klar – nun wird es hinterfragt. Erst wird man für etwas gelobt, dann wird der Gegenstand des Lobs in Frage gestellt.

Mit der paradoxen Prädikation: *Ell ist Lena, ist das der Name von Lena...* wird zusätzlich zur zuerst konstituierten referenziellen Fraglosigkeit des Zeichens l auf indirekte Weise eine semantische Differenz prädiziert – der Unterschied zwischen einem Gegenstand und dessen Bezeichnung, oder semiotisch ausgedrückt: die Unterscheidung von Signifikant und Signifikat. Im vorliegenden Fall ist das der Unterschied zwischen Lena und dem Namen von Lena. Da jedoch über nur vorgestellte, also im Kontext nicht real vorhandene Gegenstände geredet wird, ist die Sprache das einzige Medium eines möglichen Umgangs mit dem fraglichen Problem und die sprachliche Unterscheidung das einzige Mittel zur erwünschten Aufklärung über die reale semiotische Differenz.

Der Lehrer betreibt also, ob bewusst oder unbewusst, latente Spracherziehung. Falls es sich um eine bewusst verfolgte Intention handelt, so scheint er nicht die Hoffnung zu hegen, dass ihn sein Gegenüber sofort versteht. Diese Interpretation wird durch die abschließende semantische Linienverschiebung: „*... oder was ist Ell?*", nahegelegt, die es dem Gegenüber ermöglicht, das Gespräch fortzusetzen, ohne auf den vorher geäußerten paradoxen Inhalt – etwa: Lena ist nicht Lena, sondern der Name von Lena – einzugehen. Man könnte diesen semantischen Bruch zwischen Prädikation und Frage aber auch im Einklang mit der oben sichtbar gemachten Struktur paradoxer Prädikationen als Gestus oder gar Habitus deuten und diese Deutung pädagogisch bzw. didaktisch konnotieren.

Man kann den zweiten Satz der obigen Lehreräußerung also intentional oder nichtintentional deuten. Im zweiten Falle müsste ein Bezug zum metakommunikativen Element: „*...Und dazu eine Frage formuliert: ...*", des einleitenden Sprechakts der gesamten Lehr-Lern-Sequenz hergestellt werden.

S: Ja.

Die Schülerin bejaht auf der Sachebene. In Abweichung von der oben angeführten Regel zur Referenzialität des Anschlusses an eine Thema-Rhema-Struktur kann sich ihr *Ja* nur auf den ersten Teil der Lehreräußerung, also: *Das haste dir gut ausgedacht. Ell ist Lena...* beziehen. Diese Schlussfolgerung steht im Einklang mit der von der Schülerin hervorgebrachten Gleichung *l = Lena*. Offen bleibt, ob sie mit ihrer Äußerung das Lob tatsächlich annimmt oder eine erkannte Ironie mit einer eigenen erwidert.

Insgesamt wirkt die Schülerin, als wäre sie halb abwesend. Möglicherweise hält sie der Lehrerintention bzw. dem Lehrergestus unbewusst ihre eigene Strategie, den Weg des geringsten Widerstands, entgegen.

L: Der Name von Lena?

Der Lehrer beharrt auf dem von ihm ins Gespräch eingebrachten Unterschied. Er weiß aus seinem kurzen Blick auf den ersten Lösungsversuch der Schülerin heraus intuitiv, an welcher Form von nichtgelingender Prädikation die Schülerin festhält. Seine Frage zielt langfristig auf eine Irritation – vielleicht sogar auf grundlegende Verunsicherung im Sinne von Erschütterung – der Schülerin. Ziel ist die Prädikation des *komischen Ix*.

Falls der Lehrer die Antwort so interpretiert hat, wie es die Analyse im vorherigen Abschnitt als logisch konsistent aufgezeigt hat, so übergeht er die Schüleräußerung bewusst und setzt der verkürzten Prädikation $l = Lena$ eine komplexere Variante entgegen.

Dann wäre diese Intervention entscheidungsbezogen. Egal, ob die Schülerin mit *ja* oder *nein* antwortete, ihre Reaktion würde in beiden Fällen einen logischen Bezug zur zuvor vom Lehrer thematisierten Unterscheidung (*Lena* vs. *Der Name von Lena*) herstellen: bei Bejahung begäbe sie sich in logischen Widerspruch zu ihrer vorherigen Antwort, bei Verneinung jedoch hätte sie sich per eigenständigem Gebrauch der vom Lehrer eingebrachten Unterscheidung in einer Weise verhalten, dass ihre Antwort ein Verständnis dieser subtilen Unterscheidung anzeigt. In letzterem Fall könnte der Lehrer dazu übergehen, seine Unterscheidung mit der von der Schülerin in eigener Regie erzeugten Gleichung $l = Lena$ zu konfrontieren, um auf diesem Wege zum inhaltlichen Unterschied von x und l vorzudringen.

S: Ja.

Die Schülerin hat die Unterscheidung zwischen Lena und deren Namen nicht verstanden. Ihre Äußerung steht im Widerspruch zur objektiven Bedeutung ihrer Antwort auf die Lehrerfrage: „*...Ell ist Lena (...) oder was ist Lena?*", was die Vermutung nahe legt, dass sie zum gegenwärtigen Zeitpunkt ganz unbeteiligt oder aber gänzlich verwirrt ist. (Gemäß dieser Unterscheidung würde die Schülerin ihren eigenen Zustand entweder als Routine oder aber als Krise deuten. Eine entsprechende Bewertung ist jedoch zum gegenwärtigen Zeitpunkt noch nicht auf manifeste Weise Bestandteil des Kontexts.)

Für den Lehrer bedeutet dies, dass seine bisher auf Unterschiede bzw. Unterscheidungen zielende Art des Umgangs mit dem Gegenstand von der Schülerin nicht angenommen wird. Diagnostisch stellt sich daran anschließend die Frage: In welchem Bereich auf der Problemlandkarte liegt das Verstehensproblem der Schülerin? Gibt es eine Verbindung zwischen dem Unterschied der Zeichen x und l, so wie sie die Schülerin verwendet, und ihrem Nichtverstehen der Unterscheidung von Signifikant und Signifikat in Bezug auf das Wortzeichen *Lena*?

L: Einfach nur ein Buchstabe, also Ell-Punkt. Und Peh ist Paul.

Der Lehrer lässt die vorher thematisierte Unterscheidung beiseite und geht zur Gleichung der Schülerin *l* = *Lena* über. Das könnte einerseits bedeuten, dass seine vorherige Frage nicht bewusst gestellt, sondern nur so dahin geredet gewesen wäre. Es könnte aber andererseits auch bedeuten, dass er nun eine Entscheidung trifft und den Zeitpunkt der Thematisierung der im Schülerverständnis vakanten Unterscheidung von Signifikant und Signifikat auf einen späteren Zeitpunkt verschiebt.

Im ersten Falle handelte es sich um Unprofessionalität, im zweiten dagegen um eine intentionale Handlung in Analogie zur vorherigen Äußerung: „*Also Ell ist klar*", die als zeitlicher Aufschub einer verschreibenden Intervention interpretiert worden war. Motiviert wäre dieser Aufschub durch den in bildungstheoretischer Hinsicht relevanten Umstand, dass die Schülerin nur dann wirklich etwas über sich selbst lernte, wenn sie das Problem auf dem Wege eigener Prädikationen und Entscheidungen löste. Im Unterschied zu oben handelte es sich hier bei der Verschreibung jedoch noch nicht um die Prädikation des Ix, sondern zunächst um die vorgelagerte Thematisierung einer semiotischen Unterscheidung.

Insgesamt lässt sich konstatieren: Der Lehrer wechselt das Thema und begibt sich in den phänomenologischen Bereich unmittelbarer Wahrnehmung. Statt es kompliziert zu machen, stellt er nun die Einfachheit in den Mittelpunkt. Er bezeichnet einfach, was einem naiven Betrachter begegnet. Er vollzieht einen Perspektivenwechsel vom Abstrakten zum Konkreten.

S: [gleichzeitig mit der gleichlautenden Phrase von L.] Paul.

Aus der Sicht der Schülerin muss es sich beim Verhalten des Lehrers um Genauigkeitsfetischismus handeln: Hatte er vorher schon auf unverständliche Weise mit dem Namen Lena jongliert, so treibt er das Ganze nun auf die Spitze, indem er das Zeichen l als Buchstaben bezeichnet und im Rahmen einer sprachlichen Operation, nämlich der Erzeugung einer Abkürzung deutet. Zu diesem Zweck erwähnt er einen Punkt, den die Schülerin gar nicht schriftlich niedergelegt hat und verwischt nebenbei den Unterschied zwischen Klein- und Großbuchstaben *(l → L)*. Damit konkretisiert er seine Lesart. Immerhin kann die Schülerin nun gar nicht anders als sich selbst in ihrem Verhalten beschrieben zu sehen.

Allerdings muss sie zunächst bezweifeln, dass diese Art von ausmalender Genauigkeit etwas mit dem Problem der Aufgabe zu tun hat. Deshalb wird sie ungeduldig und artikuliert gleichzeitig mit dem Lehrer, als dieser den eben skizzierten Gedankengang auf den Namen der anderen Person, auf *Paul* überträgt. Dabei fällt der Lehrer in die weniger elaborierte sprachliche Variante zurück, mit welcher die Unterscheidung der Referenz auf die Person oder den Namen der Person unscharf wird. Der Lehrer passt sich also zunächst dem Sprachgebrauch und dem Verständnis der Schülerin an. Er vermeidet nun den Gebrauch der semiotischen Unterscheidung.

Dies erzeugt bei einem Beobachter des Lehr-Lern-Geschehens einerseits Verwirrung, denn es ist nun nicht klar, wozu denn die sprachlich subtile Unterscheidung von *Lena* und *der Name von Lena* gut gewesen sein soll, andererseits wird auf diese Weise im vorbewussten Rezeptionsfeld ein Möglichkeitsraum für sprachliche Bezeichnungen erzeugt: l kann sich sowohl auf die Person Lena als auch auf den Namen dieser Person beziehen. Die Referenzialität des (sekundären) Zeichens l kann also einerseits in der Welt der Objekte und andererseits in der (primären) sprachlichen Sphäre der Namen für Objekte liegen. Damit werden die eben noch problemlos verständlichen Zeichen l und p ambivalent.

Die Schülerin gibt den konsumtionsorientierten Gestus ihres bisherigen Ja-Sagens auf. Sie stimmt sich inhaltlich auf die Rede des Lehrers ein. Beide sprechen den zweiten, männlichen Personennamen zugleich aus. Der Lehrer hat die Schülerin aus der Reserve gelockt. Falls sie bisher unbeteiligt gewesen sein sollte, so wird diese Haltung nun durchbrochen. Falls sie verwirrt gewesen sein sollte, so besteht nun zwischen Schülerin und Lehrer in der Sachdimension wieder ein gemeinsames Feld für mögliche Kommunikation. Das ist die Voraussetzung dafür, dass der Lehrer die eigentliche Ambivalenz thematisieren kann: das Zeichen x.

L: Und was ist lx?

Nun gibt es zwei Möglichkeiten. Man könnte das Agieren des Lehrers als intentional auf Nachahmung bezogenes Zeigen auffassen oder aber als auf kreative und erkenntnisbezogene Einbindung ausgerichtetes Spiel. Komplementär dazu wäre entsprechend der jeweils gewählten Perspektivierung das Verhalten der Schülerin als übend-nachahmend oder als spielerisch-kreativ zu beschreiben. In einem realen Lehr-Lern-Prozess, der auf konkretisierbare Erkenntnis ausgerichtet ist, sollten beide Seiten eine Rolle spielen. Auf welcher Perspektive aber der Schwerpunkt im Sinne immanenter Motivierung liegt, lässt sich nicht vorab bestimmen.

Im Sinne der ersten Möglichkeit wäre das Lehrerverhalten intentional zu deuten, im Sinne der zweiten Möglichkeit jedoch bezogen darauf als nichtintentional und experimentierend. In einem abstrakteren Sinne, in welchem sich beispielsweise Metakognition kategorial von Kognition und deren Repräsentationen unterscheidet, wäre aber auch dieses Verhalten zielgerichtet. (In der Tätigkeitstheorie wird diesbezüglich zwischen Operation, Handlung und Tätigkeit unterschieden. Während Handlungen durch ein konkretes Ziel des Individuums bestimmt sind, bezeichnet der Begriff Tätigkeit die Übereinstimmung mit jenen Regeln und Konventionen, die in ihrer Gesamtheit die allgemeine Pragmatik ausmachen und damit eine grundlegende Textförmigkeit des Sozialen begründen; vgl. A.N. Leont'ev 1977)

Will man den Denk- und Erkenntnisprozess der Schülerin empirisch beschreiben, so kann man der gleichzeitigen – dann kontrastiven – Beobachtung der Ebenen Handeln und Operieren nicht entgehen. Gemäß dieser Unterscheidung liegt bei der Beobachtung des Handelns der Fokus auf der Gerichtetheit des Geschehens. Bezogen auf Lernprozesse wäre zu fragen, ob das Ziel erreicht wurde oder nicht. Bei der Beobachtung des Operierens hingegen spielen vor allem die konkrete Art und Weise der Realisierung des Prozesses und insbesondere die Bedingungen eine wesentliche Rolle, unter denen operiert wird. Will man die Unterscheidung von Handeln und Operieren wirklich präzise verwenden, so wäre auf der Seite des Handelns jenes Ziel zu markieren, welches die Schülerin während des Prozesses – und dann ist die Frage: in welchen Momenten wird das deutlich? – tatsächlich verfolgt. Den Rahmen einer solchen Beobachtung müsste die implizit mitlaufende Frage nach der grundlegenden Bedeutungshaltigkeit des gesamten Geschehens aus der Sicht der Schülerin abgeben.

Zusammenfassend ausgedrückt: Mit seiner Frage: *Und was ist Ix?*, dringt der Lehrer auf eine Antwort der Form: *Ix ist ein Peh*. Zugleich liegt unter dieser manifesten Erwartung eine latente – die Erwartung der in der Perspektive des Lernens problemlösenden, spezifisch-mathematischen Antwort: *Ix ist gleich Ah*.

Der Schülerin wird erstmalig im Interaktionsprozess eine klar und deutlich formulierte Frage gestellt. Das Spektrum der möglichen Antworten schöpft die gesprächskonstitutiven Dimensionen von Erkenntnis und Lernen aus.

S: Die CDs, hm.

Bezogen auf die eben skizzierten Möglichkeiten verhält sich die Schülerin in keiner der drei Dimensionen vollkommen erwartungskonform. Im *hm* äußert sich in Bezug auf den Lern- und Bildungsprozess etwas, das noch kein *Ah* ist. Lernen und Erkenntnis lassen sich in Bezug auf die

Sache anhand der Antwort: *Die CDs...*, noch nicht klar unterscheiden.

Die Schülerin expliziert hier in erster Linie das, was für sie bei der Verwendung des Zeichens x im Prozess ihres ersten Lösungsversuchs selbstverständliche Voraussetzung ihres Denkens gewesen ist: In der Aufgabe geht es um Paul, Lena und um CDs. Die von ihr in Angriff genommene Übersetzung des Sachverhalts aus natürlicher Sprache in mathematische Ausdrücke und Gleichungen wurde bereits im Ganzen analysiert. An dieser Stelle nun wird es für ein Verständnis ihrer Schwierigkeiten entscheidend sein, im Bereich der natürlichen Sprache sehr genau zwischen Signifikant und Signifikat zu unterscheiden. Signifikate – die Personen Paul und Lena sowie jene Metallgegenstände mit oder ohne Plastikhüllen, die CDs genannt werden – haben als Gegenstände in der Vorstellung eine andere Beschaffenheit als Signifikanten, die als Laute, Lettern oder in einfachster Darstellungsweise als Worte stets in einen Rezeptionsprozess sprachlicher Äußerungen eingebunden sind und als Sprache wahrgenommen werden. Im Gesamtprozess der Rezeption repräsentieren also Signifikate eher die materiale und Signifikanten eher die formale Seite im Wahrnehmungsstrom.

Gemäß dieser Unterscheidung stecken in der Äußerung: „*Die CDs, hm.*", verschiedene – materiale und formale – Bestimmungen. Die erste Bestimmung ist jene, welche Referenz genannt wird und auf die Eigenschaft des Wortes *CD* zielt, einen seiner Form, seiner Substanz und seiner Funktion nach spezifizierten Gegenstand zu bezeichnen. Dieser eindeutig materialen Bestimmung ist eine weitere beigefügt, die sich in Bezug auf die Unterscheidung von materialer und formaler Seite im Rezeptionsprozess indifferent im Sinne eines Sowohl-als-Auch verhält – die Pluralform. Interpretiert man den Signifikanten *CDs* als geordnete Variation eines Wortes mit ganz bestimmten Eigenschaften (Nomen), als Nominativform (Kasus) eines Substantivs, das als feminin bestimmt ist (Genus) und im Plural (Numerus) verwendet wird, so markiert letztere Bestimmung das Vorliegen des Merkmals der Gegliedertheit. Im Falle von CDs bedeutet dies, dass es mindestens zwei sind. Diese Bestimmung ist material insofern, als dass sie sich in der Referenzialität des Signifikanten wiederfindet – die Vorstellung einer einzigen CD wäre nicht adäquat. Diese Bestimmung ist jedoch auch formal in dem Sinne, dass mit der Referenz auf die Eigenschaften des Gegenstands CD dessen Ungegliedertheit thematisch wird und die Pluralform gewissermaßen die Anweisung an den Interpreten enthält, diese Ungegliedertheit in der Vorstellung in eine Gegliedertheit zu überführen. Dahinter aber steckt die formale Operation einer Vervielfachung.

Damit wird eine strukturelle Ambivalenz im Wahrnehmungsprozess deutlich. Der Bestimmtheit jener Vorstellungen, die auf die konkrete

Gegenständlichkeit von CDs (Farbe, Form, Substanz, Funktion) referieren, steht jene Unbestimmtheit in der Vorstellung gegenüber, die sich auf die Konkretisierung möglicher Gliederungen der Gegenständlichkeit (als eines Ganzen) beziehen. Es handelt sich hier im Kern um die Unterscheidung von Quantität und Qualität.

Diese Ambivalenz ist in der natürlichen Sprache angelegt und wird nur dann zum Problem, wenn die Quantität der Bestimmung thematisch dominiert. Im Kontext der Aufgabe ist diese grundsätzliche Ambivalenz zunächst dadurch ausgeschaltet, dass bereits im ersten Satz des Aufgabentexts die Pluralform *CDs* auch quantitativ bestimmt wird.

In der Äußerung: „*Die CDs, hm.*", steckt jedoch noch eine weitere Bestimmung, die ganz eindeutig keine materiale ist und damit nicht auf Gegenständlichkeit referiert. Diese Bestimmung bezieht sich auf den Kontext des Signifikanten *CDs*, konkret: auf die semantische Differenz des in der Interaktion vorliegenden Satzes zu dessen Variante: „*CDs, hm.*" Was ist das für ein Bedeutungsunterschied?

Sagt man etwa: „Ich sehe CDs.", so wäre das im freien Kontext eine sinnvolle Antwort etwa auf die Frage: „Was siehst du?" Würde jemand auf ebendiese Frage jedoch antworten: „Ich sehe die CDs.", so handelte es sich um eine sinnvolle (und sprachlich wohlgeformte) Äußerung nur in jenem Falle, da es sich nicht um einen freien Kontext handelte. Diese Konvention ist so stark, dass sogar der Umkehrschluss in folgendem Sinne angebracht erscheint: Antwortet jemand auf die Frage: „Was siehst du?", mit der Aussage: „Ich sehe die CDs.", so kann ein Beobachter der Szene erschließen, dass für die Teilnehmer des Dialogs entweder zu irgendeinem früheren Zeitpunkt eben jene CDs, auf welche der Antwortende referiert, schon einmal Thema waren (Referenz in der Vorstellung) oder aber die CDs im Augenblick der Äußerung auf irgendeine Weise präsent sind (visuelle Referenz). Mit anderen Worten: Die fraglichen CDs sind bereits Teil des Kontexts. Im Sinne einer pragmatischen Analyse müsste dann geklärt werden, unter welchen konkreten Bedingungen diese Äußerung eine sinnvolle Antwort auf die Frage darstellt. Das wäre beispielsweise dann der Fall, wenn der Antwortende die CDs auf so selbstverständliche Weise für präsent hält, dass er davon ausgeht, die Frage könne nicht wirklich auf die CDs zielen, sondern hat einen anderen Sinn.

Bei obiger Äußerung der Schülerin handelt es sich zudem um eine Referenz in Pluralform. Im Singular wird die entsprechende Differenz durch den Unterschied zwischen dem Gebrauch des bestimmten sowie des unbestimmten Artikels markiert:

„Ich esse einen Apfel." (Der Apfel wird im Kontext zum ersten Mal erwähnt),
„Ich esse den Apfel." (Der Apfel ist evidenterweise bereits Teil des Kontexts).

Im Plural wird die gleiche semantische Differenz jedoch anders markiert:

„Ich esse Äpfel." (indeterminierte Form des Substantivs),
„Ich esse die Äpfel." (determinierte Form im Plural).

Dem Unterschied zwischen bestimmtem und unbestimmtem Artikel im Singular entspricht im Plural also das Merkmal, ob überhaupt ein Artikel vorhanden ist: falls ja, so kann es sich nur um den bestimmten Artikel handeln.

Abstrahiert man von diesen Unterschieden, die sich aus der Mehrdeutigkeit von *ein/eine* bei der gleichzeitigen Kennzeichnung der Unbestimmtheit sowie der Ungegliedertheit eines durch ein Substantiv bezeichneten Signifikats ergeben, so kann man sagen: Im Deutschen hat jedes Substantiv eine determinierte und eine indeterminierte Form. Bei der indeterminierten Form ist das Merkmal der Neuerwähnung des entsprechenden Gegenstands im Kontext markiert, in der determinierten Form ist dieses Merkmal neutral.

Nun wird folgende Frage interessant: Wie ist für die Schülerin der Kontext bestimmt, wenn sie die determinierte Form *die CDs* in einer Antwort auf die Frage: „*Und was ist Ix?*", verwendet? Klar ist zunächst, dass diese Bestimmtheit etwas mit **Textualität** zu tun haben muss, während die oben als erwartungsgemäß gekennzeichnete Form einer Prädikation: „*Ix ist ein Peh.*", eher etwas mit Gegenständlichkeit zu tun hat.

Die Antwort der Schülerin ist von ihrer Form her elliptisch. Legt man die vorherige Frage als harten syntaktischen Kontext zugrunde, so müsste die ausführliche Antwort lauten: *Ix ist die CDs*. Dieser Satz, der sich im Zuge einer Rekonstruktion auf der Grundlage der im dialogischen Kontext geltenden Regeln des syntaktischen Bezugs von Frage und Antwort zueinander zwingend ergibt, ist aber nun selbst regelwidrig gebildet. Die Singularform der Copula *ist* steht im Widerspruch zur substantivischen Pluralform der qualitativen Bestimmung *die CDs* des Satzsubjekts *Ix*. Zugleich handelt es sich bei dieser Bestimmung um eine determinierte Pluralform. Dadurch wird ausgedrückt, dass es sich bei den in der Antwort genannten CDs um bereits bekannte Kontextelemente handelt.

Es muss sich also um CDs handeln, über die im Aufgabenkontext bereits eine Aussage getroffen wurde. Der einzige Kontext, in welchem das auf pragmatisch gelingende Weise zugrunde gelegt werden kann, ist jedoch der Aufgabentext. Und in diesem wiederum gibt es genau zwei Möglichkeiten, die von der Schülerin zugrunde gelegte Bekanntheit von CDs zu deuten: Zum einen könnte es sich um die dreißig CDs handeln, über die Paul und Lena gemeinsam verfügen. Es könnte sich zum anderen aber auch um jene Anzahl von sechs CDs handeln, die das quantitative Mehr von Lenas individuellem CD-Besitz gegenüber Pauls CD-Besitz bestimmt. Beide Möglichkeiten unterscheiden sich in der konkreten Art und Weise, wie jeweils die Bedeutung im Textzusammenhang ausgedrückt wird.

Im Falle der dreißig CDs könnte zwar von der Schülerin gemeint sein, dass diese Gesamtheit etwas auf diffuse Weise Unbekanntes enthält, es wäre aber dann tatsächlich von einem Fehler beim Gebrauch des Numerus der Copula auszugehen. In dieser Lesart hätte die Schülerin eigentlich sagen wollen: *Ix sind die dreißig CDs*. In dieser Lesart wäre das Zeichen x für die Schülerin auf die gleiche Weise konnotiert wie das bei ihrem Lösungsversuch verwendete *G*.

Sind dagegen die sechs CDs gemeint, die Lena mehr hat als Paul, so kann nicht davon ausgegangen werden, dass es sich um konkret vorzeigbare Gegenstände handelt. Das liegt an der durch die Aussage *Lena hat sechs CDs mehr als Paul* ausgedrückten Bedeutungsstruktur: In diesem Satz geht es nämlich nicht um gegenständliche Referenzen, die sich qualitativ bestimmen ließen, sondern lediglich um einen Mengenvergleich in quantitativer Hinsicht. Die Bedeutung der Aussage *Ix ist die CDs* könnte dann nur dahingehend interpretiert werden, dass es sich um eine Anzahl CDs handelt. Es wäre demgegenüber auf der Grundlage dieser Aussage nicht möglich, aus der Gesamtheit der dreißig CDs sechs konkrete herauszulösen als diejenigen, auf welche sich die Aussage bezieht. In Langfassung würde die intendierte Aussage der Schülerin dann lauten: *Ix ist die Anzahl an CDs, die Lena mehr hat als Paul*. In diesem Fall wäre der Gebrauch der Copula in jenem Numerus, wie er sich im empirischen Material des Transkripts findet, motiviert.

Damit stehen sich zwei strukturell unterschiedliche Lesarten für die Äußerung der Schülerin gegenüber:

A. Beim Zeichen x handelt es sich um eine Bezeichnung von CDs, also von konkreten Gegenständen.
B. Das Zeichen x soll eine Anzahl CDs bezeichnen, also die Mächtigkeit einer Menge von Gegenständen.

L: Wie, die CDs, welche CDs?

Der Lehrer bekundet mit seiner Frage grundlegendes Unverständnis in

Bezug auf den Kontext. Er begibt sich in die Rolle eines Unwissenden. Damit wird im Zusammenhang mit der oben aufgetauchten Frage, ob die auf den ersten Blick unverständlichen Äußerungen des Lehrers intentionaler oder nichtintentionaler Art sind, eine vorläufige Antwort nahe gelegt: Der Lehrer ist zugleich tätig in seiner spezifischen Lehrerrolle und in einer anderen Rolle, die im Folgenden näher zu bestimmen ist.

Mit dem Fragepronomen *wie* drückt der Lehrer zunächst sein Nichtverstehen in allgemeinster Form aus: Es könnte auch sein, dass er die vorangegangene Äußerung akustisch nicht verstanden hat. Mit der anschließenden Bestimmung *die CDs* macht er dagegen deutlich, dass er die Äußerung zwar wahrgenommen hat, aber nicht zu deuten weiß. Die damit zum Ausdruck gebrachte Unfähigkeit könnte sich auch auf ein lexikalisches Nichtverstehen des sprachlichen Referenten *CDs* beziehen. Durch die anschließende Frage *...welche CDs?* wird jedoch in eindeutiger Weise ausgedrückt, dass der Sprecher zwar weiß, was CDs sind, jedoch nicht versteht, welche konkreten CDs gemeint sind. Der Lehrer zwingt die Schülerin auf kommunikativem Wege, ihre Lesart des Zeichens x zu explizieren.

S: Na ja, [eine Sekunde Pause] die Lena mehr hat.

Die Schülerin ist zunächst von der Äußerung des Lehrers irritiert. Offenbar spürt sie, dass dieser eine Absicht zugrunde liegt, die sich von den mit der gewohnten Lehrerrolle verbundenen Absichten unterscheidet. Zudem ist die Frage in sachlicher Hinsicht sehr konkret formuliert: Wenn die CDs im vorliegenden Gesprächskontext nicht vom Himmel gefallen sind, müssen sie als ausgesagte Information irgendeinem Mikrokontext entstammen. Die Frage des Lehrers zielt also auf eine Explikation genau dieses Kontextteils.

Die interjektive Verbindung *na ja* zu Beginn der anschließenden Schüleräußerung trägt die Bedeutung eines nachdenklichen In-sich-Gehens. Zum einen drückt sie die probeweise Übernahme jener Perspektive aus, die durch die vorherige Frage eröffnet wurde: Um welche CDs handelt es sich da nun eigentlich? Zum anderen wurde durch die vorausgegangene Äußerung der dialogische Kontext einer Kontroverse aufgebaut – in folgendem Sinne: Wenn der Lehrer das anzweifelt, was mir als Schüler auf selbstverständliche Weise vertraut ist, so wird er für seinen Zweifel Gründe haben. Dann stehe ich als Schüler vor der Entscheidung, diesen Zweifel entweder zu teilen oder aber abzuweisen. Letzteres ist dann in der Kontroverse mit einer Begründungspflicht für die eigene Meinung verbunden. Das Gespräch müsste im Folgenden also auf Gründe des Vorgehens hinauslaufen.

Das Zögern der Schülerin ist Ausdruck eines aktiven Prozesses, der mit einer Entscheidung interpunktiert wird. Diese Entscheidung besteht für die Schülerin darin, an der eigenen Sicht festzuhalten. Zugleich wird diese Sicht expliziert und der vom Lehrer erfragte Kontextteil inhaltlich benannt: Das Zeichen x benennt die (Anzahl der) CDs, *die Lena mehr hat*. Die Besonderheit dieser Antwort besteht darin, dass sie im dialogischen Kontext erneut auf verkürzte Weise erfolgt. In der Rede der Schülerin ist wohl von CDs die Rede, die den quantitativen Unterschied zwischen der CD-Menge im Besitz von Lena und jener im Besitz von Paul ausmachen; dass es sich dabei aber um die abstrakte Mächtigkeit einer Menge und nicht um konkrete Gegenstände handelt, wird in der Äußerung der Schülerin nicht ausgedrückt. Insofern stellt diese aus der Perspektive eines Beobachters gesehen eine semantisch unzulässige Umformung des Satzes *Lena hat sechs CDs mehr als Paul* in der Vorstellung dar.

Diese Umformung tritt als Verkürzung des Ausgesagten in Erscheinung. Aus der in Satzform erfolgenden Konstatierung eines Fakts wird ein Element der Aussage herausgelöst: das sprachliche Zeichen *CDs*, welches eine grundlegende Mehrdeutigkeit enthält und von der Schülerin als ambivalent rezipiert wird. Die Besonderheit der Rezeption besteht aber darin, dass diese Ambivalenz vom Zeichen *CDs* auf das Zeichen x verschoben wurde. Eine solche Verschiebung ist der Schülerin nicht bewusst. Das Zögern ist somit ein Ausdruck des Umstands, dass die Schülerin im Zuge einer Beantwortung der vorausgegangenen Frage des Lehrers den Weg dieser Ambivalenzverschiebung nun nachvollziehen muss. Die Form der in semantischer Hinsicht fehlerhaften Auskopplung der nur in quantitativer Referenz auf eine Menge zu gebrauchenden Bestimmung *CDs* aus dem Satzkontext ist demgegenüber durch die spezifische Dialogisierung der im Ausgangssatz ausgesagten Information bedingt. Die konkrete Weise des Nichtbewusstseins der Schülerin in Bezug auf die Fehlerhaftigkeit der Semantik hat demzufolge zwei Seiten: zum einen handelt es sich um ihr Nichtverstehen der Tiefenstruktur des Ausgangssatzes *Lena hat sechs CDs mehr als Paul* – das sich in der Differenz der Lesarten A und B ausdrücken lässt; zum anderen handelt es sich um die in jeder sprachlichen Pluralform enthaltene Ambivalenz der materialen und formalen Bestimmung, welche als potentielle Unentscheidbarkeit zwischen qualitativer und quantitativer Bestimmtheit auftreten kann.

L: Die Lena mehr hat. Schreib mal auf, irgendwohin! Ix gleich...

Diese verkürzte Prädikation wird vom Lehrer festgehalten, indem er die elliptische Formulierung wörtlich wiederholt. Diese mündliche Form des Festhaltens scheint dem Lehrer jedoch nicht zu genügen: Er fordert die Schülerin explizit auf, die Prädikation noch einmal in schriftlicher Form vorzunehmen.

Der Lehrer gibt sogar die konkrete Form vor, wie die Prädikation beginnen soll. Einerseits betont er auf implizite Weise das Moment des Unbekannten, welches mit dem mathematischen Zeichen x per Konvention verbunden ist. Andererseits bestimmt er ganz explizit die Form der Notation: $x = (...)$. Selbst wenn die Schülerin diesen Anfang in natürlicher Sprache aufschreiben würde: *x ist gleich* ... , so wäre sie doch allein durch diese sprachliche Form genötigt, eine potentiell krisenlösende Prädikation vorzunehmen.

Aus den Aufzeichnungen der Schülerin geht hervor, dass sie zu irgendeinem Zeitpunkt aufschreibt: $x =$ die CDs die Lena mehr hat. Nun ergeben sich zwei Möglichkeiten: Es könnte sein, dass sie diese Notiz jetzt vornimmt. Es könnte aber auch sein, dass sie der Aufforderung nicht nachkommt und stattdessen mit dem Lehrer in eine Diskussion über die Gegebenheiten des Kontexts eintritt. Im ersten Fall handelte sie im Einklang mit ihrer Schülerrolle, im zweiten Fall würde sie aus dieser Rolle heraustreten und im Rahmen der dialogisch bereits angebahnten Kontroverse eine eigene Position in einem Streitgespräch vertreten.

Differenzierung materialer und formaler Problemaspekte

Hinsichtlich der sachlichen Gegebenheiten des Aufgabenkontexts ist bis zu diesem Punkt der Analyse sichtbar geworden, dass die Schülerin zwischen den materialen und den formalen Aspekten nicht genügend differenzieren kann. Ihre Sicht stellt noch eine unvermittelte Mischung aus formaler mathematischer Fachsprache und den durch sie getragenen Bedeutungsstrukturen einerseits und einer in aller Regel material begründeten natürlichen Prädikation andererseits dar, wie sie für Alltagszusammenhänge typisch ist. Damit ist ihr Lern- bzw. Bildungsproblem nun auch im Interaktionskontext manifest geworden. Die bisherigen Interaktionen zielten darauf, die konkrete Problematik in ihrer Sachbezogenheit auch für die Schülerin erlebbar zu machen.

In kategorialer Hinsicht ist für einen Beobachter evident, dass es in einem erkenntnisbezogenen Problemlösungsprozess auf der Grundlage der im Aufgabenkontext aufgebauten Gegebenheiten nun um die Unterscheidung von quantitativen und qualitativen Gegebenheiten des Sachkontexts gehen muss.

In der vorigen Äußerung ist der Lehrer wieder in seiner Lehrerrolle in Erscheinung getreten. Vor dem Hintergrund der vorher im Gespräch sichtbar gewordenen Ambivalenzen stellt sich nun die Frage, ob die

Schülerin dieses kommunikative Angebot annimmt oder nicht.

S: Die Lena mehr hat.

Die Schülerin wiederholt nun einfach ihre letzte vorhergehende Äußerung. Das kann von einer Schreibhandlung begleitet sein oder nicht. Da im Transkript keine Anzeichen festgehalten sind, die darauf hindeuten würden, dass die Schüleräußerung Teil einer Kontroverse ist, muss davon ausgegangen werden, dass die Schülerin nun gleichzeitig spricht und schreibt. Sie akzeptiert also den Lehrer in seiner Rolle.

L: ...die Lena mehr hat, hmhm. Ell ist'ne Person, ein Mädchen, und Peh...

Der Lehrer wiederholt seinerseits die Schüleräußerung. Damit bringt er zum Ausdruck, dass er die Antwort der Schülerin auf seine Frage *...welche CDs?* nicht nur verstanden, sondern auch akzeptiert hat. Die Kommunikation ist an dieser Stelle sowohl in sachlicher als auch in sozialer Hinsicht wieder normalisiert. In den Aufzeichnungen der Schülerin ist zudem die neue Gleichung $x = $ *die CDs die Lena mehr hat* aufgetaucht. Ebenso wie bei den von der Schülerin selbstständig niedergelegten Gleichungen $l = $ *Lena, p = Paul* handelt es sich hierbei nicht um eine Gleichung in mathematischem Sinne, sondern um eine sprachliche Erläuterung dessen, was mit dem mathematischen Zeichen x bezeichnet sein soll.

Dieser erste Teil der Lehreräußerung wird mit der bekräftigenden Interjektion *hmhm* abgeschlossen. Diese wirkt zudem als Interpunktion der Gesamtäußerung. Als Anschluss wird ein neuer Gedanke bzw. eine Information erwartet. Diese bezieht sich auf die Verbindung von Signifikanten und Signifikaten im Aufgabenkontext.

Der Lehrer expliziert nun die in der Pseudogleichung $l = $ *Lena* ausgedrückte Bedeutung. Einerseits erhält er im Gespräch die von der Schülerin zugrunde gelegte formale Ebene, indem er am Sekundärzeichen l und dessen äußerlicher Verwendung als Variable im Kontext einer Gleichung festhält, andererseits interpretiert er den Namen Lena als Referenz auf eine weibliche Person, die sich möglicherweise im gleichen Alter befindet wie die Schülerin: *Ell ist'ne Person, ein Mädchen...* Damit distanziert er sich von der durch ihn selbst zuvor ins Gespräch eingebrachten Deutungsmöglichkeit als Namensbezeichnung für eine Person, die als solche nicht bekannt ist. In der Vorstellung taucht nun ein konkretes Mädchen auf, das über CDs verfügt.

Die gleiche interpretative Prozedur kündigt sich im Anschluss an das Mädchen Lena für die Person des Jungen Paul an.

S: Ja.

Die Schülerin unterbricht nun den Lehrer. Damit sagt sie zum einen, dass sie die vom Lehrer explizierte Bezeichnungsprozedur sehr wohl verstanden hat und den für den Namen Paul nun zu erwartenden Teil der Äußerung antizipieren kann. Zum anderen tritt sie damit aus ihrer Schülerrolle heraus, denn sie vollzieht eine Handlung, die für einen Schüler im Gespräch mit seinem Lehrer nicht üblich ist: Sie unterbricht ihn.

L: ...ist auch'ne Person.

Der Lehrer beendet jedoch seine vorab eingeleitete Äußerung mit der indirekten Konstatierung, dass es sich sowohl bei Paul als auch bei Lena um Personen handelt. Damit wird implizit zudem der Unterschied zwischen den Konnotationen der Zeichen l und p einerseits als Kürzeln für Personenbezeichnungen und dem Zeichen x andererseits als Kürzel für eine Menge von Gegenständen bzw. im weiteren Unterschied dazu für die Kardinalität einer solchen Menge angesprochen. Letzterer feiner Unterschied markiert aber die Differenz der möglichen Sichten von Schülerin und Lehrer auf den Sachkontext der Aufgabe.

Der Lehrer reagiert damit nicht auf die vorausgegangene Schüleräußerung. In sozialer Hinsicht hält also an seiner Rolle fest.

S: Ja.

Mit dieser Wiederholung ihrer vorangegangenen Äußerung bekräftigt die Schülerin einerseits deren sachbezogene Inhaltlichkeit, andererseits drückt sie durch den nun nicht als Einspruch inszenierten Sprechakt aus, dass sie den Unterschied von Lehrer- und Schülerrolle akzeptiert. Sie begibt sich in die Position einer Wartenden und vertraut dem Lehrer bezüglich dessen wahrzunehmender Aufgabe, die zu Tage getretenen Verständnisschwierigkeiten der Schülerin aufklären zu helfen. Sie folgt zunächst nicht dem latenten Plan einer Kontroverse.

L: Das ist ein Junge. Und lx, ist das auch'ne Person, oder?

Was der Lehrer in dieser Interaktion zum Ausdruck bringt, zielt nicht auf neue Informationen zum Kontext. Im Gegenteil, er verlangsamt den Gang der Prädikationen im Gespräch und baut stattdessen explizite Redundanzen auf. Zusätzlich zur gemeinsamen Konnotation der Kürzel l und p als Personenbezeichnungen thematisiert er nun den spezifischen Unterschied zwischen beiden: Die eine Person ist ein Mädchen, die andere ein Junge. Mit diesem Unterschied erzeugt der Lehrer im vorbewussten Bereich der Aufmerksamkeit eine latente Bedeutungsstruktur, die einen unüberbrückbaren Gegensatz enthält zwischen CDs, die als

Gegenstände in der Vorstellung alle gleich sind, und Personen, die im Kontext vermittelt über ihr Geschlecht auch individuelle Kennzeichen tragen. Die in der vorherigen Lehreräußerung bereits angedeutete Konnotationsdifferenz wird vertieft.

Der erste Satz *Das ist ein Junge* stellt nur eine Komplettierung des zuvor noch nicht Ausgesprochenen dar. Der Lehrer setzt damit im Gespräch eine formale Norm, die sich auf die möglichst vollständige Benennung der im Kontext wahrgenommenen Gegebenheiten bezieht. Die daran anschließende Frage evoziert dann erneut eine Irritation bezüglich seiner Rolle. Es ist kaum vorstellbar, dass er nicht verstanden haben soll, dass das Zeichen x im Sinne einer Bezeichnung für eine Menge CDs bzw. für die Kardinalität einer solchen Menge keine Personenbezeichnung ist, so wie es für die Zeichen l und p der Fall ist.

Indem der Lehrer danach fragt, tut er zweierlei: Zum einen untergräbt er die in selbstverständlicher Weise mit seiner Rolle verbundene Vorstellung von Fachautorität – er spielt einen Unwissenden. Zum anderen fordert er auf solche Weise die Schülerin indirekt auf, den durch den bisherigen Gesprächsverlauf abgesteckten Vorstellungsrahmen zu verlassen.

Die abschließende Konjunktion *oder*, nach dem strukturellen Vorbild englischer *question tags* verwendet, dient nicht dazu, eine wirkliche Unsicherheit des Sprechers in Bezug auf den mit der Frage verbundenen Inhalt auszudrücken, sondern ist eher ein rhetorisches Mittel zur Verwicklung des Adressaten der Äußerung in den Gesprächskontext. Die Schülerin wird durch die Art der Fragestellung förmlich zum Widerspruch angestachelt.

S: Nein, das sind die CDs [ein Wort unverständlich].

Mit dieser Äußerung vertritt die Schülerin nun sehr deutlich ihre zuvor geäußerte Interpretation. Damit bestätigt sie in sachlicher Hinsicht die vom Lehrer eingebrachte Konnotationsdifferenz der Zeichen l und p einerseits und des Zeichens x andererseits. In sozialer Hinsicht tritt sie aus der Konformität ihrer Schülerrolle heraus.

Die CDs scheinen ihr jetzt genauso deutlich vor Augen zu stehen wie die Personen Paul und Lena.

L: Die CDs?

Indem der Lehrer noch einmal nachfragt, führt er alle an ihn in seiner Rolle adressierbaren Erwartungen ad absurdum. Seine Äußerung ist Zeichen eines maximalen Unverständnisses. Da ein Beobachter nicht davon ausgehen kann, dass dieses Unverständnis der realen Wahrnehmung des Lehrers entspricht, muss sein Verhalten als sachlich oder sozial konnotiertes Spiel interpretiert werden.

S: Die Lena mehr hat!

Der Schülerin platzt nun die Geduld. Sie äußert ihre Interpretation des Zeichens x als Kürzel für ganz bestimmte CDs – nämlich die, *die Lena mehr hat* – bereits zum dritten Mal. Sie muss an der Autorität des Lehrers zweifeln.

In sachlicher Hinsicht kann an dieser Stelle von einer deutlichen Differenz zwischen den Sichten der Schülerin und des Lehrers ausgegangen werden. Während sich die Schülerin offensichtlich konkrete CDs vorstellt, muss dem Lehrer klar sein, dass es sich beim Zeichen x im Unterschied zur bisherigen Interpretation der Zeichen l und p nicht um die Bezeichnung einer Qualität handeln kann.

Die latente Betonung der jeweiligen Konnotationsdifferenz für die Zeichen l, p und x wird nun als semantischer Rahmen für eine logische Unterscheidung der oben explizierten Lesarten A und B sichtbar. Bei diesen gegensätzlichen Lesarten handelt es sich also um die Schüler- bzw. die Lehrersicht auf den Sachkontext der Aufgabe.

Das vom Lehrer initiierte Spiel kann in diesem Zusammenhang nur der Inszenierung eines Streitgesprächs gewidmet sein, in dessen Verlauf sich beide Lesarten diskursiv aus ein und demselben Sachkontext heraus differenzieren und schließlich voneinander abgrenzen lassen sollen. Sachlich wurde der sprachlich konkrete Aufgabenkontext samt allen durch den Lösungsversuch der Schülerin eingebrachten Ideen und Zeichen dahingehend interpretiert, dass in ihm bisher sowohl Buchstaben, Personen als auch Gegenstände eine Rolle spielen.

Symmetrisierung von Gesprächsrollen trotz Wissensdifferenz

Buchstaben sind im Gegensatz zu Personen formale Bestimmungen. Die Materialität der Vorstellungen von konkreten Personen und Gegenständen, welche im bisherigen Interaktionsverlauf aufgebaut wurde, bildet somit einen Gegenpol zur von der Schülerin bei ihrem ersten Lösungsversuch auf selbstverständliche Weise zu Grunde gelegten Praxis der Manipulation formaler Kontexte. Die im Aufgabenkontext mit der Fragestellung und der in ihr enthaltenen Unbekanntheit verbundene Problematik von Gegenständlichkeit oder Mengenbedeutung der entsprechenden Kontextelemente *CDs* ist mit dem dialogischen Kontext nun in allen Konnotationen – den im System der Sprache auf latente Weise ausgedrückten Bedeutungen, die v.a. konkrete logische Unterscheidungsmöglichkeiten sind – aufgefaltet. Es kann erwartet werden, dass diese komplexe Bedeutungsstruktur im Folgenden zum Ausgangspunkt erschließender Klärung des Bezeichnungsproblems der Schülerin gemacht werden soll.

L: Ach, Ix sind CDs.

Der Lehrer gibt nun sein Spiel des nichtverstehenden Unwissens auf. Mittels der Interjektion *ach* wird Überraschung bezüglich der vorherigen dritten Erklärung der Schülerin über die im Aufgabenkontext manifesten CDs ausgedrückt. Diese Überraschung ist aber keine echte, sondern eine gespielte. Obwohl der Lehrer sein Spiel nun beendet, bleibt die Bedeutungsebene des Spielerischen im Gesprächskontext erhalten.

Die auf die Interjektion folgende Sachaussage *Ix sind CDs* stellt die sprachlich korrekte Form für jenen Inhalt bereit, welchen die Schülerin im vorhergehenden Gesprächsteil versuchte, dialogisch zum Ausdruck zu bringen. Sowohl der Numerus der Copula als auch die Determination der gegenständlichen Bestimmung des Satzsubjekts unterscheiden sich hier von der sprachlichen Variante der Schülerin. Die syntaktische Kongruenz beider Pluralformen bildet zudem ein latentes semantisches Gegengewicht zu den jeweiligen Singularformen der beiden Personenbezeichnungen. Auf diese Weise werden die zuvor aufgezeigten Konnotationen der formalen Zeichen in ihrer Differenz manifest.

Die Sachaussage des Lehrers setzt korrigierend eine sprachliche Norm gegen die vorherigen Schüleräußerungen. Indem der Lehrer sein Spiel abbricht (oder nur unterbricht), tritt er in seiner Lehrerrolle zeigend in Erscheinung. Der Effekt dessen mag für die Schülerin vorbewusst bleiben, ein Beobachter wird den auf solche Weise angebahnten bzw. auch nur ermöglichten Lerneffekt dagegen als didaktische Inszenierung interpretieren müssen. Das Besondere an dieser Inszenierung ist zum einen die klare Einbettung in einen Spielkontext und zum anderen die Latenz – die weitgehende Unsichtbarkeit – der sachbezogenen Korrektur.

S: Ja.

Die Schülerin bestätigt erneut die Äußerung des Lehrers. Diese Bestätigung bezieht sich sowohl auf den Inhalt der Sachaussage als auch auf die neue Definition der Situation, in welcher der Lehrer nun wieder in seiner Rolle in Erscheinung tritt. Inwieweit dieser Bestätigung ein Verstehen der Tiefenstruktur der Aufgabe in jener Gestalt entspricht, die im vorangegangenen Dialogteil konstituiert worden war (Buchstaben, Personen und CDs) ist hier zunächst nicht zu entscheiden.

L: Also man hat jetzt hier zwei Menschen und CDs.

Der Lehrer fasst nun die Bedeutungsstruktur des vorangegangenen Dialogteils in einer Sachaussage zusammen. Mit der einleitenden Konjunktion *also* bringt er die Folgerichtigkeit dieser Feststellung zum Ausdruck. Es handelt sich bei der Feststellung um die logische Folge der zuvor im Gespräch entwickelten Fakten, was der Aussage die Objektivität einer Tatsachenfeststellung verleiht. Diese Objektivität, die sich in der unpersönlichen Aussageform *man hat* äußert, bezieht sich auf die Konkretheit ihrer Situierung im Interaktionskontext: *jetzt hier*. Man hat also *jetzt* etwas, weil man es zuvor sprachlich konkret festgestellt hat. Dieses Etwas bezieht sich auf den Fakt, dass man *im Aufgabenkontext* zwei Personen sowie eine *jetzt hier* nicht quantitativ konkretisierte Menge CDs hat. Mehr ist zunächst nicht ausgesagt. Es entsteht aber die Erwartung, dass im Folgenden eine quantitative Konkretisierung der CD-Menge vorgenommen werden kann, so wie bei den Personen ausgedrückt wurde, dass es zwei sind. Mit dem Übergang von der affektiv neutralen Bezeichnung *Personen* zur affektiv bedeutungstragenden Bezeichnung *Menschen* wird zudem die konnotierte Differenz der formalen Zeichen weiter latent ausgeformt. Darüber hinaus wird die Sprachstruktur einer latenten Doppelbedeutung der Konjunktion *und* als reihende Aufzählung und signifikative Abgrenzung innerhalb einer Gesamtphrase nun von der Interpretation des einzelnen Syntagmas – *Paul und Lena* – im Aufgabentext auf die Interpretation einer Situationsbeschreibung im Ganzen übertragen: *zwei Menschen und CDs*. Auf diese Weise wird die der Konjunktion innewohnende Ambivalenz von Verbindung und Abgrenzung, die sich zuvor nur auf die Ansammlung von CDs in einer Menge und die durch konkrete Besitzverhältnisse motivierte Frage der Abgrenzung zweier Teile innerhalb dieser Menge bezogen hatte, auf die Bedeutungsstruktur des gesamten, bisher aufgebauten Kontexts – einschließlich der formalen Zeichen x, l und p sowie deren Konnotationen – ausgeweitet.

S: Ja.

Wieder stimmt die Schülerin pauschal zu. Ihr Vertrauen in den Lehrer muss so groß sein, dass sie die verwirrende Redundanz von dessen sprachlichen Feststellungen ohne Verwunderung oder Widerspruch hinnimmt. Wieder ist unentscheidbar, wie viel latente Bedeutungsstruktur in ihrem Verstehensprozess manifest wird. Beide Momente kennzeichnen die latente Didaktik der Inszenierung.

L: Und weisst du auch, wie viele CDs? Weil CDs sind's ja immer mehrere, ist ja nicht nur eine CD.

Mit der Frage nach der Anzahl der CDs berührt der Lehrer nun den semantischen Kern des bisherigen Gesprächskontexts: *wie viele CDs?* Er fragt aber nicht einfach nach dieser problematischen Bestimmung, sondern rahmt seine Frage mit einer Adressierung der Schülerin in ihrer Rolle: *Und weisst du auch ... ?* Auf diese Weise artikuliert er implizit die Erwartung, die Schülerin sei nicht in der Lage, die im Kontext fragliche Anzahl an CDs anzugeben. Diese Erwartung ist insofern doppelbödig, als mit ihr objektiv zweierlei ausgedrückt sein könnte: Es könnte sein, dass der Lehrer die Schülerin für zu wenig kompetent hält, um eine sachgerechte Antwort zu geben; es könnte aber auch sein, dass er die Frage für so kompliziert hält, dass von vornherein nicht mit einer sachgerechten Antwort gerechnet werden kann – unabhängig von der antwortenden Person.

Welche dieser beiden Varianten der Lehrer meint, ist prinzipiell offen. Deshalb ist es möglich, dass der Lehrer auch diese Offenheit bewusst in Szene setzt, um der Schülerin im Gespräch eine Distanz zur Fragestellung nahe zu legen. Eine solche Vermutung wird noch durch den Fakt verstärkt, dass der Lehrer seine Frage nicht einfach als Frage in den Raum stellt, sondern ihr eine Erklärung beifügt: *Weil CDs sind's ja immer mehrere, ist ja nicht nur eine CD.* Diese Erklärung trägt in sich die gleiche Redundanz, von welcher die gesamte bisherige Gesprächsführung des Lehrers gekennzeichnet war. Im vorliegenden Fall handelt es sich um eine Inszenierung des Gegensatzes von einer CD und mehreren CDs mit gleichzeitiger Bezeichnung der sprachlich-gedanklichen Negationsoperation, welche den Kontext des einen Referenten logisch vom Bedeutungskontext des anderen abgrenzt: *mehrere, ist ja nicht nur eine CD.* Die Grundaussage der beigefügten Erklärung aber betrifft die sprachlich konventionalisierte Bedeutungshaltigkeit der Pluralform des Signifikanten *CD.* Diese Konventionalität wird durch das Zeitadverb *immer* ausgedrückt, das im doppelten Gegensatz zum zuvor vom Lehrer gebrauchten Zusammenhang *jetzt hier* steht. Der Lehrer setzt damit im Gespräch eine Norm, die sich auf die explizite Begründbarkeit von Äußerungen im vorliegenden Gesprächskontext bezieht. Er expliziert den semantischen Hintergrund seiner Frage nach der Anzahl der CDs und bringt damit indirekt zum Ausdruck, dass es ganz allgemein möglich ist, eine Frage nicht zu verstehen, weil man bestimmte Details des mit der Frage ausgedrückten Bedeutungszusammenhangs nicht versteht. In noch weitergehender Zuspitzung dieses Grundgedankens könnte gesagt werden, dass der Lehrer mit seiner beigefügten Erklärung an das bewusste Nichtverstehen der Schülerin appelliert.

S: Na, na ja dreißig.

Die Schülerin ist tatsächlich verunsichert. Das in einer Wiederholung der eine fraglose Offensichtlichkeit ausdrückenden Interjektion *na* liegende Zögern vor Beginn der sprachlichen Formulierung des Offensichtlichen: „*Na, na ja* ...", verweist auf einen bedeutsamen Teil ihrer Aufmerksamkeit, der im metakognitiven Bereich gebunden und mit einer internen Kontrolle der Antwort beschäftigt ist. Die auf einem solchen Wege hervorgebrachte Antwort *dreißig* ist also nicht einfach dahingesagt, sondern trägt im eigenen Vorstellungsbereich der Schülerin eine klare Bedeutung.

Offensichtlich handelt es bei der quantitativen Bestimmung *dreißig CDs* um jene Bedeutung, welche aus der im Gespräch mittlerweile erzeugten Wahrnehmungsdistanz zum Aufgabentext – und den in der Vorstellung mit ihm verknüpften Bedeutungskontexten – heraus am stärksten die nachträgliche Erinnerung an das Vorgestellte bestimmt. Dieser Umstand knüpft direkt an die im Gesprächsverlauf auftauchenden Einzelvorstellungen in ihrer konkreten Perspektivierung an: Wenn wir jetzt hier zwei Menschen und CDs haben, dann sind das – aus der Distanz betrachtet – natürlich dreißig CDs.

Die Schülerin versteht zumindest intuitiv, dass der Lehrer im sprachlichen Mikrokontext seiner Frage eine prinzipielle Fragwürdigkeit zum Ausdruck gebracht hat. Trotz kurzen Aufmerkens sind die Dinge in ihrer kontextuellen Situiertheit für sie jedoch klar gegeben.

L: Dreißig CDs. Na dann schreib mal auf. Das sind also die CDs, statt die CDs könntest du also auch schreiben dreißig CDs.

Der Lehrer wiederholt zunächst die Antwort der Schülerin. Dabei vervollständigt er die von der Schülerin artikulierte quantitative Bestimmung bis zu jener Kontextgebundenheit, die ausdrückt, dass sich die quantitative Bestimmung auf einen qualitativen Bestimmungsgrund zurückführen lässt. Der Lehrer durchbricht damit erneut die Gewohnheit der Schülerin, im Kontext von Mathematikaufgaben v.a. mit formalen Bestimmungen zu arbeiten, zugunsten einer materialen Einbettung. Auf diese Weise gelingt es ihm, in minimalistischer Manier die semantische Vollständigkeit des Gesprächskontexts zu erhalten.

Nach dieser Wiederholung der Schüleraussage fordert der Lehrer die Schülerin auf, ihre quantitative Bestimmung schriftlich festzuhalten. Der Lehrer folgt damit jenem Plan, welcher im Zuge der Rekonstruktion seiner möglichen diagnostischen Perspektive auf das Verstehensproblem der Schülerin als sinnvolle Vorgehensweise sichtbar geworden war: die Schülerin zur Prädikation ihrer formalen Zeichen zu bewegen und sie mit der Inkonsistenz dieser Modellierung zu konfrontieren.

Außerdem teilt der Lehrer der Schülerin sehr genau mit, auf welche Weise sie die Verschriftlichung ihrer Bestimmung vornehmen kann bzw.

soll: *Das sind also die CDs, statt die CDs könntest du also auch schreiben dreißig CDs.* Der Lehrer hat den bisherigen Verlauf der Interaktionen in aller Deutlichkeit vor Augen. Kurz zuvor hatte die Schülerin auf ihrem Zettel nämlich festgehalten: $x =$ *die CDs die Lena mehr hat.* Bei dieser Bestimmung hatte es sich aber um eine Anzahl von sechs CDs gehandelt. Indem der Lehrer die Schülerin zur Verschriftlichung der im Gespräch neu aufgetauchten quantitativen Bestimmung *dreißig CDs* auffordert, legt er ihr nahe, ganz offensichtlichen Unsinn aufzuschreiben: $x =$ *die dreißig CDs die Lena mehr hat.* Der Lehrer will die Schülerin irritieren. Er beabsichtigt, ihr den im Gesprächsverlauf stattgefundenen Wechsel quantitativ bedeutsamer Kontexte zu Bewusstsein zu bringen. Auf diesem Wege könnte er zu einer semantischen Differenzierung des Gesamtkontexts der Aufgabe im weiteren Gesprächsverlauf kommen. Voraussetzung dessen wäre aber, dass die Schülerin aus sich heraus logische Konsistenz einfordert.

S: Na, aber dreißig CDs, die Lena mehr hat?

Die Schülerin bemerkt den Bruch der Kontexte und artikuliert nun ihrerseits Verwunderung. Was der Lehrer in seiner vorletzten Äußerung implizit nahegelegt hatte, ist nun tatsächlich eingetreten: Die Schülerin versteht den Sachkontext des Gesprächs nicht mehr. Die sprachliche Entäußerung dieses Nichtverstehens erfolgt dabei auf sehr spezifische Art und Weise: War es bisher der Lehrer, der im Gespräch die Fragen gestellt hat und damit sein – vorgebliches – Nichtverstehen auszuräumen versuchte, so wechseln nun diese Gesprächsrollen. Es ist jetzt die Schülerin, die nichts versteht. Indem sie dieses Nichtverstehen in der Form einer sachbezogenen Frage zum Ausdruck bringt, macht sie deutlich, dass die soziale Seite der Interaktion in ihren Augen nun kein Thema mehr ist. Zugleich bekundet sie ihr persönliches Interesse an der mit der Aufgabe und dem bisherigen Gesprächskontext gegebenen Sachkonstellation. Sie ist nun in das Problem verwickelt, das Moment des Übens für den anstehenden Test ist demgegenüber in den Hintergrund getreten.

L: Also das ist nicht damit gemeint, hm.

Der Lehrer reagiert auf die Verständnisfrage der Schülerin, indem er vom im Gespräch thematisierten Sachkontext der Aufgabe und ihrer Modellierung durch die Schülerin mittels formaler Zeichen einen weiteren Schritt zurücktritt. Bezugspunkt seiner konstatierenden Äußerung ist nun die im Gespräch bereits thematisierte Grundfrage: *Und was ist lx?* Er bringt mit seiner Entgegnung zum Ausdruck, dass der über zahlreiche Fragen und Antworten hinweg vorgenommene Prozess einer semantischen Konkretisierung des formalen Zeichens x, in dessen Verlauf die

Schülerin an ihrer eigenen Sicht und der damit verbundenen Lesart festhielt, während der Lehrer diese Sicht sukzessive hinterfragte und damit im Detail konkretisierte, nun auf einer grundlegenden Bedeutungsebene gescheitert ist – auf der Ebene logischer Konsistenz.

Der Lehrer hat die Schülerin mit seinen Fragen in die Enge getrieben. Die Schülerin hat nun vor den Schwierigkeiten der Aufgabe kapituliert: Sie kann nicht mehr sagen, was sie gemeint hat, als sie das Zeichen x im Sinne einer Bezeichnung von CDs in den Kontext eingeführt hat. Es läge nahe, dass sie im Folgenden wieder an den Lehrer in seiner Rolle als Wissender appellierte. Dem kommt der Lehrer zuvor, indem er seine konstatierende Äußerung mit einem Verwunderung zum Ausdruck bringenden *hm* beschließt. Er sperrt sich damit ganz explizit gegen die mögliche Anmutung der Schülerin, ihr zu erklären, was es mit der Aufgabe in sachlicher Hinsicht auf sich hat.

Die Gesprächsrollen sind nun symmetrisiert. Lehrer und Schülerin überlegen gemeinsam, worin die konkrete Schwierigkeit und das allgemeine, eben in Gestalt eines logischen Widerspruchs zum Ausdruck gekommene Problem dieser Aufgabe besteht.

S: Ja.

Die Schülerin bejaht die Lehreräußerung nun wieder im Ganzen. Sie ist ratlos. Auch angesichts der in sozialer Hinsicht symmetrischen Gesprächskonstellation ist die Schülerin nicht in der Lage, sachlich etwas zur weiteren Entfaltung des Aufgabenkontexts beizutragen. Nun ist der Lehrer jenseits seiner Rolle gefragt, sein Wissen und seine Problemsicht, über die er so oder so verfügt, in die weitere Ausgestaltung der Interaktion einzubringen.

L: Was meinst'n da?

Der Lehrer lässt nicht locker. Er geht weiterhin davon aus, die Schülerin habe bei ihrem eigenen Lösungsversuch mit der Bezeichnung von CDs mittels des formalen Zeichens x eine Intuition gehabt, die auf grundlegende Weise sinnvoll und somit auch prinzipiell rationalisierbar ist. Der Lehrer hält an seiner Voraussetzung fest, die Schülerin sei Expertin in eigener Sache. Das ist unter den gegenwärtigen Gesprächsumständen eine kontrafaktische Unterstellung.

S: Na, die sechs CDs.

Die Schülerin verbleibt nun auch weiterhin gedanklich im Sachkontext des vorangegangenen dialogischen Gesprächs und tritt ihrerseits lediglich einen Schritt zurück: Wenn es sich bei dem Zeichen x nicht um dreißig CDs handeln kann, weil es sich um jene (Anzahl an) CDs handelt, die Lena mehr hat als Paul, dann bedeutet das Zeichen x eben, dass es sich um sechs CDs handelt. Zumindest der Mikrokontext des dialogischen Gesprächs lässt sich mit diesem Ausweg aus der gerade eben zu Tage getretenen Widersprüchlichkeit in der Vorstellung auf konsistente Weise aufrecht erhalten.

Die Schülerin nimmt damit die ihr vom Lehrer angesonnene Expertenrolle ein weiteres Mal an. Der Lehrer findet sich nun vor der Aufgabe, der Schülerin auf einem anderen Bedeutungsfeld die im Zeichen x semantisch kondensierte Ambivalenz des zugleich mit quantitativen und qualitativen Bestimmungen versehenen Kontexts einer Menge an CDs, die sich ungleichmäßig auf zwei Besitzer aufteilt, vor Augen zu führen.

L: Die sechs CDs. Dann schreib mal hin: die sechs CDs, die sie mehr hat. (...)

Der Lehrer hält an seinem Plan fest, die Prädikation des Zeichens x durch die Schülerin schriftlich festzuhalten. Damit gibt er der von ihm im Gespräch bereits mehrfach gesetzten Norm, dass im Gespräch zu tätigende Äußerungen prinzipiell sinnvoll sein müssen – was mit der Erwartung logischer Konsistenz verbunden ist – nun eine Medialität: die Schriftsprache. Das spezifische Kennzeichen dieser Medialität besteht darin, dass die getätigten Äußerungen zu jedem beliebigen Zeitpunkt wieder ins Gespräch aufgenommen werden können – auch dann, wenn der Gesprächsverlauf auf Grund seiner internen Logik mittlerweile eine andere Richtung genommen haben sollte; zugleich haben sowohl Schülerin als auch Lehrer die schriftlich niedergelegten Aussagen zu jedem Zeitpunkt des Gesprächs prinzipiell vor Augen. Dadurch erhält die Gesprächsnorm logischer Konsistenz eine erweiterte diskursive Form.

Das Gespräch ist, ausgehend vom Unterschied der formalen Zeichen p, l sowie x über die Frage nach der Bedeutung des Zeichens x zu einer vorläufigen Antwort gelangt: Die Zeichen p und l sind einfach nur Namenskürzel; das Zeichen x steht für eine Menge CDs – *die sechs CDs, die sie* – Lena – *mehr hat* als Paul. Zudem wurde letztere Bestimmung auf dem Arbeitszettel der Schülerin festgehalten: $x = $ *die sechs CDs die Lena mehr hat*.

Von den abstrahierten Zeichen und Formeln der Schülerin her wurde im Gespräch eine Brücke zurück zur Alltagssprache geschlagen. Dadurch erhielt die formal bezeichnete Unbekanntheit – das Zeichen x – eine materiale Interpretation, was wiederum Voraussetzung ist für deren Bestimmung im formalen Kontext. Das alltagssprachlich formulierte Problem ist aber noch nicht gelöst, weil die materiale Bestimmung des formalen Zeichens x inhaltlich abgetrennt ist von der Problemstruktur.

Es ist zu erwarten, dass der Lehrer im weiteren Verlauf der Interaktion die Aufmerksamkeit der Schülerin auf diesen Fakt lenken wird.

Entwicklung der Fallstrukturhypothese

Bei der durch die Schülerin in schriftlicher Form vorgenommenen Bestimmung des formalen Zeichens x handelt es sich in Analogie zu den von der Schülerin selbständig notierten Pseudogleichungen $l = Lena$ und $p = Paul$ um eine nichtmathematische Bestimmung: Das Gleichheitszeichen steht im Gespräch lediglich für die Copula. Damit wird die Kehrseite des Vermögens, eine Brücke von der Praxis mathematikspezifischer Formalisierung zur Praxis der alltagssprachlichen Prädikation zu schlagen, als Ungenauigkeit im unter anderen Bedingungen problemlösenden Bezeichnungsvorgang sichtbar. Indem die Schülerin nicht zwischen einem Gleichheitszeichen und einer Copula differenzieren kann, versteht sie nicht den Unterschied zwischen einer sprachlichen und einer mathematischen Bestimmung. Dieser Unterschied aber liegt der kategorialen Unterscheidung von Qualität und Quantität zu Grunde.

L: (...) Und was ist hier oben Ix, was bedeutet das da? Was sind das da, sind das auch CDs? Bei der Ungleichung?

Der Lehrer verlässt nun den Kontext der Problemaufgabe und referiert auf jene Praxis der unproblematischen Manipulation von Zeichen im spezifischen mathematischen Kontext einer Ungleichung, welche der zu analysierenden Lehr-Lern-Sequenz vorausging. In diesem Zusammenhang hatte die Schülerin das Zeichen x verwendet und war selbständig im Zuge einer Rechnung zum sachlich richtigen Ergebnis gelangt.

Indem der Lehrer nach der Bedeutung des Zeichens x in diesem Kontext fragt, thematisiert er die formale Seite des Zugangs der Schülerin zu Kontexten, in denen Gleichungen und Ungleichungen eine Rolle spielen. Die Schülerin hatte mittels Umformungen, welche die Lösungsmenge der betreffenden Ungleichungen unverändert lassen, aus der Anfangsbestimmung $x+5 < 2x-3$ die einfachere Bestimmung $8 < x$ erzeugt und die letztere Bestimmung als Angabe einer Lösungsmenge interpretiert. Sie hatte damit in jenem Kontext ihre selbsterzeugte formale Bestimmung ohne Problem in eine Form bringen können, die dem Erwartungshorizont beim Lösen einer Ungleichung entspricht.

Der Lehrer interpretiert diese zuvor beobachtete Fähigkeit der Schülerin als Expertenwissen im Umgang mit dem Zeichen x und versucht, dieses im Sinne Polanyis möglicherweise implizite Wissen zu explizieren. Dazu formuliert er eine Kaskade von Fragen, in welchen sowohl die

Bedeutung des Zeichens x im zuvor aufgebauten Gesprächskontext – also x als CDs, ausgedrückt ist als auch der mögliche Unterschied der Zeichenbedeutung in beiden Kontexten thematisch wird. Zudem verwendet der Lehrer in seiner Äußerung beide Numerusformen, mit denen das Zeichen x prädikativ bestimmbar ist: *Und was ist hier oben Ix...? Was sind das da, sind das auch CDs?* Der Lehrer baut also in formaler Hinsicht, indem er mehrere Frageformen gleichzeitig verwendet, einen propositionalen Kontext von maximaler sprachlicher Variabilität auf und fragt in materialer Hinsicht zugleich nach einem Bedeutungsunterschied für das Zeichen x in beiden Kontexten.

S: Nein, das weiß man ja nicht.

Die Verneinung kann sich grammatisch nur auf die Frage ... *sind das auch CDs?* beziehen, die restliche Äußerung *das weiß man ja nicht* dagegen nur auf den ersten Teil der Fragekaskade: *Und was ist hier oben Ix, was bedeutet das da?* Damit bringt die Schülerin zum Ausdruck, dass der Unterschied zwischen beiden Aufgabenkontexten aus ihrer Sicht darin besteht, dass im Kontext der Sachaufgabe die Unbekannte x für konkrete Gegenstände steht, während im Kontext der Ungleichung eine solche Gegenständlichkeit zwar im Prinzip denkbar, aber im Konkreten nicht ausgedrückt ist.

Die Äußerung der Schülerin expliziert damit noch einmal den vom Lehrer implizit eingebrachten Unterschied zwischen einer Ungleichung und einer Sachaufgabe. Die Schülerin sieht klar den Unterschied zwischen dem formal und dem material ausgedrückten Kontext. Ihr Verständnis reicht aber nicht so weit, dass sie die Bedeutungsstruktur des formalen Kontexts als eines lediglich intuitiv auf der Grundlage unbewusst angewandter Regeln beherrschen auf den materialen Kontext mit all seinen lebensweltlich gebundenen Konnotationen übertragen könnte. Sie hat diese formale Bedeutungsstruktur – das Lösen einer Ungleichung – zwar als Oberflächenstruktur verstanden, die dahinter stehende Tiefenstruktur hat sie dagegen noch nicht erfasst.

Deswegen kann die Schülerin die Bedeutung des Zeichens x im formalen Kontext nur als Abwesenheit einer materialen Bestimmung prädizieren. Ihre Interpretationsgrundlage ist damit auf analoge Weise qualitativ bestimmt, wie sie es auch für die Zeichen l und p im materialen Kontext war.

L: Weiß man nicht, aber was iss'n das da, Ix?

Der Lehrer hält mit seiner Frage daran fest, dass das Zeichen x auch im Kontext der Ungleichung eine material bestimmbare Bedeutung trägt. Er will darauf hinaus, dass diese Bedeutung aber keine qualitative Bedeutung sein kann. Mit der paraphrasierenden Wiederholung der Schüleräußerung *weiß man nicht* macht er deutlich, inwiefern er diese Aussage für richtig hält: Zwar kann man tatsächlich nicht wissen, wie das Zeichen x als Qualität bestimmt wird, denn in einem rein quantitativen Kontext ist das objektiv nicht ausgedrückt. Indem der Lehrer an diese Aussage direkt anschließt mit der adversativen Konjunktion *aber*, drückt er implizit seine dahingehende Sicht aus, das Zeichen x lasse sich dennoch im quantitativen Kontext material bestimmen.

S: Das größer was...

Die Schülerin versucht nun ihrerseits, die vom Lehrer zuvor implizit zu Grunde gelegte Perspektive zu explizieren. Dazu verwendet sie die sprachliche Bedeutung der Relationszeichens <, welche sie jedoch umkehrt: Aus der Aussage *8 ist kleiner als x* macht sie in der Vorstellung eine Aussage der Struktur *x ist größer als 8*. Aus dieser Aussage versucht sie das Zeichen x auf ähnliche Weise syntaktisch herauszulösen, wie sie im Kontext der Sachaufgabe die Bestimmung *[x sind] die sechs CDs, [die Lena mehr hat als Paul]* aus dem im Aufgabentext enthaltenen Satz *Lena hat sechs CDs mehr als Paul* herausgelöst hat. Die geäußerte Phrase *das größer was...* erscheint in solch einer Interpretation als elliptische Form der Aussage *[x ist] das, was größer [ist als acht]*. Vergleicht man in dieser Interpretation den Satz in seiner Langform mit der verkürzten Äußerung, so sticht neben der Reduktion, wie sie als unterschiedlicher Bezug von grammatischer und pragmatischer Sprachkompetenz zum auszusagenden Inhalt typisch für sprachliche Operativität ist, eine weitere syntaktische Elementaroperation im Chomskyschen Sinne ins Auge: eine Vertauschung. Im ersten Teil dieser Arbeit ist aufgezeigt worden, inwiefern die mit solchen Elementaroperationen zu verbindenden Interpretationsleistungen konstitutiv für Verstehen einer sprachlichen Tiefenstruktur sind.

In dieser Perspektive handelt es sich bei der Äußerung um den Versuch, die schriftlich fixierte Formel $8 < x$ als sinnvolle Sprachäußerung zu interpretieren und auf dieser Grundlage eine Bestimmung der materialen Bedeutung des Zeichens x im formalen Kontext vorzunehmen. Dennoch bleibt bei dieser Interpretation die quantitative Konnotation des Zeichens x implizit.

Der Lehrer könnte nun versuchen, diese versteckte Bedeutung zu explizieren.

L: Das ist'n Buchstabe, nh, der drittletzte Buchstabe vom Alphabet.

Stattdessen wechselt der Lehrer die Perspektive des Verstehens. Er interpretiert die mathematische Aussage $8 < x$ in einem Kontext, der mit

Mathematik nichts zu tun hat: *[x ist] der drittletzte Buchstabe vom Alphabet.* Wie bereits einmal zu Beginn der Lehr-Lern-Interaktion vollzieht er damit einen Wechsel vom Abstrakten zum Konkreten. Waren es zuvor die Buchstaben l und p, die auf ähnliche Weise beschrieben worden waren, so kommt mit der Aktualisierung einer solchen Perspektive in Bezug auf das Zeichen x die im weiteren Verlauf des Gesprächs thematisch gewordene Konnotationsdifferenz nun in ihrer ganzen Bedeutung zum Vorschein: Wird das Zeichen x in analoger Semantik aufgefasst, wie die Zeichen l und p für die Personen Lena und Paul stehen, dann hat es schlichtweg keine Bedeutung.

Die über beide Kontexte – also sowohl Ungleichung als auch Sachaufgabe – hinwegreichende implizite Aussage des Lehrers lautet dann: Ein solcher Zeichengebrauch berührt nicht die Tiefenstruktur der jeweils auf unterschiedliche Weise – einmal mathematisch und einmal alltagssprachlich – ausgedrückten Bedeutungszusammenhänge. Über diese Sachaussage hinaus trägt die Lehreräußerung noch eine in sozialer Hinsicht klar konnotierte Botschaft an die Schülerin: *Du hast bei deinem Tun nicht verstanden, worum es in der Sache geht.* Da diese Botschaft im Kontext der Ungleichung formuliert wird, geht sie über das von der Schülerin bereits konstatierte Scheitern am Problem der Sachaufgabe hinaus. Der Lehrer schockt die Schülerin, indem er jenes Können, welches sie vorher unter Beweis gestellt und das als durchaus tauglich für eine Bewältigung des schulischen Tests erschienen war, nun entwertet.

Der Lehrer spitzt die Erkenntniskrise der Schülerin zu. Anstatt ihr zu sagen, was bei der Sachaufgabe gerechnet werden kann, um zu einem sachlich richtigen Ergebnis zu kommen, vermittelt er ihr die praktische Wertlosigkeit ihrer im Kontext der Ungleichung unter Beweis gestellten formalen Kompetenz. Aus einer im Kontext schulischen Mathematikunterrichts möglichen Perspektive heraus, die sich gerade die Vermittlung analoger Kompetenzen zum übergreifenden Ziel gesetzt hat, ist das Vorgehen des Lehrers kein typisches Lehrerverhalten mehr. Der Lehrer befindet sich mit seiner Äußerung in einer Rolle, die sich deutlich vom Selbstverständnis eines Mathematiklehrers in der Schule unterscheidet.

Im Sinne der oben aufgemachten Unterscheidung von Erkenntnis, Lernen und Bildung konstruiert der Lehrer damit einen Widerspruch zwischen Erkenntnis auf der einen und Lernen auf der anderen Seite. Eine solche Figur ist selbst eine typisch bildungstheoretische.

S: Ja.

Die Schülerin bejaht einfach die Behauptung des Lehrers. Entweder geht sie immer noch den Weg des geringsten Widerstandes, und die Lehreräußerung ist ihr insgesamt egal. Oder sie hat ein grenzenloses Vertrauen in die Fähigkeit des Lehrers, sie zu einer Erkenntnis des Problemkontexts der Sachaufgabe und damit zu einem Bildungserlebnis zu führen.

Die im bisherigen Lehr-Lern-Gespräch bereits stattgefundene Einbindung der Schülerin in die Interaktion mit genuin eigenen Beiträgen, die sich als Widerspruch zu vorangegangenen Lehreräußerungen inszenieren mussten, macht die erste Möglichkeit im Sinne einer Wirklichkeitsbeschreibung eher unwahrscheinlich.

L: Und bedeutet der auch was?

Der Lehrer dreht die Perspektive nun einmal ganz um: Hatte er in seiner vorangegangenen Äußerung implizit behauptet, das Tun der Schülerin sei im Ganzen – zumindest im Kontext der sonntäglichen Veranstaltung – kein sinnvolles, so legt seine Folgefrage auf implizite Weise die Möglichkeit zu Grunde, das Zeichen x hätte im Kontext der Ungleichung doch etwas bedeuten können, und es wäre bis hierher nur nicht bekannt, worin diese Bedeutung besteht.

Damit bringt der Lehrer auf indirektem Wege den Unterschied von Oberflächen- und Tiefenstruktur beim sprachlichen Verstehen von Ausschnitten der sinnstrukturierten Welt ins Gespräch ein. In sozialer Hinsicht fordert er die Schülerin auf, ihr Verständnis des Zeichens x in einem neuen Anlauf zu explizieren. Aus der Sequenzialität des Interaktionskontexts heraus ist ersichtlich, dass der Lehrer die vorletzte Schüleräußerung *das größer was...* nicht als bedeutungstragend zu Grunde legt – er lässt die Antwort nicht gelten.

S: Nein. Den weiß man ja nicht was...

Die Schülerin wiederholt nun ihre bereits ausgesprochene Sicht auf das Zeichen x im übergreifenden Kontext von Ungleichung und Sachaufgabe. Sie hält an ihrer Sicht auf die Ungleichung und den dort von ihr selbständig vollzogenen Lösungsprozess fest. Dieses Festhalten im Kontext der zuvor vom Lehrer vorgenommenen Sinnproblematisierung des Ganzen ist Ausdruck eines ziemlich hohen Selbstbewusstseins.

Die Schülerin mag zwar nicht genau wissen, was sie weiß und was nicht – aus ihrer Äußerung geht aber hervor, dass sie zumindest sehr genau weiß, was sie kann.

L: Der bedeutet noch nicht mal x, xyz-ksüts bedeutet der noch nicht mal. Aber irgendwas muss der doch bedeuten, sonst würde man das doch nicht hinschreiben, man schreibt doch nicht irgendwelchen Quatsch dahin!

Der Lehrer treibt die Unterstellung fehlender Bedeutung ins Absurde, indem er Buchstaben im Kontext des Alphabets als Codierung einer Lautsequenz deutet. Möglicherweise versucht er damit, eine Anschauung von Unsinn als fehlender Bedeutung einer sprachlichen Oberflächenstruktur zu vermitteln. Zugleich formuliert er auf rhetorisch verstärkte Weise die Grunderwartung, dass eine schriftliche Äußerung prinzipiell eine Bedeutung expliziert, auch wenn eine solche auf den ersten Blick nicht erkennbar ist.

Der Lehrer nimmt nun im Gespräch eine analytische und zugleich imperativisch auf Erkenntnis ausgerichtete Haltung ein. Er teilt der Schülerin implizit mit, ihre schriftliche Äußerung im Kontext der Ungleichung sei zwar sinnvoll gewesen, aber erweise sich nun als unverständlich. Die Form der Äußerung lässt auf latente Erziehung schließen.

S: Na ja, man muss eben herausfinden, das der, was der heißen soll.

Die Schülerin interpretiert die vorangegangene Lehreräußerung in sachlicher Hinsicht mit einer Genauigkeit, die auf eine entwickelte Sprachkompetenz verweist. Die vom Lehrer eingenommene Haltung der Sache gegenüber generalisiert sie insofern, als sie dessen unpersönliche Redeweise *man würde* bzw. *man schreibt* aufnimmt und gedanklich weiterführt: *man muss eben herausfinden, (...) was der heißen soll*. Die Schülerin benutzt die auf intuitive Weise verstandene philosophische Unterscheidung von Sein und Sollen. Der ein Zögern ausdrückende Anfang der Äußerung *na ja* verweist auf eine Distanzierung vom verhandelten Inhalt.

Indem nun auch die Schülerin einen Schritt zurücktritt und sich auf manifeste Weise vom verhandelten Gegenstand distanziert, wahrt sie ganz explizit die in der Lehr-Lern-Interaktion zuvor erreichte Symmetrie der Gesprächsrollen. Die von ihr in Anspruch genommene Rationalität ist von gleicher Art wie jene, auf die sich der Lehrer im Gespräch bereits seit längerer Zeit bezieht.

L: Hm, was denn zum Beispiel? Hast du dafür mal...

Auf der Grundlage einer gemeinsamen Rationalitätsbasis dringt der Lehrer nun auf eine Konkretisierung der Schülersicht. Er versucht, das unbewusste Wissen aus der Schülerin herauszulocken. Methodisch entspricht dieser Vorgehensweise ein Wechsel der Perspektive vom Abstrakten zum Konkreten.

Seine vorliegende Äußerung ist ebenso redundant, wie es bereits zuvor sein Fragen nach der Bedeutung des Zeichens x im kontrastiven Kontext der Ungleichung gewesen ist. Diese Redundanz erweist sich somit als Strukturelement. Die Auffälligkeit einer solchen Art Kommunikation ist nun im Lehr-Lern-Gespräch reproduziert und wird als latente Erwartung die weitere Folge der Beiträge im Rahmen der Interaktion bestimmen.

S: Na, neun.

Für die Schülerin ist der Gang des Gesprächs in seiner Logik derart durchschaubar, dass sie dem Lehrer ins Wort fällt. Die einleitende Interjektion *na* trägt die klar ausgedrückte Bedeutung von Selbstverständlichkeit im Umgang mit der vakanten Problemhaftigkeit des Zeichens x – sie bezeichnet die Evidenz dessen, was als Aussage folgt.

Zusätzlich bringt die Schülerin zum Ausdruck, das Zeichen x bedeute im Kontext der Ungleichung eine konkrete quantitative Bestimmung: *neun*. In Beantwortung der vorangegangenen Frage ist diese Bestimmung als Beispiel qualifiziert. Es gibt also noch weitere Bestimmungen der gleichen Art. Alle diese Bestimmungen sind jedoch von formaler Art – es sind errechnete Zahlen.

L: Neun zum Beispiel. Aha, was iss'n neun? Ist das'ne Person, oder sind das CDs? Oder ist das...

Indem der Lehrer die Äußerung der Schülerin wiederholt, verankert er sie in der Basis geteilter Rationalität, so wie sie aus seiner Sicht zu verstehen ist: Er stimmt damit der Schülerin implizit zu. Bei der Äußerung des Lehrers: „*Neun zum Beispiel.*", handelt es sich also im Kern um eine normative Reaktion, welche es dem Lehrer ermöglicht, die mit seiner Lehrerrolle verbundene Erwartung einer inhaltlichen Bestimmung des Lehr-Lern-Gesprächs konkret zu realisieren.

Der zweite Satz: „*Aha, was iss'n neun?*" konkretisiert demgegenüber die nichtnormative Seite impliziter Verhaltenserwartung. Die einleitende Interjektion *aha* drückt ein Staunen aus und enthält damit Verhaltenselemente, die sowohl dem kognitiven als auch dem affektiven Bereich seiner Psyche entsprechen. Die anschließende Bestimmungsfrage ist als eindeutig kognitive Reaktion in den Interaktionskontext eingebunden und folgt dem im Sinne sozialer Strukturiertheit bereits etablierten Interpretationsmuster fortlaufender semantischer Bestimmung der problembezogenen Gesprächselemente.

Mit dem dritten Satz: „*Ist das'ne Person, oder sind das CDs?*", wird der prinzipiellen Unbestimmtheit semantischer Ausrichtung einer Bestimmungsfrage sodann konkretisierend eine Richtung gegeben. Dadurch wird in formaler Hinsicht aus der zuvor formulierten Bestimmungsfrage eine Entscheidungsfrage gemacht und erstere auf diesem Wege in ihrer Semantik zurückgenommen: Indem die Frage vom Fragenden selbst teilweise beantwortet wird, erweist sie sich als rhetorisches Element seiner Rede. Inhaltlich steckte in ihr also ein Fragegestus

– sie selbst war lediglich als Frageexempel gemeint. In materialer Hinsicht schließt sich im Gespräch nun ein Kreis zu jener Stelle, an welcher der Lehrer die Schülerin aus distanzierter Position nach den Bedeutungen der noch unproblematischen Zeichen l und p sowie des bereits problematischen Zeichens x gefragt und ihr damit einen Interpretationsrahmen für eine materiale Bestimmung des letzteren geliefert hatte: *„Also man hat jetzt hier zwei Menschen und CDs."* Eine solche Bestimmung ist nun im Gespräch erneut thematisch.

Da es sich aber kontextlogisch hier nicht um eine Sachaufgabe, sondern um eine Ungleichung handelt, müsste die Schülerin die Materialität der Bestimmung *zwei Menschen und CDs* an dieser Stelle ausblenden. Gesprächslogisch erwartet der Lehrer von der Schülerin ganz eindeutig eine Negation. Im Sinne einer Fallstrukturhypothese lässt sich aus Beobachterposition formulieren, dass es die Informationshaltigkeit des aufgebauten Gesprächskontexts zusammen mit der im Gespräch fixierten Rationalitätsbasis nun ermöglichen, interaktiv zwischen Sach- und Sozialdimension des Geschehens zu differenzieren: Indem der Lehrer indirekt auf in der Kommunikation weiter Zurückliegendes verweisen kann und guten Grund hat zu erwarten, dass er mit seinem Verweis verstanden wird, kann er ohne das Risiko einer paradoxen Verwicklung latent, aber konkret an die Schülerin kommunizieren: *Negiere mit deiner Antwort den Interpretationsrahmen meiner Frage!* Da eine solche Negation dennoch nicht kontextfrei operiert, sondern an die Informationshaltigkeit des Gesprächs und die konkrete semantische Strukturiertheit des Sachkontexts gebunden bleibt, kann der Lehrer erwarten, dass die Schülerin nicht nur seine Mitteilung als Botschaft versteht, sondern mit ihrer eigenen Rationalität auch den Gesamtkontext des sachgebundenen Gesprächs konkret interpretieren und operativ-konkretisierend bestimmen kann.

S: Nein, das ist'ne Zahl...

Die Schülerin hat den vom Lehrer in seiner vorangegangenen Fragekaskade implizit aufgebauten Bedeutungszusammenhang verstanden: Zum einen trifft sie mit ihrem einleitenden *nein* eine Entscheidung hinsichtlich der Frage, ob das formale Zeichen x in beiden Aufgabenkontexten – Ungleichung und Sachaufgabe – die gleiche materiale Bedeutung hat oder nicht. Mit ihrer Entscheidung kommt sie der latenten Erwartung des Lehrers nach, einen Transfer dieser Bedeutung aus dem einen Kontext in den anderen Kontext zu negieren. Sachliche Grundlage einer solchen Operation ist die – möglicherweise nur rudimentäre – Einsicht in den Unterschied der Bedeutungszusammenhänge beider Aufgabenkontexte, welcher durch die Konnotationsdifferenz der Zeichen l und p sowie des Zeichens x gekennzeichnet ist.

Zum anderen nimmt die Schülerin nun aber eine neue Bestimmung der materialen Bedeutung des Zeichens x vor. Diese Bedeutung ist so allgemein, dass sie ohne Weiteres aus dem Kontext der Ungleichung in den Kontext der Sachaufgabe übertragen werden könnte. Das setzte aber voraus, dass die in der Gesprächssituation durch die Schülerin spontan vorgenommene materiale Bestimmung als Bedeutungsstruktur so sicher verstanden ist, dass das Verstehen sich durch einen Kontextwechsel samt aller damit verbundenen Konnotationsverschiebungen nicht auflöst und in sein Gegenteil verwandelt. Grundlage dessen kann nur die Vorstellung einer logischen Unterscheidung sein: hier etwa der Unterscheidung von Zahl und Ding.

L: 'ne Zahl! Aha! Ne-neun ist'ne Zahl, und was für'ne Zahl könnte da noch stehen?

Die Lehreräußerung ist nun bereits ganz eindeutig Element einer sich stets von Neuem reproduzierenden Gesprächsstruktur: Semantische Fixierung und normative Bestätigung sachgerechter Schüleräußerungen durch Wiederholung sowie Explikation von deren erweiterter Kontextbedeutung durch präzisierendes Fragen, verbunden mit affektiven Äußerungen der Überraschung und des Staunens.

Die Erwartung einer Explikation weiterer Bedeutungsmöglichkeiten des Zeichens x an der semantischen Oberfläche, wie sie durch die Frage *... und was für'ne Zahl könnte da noch stehen?* zum Ausdruck kommt, schließt zum einen direkt an jenen Fakt habitueller Sicherheit an, welcher zuvor für die Schülerin konstatiert werden konnte: Sie verfügt nun über einen Blick auf die Sache, der von der Sozialdimension der aktuellen Interaktion unabhängig ist. Deshalb kann ihr in der Sachdimension ein semantischer Kontext zugemutet werden, welcher äußerst abstrakt ist. Durch die Frage wird nämlich zum anderen indirekt ausgedrückt, dass es sich beim Zeichen x nicht nur um eine einzelne Zahl, sondern um ein ganzes Bündel – eine Menge von Zahlen – handeln kann.

S: Zehn.

Die Schülerin befindet sich nun in einem Bereich vertrauter Vorstellungen und hat keinerlei Problem, den Lehrer in sachlicher Hinsicht zu verstehen. Sie bringt in konkreter Interpretation ihrer eigenen Lösung der Ungleichung ein weiteres Beispiel für eine mögliche formale Bestimmung des Zeichens x. Dadurch werden die materialen und die formalen Bestimmungen dieses Zeichens in einem gemeinsamen und somit neuen Kontext gebündelt – man könnte von einer synthetischen Elementaroperation sprechen.

L: Zehn, aha, also alle die, die du hier unten hingeschrieben hast, also alle, die größer sind als acht.

Nun nimmt der Lehrer eine vollständige Bestimmung der von der Schülerin bei ihrer selbständigen Lösung der Ungleichung erzeugten Quantitäten vor. Damit erreicht er zweierlei: Zum einen bestätigt er die Schülerin in ihrer formalen Kompetenz, Ungleichungen zu lösen, und verändert damit die zuvor aufgebrochene Perspektive einer Unterstellung von fehlender Bedeutung, welche mit seiner Frage *Und bedeutet der auch was?* bereits etwas zurückgenommen worden war, nun endgültig dahingehend, dass die eigenständig erbrachte Schülerleistung in ihrem ganzen Wert goutiert wird. Zum anderen aber erhält auch die vorherige Schüleräußerung *das größer was...* nun auf indirektem Wege eine nachträgliche Sinnzuschreibung. Damit ist die Gesprächsbasis geteilter Bedeutungshaltigkeit so breit geworden, dass lediglich die Zeichen l und p als bereits problematisierter, aber noch nicht auf widerspruchsfreie Weise bestimmter Rest im Kontext der Sachaufgabe im Sinne eines ungelösten Problems übrig bleiben.

Die Äußerung des Lehrers stellt eine Verkürzung dar. In Langfassung bringt er der Schülerin gegenüber zum Ausdruck, dass für x *alle die [Zahlen]* eingesetzt werden können, *die du hier unten hingeschrieben hast, also alle, die größer sind als acht*. Diese Äußerung ist wiederum nur eine Oberflächenstruktur in Bezug auf den Bedeutungszusammenhang des mathematischen Themas Gleichungen und Ungleichungen. Die Tiefenstruktur lautet demgegenüber: *Damit die Ungleichung als zu bestimmende Aussageform eine wahre Aussage ergibt, können für x alle die Zahlen eingesetzt werden, die du hier unten hingeschrieben hast, also alle, die größer sind als acht.*

Zwar gebraucht der Lehrer nur eine verkürzte Prädikation, doch wird in seiner Formulierung die kontextuelle Einheit von materialer und formaler Bestimmung deutlich. Er behandelt die Schülerin nun ganz als Expertin.

S: Ja.

Die Schülerin nimmt die Interpretation des Lehrers an und bestimmt damit aus ihrer Sicht die gemeinsame soziale und semantische Basis des Lehr-Lern-Gesprächs. Obwohl sie die Sachaufgabe noch immer nicht lösen kann, hat sie das Vertrauen, der Lehrer werde sie zu einer Lösung auf der Grundlage von Verstehen des Sachzusammenhangs führen.

L: Und du hast es sogar so aufgeschrieben, mit so'nem komischen Intervall, von acht, alle Zahlen von acht bis unendlich. Und siebzehn Halbe zum Beispiel mit dabei und einundvierzig Fünftel ist dabei, aber vierzig Fünftel ist nicht mehr mit dabei, also Ix kann nicht vierzig Fünftel sein, aber einundvierzig Fünftel kann es sein.

Der Lehrer bleibt so lange im Kontext der Ungleichung und deren erfolgreicher Bearbeitung durch die Schülerin, bis alle schriftlich fixierten Zeichen des Lösungsprozesses interpretiert sind. Damit bekräftigt er seine zuvor ins Gespräch eingebrachte Norm, Schrift sei immer bedeutungshaltig.

Indem er eines der verwendeten Zeichen sachlich zutreffend als Intervall interpretiert und es im gleichen Atemzug als komisch bezeichnet, drückt er zusätzlich eine Distanzierung vom entsprechenden Zeichengebrauch aus. Damit wiederholt sich nun ein möglicherweise interaktionsspezifisches Strukturelement: Bereits zuvor hatte nämlich der Lehrer das Ix als komisch bezeichnet. Implizit sagt er an dieser Stelle, dass ein solcher Zeichengebrauch im Sinne einer Lösung der Aufgabe nicht alternativlos ist.

S: Ja.

Die Schülerin befindet sich nun in einer Expertenrolle: Im Kontext der einen Aufgabe, der Ungleichung, hat sie die Bedeutung des Zeichens x und der damit verbundenen Unbekanntheit bestimmt – sie kann damit umgehen und versteht dabei, was sie tut. Es ist zu erwarten, dass es im weiteren Verlauf des Gesprächs wieder um die Bedeutung des Zeichens x im Kontext der Sachaufgabe gehen wird. Hinsichtlich dieser Erwartung ist der Lehrer als Experte gefragt.

Es kann nun davon ausgegangen werden, dass die Schülerin beide Aufgaben, also sowohl die Ungleichung als auch die Sachaufgabe, in ihrem jeweiligen Bedeutungskern auf intuitive Weise verstanden hat. Dieser Kern betrifft die semantische Einheit formaler und materialer Bestimmungen und führt im Falle der Sachaufgabe unvermeidlich auf den kategorialen Unterschied von Quantität und Qualität. Während sie jedoch die Ungleichung lösen konnte, stellt die Sachaufgabe noch immer ein Problem für sie dar. Der sachliche Grund dafür liegt darin, dass in diesem Aufgabenkontext zwei Zahlen bestimmt werden müssen: die Anzahl der CDs, die Paul gehören, und die Anzahl der CDs, die Lena gehören.

Damit wird im Erkenntnisprozess der Schülerin jenes Prädikationsproblem virulent, welches im Zuge der Rekonstruktion einer diagnostischen Perspektive des Lehrers auf die Verständnisschwierigkeiten der Schülerin über eine bloße Sachanalyse hinaus als Konsistenzproblem zu Tage getreten war: Wenn x als Zeichen einer Anzahl bestimmt werden soll, so kann dieses im quantitativen Kontext gebrauchte Zeichen nicht auf beide Personen und die jeweils mit ihnen verbundene Anzahl CDs zugleich referieren.

Die Schülerin hat nun zwar die Aufgabe in ihrem semantischen Kern verstanden – was sie dagegen nicht versteht, ist der eigene formale Zeichengebrauch. Die Inhaltlichkeit dieses Zeichengebrauchs ist für einen Mathematiker an die spezifische Sprache der Mengenlehre gebunden. In deren Mittelpunkt steht der mathematische Mengenbegriff.

3.3. Zur Genese von Verstehen

Die Tiefenstruktur des Gegenstandes

In dieser Sicht auf die tieferliegende Sachhaltigkeit der Aufgabe hat der Lehrer mit seiner Äußerung *...also Ix kann nicht vierzig Fünftel sein, aber einundvierzig Fünftel kann es sein* einen weiteren Aspekt von Aufgabenschwierigkeit auf indirekte Weise zur Sprache gebracht. Die Alternative, ob ein Objekt Element einer Menge ist oder nicht, ist nämlich im Kern eine zweiseitige Unterscheidung, die als Drittes genau genommen nur ihre eigene Grenze haben kann – die Unentschiedenheit der Zugehörigkeit eines konkreten Elementes zu einer konkreten Menge. Eine solche Unentschiedenheit ist zum gegenwärtigen Zeitpunkt des Lehr-Lern-Prozesses eine recht genaue Charakterisierung der Unfähigkeit der Schülerin, konkrete CDs mit jenen CD-Mengen in Verbindung zu bringen, die jeweils Paul bzw. jeweils Lena im Sinne individuellen Besitzes gehören.

Das bisherige Geschehen kann aus dieser Sicht auf die Sache dahingehend gerahmt werden, dass der Lehrer versucht, eine solche Unterscheidung scharf zu machen und als Begriff implizit in der semantischen Basis geteilten Verständnisses zu verankern. Die entscheidende Wendung besteht dann darin, dass der Lehrer die Schülerin mittels der offenen Alternative *Person oder CDs oder ...* auffordert, das genannte Beispiel – die Zahl neun – in seiner Allgemeinheit zu explizieren. Denn erst daraufhin erkennt die Schülerin, was die ganze Zeit über vom Lehrer gemeint war: Das x steht für eine Zahl.

Es muss einem Beobachter sehr unwahrscheinlich vorkommen, dass die Schülerin diese Konvention die ganze Zeit über nicht gewusst haben soll. Doch zeigt der bisherige Gesprächsverlauf, dass dieses Wissen nicht explizierbar war: es war unbewusst. Somit lässt sich das Problem, um welches es im Gespräch bis zu dieser Stelle ging, allgemein folgendermaßen bestimmen: Wie kann das mit dem Thema verknüpfte gewusste Unbewusste zur Sprache gebracht werden?

Natürlich hat die Schülerin gewusst, was sie beim Lösen der Ungleichung operativ vollzogen hat. Um aber zu explizieren, warum sie das Ganze getan hat – nämlich: um das Unbekannte zu bestimmen, war im Gespräch einige Interaktion vonnöten. Und die allgemeine Bedeutung dieser resultierenden Bestimmung ist andererseits so abstrakt, dass deren Bezeichnung erst gelingt, nachdem im Gespräch ein konkretes Beispiel, die Zahl neun expliziert wird.

Im Sinne der Unterscheidung von Operation, Handlung und Tätigkeit bedeutet dies, dass die von der Schülerin operativ vollzogenen Lösungspraxis zwar eine Handlung war mit dem Ziel, die entsprechende Ungleichung zu lösen, dass die entsprechende Praxis des formalen Lösens einer Aufgabe aber noch nicht konstitutiver Bestandteil einer übergreifenden gesellschaftlichen Praxis gewesen ist, welche auch hinsichtlich ihres materialen Gehalts von den Regeln allgemeiner Pragmatik getragen wird und somit selbstverständlicher Teil der sinnstrukturierten Welt ist.

Damit zeigt sich ein weiteres Mal, dass vor dem Hintergrund des Anspruchs auf allgemeine Bildung der natürlichen Sprache auch im abstraktesten Denken die entscheidende Rolle zukommt. Je abstrakter die operativ zu beherrschenden Zeichenprozesse sind, umso schwieriger gestaltet sich die Prädikation in natürlicher Sprache. Erkenntnis im Sinne echten pragmatischen Verstehens ist aber genau daran gebunden.

Was im Gespräch bisher nicht expliziert wurde, ist der Mengencharakter des vom Zeichen x Bestimmten. In mathematischer Semantik ist das Zeichen x nämlich gar nicht unbestimmt, sondern nur unbekannt. Für einen Mathematiker ist es kein Problem, über eine Unbekannte wie etwa das Zeichen x im Kontext einer noch nicht gelösten Gleichung zu sagen: dahinter verbirgt sich die Menge aller Zahlen, welche die Gleichung lösen.

Das mit solcher Redeweise verbundene Problem aber ist ein logisches. Nach den in der Mathematik üblichen Standards der Genauigkeit sprachlicher Bezeichnungen kommt es nämlich darauf an zu präzisieren, was mit einer solchen Rede gemeint sein soll. Dazu braucht man die Unterscheidung zwischen einer Menge von Elementen und einem Element dieser Menge: Beide Begriffe sind auf eine Weise aneinander gebunden, dass der eine ohne den jeweils anderen schlichtweg sinnlos ist. Damit stellt sich die Frage, auf welchem Wege die mit dem Mengenbegriff verbundene logische Struktur erkannt wird – vom Einzelnen zum Allgemeinen oder umgekehrt vom Allgemeinen zum Einzelnen?

Bertrand Russel entwickelte diesbezüglich eine Theorie logischer

Typen. In einer axiomatischen Mengenlehre stehen demgegenüber die Operationen im Mittelpunkt, welchen sich Mengen als abstrakte Objekte unterziehen lassen. Beide Denkmöglichkeiten sind jedoch selbst objekttheoretische, so dass seit Piagets Untersuchungen zur Entwicklung des Zahlbegriffs die Frage nicht mehr außerhalb eines Rahmens an sprachlichen und operativen Möglichkeiten gestellt werden kann.

Soviel ist klar: Mengenverständnis ist nur dann gegeben, wenn die beiden Aspekte von Ganzem und Teilen in der Vorstellung so zusammenkommen, dass von einem festen Begriffsverhältnis bzw. von einer klar bestimmten Relation die Rede sein kann. Man könnte also sagen, eine Menge und ihre Elemente müssen als logische Struktur gleichzeitig erkannt werden. Anderenfalls sind sie nicht wirklich erkannt.

Um genau dieses Problem scheint es im oben analysierten Dialogabschnitt zu gehen. Nachdem vorher geklärt worden ist, dass die Unbekannte x auch im Falle von unbekannten CDs quantitativ bestimmbar ist, wird nun das Merkmal reiner Quantität in den Mittelpunkt des Gesprächs gestellt. Das heißt zum einen: das Ix ist eine Zahl. Zum anderen heißt es aber auch: im Ix stecken verschiedene Zahlen. Der Lehrer betont im Gespräch die Gleichzeitigkeit beider Bestimmungen. Er vermeidet jedoch, den Aspekt der Verschiedenheit explizit zu bezeichnen. Die entsprechende Seite des Themas bleibt im Gespräch implizit. Insbesondere vermeidet es der Lehrer, den Begriff der Lösungsmenge einer Ungleichung zu gebrauchen. Aber er vermeidet es genauso, den mehrdeutigen Begriff der Lösung als Bezeichnung für Prozess und Ergebnis dieses Prozesses zu gebrauchen.

Dafür betont er den für das Verständnis des Mengenbegriffs konstitutiven Unterschied, ob ein konkret bezeichnetes und damit begrifflich gegebenes Einzelnes zum Allgemeinen der Menge gehört oder nicht. Dieser Unterschied betrifft die intuitive Wahrnehmung einer Grenze im assoziativen Raum begrifflicher Vorstellungen und lässt sich – zunächst metaphorisch – als abstrakte Gestaltwahrnehmung der Lösungsmenge charakterisieren. In ähnlichem Sinne sprach Emmy Noether, die Erfinderin der modernen Algebra, vor hundert Jahren von „abstrakter Anschauung".

Prädikation als Vermittlung materialer und formaler Kontextstruktur

Im bisherigen Lehr-Lern-Gespräch wurde vom Lehrer und der Schülerin gemeinsam aufgeklärt, dass das Zeichen x eine im vorliegenden Kontext zwar vielleicht noch nicht konkretisierbare, aber prinzipiell mögliche quantitative Bestimmung darstellt, also für eine Zahl steht. In dieser Bedeutung stellt Ix ein Element der Lösungsmenge einer mathematischen Gleichung oder Ungleichung dar. Im Kontext der Sachaufgabe besteht diese Bestimmung zusätzlich darin, dass jede Zahl als Anzahl einer bestimmten Menge von Gegenständen – im vorliegenden Falle CDs – in Erscheinung tritt. Die Materialität dieser Bestimmung ist in ihrer Sachhaltigkeit also eine doppelte: Das Zeichen x steht für eine Zahl, welche wiederum für eine Menge von Gegenständen steht.

Damit hat das Ix zwei logische Typen gleichzeitig zu repräsentieren: Einerseits repräsentiert es eine Gesamtheit von Gegenständen, die in ihrer konkretisierbaren Einheit eine Menge bilden, und andererseits repräsentiert es als Anzahl die mögliche Kardinalität einer solchen Menge. Letztere Bestimmung ist gegenüber ersterer eine Abstraktion. Dieser Unterschied zweier Bestimmungen lag der anfänglichen Lesartendifferenz in Bezug auf das Ix zu Grunde.

Als die Schülerin in ihrer Lesart davon ausging, das Zeichen x stehe für ganz bestimmte CDs, hatte sie zwar noch nicht den potentiellen quantitativen Charakter dieser Bestimmung erkannt, war jedoch mit ihrer Vorstellung insofern auf einem guten Wege, als es von der Vorstellung einer gegliederten Ganzheit der qualitativen Bestimmung CD zur Vorstellung einer quantitativen Bestimmung derselben Ganzheit nur noch ein Schritt ist – allerdings eben ein Schritt der Abstraktion.

Diese Abstraktion besteht darin, die Vorstellung einer gegliederten Ganzheit von CDs dahingehend zu modifizieren, dass in der konkreten Anschauung zwischen dem Ganzen und seinen Teilen unterschieden werden kann. Da es sich beim Ganzen im Kontext der Sachaufgabe aber lediglich um eine gedankliche Zusammenfassung von nicht genauer konkretisierbaren Gegenständen handelt, deren Zugehörigkeit zu dem jeweiligen Ganzen durch ein abstraktes Merkmal – im Besitz einer der beiden Personen zu sein – bestimmt wird, ist der mathematische Mengenbegriff die adäquate Bestimmung dieser Ganzheit in Abgrenzung zu anderen, eher lebensweltlich gebundenen Ganzheitsvorstellungen wie einer CD-Sammlung oder einem Haufen CDs, der etwa dann entsteht, wenn eine mit CDs gefüllte Tasche auf einem Tisch ausgekippt wird.

Insofern bereitet der Lehrer mit der Kontrastierung des Ix in den beiden Kontexten von Ungleichung und Sachaufgabe tatsächlich einen Brückenschlag vor zwischen jenem Aufgabenkontext, in dessen Rahmen die Schülerin das Ix intuitiv als Mengenbestimmung verwendet, und dem anderen, der durch eine Konnotationsdifferenz zwischen verschiedenen Zeichen einer formalen Sprache charakterisiert ist. Um genauer zwischen den qualitativen und den quantitativen Bestimmungen in letzterem Vorstellungsrahmen unterscheiden zu können, ist es im Gespräch also nötig, die Schülerin mit ihrem eigenen Zeichengebrauch und den darin auf objektive Weise ausgedrückten Bedeutungen zu konfrontieren.

Im weiteren Gang der Analyse soll dieser Sachaspekt im Vordergrund stehen: Wie gelingt es der Schülerin, einerseits die Sache und die Sozialität dieser Sache im Gespräch auseinanderzuhalten und andererseits im dialogischen Kontext die Sache selbst in ihrer objektiven Strukturiertheit zu erkennen? Es geht dann in erster Linie um die Frage, ob die Schülerin den Unterschied beider Lesarten erkennt und auf welchem Wege sie gegebenenfalls zur Erkenntnis der Bedeutung dieses Unterschieds für die Möglichkeit einer Lösung des Sachproblems gelangt. (In zweiter Linie muss es um das allgemeinere Problem gehen, im Rahmen der Rekonstruktion eines Erkenntnisprozesses auf empirischer Basis zu einer sequenzlogischen Beschreibung der Genese dieses Unterschieds im Vorstellungsraum der Schülerin zu gelangen.)

L: Also Ix ist'ne Zahl. Und was ist Ix hier? Ist das Ix hier auch'ne Zahl, oder ist es was anderes?
S: Es ist auch'ne Zahl.
L: Auch'ne Zahl, genau. Und, welche Zahl?
S: Äh, sechs.
L: Genau, Ix gleich sechs! Also das, was du hier hingeschrieben hast, bedeutet einfach Ix gleich sechs. Ix gleich sechs. Insofern, hast du's eigentlich schon gelöst, oder? [eine Sekunde Pause] Also Ix hast du jetzt ausgerechnet...
S: Hähä, ja.
L: Aber hat das was mit deiner Frage zu tun? Die du gestellt hast? [zwei Sekunden Pause] Aber kannst du die Frage jetzt beantworten?
S: Nein.
L: Denn das Ix hast du ja jetzt ausgerechnet.
S: Trotzdem kann ich die Frage nicht...
L: Genau. [Unverständlich] also sogar, das Ix hat, sozusagen, mit der Frage erstmal noch nichts zu tun.

Die entscheidende Stelle in obenstehender Sequenz ist jene, da die Schülerin mit ihrer lachenden Bestätigung der vorherigen Lehreräußerung *hähä, ja* der Erkenntnis Ausdruck verleiht, dass eine Bestimmung des

Zeichens x auf formalem Wege nicht mit einer Lösung des Sachproblems verbunden ist, die sich an den materialen Gegebenheiten des Aufgabenkontexts orientiert. Die sich in diesem Zusammenhang entäußernde Affektivität zeigt einen fruchtbaren Moment im Sinne Friedrich Copeis an oder verweist zumindest auf den Umstand, dass an der Entstehung dieser spontanen Äußerung ein Moment von Überraschung beteiligt war. Letzterer Umstand wiederum verweist auf das Vorliegen einer Erwartungsenttäuschung, die im Sinne ihrer konkreten Realisierung gar keine Enttäuschung ist. Insofern muss es sich um eine Irritation handeln, die im Sinne von Peirce' pragmatistischer Beschreibung der Festlegung einer Überzeugung nicht auf die Abwesenheit einer normativen Orientierung, sondern auf den Prozess von deren Genese verweist. Dass der Schüleräußerung tatsächlich eine Erkenntnis zugrunde liegt, ergibt sich in sachlicher Hinsicht aus der Struktur des zuvor im Gespräch aufgebauten sozialen Zusammenhangs geteilter Bedeutungen. Der Fakt, dass im Prozess dieses Aufbaus eine Negation beteiligt war, die sowohl in der Sach- als auch in der Sozialdimension als kontextverändernde Operation in Erscheinung getreten ist, spricht für eine individuelle Realisierung dieses Bedeutungszusammenhangs durch die Schülerin.

Die Äußerungen in obenstehender Sequenz, die der Erkenntnis vorausgehen, sind eine sprachliche Explikation jener Zusammenhänge, die im Rahmen dieser Analyse bereits aufgezeigt worden sind und die sich aufs Verstehen der quantitativen Bestimmung des Ix im Rahmen der Sachaufgabe beziehen. Jene Äußerungen dagegen, die auf die Artikulation der Erkenntnis folgen, sind eine konkrete sprachlich-sequenzielle Explikation dessen, worauf sich die Erkenntnis der Schülerin potentiell bezieht. Im Rahmen der bereits markierten hypothetischen Fallstruktur handelt es sich zum einen um die weitere Erzeugung von formaler Redundanz im Lehr-Lern-Gespräch, zum anderen um ein diagnostisches Element, welches es dem Lehrer gestattet, die Genauigkeit bzw. Differenziertheit der durch die Schülerin gewonnenen Erkenntnis einzuschätzen. In dieser Hinsicht geht es um eine Absicherung des bei Kommunikationsprozessen prinzipiell vakanten Verstehens, welches sich im obigen Fall als Erlebnis gezeigt hat, aber in seiner Informationshaltigkeit noch latent und damit in gewisser Weise unbestimmt ist. Um später gedanklich oder kommunikativ auf deren Inhalt referieren zu können, muss dieser Inhalt eine in der Vorstellung aktualisierbare sprachliche Gestalt haben – eine auf intuitive Weise verstandene Tiefenstruktur.

Die Sequenz endet mit der Artikulation der Feststellung durch den Lehrer, die Verwendung des Zeichens x durch die Schülerin bei ihrem selbstständigen Lösungsversuch der Sachaufgabe sei nicht produktiv im

Sinne einer Problemlösung. Der vom Lehrer angebahnte Brückenschlag hat damit eine materiale und eine formale Seite: In materialer Hinsicht wird auf dem Wege des Aufbaus spezifischer Bedeutungsstruktur die Explikation von Vorstellungen ermöglicht, denen implizit der mathematische Mengenbegriff zu Grunde liegt; in formaler Hinsicht dagegen geht es um nicht weniger als die Möglichkeit, die vormals verwendete eigene Codierung der sprachlich-konkret bezeichneten Gegenständlichkeit mit der Optik einer nun veränderten Codierung abbilden zu können. Eine solche Abbildung aber führt unvermeidlich auf die Struktur einer Differenz. Um eine solche, zunächst möglicherweise nur intuitiv erkannte Differenz dann auch sprachlich prädizieren zu können, ist jedoch mehr vonnöten als eine Vorstellung. Eine so verstandene Reflexivität, die sich nahtlos an den Bildungsbegriff Humboldtscher Prägung anschließen lässt, ist notwendig an die Sequenzialisierung der im Vorstellungsbild simultan erfassten Komplexität an Information gebunden. Das spezifische Medium, in welchem eine solche Sequenzialisierung als Neucodierung realisiert und daraufhin kommuniziert werden kann, ist der grammatisch-semantische Mechanismus der natürlichen Sprache.

In der per Analyse bisher zu Tage getretenen Logik müsste im Anschluss an diese Sequenz eine weitere Problematisierung des Zeichengebrauchs der Schülerin erfolgen, die sich vor allem auf die anderen beiden formalen Zeichen bezieht: Peh und Ell. Wie bereits aufgezeigt wurde, entspricht der bisherige Zeichengebrauch der Schülerin einer Rezeption der strukturellen Gegebenheiten des Aufgabenkontexts, die nicht zwischen quantitativen und qualitativen Bestimmungen unterscheidet. In Bezug auf das Ix hat die Schülerin aber erkannt, dass es sich um eine Zahl handeln muss. Damit wird zumindest fraglich, in welcher kategorialen Bedeutung im Folgenden die Zeichen l und p interpretiert werden – als Quantitäten wie das Ix oder aber lediglich als quantitativ neutrale Qualitäten, so wie es bisher der Fall war.

Im Sinne einer latenten Strukturierung auf der Basis des mathematischen Mengenbegriffs wäre die Rezeption von Ell und Peh als Zeichen in einem materialen und quantitativen Kontext potentiell problemlösend, während sie auf der bloß materialen Basis der bisherigen Bedeutungen eine Erkenntnis der Tiefenstruktur des Sachzusammenhangs weiterhin unmöglich machen würde. Diese Tiefenstruktur wird im Sinne einer semantischen Kernstruktur, an welche weitere Vorstellungen anschließen können, durch die doppelte, zugleich Verbindung und Abgrenzung ausdrückende Bedeutung der Konjunktion *und* im Rahmen des Syntagmas *Paul und Lena*, welches sich intuitiv als Vereinigung zweier quantitativer Objekte – in mathematischem Sprachgebrauch: disjunkter Mengen – und somit als arithmetische Additionsoperation verstehen lässt, in Verbindung mit dem sowohl quantitative als auch qualitative Bedeutung tragenden Prädikat *CDs haben* repräsentiert. Dann ginge es für die Schülerin im Folgenden darum, die für das Ix vorgenommene Neucodierung als bestimmte Unbekannte – zuvor hatte das Zeichen lediglich die diffuse Bedeutung von Unbestimmtheit repräsentiert – auf die Zeichen l und p zu übertragen. Das ist aber nur möglich, wenn die in den formalen Pseudogleichungen $l = Lena$ und $p = Paul$ prädizierten materialen Zeichenbedeutungen dahingehend differenziert bzw. korrigiert und präzisiert werden, dass es sich in materialer Hinsicht um CDs und in formaler Hinsicht um Anzahlen handelt.

L: Genau. [Unverständlich] also sogar, das Ix hat, sozusagen, mit der Frage erstmal noch nichts zu tun. [zwei Sekunden Pause] Dann sollten wir weiter überlegen. [Räuspert sich] Können wir uns vielleicht mit Ell und Peh noch irgendwas behelfen? [zwei Sekunden Pause] Ell, denn hier steht Ell ist gleich Lena?
S: [eine Sekunde Pause] Ell ist eben Lena.
L: Ell ist die Person Lena, und Peh ist die Person Paul.
S: Ja.
L: Hat das was mit CDs zu tun?
S: Nein.
L: Eigentlich nicht, ne. Also haben wir's hier'n bisschen komisch festgelegt, Ell ist gleich Lena...
S: Na ja, aber...
L: Kann man ja schreiben, aber, ist ja gar keine Zahl, Ell ist ja gar keine Zahl, ne, man hat ja hier mit Ell irgendwie gerechnet, ne, hier unten. Wenn da ein Gleichheitszeichen steht, dann hat das ja irgendwas mit'ner Rechnung zu tun, und wenn das aber nun 'ne Person ist, dann müsste man ja auch mit 'ner Person rechnen, also: „Lena, geh mal aus'm Zimmer raus", erst war Lena da, jetzt ist sie nicht mehr da, jetzt kann man nicht mehr mit ihr rechnen, jetzt ist sie draußen.
S: Na man könnte ja irgendwie 'ne Gleichung aufstellen

Der Lehrer dekliniert nun all jene Unterschiede innerhalb des semantischen Gefüges der Sachaufgabe durch, die im Gespräch bereits thematisiert worden sind: Gemäß den Pseudogleichungen $l = Lena$ und $p = Paul$ handelt es sich bei Ell und Peh um individuell unterscheidbare Personen und gerade nicht um Mengen von in der Vorstellung ununterscheidbaren Gegenständen. Die Frage nach einem möglichen Bezug dieser formalen Bestimmungen auf die Materialität von CDs wird durch die Schülerin verneint. Dadurch wird für einen Beobachter klar, dass die Schülerin zwar in Bezug auf das Ix den Bedeutungskern des mathematischen Mengenbegriffs – die dialektische Einheit von Abstraktem und Konkretem, in deren Rahmen ihre eigene Lesart anschlussfähig an die Lesart des Lehrers wird – verstanden hat, dass sie aber die sprachliche Tiefenstruktur des Sach- und Bedeutungszusammenhangs der Aufgabe intuitiv noch nicht erfasst hat. Ursache dafür scheint zu sein, dass sie sich nicht von den schriftlich fixierten Codierungen des vormaligen eigenen Zeichengebrauchs lösen kann.

Der Lehrer stellt daraufhin genau diesen Zeichengebrauch in Frage, indem er – nun bereits zum dritten Mal im Gesamtverlauf der Interaktionen – ein Detail im formalen Zeichengebrauch der Schülerin als komisch bezeichnet: im vorliegenden Fall die in Form einer Pseudogleichung in Erscheinung tretende Festlegung $l = Lena$. Zusätzlich zur bereits erzielten Einigkeit bezüglich des Fakts, dass die Festlegung des Ix der Schülerin nicht zur Möglichkeit einer Lösung der Sachaufgabe verhilft, was an eine Erkenntnis auf Seiten der Schülerin gebunden war, kritisiert der Lehrer die Bedeutung des Ell. Die Schülerin will widersprechen, der Lehrer lässt sie jedoch nicht zu Wort kommen, sondern entfaltet stattdessen in einem eigenen Minimonolog den kategorialen Unterschied von Quantität und Qualität in Bezug auf die Festlegung und den Gebrauch des Zeichens l durch die Schülerin bei ihrem selbstständigen Lösungsversuch der Sachaufgabe. Im diesem Rahmen wird der Lehrer schließlich ironisch: Indem er im Status einer Möglichkeit versucht, mit einer Person zu rechnen, bringt er auf der Grundlage der entsprechenden Polysemie des Verbs *rechnen* den Unterschied von Beziehungen zwischen Personen einerseits und Operationen mit Zahlen andererseits zum Ausdruck.

Damit nimmt sein Beitrag die Form massiver Kritik am Zeichengebrauch der Schülerin an. Indirekt wird damit Bezug auf die im Gespräch durch den Lehrer bereits thematisierte Konnotationsdifferenz zwischen den formalen Zeichen l und p einerseits und dem formalen Zeichen x andererseits genommen. Nachdem das Ix in materialer Hinsicht als quantitative Bedeutung bestimmt worden ist, wird eine entsprechende Bestimmung auch für das Ell eingefordert. Als Argument für die Sachhaltigkeit einer solchen Erwartung dient der vormalige formale Zeichengebrauch im Rahmen einer Gleichung durch die Schülerin selbst. Was der Lehrer also hier einfordert, ist Konsistenz beim Gebrauch von Zeichen in mathematischem Kontext vor dem Hintergrund von deren schriftlicher Fixierung.

Ein solches Vorgehen bringt in ähnlicher Weise eine paradigmatische Sprachstruktur zum Ausdruck, wie etwa der Numerus eines Substantivs zum einen die Gesamtheit aller Kasusformen differenzierend in zwei Gruppen zerlegt und zum anderen beide Gruppen so aufeinander bezieht, dass die semantische Einheit des Systems der Kasusformen erhalten bleibt. Im Unterschied zur grammatischen Unterscheidung von Singular und Plural handelt es sich bei obenstehender Sequenz jedoch um die kategoriale Differenz von Qualität und Quantität. Oder auch umgekehrt: Die Pluralform eines Substantivs drückt im Sinne einer spezifischen Bedeutungserweiterung der Singularform in ähnlicher Weise sowohl eine Quantität als auch eine Qualität aus, wie das Zeichen x im bisherigen Gesprächsverlauf einen doppelten – sowohl quantitativen als auch qualitativen – materialen Bezug hat.

Im Unterschied zum Ix handelt es sich bei Ell und Peh aber um zwei Zeichen, die gemeinsam – innerhalb der von der Schülerin eigenständig korrigierten Gleichung $l + p = 30$ in Form einer additiven Verknüpfung – eine Gesamtheit von CDs bezeichnen. Was die Schülerin noch nicht erkannt hat, ist die Möglichkeit, sowohl Ell als auch Peh genauso als CD-Mengen und damit als Einheit von quantitativer und qualitativer Bestimmung zu interpretieren, wie sie es für das Ix bereits getan hat. Diese Möglichkeit ist an eine Neucodierung des bisher nur konnotativ in Erscheinung getretenen Unterschieds zwischen Personen und CDs gebunden: Drückte das Ix semantisch bisher eine materiale Differenz zum Ell und Peh und solcherart die Differenz von Qualität und Quantität in der intuitiven Bedeutungsperspektive der Schülerin aus, so müsste die entsprechende Semantik im Rahmen der mathematischen Modellierung in Form einer Gleichung als Einheitlichkeit materialer Bezüge deutbar werden.

Das hieße zum einen, dass das Ix als gesonderte Bezeichnung der Gegenständlichkeit von CDs im Gleichungskontext nicht mehr auftauchte – der entsprechende materiale Bezug könnte dann auf die Zeichen l und p übergehen. (Ersteres hat die Schülerin bereits selbstständig geleistet, letzteres aber offenbar noch nicht.) Zum anderen hieße das, der im Aufgabentext ganz natürlich enthaltenen Konnotationsdifferenz von Personen und CDs eine neue gedankliche bzw. Zeichenform zu geben. Das abstrakte Merkmal von CD-Besitz müsste einer Person dann in gleicherart natürlicher Weise zukommen wie etwa ihr Geschlecht oder ihre Augenfarbe. Die damit verbundene Bedeutungsverschiebung der Zeichen l und p wäre dergestalt, dass bei Referenz auf Ell und Peh in der Vorstellung nicht mehr zwangsläufig Personen oder Gesichter auftauchen würden, sondern eher so etwas wie ein größerer und ein kleinerer Haufen CDs.

Das *Nein* der Schülerin in obenstehender Sequenz lässt sich im Unterschied zur zunächst rekonstruierten Sichtweise, die eher eine Lehrersicht ist, auch so deuten, dass die Schülerin auf der Sachdimension des Gesprächs ihren vormaligen eigenen Zeichengebrauch indirekt selbst kritisiert. In dieser Lesart könnte sie zumindest eine Intuition für die zu leistenden Bedeutungsverschiebungen haben. Dann hätte sie im Folgenden dennoch das Problem – und in dieser Hinsicht besteht zwischen den Lesarten kein Unterschied – im Ergebnis eines Prozesses zweier sachbezogener Negationen, die sowohl das Ix als auch das Ell und Peh betreffen, aus ihrem eigenen konkreten Verwendungszusammenhang formaler Zeichen jene Strukturelemente herauszulösen, die im Sinne einer formalen Lösung des material gebundenen Problems produktiv sein können, und sie von jenen Bedeutungsstrukturen zu unterscheiden, die einer Lösung des Sachproblems im Wege stehen. Dabei wäre sie aber der im Ganzen paradoxen Anforderung ausgesetzt, sowohl ihren eigenen Zeichengebrauch zu kritisieren als auch daran festzuhalten.

Die Reaktion der Schülerin auf den Kurzmonolog des Lehrers zeigt, dass sie zum einen nicht bereit ist, die einmal erreichte Symmetrie der Gesprächsrollen aufzugeben. Zum anderen ist sie davon überzeugt, dass bei aller mit der vakanten Bedeutung der Einzelzeichen verbundenen Problematik des Sachzusammenhangs die formale Sprachstruktur einer mathematischen Gleichung den entscheidenden Impuls zu einer Lösung des material gestellten Problems zu liefern in der Lage ist. Sie weiß also, woran sie im Folgenden festzuhalten hat. Unklar bleibt zunächst, ob sie weiß, dass sie sich von den durch die beiden Pseudogleichungen $l =$ *Lena* und $p = Paul$ gesetzten materialen Bestimmungen lösen muss, um die Tiefenstruktur des Sachzusammenhangs zu erkennen. In der Formulierung *man könnte ja irgendwie 'ne Gleichung aufstellen* kommt zudem die prinzipielle Unbestimmtheit ihrer Grundidee zum Ausdruck. Die Schülerin ist in Bezug auf die materialen Bestimmungen des Ell und Peh noch auf der Suche, während sie an der Grundidee von deren formaler Bestimmung mittels einer Gleichung festzuhalten gewillt ist.

Letzteres wird durch die Bedeutung von Evidenz und Fraglosigkeit ausgedrückt, welche sowohl mit der einleitenden Interjektion *Na* als auch mit dem verstärkend gebrauchten *ja* verbunden ist. Mit ihrem Ausdruck von Unbestimmtheit *man könnte ja irgendwie* schließt sie damit rhetorisch – hinsichtlich der sprachlichen Ausdrucksform – an jene Formulierungen an, die der Lehrer in seinem Minimonolog zuvor auch verwendet hat: *man hat ja hier mit Ell irgendwie gerechnet* sowie *dann hat das ja irgendwas mit 'ner Rechnung zu tun*. Sie kopiert die vom Lehrer gebrauchte Rhetorik nun in zweifacher Hinsicht: einmal in der distanzierenden Unbestimmtheit der Ausdrucksweise, die vorher bereits im dreimaligen Gebrauch des Attributs *komisch* für Details des jeweiligen mathematischen Zeichengebrauchs in Erscheinung getreten war, und zum anderen mit dem Gebrauch der unpersönlichen Form *man*, die semantisch eine Ersatzform des Passiv ist und es ihr ermöglicht, den vormaligen eigenen Zeichengebrauch aus der Perspektive einer dritten Person zu bezeichnen.

L: Aber, das ist jetzt die Frage...
S: Aber Ell plus Peh sind ja dreißig!
L: Ach Ell plus Peh sind dreißig? Was bedeutet'n das?
S: Na, dass die beiden zusammen dreißig haben.
L: Ach, dass beide zusammen dreißig haben.

Der Lehrer tritt nun als jene Prüfinstanz in Erscheinung, die es der Schülerin ermöglicht, im Prozess der Auseinandersetzung mit dem Sachproblem einerseits einer intuitiv wahrgenommenen Idee zu folgen – nämlich den Sachzusammenhang mittels mathematischer Gleichungen so zu modellieren, dass eine formale Lösung dieser Gleichungen zu einer Lösung des material gebundenen Sachproblems der Paul-und-Lena-Aufgabe führt – und andererseits im Zuge desselben Prozesses zu einer Distanzierung vom eigenen formalen Zeichengebrauch zu gelangen, die eine Erkenntnis jener Tiefenstruktur evoziert, die als Vorstellung logischer Struktur eine notwendige Bedingung für deren sprachlich-sequenzielle Prädikation ist und auf solche Weise zu einer informationshaltigen Erweiterung dessen führen kann, was der formalen Manipulationspraxis der Schülerin an spezifisch-mathematischer Rationalität bei ihrem selbständigen Lösungsversuch bereits intuitiv zu Grunde lag, ohne dass es schon zu einer materialen Problemlösung ausgereicht hätte. Als solche Instanz präsentiert der Lehrer die dem Problem entsprechende Sachlogik, und eine entsprechend dialogisch in Erscheinung tretende, die Logik des Gegenstands einschließlich deren Grenzen implizit auffaltende Präsentation ist Voraussetzung für die sich auf intuitiver Grundlage vollziehende sprachlich-sequenzielle Repräsentation der Sachstruktur durch die Schülerin. Indem der Lehrer den Gedankengang der Schülerin zunächst unterbricht und damit die Prädikation verzögert, tritt er zudem auf der Sozialdimension des Geschehens in Erscheinung und schafft so den zeitlichen Rahmen dafür, dass sie die Komplexität der logischen Struktur gedanklich-intuitiv vom sozialen Interaktionsrahmen ablösen und die komplexe Bedeutung in der eigenen Vorstellung erst realisieren kann.

Die Schülerin wählt nun aus der Gesamtheit der von ihr selbst bei ihrem ersten Lösungsversuch niedergeschriebenen Gleichungen jene aus, an welcher sie bereits eigenständig eine Korrektur vorgenommen hatte. Diese Gleichung *30 = l + p* drückt als einzige der sechs den mit der Aufgabenstellung in natürlicher Sprache formulierten Sachzusammenhang in einer Weise aus, dass durch die entsprechende Modellierung eine Bestimmung von CD-Mengen im Einklang mit den sprachlich evozierten Vorstellungen ohne den Umweg einer weiteren Prädikation über den Gebrauch des Zeichens x ermöglicht wird. Indem die Schülerin aus der anfänglichen Form *30 = x + l + p* das Zeichen x bereits selbständig herausgestrichen hatte, war sie der intuitiven Erkenntnis gefolgt, außer Paul und Lena gäbe es im Aufgabenkontext keine weitere Instanz, die Ansprüche auf einen Teil der Gesamtheit von dreißig CDs erheben könnte.

Die Schülerin knüpft damit an einen Punkt ihres eigenen Problemlösungsprozesses an, an welchem sie sich schon einmal aus eigenen Überlegungen heraus genötigt sah, eine Korrektur an vormaligen formalen Bestimmungen vorzunehmen, an welchem jedoch von einem Scheitern ihrer anfänglichen Lösungsintention noch keine Rede sein konnte. Sie erhält so eine Kontinuität im eigenen Denken und schafft die Voraussetzung dafür, sich nach einer eventuell folgenden erfolgreichen Problemlösung diesen Erfolg im Sinne einer Kausalattribution selbst zuschreiben zu können.

Mit seiner Doppelfrage: „*Ach Ell plus Peh sind dreißig? Was bedeutet'n das?*", die ein weiteres Mal die Reproduktion des bereits mehrfach markierten Fallstrukturelements spezifischer Erzeugung von Redundanz aufzeigt, dringt der Lehrer – wie zuvor bereits im Zusammenhang mit der Rekonstruktion der quantitativen Bedeutung des Zeichens x – auf eine Präzisierung des Unterschieds zwischen qualitativer und quantitativer Bestimmung in Bezug auf die spezifische Bedeutung der formalen Zeichen l und p. Im Einklang mit seiner bereits im Lehr-Lern-Gespräch etablierten Lesart des lx als Anzahl von CDs hat er nun eine analoge Bestimmung von Ell und Peh vor Augen.

Vor dem Hintergrund der oben im Zusammenhang mit der spezifischen Ambivalenz in der Bedeutungsstruktur des mathematischen Mengenbegriffs aufgezeigten Schwierigkeit für das Verstehen des quantitativen Charakters entsprechender formaler Bestimmungen wird hier die Konnotationsdifferenz zwischen den formalen Zeichen l und p sowie dem formalen Zeichen x auf implizite Weise erneut thematisch. Um nämlich die Bedeutung von *Ell plus Peh* sprachlich zu explizieren, gibt es zwei Lesarten, die in ihrer jeweiligen Bedeutungsstruktur den beiden Lesarten für eine Bestimmung des lx entsprechen: (vgl. am Ende des ersten Abschnitts von 3.2.)

A. Beim Term *Ell plus Peh* handelt es sich um eine Bezeichnung von CD-besitzenden Personen, die ihren jeweiligen Besitz im Rahmen eines pragmatisch näher zu bestimmenden Kontexts zu einem größeren Ganzen zusammentun.

B. Der Term *Ell plus Peh* soll die Vereinigung zweier disjunkter CD-Mengen bezeichnen, die operativ ein größeres Ganzes – eben die mengentheoretische Vereinigung beider Teilmengen an CDs, die jeweils Paul bzw. Lena gehören – hervorbringen.

In der ersten Lesart ist der spezifische Mengencharakter des CD-Besitzes beider Personen insofern nicht ausgedrückt, als mit der gedanklichen Abgrenzung und Vereinigung des jeweiligen Besitzes zweier Personen zwar ein sozialer Prozess konkretisiert wird, aber eine Operationalisierung dieses Prozesses im Vollzug von Vorstellungen der Sequenzlogik des sprachlichen Gebildes nicht zwingend erforderlich ist: Die Vorstellungen könnten auch von rein ikonischem Charakter sein. Die zweite Lesart referiert dagegen auf eine Vorstellung von Elementen, die beide CD-Mengen erst als Ganzheiten konstituieren. Diese Elemente tragen zudem die zusätzliche materiale Bestimmung, CDs zu sein, was in der Logik der Lesart eine Unterscheidung dieser Gegenständlichkeit von eventuellen Mengenbezeichnungen für den jeweiligen CD-Besitz von Paul und Lena garantiert.

Die Konnotationsdifferenz zwischen Ell und Peh einerseits und Ix andererseits hätte demgemäß für die Schülerin die Form, dass sie das Zeichen x im Kontext der Ungleichung zwar intuitiv bereits im Zusammenhang mit der Bezeichnung konkreter Quantitäten – von material nicht weiter gebundenen Zahlen – verwendet hat, dass die Zeichen l und p aber auf der Grundlage der in den beiden Pseudogleichungen $l = Lena$ und $p = Paul$ festgelegten Bedeutungen noch keinerlei quantitativen Bezug erkennen lassen und solcherart lediglich auf die undifferenzierte und somit diffuse Einheit von Personen referieren können. Die Lesart der Schülerin für das sprachliche Konstrukt *Ell plus Peh* trüge dann noch immer die oben bereits aufgezeigte spezifische Unschärfe, nicht zwischen der impliziten Referenz auf einen Besitz, der mit einer CD-Menge konnotiert ist, und auf einzelne Gegenstände, die als Teile einer größeren Gesamtheit von CDs entweder Elemente der einen oder der anderen Teilmenge sein müssen, unterscheiden zu können.

Wenn dem aber tatsächlich so ist, dann gibt es vor dem Hintergrund einer Verstehenserwartung im Grunde keine Alternative zu einer Konfrontation der Schülerin mit dreißig realen CDs und der Frage, welche konkrete CD denn nun wem gehöre. Nur so wäre es möglich, dass die mathematisch-mengentheoretische Lesart einen echten pragmatischen Rahmen erhält und umgekehrt die pragmatisch-personenzentrierte Lesart eine konkrete Zuordnungssemantik für undifferenzierte CDs.

Die noch nicht erkannte Tiefenstruktur umfasst im Unterschied zum Prozess der quantitativen Bestimmung des Zeichens x hier also einen eigenen Handlungskontext, der die strukturtheoretische Vorstellung von der Vereinigung zweier disjunkter Mengen zu einer neuen Menge im Sinne einer reversiblen Operation gleichermaßen beinhalten muss wie die alltagspraktische Vorstellung einer Gütertrennung im Kontext von ehemals gemeinsamer Verfügung über bestimmte Gegenstände. Es erscheint zwar nicht prinzipiell unmöglich, einen solchen Handlungskontext allein durch Worte und Ausdruck in natürlicher Sprache gedanklich zu simulieren, doch bleibt auch ein solches Vorgehen an kognitive Voraussetzungen im Bereich geistiger Operationen gebunden: Die Sequenzialität einer mengentheoretischen Vereinigung und Trennung zweier Teile referiert notwendigerweise auf die Abstraktion einer Unterscheidung der konkreten Elemente einer Menge von der Menge als konkret konstituierter Ganzheit.

Im Sinne einer Beschreibung des empirischen Erkenntnisprozesses der Schülerin wäre im Folgenden die Übertragung der für die quantitative Bedeutung des Zeichens x gewonnenen semantischen Struktur auf die für die Schülerin bisher noch nicht quantitativ zu fassenden Bedeutungen der Zeichen l und p differenzierend nach Vorstellung und Sequenzlogik zu analysieren. Eine solche Analyse würde aber mit Sicherheit den Rahmen der in vorliegender Arbeit verfolgten Fragestellung sprengen und bleibt einer weiteren und prozesslogisch genauer differenzierenden Untersuchung vorbehalten. Diese könnte durchaus zu Tage fördern, dass sich Schülerin und Lehrer zwischenzeitlich in sachlich wie sozial unterschiedlichen Vorstellungsräumen bewegen – insofern, als einerseits die Schülerin möglicherweise Strukturen des Kontexts sieht, die in dieser Form für den Lehrer in der zu analysierenden Lehr-Lern-Sequenz unsichtbar bleiben, und andererseits der Lehrer bei der Schülerin Vorstellungsschwierigkeiten zu Grunde legt, die sie so gar nicht hat. Beide Momente würden dann ein partielles Missverstehen von Lehrer und Schülerin in der zu analysierenden Sequenz aufzeigen und würden die hier nicht zweifelsfrei entscheidbare Frage neu aufwerfen, ob es sich bei dem Lehr-Lern-Gespräch um eine auch im pragmatisch-sozialen Sinne gelingende Interaktion handelt.

Bezogen auf die Zielstellung dieser Fallrekonstruktion soll es zunächst genügen, im Rahmen der Auseinandersetzung der Schülerin mit der Sachaufgabe den Unterschied zwischen Verstehen und Nichtverstehen zu markieren und die operative Einbettung dieses Unterschieds in den zu Grunde liegenden Lehr-Lern-Prozess auf die im Analyseprozess bereits angebahnte theoretische Unterscheidung von Lernen und Bildung im Kontext erkenntnisbezogener Praxis zu beziehen. Dann wird es vor allem um die Bedeutung der vom Lehrer ins Gespräch eingebrachten Gegensätzlichkeit von Erkenntnis und Lernen zunächst für die Schülerin sowie später allgemein für eine bildungstheoretische Beschreibung des Prozesses durch einen Beobachter gehen (vgl. ausführlicher 5.3.)

Verstehen des Unterschiedes von Verstehen und Nichtverstehen

Die Antwort der Schülerin auf die Frage des Lehrers nach der Bedeutung der Gleichung $l + p = 30$ war eine ihrer Logik nach unvollständige Prädikation, deren Subjektbedeutung im Nebensatz zwar quantitativ, aber nicht qualitativ bestimmt ist: *['Ell plus Peh sind dreißig' bedeutet,] dass die beiden zusammen dreißig haben.* Die Referenz der entsprechenden Äußerung liegt neben dem vom Lehrer eingebrachten Thema, der in ihrer Bedeutung zu explizierenden Gleichung, auf dem im ersten Satz des Aufgabentexts bestimmten Fakt der gemeinsamen Verfügung von Paul und Lena über dreißig CDs. Während die quantitative Seite dieser materialen Bestimmung durch die Schülerin in ihrer Antwort expliziert wird, bleibt die qualitative Seite unausgedrückt und die Bestimmung im Ganzen damit unvollständig.

Der Lehrer hatte bereits zuvor, als die Schülerin ihm auf sein Nachfragen hin die Bedeutung ihrer formalen Bestimmung der Zeichen l und p explizierte und dabei an der konnotativen Bedeutungsdifferenz zwischen Personen und Gegenständen festhielt, in seiner Antwort eine Distanzierung von diesem Zeichengebrauch zum Ausdruck gebracht: *Also haben wir's hier'n bisschen komisch festgelegt, Ell ist gleich Lena...* Sein Versuch, mit dem Gebrauch der ersten Person Plural auf eine gemeinsame Neubestimmung der Bedeutung von Ell hinzuwirken, war jedoch von der Schülerin nicht angenommen worden: *Na ja, aber...* Stattdessen hatte sie – wie bereits aufgezeigt – mit der Gleichung $l + p = 30$ an einem früheren Punkt im eigenen Denken angeknüpft. Sie setzt dem im formalen Gewand kollektiver Übereinstimmung formulierten Angebot des Lehrers eigensinnig die bereits früher vorgenommene formale Modellierung entgegen – und zwar in der von ihr selbstständig korrigierten Fassung.

In der weiteren Folge der Interaktionen zeigt sich, dass die Schülerin im Kontext ihrer eigenen Gleichung sehr wohl die qualitative Seite der darin enthaltenen materialen Bestimmung explizieren kann, dass sie jedoch nicht ohne Weiteres zu einer Aufhebung der mit dem ersten Satz des Aufgabentexts fixierten Konnotationsdifferenz zwischen CD-besitzenden Personen und den in deren Besitz befindlichen Gegenständen in der Lage ist. Eine entsprechende Bedeutungsverschiebung, welche die formalen Zeichen l und p mit einer dem bereits bestimmten Zeichen x analogen Bedeutungsstruktur – einerseits CDs, andererseits

Anzahl – ausstatten würde, kann von ihr deshalb zunächst nicht eigenständig vorgenommen werden.

Der Lehrer versucht im Lehr-Lern-Gespräch mit verschiedenen Redebeiträgen, der Schülerin die entsprechende Bedeutungsdifferenz aufzuzeigen. Dabei tritt er der Zwölfjährigen hinsichtlich ihrer Privatsphäre ziemlich nahe. Inwieweit in diesem Dialogabschnitt Sach- und Sozialdimension der Interaktionen so unterschieden sind, dass die Rollenförmigkeit des Lehrens und Lernens erhalten bleibt, ob es sich dabei um einen Fall pädagogischer Entgrenzung handelt oder ob die entsprechende Fallstruktur auf notwendige Elemente der therapeutischen Bearbeitung einer Prädikationskrise verweist, bleibt einer späteren Feinanalyse zur Klärung überlassen. Im Rahmen der vorliegenden Fallrekonstruktion soll es genügen, zunächst das Prädikationsproblem auf die Möglichkeiten seiner pragmatischen Auflösung zu beziehen.

L: also Ell gleich Lena, das ist'n bisschen zu wenig, ne, [eine Sekunde Pause] was hat'n das mit Lena zu tun, dieses Ell, wenn da steht Ell plus Peh gleich dreißig, dann hat das doch was ganz Bestimmtes mit Lena zu tun. Dann ist das doch nicht Lena als Ganzer, als ganze Person mit ihrer Mutter und, ähm, dem Hund ihrer Schwester oder so, sondern, äh, der Katze ihrer Oma, sondern Ell ist gleich, was'n von Lena? Alles, von ihr?
S: Die CDs.
L: Ach die CDs von Lena. Genau, dann schreiben wir das mal auf. Schreib mal das hier'n bisschen auf. Ell ist gleich? [fünf Sekunden Pause] Also ist Ell jetzt nicht mehr'ne Person, sondern Ell sind jetzt CDs.
S: Ja.
L: Das ist immer noch keine Zahl, Ell.
S: Na, die muss ich ja erstmal ausrechnen.

Aus diesem Sequenzabschnitt geht sowohl hervor, dass der Lehrer die fragliche Bedeutungsverschiebung nicht selbst prädiziert, sondern im Rahmen der bisher aufgezeigten Fallstruktur bei seiner im Sequenzabschnitt, in welchem es um die Prädikation des Ix geht, bereits markierten Vorgehensweise der Symmetrisierung von Gesprächsrollen bei gleichzeitiger Fixierung einer gemeinsamen Rationalitätsbasis bleibt – und die materiale Bestimmung somit von der Schülerin vorgenommen wird – als auch, dass der Lehrer die Schülerin nach vollzogener Prädikation im Gespräch erneut auffordert, die entsprechende Bedeutung schriftlich zu fixieren. In diesem Sequenzabschnitt markiert er zudem im Zuge einer Reformulierung der ehemaligen Konnotationsdifferenz zwischen Ell (und Peh) einerseits und Ix andererseits die von der Schülerin vollzogene Neucodierung des Ell.

Aus den Aufzeichnungen der Schülerin geht hervor, dass sie zu irgendeinem Zeitpunkt der Aufgabenbearbeitung die schriftliche Bestimmung $l = CDs\ von\ Lena$ vornimmt. Die sequenzanalytische Rekonstruktion hatte bisher aber ein Nichtverstehen des mit dieser schriftlichen Äußerung ausgedrückten Umstandes aufgewiesen. Die Anordnung auf dem Zettel deutet darüber hinaus darauf hin, dass es sich bei dieser Äußerung um eine Ergänzung handelt. Somit wird der entsprechende Fakt erstmalig im Interaktionszusammenhang auf manifeste Weise thematisch. Da sich im vorliegenden Sequenzabschnitt keine Zeichen finden, die auf einen anderen Verlauf der Interaktion hindeuten, kann davon ausgegangen werden, dass die Schülerin ihre Notiz während der fünf Sekunden währenden Pause vornimmt.

Die Schülerin stimmt der vom Lehrer konstatierten Bedeutungsverschiebung des Ell zu und kritisiert damit implizit ihren eigenen vormaligen Zeichengebrauch. Die unspektakuläre Art und Weise, in der das hier geschieht, täuscht etwas über die Dynamik hinweg, die das Lehr-Lern-Gespräch zum entsprechenden Zeitpunkt bereits erhalten hat. Am ehesten wird diese Dynamik noch aus der sich an die Schülerantwort unmittelbar anschließenden Feststellung des Lehrers heraus: „*Das ist immer noch keine Zahl, Ell.*", erahnbar. Dieser Sprecherwechsel evoziert beim Beobachter eine Vorstellung, die in der Sprache des Films harter Schnitt genannt werden würde. Die entsprechende Wahrnehmung hat vor allem mit dem Umstand zu tun, dass die Lehreräußerung in der Sachdimension die Nichterfüllung einer Erwartung zum Ausdruck bringt, welche sich auf die quantitative Bestimmung des Ell in Analogie zum Ix bezieht, und somit in der Sozialdimension ein Scheitern der Schülerin im Rahmen des Lehr-Lern-Gesprächs konstatiert.

Was dann im Interaktionskontext folgt, ist auf Seiten der Schülerin eine deutliche Wiederholung und systematische Bestätigung der bereits festgehaltenen Bedeutung jenes Interaktionselements, welches ihr im Falle der oben rekonstruierten Erkenntniskrise im Zusammenhang mit der Bestimmung des Ix einen Ausweg aus der als Lücke im Bedeutungszusammenhang wahrgenommenen Nur-Lautlichkeit des Zeichens aufgezeigt hatte – die objektivierte Selbstverpflichtung: *Na ja, man muss eben herausfinden, das der [Buchstabe x], was der heißen soll.*

Der Unterschied zur Prädikation des Ix besteht hier lediglich in der zum Ausdruck gebrachten Art Materialität der Bestimmung: Ging es zuerst um eine materiale Bestimmung des formalen Zeichens x überhaupt, so geht es nun um eine quantitativ-materiale Bestimmung des unmittelbar zuvor bereits als Bedeutung *Lenas CDs* qualitativ-material bestimmten formalen Zeichens l. Im Prinzip könnte der Lehrer – dafür spricht die aufgezeigte Analogie des sozialen Geschehens zur Prädikation des Ix – bereits am Ende des obigen Sequenzabschnitts einen Schritt zurücktreten und der Schülerin die Möglichkeit einräumen, in einem zweiten Versuch die Sachaufgabe selbstständig zu lösen.

Gemäß den bis hierher rekonstruierten Vorstellungen der Schülerin von der Sache ist es nicht ausgeschlossen und vielleicht noch nicht einmal unwahrscheinlich, dass ein solcher zweiter Versuch von Erfolg gekrönt sein würde. Sachlicher Grund für eine solche Erwartung ist der Umstand, dass die Schülerin für das Ell nun auf deutlich sichtbare Weise eben jene Bedeutungsverschiebung vorgenommen hat, welche als das für ein Verständnis der Tiefenstruktur des sprachlichen und pragmatischen Zusammenhangs der Aufgabe entscheidende Strukturelement aufgezeigt worden ist. Was jetzt aussteht, ist lediglich eine Distanzierung von der falschen Konzeption des Ell und Peh bei ihrem ersten Lösungsversuch. Sie hat nun mit der Wiederholung ihrer sehr individuellen Lösung einer Krise der Prädikation zudem in formaler Hinsicht ihre Fähigkeit zur Problemlösung unter Beweis gestellt – es dürfte ihr also weder an sachlichen Voraussetzungen noch an Selbstvertrauen mangeln, um das Problem aus veränderter Perspektive erneut anzugehen. Da ihre Äußerung in sozialer Hinsicht eine Abgrenzung von der vorherigen Lehreräußerung darstellt, kann sicher davon ausgegangen werden, dass sie an dieser Stelle die von ihr im dialogischen Kontext zum Ausdruck gebrachte Bedeutung tatsächlich verstanden hat. Diese Bedeutung umfasst sowohl ein Verstehen der Aufgabe in ihrer sprachlichen Tiefenstruktur als auch die dementsprechende Semantik des eigenen formalen Zeichengebrauchs.

Offenbar hat der Lehrer genau dieses intuitive Verstehen der Schülerin aber noch nicht erkannt. Er setzt das Streitgespräch, in welchem es im Folgenden um die Bedeutung der formalen Zeichen l und p sowohl in Analogie als auch in Abgrenzung zum bereits bestimmten Zeichen x geht, noch eine Weile fort. Irgendwann kommt es jedoch dazu, dass die Schülerin in Form der Gegenfrage *Wie?* als Reaktion auf die vorangegangene Frage des Lehrers ihr grundlegendes Unverständnis in Bezug auf die im Gespräch thematisierte Sache kundtut. Vor dem Hintergrund der beiden erfolgreichen Prädikationen, die Zeichen x und l betreffend, und der damit verbundenen Erfolgserwartungen im Lehr-Lern-Gespräch markiert diese Frage eine Krise des nun in seiner ganzen sozialen wie sachlichen Bedeutungshaltigkeit zur Disposition stehenden Kommunikationszusammenhangs.

Dieses Signal nimmt der Lehrer zum Anlass, den Rahmen eines nur kommunikativ bestimmten Zusammenhangs zu sprengen und konkrete CDs in den Kontext einzuführen. Damit wird der Kontext einer mathematischen Sachaufgabe zum Handlungskontext. Nachdem der Lehrer im Gespräch auch diese beiden Kontexte noch unterschieden hat – eine Art Selbstkommentierung, die durchaus in der Semantik didaktischen Zeigens bzw. eines entsprechenden Habitus interpretierbar ist und nicht einer gewissen Komik entbehrt – formuliert er im nun auf veränderte Weise repräsentierten Sachzusammenhang – auf dem Tisch liegen dreißig konkrete CDs – die Aufgabe neu:

L: okay, und was ist das hier, Ell oder Peh, oder was ist das jetzt hier, was da auf'm Tisch steht?
S: Fh, das ist Ell plus Peh.
L: Ell plus Peh? Gut, und was ist jetzt Ell, und was ist Peh, von dem, was hier steht?
S: Na, weiß ich noch nicht.
L: Ach weiß ich noch nicht. Na okay, hm, also was steht da, Ell ist, das sind die CDs von Lena, und Peh?
S: Die CDs von Paul.
L: Gut, okay. [zwei Sekunden Pause] Was hast du jetzt hier gemacht? In der nächsten Zeile?
S: Na, ich hab, ich wollte...
L: Ach, das ist schon durchgestrichen, ne?
S: Ja.
L: Dann blätter mal vor, neue Seite, dann wollen wir nochmal neu überlegen.

Wie man an ihrer Reaktion sieht, hält die Schülerin im Lehr-Lern-Gespräch den sachlichen Zusammenhang sowohl zu ihrer eigenen Modellierung des Aufgabenkontexts als auch zur vorangegangenen Interaktionsfolge verstehend aufrecht – die doppelte Referenz verweist in der Sach- und Sozialdimension gleichermaßen auf die konkrete Informationshaltigkeit eines Interaktionszusammenhangs, welcher sich auf den ersten Satz des Aufgabentexts bezieht. Mit ihrer verbalen Antwort *das ist Ell plus Peh* reformuliert sie die mathematische Gleichung *30 = l + p* im Handlungskontext und ermöglicht es auf diese Weise dem Lehrer, mit seiner Anschlussfrage das nun gegenständlich repräsentierte Problem auf neue Weise zum Thema zu machen. Einzig die – eine gewisse Ermüdung, wenn nicht gar Gereiztheit oder sogar Ablehnung ausdrückende – Interjektion *fh*, ein onomatopoetischer Luftausstoß, verweist hier auf eine Vorgeschichte mit Verwicklungen sowohl in sachlicher als auch in sozialer Hinsicht.

Im Vergleich zum Aufgabentext mit der darin formulierten Frage *Wie viele CDs hat jeder?* stellt die entsprechende Problematisierung im gegenständlich repräsentierten Kontext *und was ist jetzt Ell, und was ist*

Peh, von dem, was hier steht? über den Medienwechsel hinaus eine doppelte Veränderung der Bedeutungsstruktur dar. Zum einen, und dies schließt an die von der Schülerin bei ihrem selbstständigen Lösungsversuch eingebrachte Grundidee formaler Modellierung an, ist nun nicht mehr von CDs, sondern von Ell und Peh – also von Buchstaben – die Rede. Dadurch wird implizit zum Ausdruck gebracht, dass für die Problemstruktur nicht so sehr der Fakt von Bedeutung ist, dass es sich bei Paul und Lena um Personen handelt, als der in den formalen Zeichen zum Ausdruck kommende Umstand, dass in der Aufgabe zwei Anzahlen zu bestimmen sind, die für die Mächtigkeit von CD-Mengen stehen. Mit dieser Veränderung schließt der Lehrer direkt an die beim ersten Lösungsversuch von der Schülerin eingebrachte Grundidee mathematischer Modellierung des Sachkontexts der Aufgabe mittels Gleichungen an. Er bestätigt mit seiner Frage implizit die zunächst spontane, sodann im Zuge der Interaktionen aber durchgehaltene Intuition der Schülerin, die sie zum Festhalten an diesem Aspekt des eigenen Zugangs zum Sachproblem bewegt hat. Zum anderen, und diese Neucodierung betrifft mit der darin vollzogenen Veränderung der Prädikationsstruktur den in der obigen Rekonstruktion einer möglichen diagnostischen Perspektive bereits aufgezeigten Problemkern, macht die veränderte Form der Fragestellung deutlich, dass in der erfragten Bestimmung *wie viele CDs* zwei Anzahlen unbekannt sind.

Mit dieser Veränderung der Repräsentation des Sachproblems im Lehr-Lern-Gespräch erhält die paradoxe Anforderung an die Schülerin, einerseits an ihren eigenen Ideen festzuhalten und sich andererseits von ihnen zu distanzieren, einen konsistenten Rahmen für die anstehenden problemlösenden Bezeichnungsprozesse. Dadurch sind alle logischen Voraussetzungen für eine entsprechende Differenzierung der Prädikation geschaffen. Außerdem löst der Wechsel bzw. die Erweiterung des die Kontextreferenzen tragenden Darstellungsmediums – von Worten zu Gegenständen – das größere Verständnisproblem der Unterscheidung einer Menge als abstraktem Ganzem von der Gesamtheit ihrer konkreten Elemente dahingehend auf, dass die Tischplatte, auf welcher nun dreißig konkrete CDs aufgebaut sind, als zusätzlicher Rahmen die unbewusst zu vollziehende Begrenzung der abstrakten Bedeutung einer material wie formal bestimmten Ganzheit repräsentiert, welche als quantitative Bestimmung prinzipiell kontingent, als qualitative im Sinne des mathematischen Mengenbegriffs jedoch wohldefiniert und für den auf entsprechende Weise Sehenden verständlich ist: In ikonischen Mengendarstellungen – etwa im Venn-Diagramm – ist die entsprechende Begrenzung meist in Form einer kompakt umschließenden Linie codiert; eine solche Form der Visualisierung ist zwar hinreichend, aber keineswegs notwendig für die abstrakte Bedeutung einer Menge in mathematischer Bedeutung. Genau genommen ist es die im wahrsten Sinne des Wortes diagrammatische Bindung der Bedeutungen von zwei in physisch unterschiedlichen Medien präsentierten Anschauungs- bzw. Wahrnehmungsweisen zu einem einheitlichen Bedeutungskomplex, die nun eine Prädikation auf der Strukturgrundlage des Mengenbegriffs ermöglicht – die Verbindung der durch die Worte im Fragesatz auditiv mit der durch die CDs auf der Tischplatte visuell codierten Teilbedeutungen, die sich in den mittlerweile im Gespräch vollzogenen materialen Bestimmungen der formalen Zeichen und Zeichenketten l, p und l + p in der für mathematische Zeichen typischen Weise als Indizes (bzw. im syntagmatischen Zusammenhang der Zeichenketten als Symbol *plus* bzw. +) repräsentiert finden. Entscheidend ist, dass alle drei Bestimmungen im sachlichen Rahmen ein und desselben Kontexts als aufeinander bezogen interpretiert werden, wie es beispielsweise auch für die drei Zahlsymbole 2, 3 und 5 im Rahmen des formalen Syntagmas 2 + 3 = 5 der Fall ist. (Und dahinter verbirgt sich – wenn es ausgesprochen wird – bereits eine Prädikation der Bedeutung: *Die syntaktische Kette 2 + 3 ist der Zahl 5 bedeutungsgleich.*) Die neue Repräsentation der Sachaufgabe ermöglicht es also nicht nur, eine über Schaffung von kontextueller Informationshaltigkeit und gelingende Verständigung auf geteilte Bedeutungen sequenziell angebahnte Neuformulierung des Problems vorzunehmen, sondern mit einer konkretisierten Form von Anschauung wird auch eine erweiterte und somit veränderte Vorstellung des Problemzusammenhangs auf Seiten der Schülerin realisiert.

Mit einem solcherart veränderten Interaktionskontext bleiben lediglich zwei potentiell problematische Momente für einen gelingenden Problemlösungsprozess übrig. Das eine Moment betrifft die kraft eigener Entscheidung konkret zu vollziehende Distanzierung vom vormaligen unangemessenen Gebrauch von Bedeutungen im Rahmen des ersten Problemlösungsversuchs. Dabei geht es um einen Rahmungswechsel als Voraussetzung dafür, die im sozialen Kontext neu gefassten Bedeutungen in die psychische Struktur der Schülerin einzubauen. Das zweite Moment betrifft eine intuitiv zu vollziehende Übertragung der Mengenbedeutung vom Ganzen der dreißig CDs auf die beiden Teilmengen an CDs, die jeweils Paul bzw. Lena gehören. Diese Bedeutungsübertragung geht insofern über einen Rahmungswechsel hinaus, als es in Bezug auf das psychische System nicht nur um eine Verschiebung von außen nach innen – also einen Wechsel der Referenz vom Sozialen aufs Psychische – geht, sondern um eine Veränderung der semantischen Struktur im größeren Bereich der kategorialen Repräsentation von Ganzheiten und ihren Teilen. In Bezug auf die mathematische Bedeutung einer Menge sowie eine Vervielfältigung dieser Bedeutungsstruktur im größeren Kontext von Teilmengenbeziehung und Mengenvereinigung geht es um die Umstrukturierung eines ganzen und noch dazu grundlegenden kognitiven Bereichs. Oder einfacher, in der Sprache des Falls ausgedrückt: Der Wechsel der Darstellung erfolgt vor dem Hintergrund des im Gespräch vollzogenen thematischen Bogens von einer Bestimmung des *Ix* über die Bestimmung des *Ell plus Peh* bis zur Bestimmung des *Peh*, was eine Verdopplung der entsprechenden Bedeutungsstruktur im *Ell* mit anschließender Recodierung des *Ell plus Peh* bei gleichzeitiger Ausblendung des *Ix* zu realisieren vorbereitet.

Indem die Schülerin auf die Lehrerfrage antwortet: *„Na, weiß ich noch nicht."*, macht sie zum einen deutlich, dass sie die Aufgabe nun in ihrer sprachlichen Tiefenstruktur verstanden und diese Tiefenstruktur in Einklang mit ihrem formalen Zeichengebrauch gebracht hat. Zum anderen schließt sie an ihre vormalige Äußerung an, welche ihr einen Ausweg aus der mit einer Prädikation des *Ell* zusammenhängenden Erkenntniskrise geboten hatte: *„Na, die muss ich ja erstmal ausrechnen."* Die Schülerin hat damit sowohl die materiale Zeichenbedeutung des Ell als Lenas CDs als auch die formale Bedeutung des Zeichens als im Kontext zwar bestimmte, aber noch unbekannte Zahl realisiert. Die Verbindung beider Bedeutungsaspekte aber, welche auf eine Synthese von Schüler- und Lehrerlesart sowohl für *Ell plus Peh* als auch für *Ell* in Analogie zum *Ix* hinausläuft, hat sie im wahrsten Sinne des Wortes vor Augen.

Mit der nächsten Frage des Lehrers *„...also was steht da, Ell ist, das sind die CDs von Lena, und Peh?"* und der erwartungsgemäß ausfallenden Antwort der Schülerin: *„Die CDs von Paul."*, wird im Gespräch dann einerseits lediglich wieder jene Redundanz hergestellt, welche oben als diagnostisches Moment bezeichnet worden war und die eine zweifelsfreie Verständigung zwischen Lehrer und Schülerin über alle Details der mathematischen Modellierung sicherstellen soll. Andererseits erhält der Lehrer den inhaltlichen Bezug zu jenem Medium, welches im bisherigen Lehr-Lern-Gespräch mehrfach als prinzipiell bedeutungshaltig markiert und in Szene gesetzt worden war – der Schrift. Mit seiner nächsten Frage: *„Was hast du jetzt hier gemacht? In der nächsten Zeile?"*, erhebt der Lehrer sodann den Anspruch, die schriftliche Äußerung der Schülerin bei ihrem ersten selbstständigen Lösungsversuch in allen Details nachvollziehen zu können. Ging es bisher über die Bedeutung der Einzelzeichen hinaus nur um die beiden mathematischen Gleichungen $G = 30$ und $30 = l + p$, so interpretiert der Lehrer die Abfolge der Gleichungen nun offenbar sequenziell von oben nach unten und fragt demzufolge nach der Bedeutung der Gleichung *$30 = (x+6) + p$*. Er wartet jedoch die als Stammeln in Erscheinung tretende Antwort der Schülerin: „*Na, ich hab, ich wollte...*", nicht ab, sondern unterbricht sie mit einem in Frageform gefassten Vorschlag für das weitere Vorgehen: „*Ach, das ist schon durchgestrichen, ne?*" Damit wird die vorausgegangene Frage – wie schon einmal im Verlauf der Interaktionen – als rhetorische Figur erkennbar und die Schülerin zu einer abschließenden und pauschalen Distanzierung von ihren vormaligen schriftlichen Äußerungen angehalten. Auch hinsichtlich des rhetorischen Charakters von erwartungswidrigen Frage-Antwort-Beziehungen im pragmatischen Kontext hat sich nun erstmalig ein sprachliches Strukturelement wiederholt. Dieses Element verweist auf die Fallstruktur in ihrer noch näher zu bestimmenden Spezifik.

Der Lehrer fordert die Schülerin erneut zur Negation von bereits festgestellter Bedeutung auf. Wieder ist es die sequenziell aufgebaute Informationshaltigkeit des im Lehr-Lern-Gesprächs aktuellen Kontexts, welche im Sinne einer gemeinsamen Argumentationsbasis den materialen Hintergrund für eine Neuformulierung vakanter Einzelbedeutung unter der formalen Erwartung logischer Konsistenz bietet. Das wesentliche Moment für die Intervention des Lehrers an dieser Stelle besteht aber darin, dass er die Schülerin zur Negation des Ganzen ihres ersten Lösungsversuchs an jenem Punkt im sequenziellen Nachvollzug der Bedeutungen auffordert, an welchem hinsichtlich einzelner Zeichenbedeutungen bereits alle Umcodierungen vollzogen sind, aber in der Abfolge der Gleichungen als mathematischem Pendant für potentielle Aussagen ein Wechsel des Fokus zu jener Gleichung hin ansteht, in welcher das Ix als dasjenige Bedeutungselement vorkommt, welches als Konkretes ausgeblendet werden soll, nachdem die Struktur seiner Bedeutung als das Allgemeine des Kontexts auf Ell und Peh übertragen worden ist.

Die Negation wird damit als in höchstem Maße subtile kontextverändernde Operation erkennbar. Hinsichtlich der paradoxen Anforderung an die Schülerin, einerseits an ihrem Grundverständnis der Sache festzuhalten und sich andererseits davon zu distanzieren, zeigt sich, dass der Lehrer im Interaktionsverlauf eine hochpräzise Interpunktion vornimmt, die den kommunikativen Gesamtkontext in zwei Teilkontexte spaltet: den Kontext des zu negierenden ersten Lösungsversuchs und den Kontext der im Lehr-Lern-Gespräch gemeinsam bestimmten Bedeutungen. Die Negation erfolgt durch die Schülerin in symbolischer Form, indem sie das Ganze ihrer bisherigen schriftlichen Äußerungen durchstreicht.

Die Schülerin stimmt dem Vorschlag des Lehrers also zu. Es ist zu erwarten, dass ein zweiter Lösungsversuch auf der Grundlage jener im Lehr-Lern-Gespräch gemeinsam bestimmten und ausgehandelten Bedeutungen von Erfolg gekrönt sein wird. Angesichts der beiden bewältigten Prädikationskrisen sowie des bereits erlebten fruchtbaren Moments und der damit verbundenen Erkenntnis wird es für die Schülerin wichtig sein, das konkrete Erleben eines solchen Erfolgs sowohl auf die Mühen der Diskussion insgesamt als auch auf das im Gespräch als methodische Grundidee in wechselnder Gestalt in Erscheinung getretene Verfahren fortlaufender semantischer Bestimmung beziehen zu können.

Diese Grundidee aber liegt der erfahrungswissenschaftlichen Herangehensweise an Welt und dem damit zusammenhängenden forschenden Habitus insgesamt zu Grunde. Die Entscheidung über Erfolg oder Misserfolg der Schülerin bei ihrem nun folgenden zweiten selbstständigen Lösungsversuch bringt für die Analyse also eine Vorentscheidung bezüglich der die Arbeit u. a. tragenden Forschungsfrage mit sich, ob die mikroanalytische Rekonstruktion gelingender Lern- und Bildungsprozesse überhaupt möglich ist. Zugespitzt geht es damit um die Frage, ob und inwiefern es sich bei der Analyse des vorliegenden empirischen Materials um die Rekonstruktion der Fallstruktur eines gelingenden Bildungsprozesses handelt.

3.4. Zur Fallstruktur in der Systematik ihrer bedeutungsgenerierenden Momente

Ein von Erfolg gekrönter zweiter Lösungsversuch wäre für die Schülerin ein Erlebnis, welches einen Bildungsprozess sowohl hinsichtlich einer konkreten Aufgabenbearbeitung abschlösse als auch hinsichtlich zukünftiger Möglichkeiten der Erschließung analoger Gegenstände eröffnete. Angesichts der am empirischen Material rekonstruierten psychischen und sozialen Strukturdynamik stehen Bekanntes und Unbekanntes bzw. intuitiv Verständliches und Unverständliches insgesamt gesehen fast durchgängig in Spannung zueinander. Zudem zeigte sich, dass die Auflösung der prädikativen Unbestimmtheit des Sachproblems durch eine neue, gegenständliche Referenz in sozialer Hinsicht als hochgradig ambivalent gelten muss. Alles dies verweist auf latent widersprüchliche Erwartungen an Lehre und Lernen innerhalb der vom empirischen Material erfassten Wirklichkeit. Damit bleibt für die Analyse noch die Frage nach der Bedeutung des sich im Interaktionszusammenhang konstituierenden Widerspruchs zwischen den lern- und erkenntnisbezogenen Erwartungen an das Lehr-Lern-Geschehen zu klären.

Der entsprechende Widerspruch hatte sich im Rahmen der Rekonstruktion der Fallstruktur als Ambivalenz der Beschreibungslogik an jener Stelle gezeigt, an welcher es um die Bedeutung der ersten Frage des Lehrers nach dem Ix für den weiteren Verlauf des Gesprächs und des dadurch kontextuell ermöglichten oder verhinderten Lern- und Erkenntnisprozesses ging. Die dort rekonstruierbaren Erwartungen ließen sich sowohl auf Nachahmung als auch auf einen spielerischen Umgang im Rahmen des Prozesses beziehen. Hier nun kann vor dem Hintergrund der sichtbar gewordenen Strukturdynamik diese Widersprüchlichkeit konkretisiert werden: Die auf Nachahmung zielende Rezeptionserwartung des Lehrers für alle von ihm getätigten Äußerungen muss dementsprechend auf den Nachvollzug von verbal oder gegenständlich manifestierter Bedeutung bezogen werden. Damit verbunden ist zudem ein auf grundsätzliche Weise problematisierendes Moment, eine Art Skepsis.

Eine solche Herangehensweise an Lehren und Lernen ist deshalb unverzichtbar, weil Bedeutungen prinzipiell als sozial und kulturell geteilte nicht vom Himmel fallen, sondern im Zuge von Sozialisation und Erziehung erst angeeignet werden. Unter dieser allgemeinen Voraussetzung stellt sich aber dann die Frage nach dem Modus und der konkreten Art und Weise von Aneignung im Rahmen eines Prozesses, der sowohl in sachlicher als auch in sozialer Hinsicht scheitern kann. Diesbezüglich enthält die Fallstruktur eine klar erkennbare Spezifik: Die vom Lehrer zu Grunde gelegte Negationserwartung in Bezug auf die Schülerin und den auf konkrete Weise in den Blick geratenen Gegenstand bricht an gewissen Schlüsselstellen der Interaktion die Grunderwartung von Zeigen und Nachahmen in jener Richtung, welche eine meist unbewusst realisierte Ablösung von Bedeutungsstrukturen aus dem sozialen Kontext und ihre Verankerung im Rahmen des psychischen Systems anzeigt. Aus Aneignung wird eine Entscheidung über Zueignung. Der Bruch der Grunderwartung verweist damit auf eine Grenze in der Wirklichkeit zweier Systeme – Psyche und Sozialität, die beide menschlichem Verhalten zu Grunde liegen, aber – wie in Kapitel 2 aufgezeigt – mit ihren konkreten, operationsförmig zu realisierenden Prozessen in Widerspruch zueinander treten können. Seine spezifische soziale Gestalt erhält dieser Bruch im vom Lehrer bewusst oder unbewusst angezettelten Rollenverwirrspiel.

In beiden Wirklichkeiten – der sozialen wie der psychischen – finden sich sichtbare und unsichtbare bzw. manifeste und latente Bedeutungsbereiche. Hinsichtlich der psychischen Wirklichkeit wurden entsprechende Dynamiken seit Freuds epochalem Perspektivenwechsel auf die Bedeutung menschlichen Verhaltens mannigfach beschrieben. Was soziale Wirklichkeit angeht, wäre in Unterscheidung davon jedoch eher von auf klar manifestierte Weise verfolgten Zielen und daran gebundenen Zwecken einerseits und versteckten bzw. im Bereich impliziter oder auch konnotativer Bedeutung verfolgten Intentionen andererseits zu sprechen. Erstere Unterscheidung – beim Freud der frühen Phase: Bewusstes versus Vorbewusstes – verweist im Unterschied zum verdrängten Unbewussten auf ein Vorstadium in der Realisierung von Bedeutung in ihrem jeweiligen Zusammenhang. Der Unterschied bezüglich der Art und Weise des Verstehens kann dann in der Unterscheidung sprachlicher Vorstellungen hinsichtlich Oberflächenstruktur – also zumindest der Logik des Hörbaren – und Tiefenstruktur – letztlich der Logik von Bedeutungen in der Welt – aufgefunden werden. Tiefenstrukturen werden oft nur intuitiv realisiert und werden demzufolge nicht immer bewusst. Aber eine sachgerechte Strukturiertheit in der Vorstellung ist Bedingung der Möglichkeit von Erkenntnis. Eine Prädikation entsprechender Sachverhalte sorgt also dann in der konkreten sequenziellen Ordnung ihrer Formulierung erst für eine im größeren Rahmen einer Sinnstruktur konkret zu vollziehende, sprachlich vermittelte Herauslösung vorbewussten Wissen aus dem jeweiligen Vorstellungsganzen.

Die Unterscheidung manifester und latenter Bedeutungsbereiche sozialer Interaktion dagegen verweist im Kontext des Falles auf den lerntherapeutischen oder sogar latent erzieherischen Aspekt der entsprechenden Lehr-Lern-Interaktionen. Indem der Lehrer sein Negationsspiel spielt, prozessiert er den Unterschied zwischen spielerischem und ernstem Umgang mit den im Gespräch jeweils thematischen Bedeutungen. Diese beziehen sich sowohl auf soziale Rollen als auch auf zu verhandelnde Sprach- und Sachstrukturen. Indem die Schülerin dieses Spiel in zunehmend souveräner Manier mitspielt, wird sie einerseits zum sich immer klarer artikulierenden Teil eines sozialen Zusammenhangs mit der ganzen Ernsthaftigkeit der darin realisierten Bedeutung von Beziehung und Vorstellungen, andererseits sind die von ihr geäußerten Bestimmungen immer nur Festlegungen auf Probe. Das letzte Kriterium dafür, ob sie sich von ihren einmal getroffenen Bestimmungen wieder lösen muss oder daran festhalten kann, bleibt deren Bewährung im Sachkontext der Aufgabe. Das Moment der Bewährung selbst aber verweist auf jene im Gespräch erst aktualisierte und im Rahmen einer fortlaufenden Reproduktion von Elementen der Fallstruktur sich konstituierende gemeinsame Rationalitätsbasis.

Vor diesem Hintergrund von psychischer und sozialer Dynamik wird die volle Bedeutung des Mediums Schrift und seine spezifische Rolle im Lehr-Lern-Gespräch deutlich. Die schriftlich festgehaltenen Prädikationen verhindern zwar einerseits ein Vergessen der entsprechenden Bedeutungen in ihrer konkret ausgedrückten Form – diese Kontinuität betrifft die Sachdimension, nicht weniger wichtig ist jedoch in der Sozialdimension jene Spur Ernsthaftigkeit, welche die schriftliche Prädikation dem im Ganzen ansonsten eher komödiantischen Geschehen gibt. Das ist entscheidend angesichts der Tatsache, dass tiefgehende Erkenntnis als krisenhafter Prozess ohne ein nachdrücklich wirksames Moment der Ernsthaftigkeit schlichtweg nicht denkbar ist. Erkenntnis im Kontext spielerischer Auseinandersetzung verweist also auf die Überschreitung einer Grenze vom Spiel zum Ernst: Das Medium Schrift erscheint auf diese Weise im größeren Kontext des Falles als Strukturelement.

Der vom Lehrer mehrfach in impliziter Weise thematisierte Widerspruch zwischen Lernen und Erkenntnis hat demzufolge etwas mit jenem Moment der Aufhebung von auf formalisierte Art zu realisierender Bedeutungsübertragung – Zeigen und Nachahmung – zu tun, welches bereits als Bruch in den rollenförmig objektivierten Lehr-Lern-Erwartungen markiert wurde und nun insofern als paradoxe Prozessgestalt hervortritt, als dass es – in der Begrifflichkeit einer doppelten Negation darstellbar – dem Geschehen im Ganzen zunächst die Ernsthaftigkeit zu nehmen als auch genau diese Ernsthaftigkeit später – auf der Grundlage erlebten Erkennens – wieder zurückzugeben in der Lage ist. Die darin zum Ausdruck kommende Reproduktion sachlicher wie sozialer Beziehungs- und Bedeutungshaltigkeit aber macht das Spezifikum eines Bildungsprozesses aus, in dessen Rahmen Lernen und Erkenntnis zwar prinzipiell eine Einheit bilden, diese Einheit aber im konkreten Prozess nur dadurch als realisierte auch zum Ausdruck kommen lassen, dass bewusste und unbewusste Nachahmung zunächst durchbrochen und sodann neu konstituiert werden.

Diese dialektische Prozessstruktur findet sich nicht nur auf Seiten der Schülerin sowie des Lehrers, sondern auch in der rekonstruktiven Bewegung eines Beobachters wieder, der ebenso wie die Handlungsinstanzen möglichst alle prozessierenden Bedeutungen einerseits nachvollziehen, andererseits aufbrechen und im kontrastiven Verhältnis sich zunächst widersprechender Lesarten in der semantischen Basis der Sprache auf allgemeinpragmatischer Grundlage neu konstruieren muss, um nicht nur die im analysierten Gespräch verhandelten Inhalte in ihrer Veränderung, sondern auch das Gespräch selbst in seiner ganzen Dynamik wie im konkreten Ablauf der einzelnen Äußerungen verstehen zu können. Dabei geraten die zunächst unsichtbaren Besonderheiten des Falles in den Blick. Letztlich geht es um die Explikation von unbewusst in Anspruch genommenen Regeln und die Explikation ihrer Geltung im jeweils konkreten bzw. zu konkretisierenden Kontext.

3.5. Realisierung pragmatischen Verstehens von Mathematik

Auf der Grundlage der bisherigen Rekonstruktion kann davon ausgegangen werden, dass die Schülerin mit dem symbolischen Akt des Durchstreichens jener Gleichungen, die auf ihr Nichtverstehen des Problemkontexts verweisen, die Sachaufgabe sowohl in sozialer als auch in sachlicher Hinsicht verstanden hat. Dieses Verstehen betrifft zunächst nur die Aufgabe als Aufgabe in ihrer konkreten Textgestalt. Darin sind die in den ersten beiden Kapiteln für den anderen Fall – die Heilquellen-Aufgabe – aufgezeigten Dimensionen von Verstehen für die vorliegende Sachaufgabe – oben Paul-und-Lena-Aufgabe genannt – gleichermaßen realisiert. Das diesem Verstehen innewohnende Moment des Zufalls äußerte sich in der bisherigen Analyse auf zweifache Weise: einerseits im konkreten Bezug der Unterscheidung von Quantität und Qualität, wie sie für die Schülerin repräsentiert war, auf den konkreten Text der Aufgabenformulierung. Andererseits trat eine überraschende Wendung im Lehr-Lern-Gespräch ein, als der Lehrer an entscheidender Stelle – es ging um eine verallgemeinerungsfähige Prädikation des Ix – jene Ungleichung zum Thema machte, welche als Problem bereits erledigt schien.

Diese beiden unterscheidbaren Momente verweisen auf unterschiedliche Arten von Zufall. Zum einen nämlich geht es um die ganz spezielle Weise der Interpretation dessen, was eine Sachaufgabe zum potentiell verbindenden Glied zwischen Alltagswelt und Mathematik macht. Diese Weise hat natürlich etwas damit zu tun, wie die Schülerin bisher die Mathematik in ihren Möglichkeiten und Bedeutungen wahrgenommen hat – mit ihrem subjektiven Zugang. Aber darüber hinaus war auch die in der Sprache objektiv angelegte prinzipielle semantische Ambivalenz substantivischer Pluralbedeutungen als sachlicher Grund für diverse Lesartendifferenzen sichtbar geworden. Die entsprechende Art Zufall ist also nur aus der Sicht dessen zufällig, welcher diese Ambivalenz nicht sieht und eine Decodierung entsprechender Bedeutung für unproblematisch hält. Allgemein lässt sich formulieren, dass eine Spezifizierung dieser Ambivalenz im konkreten Kontext immer auf ein Erkennen der semantischen Basis des grammatischen Mechanismus des der entsprechenden Äußerung zugrunde liegenden Satzes hinausläuft. Im Falle der Paul-und-Lena-Aufgabe handelte es sich um die Unterscheidung einer Menge als Ganzheit, welche die abstrakte Einheitlichkeit des Objekts repräsentiert, von der konkreten Vielheit und damit gestaltgebundenen Unterscheidbarkeit ihrer Elemente.

Zum anderen aber geht es um jenen Zufall, der als Zufall lediglich auf die dekontextualisierende Einengung verweist, welche einer Beschränkung der Analyse auf eine einzelne Aufgabe geschuldet ist. Das betrifft im Falle der oben analysierten Interaktionssequenz vor allem die im Lehr-Lern-Gespräch an entscheidender Stelle thematisierte Ungleichung. Als bereits gelöste Aufgabe steht sie für ein Vorwissen sowie für entsprechende Fähigkeiten und Fertigkeiten der Schülerin – für einen Gesamtkomplex hinsichtlich Kompetenz also, an welchen pragmatisches Verstehen im Sinne seiner bisherigen Konzeptualisierung im größeren Kontext des Humboldtschen Bildungsbegriffs konkret anknüpfen konnte.

Pragmatisches Verstehen wurde dabei insgesamt als das Problem aufgefasst, die syntaktische Tiefenstruktur eines sprachlichen Artefakts – im Falle der Paul-und-Lena-Aufgabe war vor dem Hintergrund des zweiten Satzes und der in ihm ausgedrückten Mengenbedeutung einer CD-Differenz sowie der abschließenden Frage nach den diese Differenz konstituierenden Quantitäten vor allem der einleitende erste Satz als problematisch fürs Verstehen identifiziert worden – als formale, operativ zu realisierende Struktur so mit den materialen, die Referenzen auf konkrete Ausschnitte der sinnstrukturierten Welt beziehenden Gegebenheiten in Einklang zu bringen, dass in der Vorstellung des Interpreten eine Bedeutung realisiert wird, die eine tragfähige Grundlage für die weitergehende Thematisierung der entsprechenden Sozial- und Sachstruktur bildet und in diesem Sinne mit der strukturtheoretischen Bestimmung der subjektiv wie objektiv ausgedrückten Bedeutung im Wesentlichen übereinstimmt.

Die beiden Arten von Zufall werden somit als jene Momente der Thematisierung der Aufgabe erkennbar, die sich zum einen auf den individuellen Bildungsprozess der Schülerin in der Einheit seiner materialen und formalen Gebundenheit beziehen und zum anderen die in ihrer Mannigfaltigkeit artifiziell repräsentierte Struktur jenes Materials betreffen, welches dem sich mühenden Subjekt im Bildungsprozess als Gegen- und Widerstand in seiner ganzen Konkretheit gegenübertritt – im vorliegenden Fall einem Lehrer und einer durch ihn repräsentierten, pragmatische wie mathematische Bedeutungen stark differenzierenden Aufgabe.

Eine solche Thematisierung besteht im vorliegenden Fall darin, dass die Schülerin nach dem Durchstreichen ihres ersten Versuchs der Problemlösung auf einem neuen Zettel einen zweiten Anlauf nimmt. Im Transkript äußert sich das darin, dass der Lehrer nach kurzer Pause – wahrscheinlich beobachtet er den Anfang der schweigend vollzogenen schriftlichen Bemühungen der Schülerin – sich dem anderen, offenbar mit am Tisch sitzenden jüngeren Kind zuwendet und ihm einen Satz zur Niederschrift diktiert. Im Vergleich zum im zweiten Kapitel analysierten Fall handelt es sich somit um einen Lehr-Lern-Kontext, in dessen Rahmen zwei verschiedene individuelle Lern- bzw. Übungskontexte so klar gegeneinander ausdifferenziert sind, dass sich das Problem sozialen Verstehens nicht im Rahmen einer Gruppendynamik äußert. Das jüngere Kind hat das Lehr-Lern-Gespräch zwischen seinem Verwandten in Lehrerrolle und seiner älteren Schwester in Schülerrolle schweigend verfolgt und hält sich sodann wieder aus dem Gespräch heraus, nachdem die zwölfjährige Schülerin nach etwa anderthalb Minuten das Vorliegen einer Lösung des Sachproblems konstatiert. In der Folge entspinnt sich ein Dialog, in dessen Rahmen die in Form mathematischer Gleichungen schriftlich festgehaltenen Überlegungen der Schülerin sprachlich prädiziert werden.

S: Jetzt hab ich's.
L: Jetzt hast du's?
S: Ja.
L: Oh, na dann erzähl mal.
S: Also. Wie vorhin, dreißig ist gleich Ell plus Peh, also das heißt, dass Lena und Paul zusammen dreißig CDs ha...
L: Genau! Klar, versteh ich.
S: Und, äh, dann überleg ich mir, nehmen wir erstmal sechs, was Ell wäre...
L: Jah.
S: Ell wäre ja die CDs von Paul plus sechs mehr.
L: Aha, weil Paul, und noch sechs dazu...
S: Das sind sechs...
L: dann kommt man auf die Anzahl von Lena.
S: [zeitgleich mit der gleichlautenden Phrase von L.] von Lena.
L: Genau.
S: Dann setz ich hier für das Ell in meiner Gleichung das Peh plus sechs ein. Also würde es heißen, dreißig ist gleich Peh plus sechs plus Peh.
L: Ach ja.
S: Dann mach ich, dann fassen wir die beiden Peh zusammen, das wären dann, also dreißig ist gleich zwei Peh plus sechs.
L: Ja.
S: Und dann weiter, so wie'ne normale Gleichung, minus sechs...

Aus obenstehender Interaktionssequenz ist in Verbindung mit jenen schriftlichen Äußerungen – einer Sequenz von elf Gleichungen, auf welche sich die Schülerin bei ihren Erklärungen bezieht, zweifelsfrei zu ersehen, dass sie nun keinerlei Prädikationsproblem mehr mit den in der Sachaufgabe ausgedrückten Gegebenheiten hat. Sie folgt zum einen prinzipiell jenem Lösungsplan, der ihrem ersten Versuch zugrunde gelegen hatte. Im Unterschied dazu hat sie jedoch kein über die Unbekannten l und p hinausgehendes Ix in ihre mathematische Modellierung des Kontexts aufgenommen, und zudem entsprechen die – erneut in der Form von Pseudogleichungen aufgeschriebenen – qualitativ-materialen Bestimmungen des Ell und des Peh nun jenen, die zwar im Lehr-Lern-Gespräch von Lehrer und Schülerin gemeinsam als sinnvolle Bedeutungen herausgearbeitet wurden, aber am Ende dieses Gesprächs Teil des schriftlich fixierten Kontexts waren, welchen die Schülerin durchgestrichen und somit im Ganzen negiert hatte.

Damit hat sie zum anderen auch das formal-widersprüchliche Problem gelöst, sich sowohl von ihrem eigenen vormaligen Zeichengebrauch zu distanzieren, als auch daran festzuhalten. Die von ihr präsentierte Lösung ist tatsächlich eine sachgerechte Bearbeitung des thematischen Problemzusammenhangs. Die von ihr getroffenen Entscheidungen zeugen davon, dass die mit ihnen in Anspruch genommene Rationalität sich in jenem Stück Welt bewährt hat, das in der Paul-und-Lena-Aufgabe abgebildet ist. In diesem Zusammenhang erscheint bemerkenswert, dass sich unter den im zweiten Anlauf entstandenen Notizen der Schülerin eine zwölfte Gleichung findet, die jener brillanten Idee einer wechselseitigen Bestimmung von Ell und Peh durch die jeweils andere Größe entspricht, welche auch im ersten Lösungsversuch von der Schülerin verfolgt worden war, aber nicht zu einer sachgerechten Lösung des Problems führen kann. Diese Gleichung ist jedoch durchgestrichen. Auf solche Weise reproduziert sich das Strukturelement der Negation von nicht sachangemessener Semantik – das Durchstreichen der mit dem ersten Versuch konnotierten Äußerungen – nun im Kleinen. Wusste die Schülerin zuvor nicht, was sie objektiv an einer Lösung des Sachproblems hinderte, so ist sie nun in der Lage, eigenständig eine Korrektur des eigenen problembezogenen Denkens vorzunehmen. Eine solche Fähigkeit aber ist ganz eindeutig Ausdruck kritischen Denkens in der Sache: in materialer Hinsicht von sachgerechten Vorstellungen des Kontext, in formaler Hinsicht von den eigenen Gedankengang begleitender Reflexion.

Dem Lehrer aber scheint das nicht zu genügen. Er mischt sich in die Argumentation der Schülerin ein und versucht, erneut ein Streitgespräch zu beginnen und somit sein bereits etabliertes Verwirrspiel fortzusetzen.

L: Da hab ich aber mal'ne Frage. Warum kann man denn das überhaupt machen, minus sechs? Also ich weiß es leider nicht, aber...

S: Nein, also. Also weil hier ein Plus steht...
L: Ja.
S: muss man immer die umgekehrte Rechenoperation nehmen...
L: Aha! Die Umkehroperation.
S: Ja.
L: Genau

Der Lehrer testet in obenstehender Sequenz nicht nur das sachliche Verstehen der Schülerin und ihre auf materiale wie formale Bezüge gerichtete Kritikfähigkeit, sondern er testet gleichermaßen jenen Aspekt des Schülerverständnisses, der im zweiten Kapitel dieser Arbeit als Verstehen in sozialer Hinsicht bezeichnet worden war. Dieser Aspekt, ohne welchen Verstehen in pragmatischer Hinsicht – nach den bisherigen empirischen Befunden geurteilt – gar nicht zustande kommt, betrifft die Selbstsicherheit der Schülerin im Umgang mit dem Thema und ihre Beziehung zur Sache gleichermaßen.

In Reaktion auf die erneute Intervention des Lehrers hat die Schülerin eine Entscheidung zu treffen, welche das normative Fundament ihres mit dem Thema verbundenen Wissens direkt betrifft. Aufgrund der im bisherigen Interaktionsverlauf hergestellten und von beiden Seiten aufrecht erhaltenen Symmetrie der Gesprächsrollen hat diese Art Normativität nicht nur einen Bezug zum mathematischen Fachwissen der Schülerin. Der Lehrer hatte im Lehr-Lern-Gespräch Alltagsbezüge des Themas auf eine Weise zur Sprache gebracht, die eine Verbindung der entsprechenden Aspekte von Welt mit dem konkreten Problem einer Sachaufgabe nahegelegt, ja fast schon zwingend notwendig gemacht zu haben schien.

Indem die Schülerin nun die Intervention des Lehrers einfach abweist: *„Nein, also..."*, und ihre Reaktion anschließend mit einer Aussage zur Sache begründet: *„Also weil hier ein Plus steht (...) muss man immer die umgekehrte Rechenoperation nehmen..."*, macht sie eine Realisierung jener Verbindung von Urteil und Wissen deutlich, welche Alltagszusammenhängen in der ganzen Komplexität der ihnen innewohnenden Regelhaftigkeit eigen ist. Es mag sein, dass ihr Wissen – von der Höhe mathematischer Formulierung aus gesehen – eine noch unzureichende Durchdringung des übergreifenden Themas „Äquivalenzumformung von Gleichungen und Ungleichungen" darstellt. Da es aber an ihre Sicherheit beim Lösen der Ungleichung anknüpft, kann davon ausgegangen werden, dass dieses Wissen in den Lebenskontexten der Schülerin so verankert ist, dass eine Bewältigung des Alltags nicht nur möglich, sondern auch ziemlich wahrscheinlich ist: Es ist zumindest auf der Ebene von Handlung sicher repräsentiert und kann als Denkwerkzeug beim Lösen von Gleichungen und Ungleichungen eingesetzt werden. Die Schülerin verfügt zudem über die Sprachkompetenz, dieses intuitive Grundwissen in einer Auseinandersetzung zu artikulieren und als Argument einzusetzen.

S: und dreißig, ich hab jetzt, ich hab jetzt hier nochmal die Zwischenschritte aufgeschrieben, also wir hatten dreißig minus sechs ist gleich zwei Peh, aber ich hab das gleich ausgerechnet, dreißig minus sechs...
L: Hm, jaja.
S: vierundzwanzig...
L: Genau.
S: hier...
L: Hmhm.
S:. ist gleich zwei Peh.
L: Hm.
S: So, und weil hier eigentlich ein Mal stehen würde, aja, und nehmen wir auch wieder, und davon die umgekehrte Rechenoperation...
L: Ach, Klasse.
S: durch zwei.
L: Ja.

Das Argumentationsartige der Schüleräußerungen wird darin deutlich, dass sie sich mit ihren Erklärungen streng an die Sequenzialität der formalen Abfolge jener Gleichungen hält, welche insgesamt einen mathematischen Gedankengang charakterisiert. Dessen rationaler Kern ist zunächst instrumentell im oben skizzierten Sinne: als Lösungsverfahren für eine lineare Gleichung bzw. sogar für ein einfaches lineares Gleichungssystem.

Indem die Schülerin den zuvor bereits im additiven Gleichungskontext artikulierten Begriff der umgekehrten Rechenoperation nun auch im Zusammenhang mit einer multiplikativen Verknüpfung mathematischer Zeichen gebraucht und somit als implizites Argument einsetzt, wiederholt sich das oben bereits markierte Element des Interaktionszusammenhangs, welches auf Verstehen in sachlicher und sozialer Hinsicht – also auf Verstehen im pragmatischen Kontext – verweist.

Die Schülerin befindet sich nun an einer Stelle im eigenen Gedankengang, an der für einen Beobachter der Unterschied zu ihrem ersten Lösungsversuch deutlich markierbar wird. Unter Einsatz des von ihr instrumentell beherrschten Wissens hat sie jene Gleichung gelöst, die ihr einen Zugang zum Problem der Bestimmung jener CD-Mengen bieten sollte, die jeweils Paul und Lena gehören. Im letzten Schritt dieses über viele Zwischenschritte verfolgten Lösungsplans wird es nun darum gehen, das auf formalem Wege bestimmte Ergebnis in den Sachkontext der Aufgabe einzubinden und somit in Konfrontation mit den alltagssprachlich zum Ausdruck gebrachten Gegebenheiten auf sachliche Richtigkeit hin zu überprüfen. Es handelt sich dabei um jenen Schritt, welcher bei der Schülerin in ihrem ersten Lösungsversuch die Einsicht gezeitigt hatte, dass ihr Ergebnis falsch sein muss, und auf diesem Wege überhaupt erst ein konkretes Erkenntnisproblem konstituierte.

S: Aber da Lena mehr hat, müssen wir noch zwölf plus sechs, und das sind achtzehn, und das ist Lenas [ein Wort unverständlich] ...
L: Ell.
S: CDs.
L: Und zusammen isses tatsächlich dreißig.
S: Ja.
L: Klasse! Mensch, herzlichen Glückwunsch! Du hast die Testaufgabe bestanden

Obwohl die entsprechende Prädikation stark verkürzt ist, geht aus der Sequenz der entsprechenden Interaktionen in Verbindung mit den eigenständigen schriftlichen Äußerungen der Schülerin hervor, dass sie das Sachproblem nun gelöst hat. Damit hat sich der Kreis zum Anfang insofern geschlossen, dass die Schülerin insgesamt sowohl das in natürlicher Sprache formulierte Sachproblem bis in seine sprachlich-pragmatische Tiefenstruktur hinein verstanden hat als auch eine solche Verbindung ihres eigenen Vorwissens und Könnens zu dieser Sachstruktur herzustellen in der Lage war, die auf eine erkenntnistheoretische Synthese verweist. Indem Lernen und Erkenntnis ihre Widersprüchlichkeit im Lehr-Lern-Gespräch verloren haben, muss das Gelingen eines konkreten Bildungsprozesses konstatiert werden.

Im empirischen Material findet sich zudem ein weiterer Aufgabenbearbeitungsprozess, der die erfolgreiche Bewältigung eines noch komplizierteren, aber strukturanalog konstituierten Sachproblems durch die Schülerin zeigt. Sie hat also Bildung tatsächlich erlebt.

4. Verstehen als Problem der Einheit von Oberflächen- und Tiefenstruktur

Nachdem in den ersten drei Kapiteln aufgezeigt worden ist, worin die Spezifik des Verstehens im Rahmen von Lernprozessen und darauf gerichteter Lehre besteht, inwieweit entsprechend konzeptualisiertes Verstehen gelingen oder scheitern kann und dass ein pragmatisches Gelingen – wie sich in beiden bisher vorgestellten Fallrekonstruktionen erwiesen hat – gegen die alltagsbezogene Erwartung problemlosen Verstehens aus einem konkreten Kontext oder einer Situation heraus mit eher widersprüchlichen Prozessen der Genese sachlich bestimmter Vorstellungen auf der Grundlage sprachpragmatischer Strukturiertheit der sozialen Wirklichkeit verbunden ist, soll es nun um die Frage gehen, ob und unter welchen Bedingungen ein solches Verstehen im Rahmen von Schulunterricht möglich ist.

Dabei muss zunächst das Problem geklärt werden, wie die in Bezug auf die prinzipielle Gegenständlichkeit von Lernen bereits entfaltete strukturtheoretische Perspektive in ihrer spezifischen Verbindung mit einer sequenzanalytischen Erschließung der Besonderheiten sozialer Interaktion, in deren Kontext sich das Lernen konkret realisiert bzw. situiert hat, zu modifizieren wäre, damit ein nun seinerseits pragmatisch konstituierter Blick auf die Wirklichkeit der Vermittlung eines im Sinngehalt vorab bestimmbaren Lehr- bzw. Lerngegenstands im Schulunterricht möglich wird.

Analysiert werden soll eine Stunde Mathematikunterricht. Deshalb wird es zu Beginn der Fallrekonstruktion darum gehen, die bisher gewonnenen Beschreibungsmöglichkeiten für individuelle Lernprozesse mit der Frage nach einer pragmatischen Konstituierbarkeit von deren Lehrgegenstand zu konfrontieren. Dieser Aspekt geht über die bisher geleisteten Gegenstandsanalysen insofern hinaus, als nun der allgemein bestimmte Sinngehalt eines komplexeren Lehrplaninhalts die Frage nach dessen konkreter Darstellung bzw. Darstellbarkeit im sozialen Prozess aufwirft. Im vorliegenden Fall wird dies am Unterrichtsbeginn durch eine Aufgabenfolge realisiert.

Damit werden aber implizit alle theoretischen Fragestellungen virulent, die mit den Problemen der Didaktik und Methodik in Bezug auf Anschaulichkeit und Verständlichkeit auch abstrakten Wissens verbunden sind und die sich allein deshalb als Prämisse von Unterrichtsvorbereitung auf die pragmatische Vorannahme einer prinzipiellen Darstellbarkeit von durch Bildungsplanung vorab ausgewählten Gegenstandstypen stützen müssen, weil es nicht nur Unterricht, sondern auch Unterrichtsplanung mit konkret bemessener Zeit zu tun hat. Inwiefern diese Annahme gerechtfertigt ist, wäre zunächst zu untersuchen.

Ziel dieses vierten Teils ist es also, zu einer deskriptiven Perspektive auf schulisches Lehren und Lernen zu gelangen, die sowohl dem Problem individuellen Verstehens komplexer Gegenstände in Prozessen sozialer Interaktion als auch der noch darüber hinaus gehenden Frage nach der sozialisatorischen Bedeutung von Lehr- und Lernprozessen in Gruppen in theoretischer Hinsicht gerecht wird.

4.1. Der Gegenstand als Problem

Kritische Urteilsfähigkeit

Materiale Grundlage der rekonstruktiven Bemühungen ist die transkribierte Interaktion innerhalb des A-Kurses einer sechsten Klassenstufe, der an einer Haupt- und Realschule mit Förderstufe im Rahmen von Mathematikunterricht mit dem Themenkomplex Bruchrechnung befasst war. Die Bruchrechnung stellt in thematischer Hinsicht weltweit jenen Teil mathematischer Curricula dar, welcher in der spezifischen Logik des Fachs einen Übergang zwischen den Inhalten der Grundschulmathematik mit ihrem Alltagsbezug und jener Mathematik markiert, die in der Sekundarstufe gelehrt wird und die dadurch gekennzeichnet ist, dass in ihr formale Konzepte wie das Rechnen mit Variablen oder der Funktionsbegriff thematisch dominieren.

Das damit zusammenhängende Problem des Übergangs von Vorstellungen, deren Evidenz aus der alltäglichen Selbstverständlichkeit von Erfahrungen resultiert und die deshalb allein durch den Fakt ihres Vorhandenseins auf fraglose Weise einen referenzierbaren Weltausschnitt repräsentieren, zu Vorstellungen, die einer Welt idealer Begrifflichkeit zugeordnet werden müssen und sich auf Grund dieser Kontextualität mit den logischen Kriterien von Folgerichtigkeit messen lassen müssen, ist bisher in seiner ganzen Allgemeinheit lediglich im Rahmen der genetischen Entwicklungspsychologie analysiert worden. Innerhalb der Mathematikdidaktik firmiert dieses Problem als spezielles Einzelthema, das noch dazu als vergleichsweise schwierig in seiner Behandlung gilt: das Beweisen. Als schwierig gilt es in dreifacher Hinsicht: für Schüler, für Lehrer und für Didaktiker.

Beweisen ist ein Begriff, welcher erst seit gut hundert Jahren selbst Gegenstand von Theoriebildung ist. Seinen strukturellen Kern bildet die Unterscheidung von (syntaktischer) Beweisbarkeit und (semantischer) Gültigkeit. Im Unterschied zu den bis dahin vorherrschenden naiv-pragmatischen Vorstellungen der Mathematiker vom Beweisen handelt es sich seit Freges Begriffsschrift um die Überzeugung, dass der Begriff logischer Gültigkeit von Aussagen nicht ohne die in einem Zeichensystem konkret explizierbare Sequenzialität von Aussagenketten gedacht werden kann.

Das Problem des Übergangs von allgemeinpragmatisch gesicherten zu mathematischen Vorstellungen ist in der Perspektive einer Entwicklung, die auf der Grundlage des Bildungsbegriffs gedacht wird, mit der Entstehung und psychisch-sozialen Verankerung von kritischem Denken verknüpft. Da diese einerseits Ausdruck einer Bildungsbewegung ist (also eines prinzipiell als subjektiv zu denkenden Impulses) und andererseits Konkretisierung von in struktularer Hinsicht allgemeinen Bedingungen begrifflichen Denkens (also objektiv-strukturell im Sinne logischer Gesetze), stellt sich vor dem Hintergrund entsprechender schulischer Curricula die Frage nach Möglichkeiten der Realisierung dieses allgemeinen Ziels im Kontext konkreter Gegenständlichkeit und Unterrichtspraxis auf prinzipielle und im Sinne dieser widersprüchlichen Konstellation allgemeinste Weise.

Das offenkundige Dilemma lässt sich beispielsweise in folgender Gestalt vorstellen: Wenn ich als Lehrer das langfristige Ziel verfolge, meine Schüler zu kritischem Denken zu erziehen, muss ich sie einerseits zu einer kritischen Haltung gegenüber der konkreten Verfasstheit dieser Welt erziehen und sie andererseits lehren, ihre Kritik auf der Grundlage der im bisherigen kulturellen Prozess entstandenen Sichtweisen denken zu lernen. Ich sehe mich als Lehrer dann vor der doppelten und in sich widersprüchlichen Aufgabe, eine Eigenschaft (Kritikfähigkeit) sowohl als übergreifendes Ziel meiner je konkreten Bemühungen anzustreben als auch die Möglichkeit eines dementsprechenden Verhaltens meiner Schüler zum aktuellen Zeitpunkt bereits als real und also aktual realisierbar vorauszusetzen.

Eine Vermittlung dieses komplizierten widersprüchlichen Verhältnisses von realer Gegenständlichkeit kommunikativer Praxis und Entwicklungsbezogenheit konkreter sprachlicher Äußerungen (einschließlich der damit verbundenen pädagogisch begründeten Zumutungen) im Prozess von Formulierung und Verstehen kann aber nur jeweils konkret gedacht werden, so wie Verstehen als Reaktion einer Psyche in einem sozialen Kontext zu gelingen oder zu scheitern vermag. Insofern ist jede Konzeption einer Didaktik der kritischen Urteilsfähigkeit ein Widerspruch in sich.

Auf der anderen Seite scheint das Verstehen begrifflicher Zusammenhänge und insbesondere das Beweisen als Fähigkeit zum Argumentieren im mathematischen Kontext geeignet zu sein, im Sinne einer Praxis des Herstellens logischer Zusammenhänge sowohl Selbständigkeit im Denken als auch Kritikfähigkeit gegenüber den Inhalten konkreter Aussagen erzeugen zu können. Zumindest wurde innerhalb einer Mathematikdidaktik, die sich selbst in bildungstheoretischer Tradition sieht, eine solche Potenz gesehen und als konzeptionelle Möglichkeit im Prozess von Allgemeinbildung formuliert.

Im Folgenden soll das Entwicklungsproblem des Übergangs von einem Zustand, der in psychischer und sozialer Hinsicht durch die Evidenz allgemeinpragmatisch abgesicherter Vorstellungen gekennzeichnet ist, zu einem anderen Zustand, der einerseits dadurch gekennzeichnet ist, dass methodischer Zweifel am Urteil von Gesprächspartnern möglich wird, und der sich andererseits im Einklang mit dem im Selbstverständnis der Mathematik als historisch gewachsener Fachdisziplin verwurzelten Begründungszwang für Aussagen jeglicher Art (bzw. in Hinsicht auf einen philosophischen Weltzugang: für Urteile) befindet, zunächst im theoretischen Rahmen skizziert werden.

Dieses Entwicklungsproblem hat zwei Seiten: eine logische und eine genetische. In logischer Hinsicht geht es zunächst um eine Beschreibung des semantischen Bereichs, in welchen der Unterschied beider Entwicklungszustände auf Grund einer phänomenologischen Annäherung eingebettet ist. In dieser Hinsicht scheint die zu analysierende Stunde ein ideales Material zu liefern: Es handelt sich um auf den ersten Blick fraglos gelingenden Unterricht, der den curricularen Zielsetzungen in der Sache auf unproblematische Weise entspricht. Man könnte wohl sogar so weit gehen und die zu analysierende Unterrichtsstunde als Musterbeispiel gelingender Vermittlung bezeichnen. Die übergroße Mehrzahl angehender Mathematiklehrer wird keinen Anlass sehen, überhaupt eine Kritik an der Stunde vortragen zu wollen. Damit führt eine Beschreibung der Differenz von pragmatisch scheinbar abgesicherten Vorstellungen einerseits und einem theorieorientierten Habitus methodischen Zweifelns auf jenes Feld, das in der schulpädagogischen Diskussion der letzten fünfzehn Jahre Schauplatz von Diskussionen um Sinn und Unsinn von Mathematikunterricht in der Sekundarstufe gewesen ist. Im Kern dieser Diskussionen stand der Allgemeinbildungsanspruch.

Deshalb drängt sich aus solcher Perspektive die Frage auf, ob es möglich ist, dass ein Schüler auf dem Wege solchen Unterrichts ein Stück kritische Urteilsfähigkeit erwirbt. Um diese Frage beantworten zu können ist es notwendig, letzteren allgemeinen Begriff in eine spezielle

Variante zu übersetzen, die zumindest im gegebenen Sachkontext ein Äquivalent zur Allgemeinheit des Begriffs der kritischen Urteilsfähigkeit darstellt. Ein solches Äquivalent ist der Begriff des Verstehens in sozialer und sachlicher Hinsicht, bezogen auf jene Klasse und jenen Weltausschnitt, um welchen es in der zu analysierenden Stunde thematisch gesehen geht: die Umwandlung sogenannter gemeiner (oder gewöhnlicher) Brüche in Dezimalbrüche. Im Kontext von solcherart begrifflicher Annäherung könnte aus dem Verstehen des Sachzusammenhangs insofern auf das Vorliegen kritischer Urteilsfähigkeit geschlossen werden, als in den pragmatischen Kriterien des Verstehens eine Distanzierung von in der Sache falschen Aussagen bzw. von einer widersprüchlichen Darstellung der Sache enthalten ist.

In genetischer Hinsicht aber geht es auf der Grundlage einer solchen Beschreibung des Unterschieds zweier Arten von Reaktion auf die im Unterricht zur Debatte stehende Sache um die theoretische und empirische Rekonstruktion von Prozessen, in denen kritische Urteilsfähigkeit tatsächlich sichtbar wird. Geht man davon aus, dass kein Unterricht ohne einen Gegenstand auskommt, dann wird umgekehrt das Verstehen der Sache im Prozess des Unterrichts zu jenem entscheidenden empirischen Datum, welches die Genese kritischer Urteilsfähigkeit in einer solchen speziellen Sache abzusichern in der Lage ist. Ob dieser sachbezogene Teilaspekt kritischer Urteilsfähigkeit dann in theoretischer Hinsicht auch wirklich den allgemeinen pädagogischen Begriff auszudrücken vermag, führt im sachlichen Kern auf eine erneute Diskussion des Exemplarischen als eines didaktischen Prinzips. Im Unterschied zu jenen Debatten, die seit Ende der fünfziger Jahre um solche Fragen geführt wurden, kann es aber heute nur um eine Rekonstruktion auf der Basis empirischen Materials gehen. Ohne eine entsprechend mögliche Konkretisierung der Anschauung in Bezug auf den Anspruch der kritischen Urteilsfähigkeit bliebe der Begriff nämlich leer und müsste dann als bedeutungslos gelten.

Die Oberflächenstruktur

In der zu untersuchenden Stunde geht es um Dezimalbrüche. Nach der gegenseitigen Begrüßung konstatiert die Lehrerin, dass der Kurs bereits seit einiger Zeit mit diesem Thema befasst ist, und beginnt mit einer Wiederholung. Die entsprechende Übung wird als Unterrichtsgespräch inszeniert und dreht sich um die Frage, auf welche Weise gewöhnliche Brüche in Dezimalbrüche umgewandelt werden können. Die zunächst allgemein gestellte Frage wird dann auf das Beispiel eines einfachen

Bruches reduziert – auf zwei Fünftel.

Am Beispiel dieses Bruches wiederholen drei Schüler im Rahmen eines von der Lehrerin stark gelenkten Unterrichtsgesprächs, durch welche Umformungen aus dem gewöhnlichen Bruch zwei Fünftel der Dezimalbruch Null-Komma-Vier gewonnen werden kann: durch Erweitern auf einen gewöhnlichen Bruch, in dessen Nenner die Zahl zehn, die Zahl hundert oder eine andere Zahl steht, welche in Analogie zu den Zahlen zehn und hundert über ganz bestimmte Eigenschaften verfügt. Worin diese Eigenschaft genau besteht, wird im Unterrichtsgespräch nicht konstatiert. Ebenso implizit bleibt die Konvention, gemäß welcher der Ausdruck Null-Komma-Vier die gleiche Bedeutung haben soll wie der gewöhnliche Bruch vier Zehntel.

Parallel zum Unterrichtsgespräch entsteht ein Tafelbild. Der sachliche Inhalt der gesamten Unterrichtsstunde scheint durch die im mittleren Stück der dreigeteilten Tafel erscheinende erste Zeile *Brüche werden zu Dezimalbrüchen* bezeichnet zu sein. Anders lässt sich die im linken Tafelstück erscheinende Phrase *1. Durch Erweitern auf Nenner 10, 100...* nicht motivieren. Hätte die Lehrerin an der Mitteltafel die erste Zeile nicht im Verlauf der beginnenden Wiederholung festgehalten, so gäbe es in zeitlich-thematischer Logik nur zwei weitere Möglichkeiten: Entweder die Lehrerin hätte die erste Zeile der Mitteltafel bereits vor Stundenbeginn oder unmittelbar nach der Stundeneröffnung angeschrieben und damit das Stundenthema vorab schriftlich markiert, oder sie hätte sie zwar in jenem Moment, da sie begann, am linken Tafelstück zu schreiben, noch nicht angeschrieben, aber dafür als bereits artikulierte Frage *Wie werden Brüche Dezimalbrüche?* im Hinterkopf. Im zweten Fall handelte es sich um einen groben Kunstfehler. Dann hätte die Lehrerin eine Wortgruppe an die Tafel geschrieben, die einer unvollständigen Prädikation entspricht und sich in der Vorstellung nur dadurch vervollständigen lässt, dass man als Schüler die von der Lehrerin zuvor mündlich formulierte Frage *Wie werden Brüche Dezimalbrüche?* in Gedanken zu beantworten beginnt: *Brüche werden Dezimalbrüche durch Erweitern auf Nenner 10, 100...* Im ersten Fall dagegen müsste die erste Zeile der Mitteltafel als Präzisierung jenes mündlich nur grob und ungenau bezeichneten Stundenthemas interpretiert werden, welches in Zeile 4 des Transkripts zur Sprache kommt: *Unser Thema immer noch Dezimalbrüche ...* Dann würde sich ein Rezipient intuitiv fragen, was denn Neues von dem alten Thema zu erwarten sei, und die erste Zeile der Mitteltafel sollte in dieser Lesart irgendetwas Rätselhaftes enthalten. (Das Rätsel könnte der logischen Natur der Sache nach nur in jenem besonderen Unterschied bestehen, welcher einen gleichsam natürlichen Übergang des Einen in das Andere bewirkt. Dächte man zudem genauer über die logische Ordnung der Begriffe nach und versuchte, das Rätsel beim Namen zu nennen, so käme man intuitiv dahin zu vermuten, dass es in dem folgenden Unterricht um die Entstehung von Dezimalität – was auch immer das sei – im Zusammenhang mit Brüchen gehen wird.) In beiden Fällen aber muss bei einem aufmerksamen Schüler, welcher das Tafelbild in seiner konkreten Form ernst nimmt, die Frage nach der Bedeutung der Nummerierung entstehen.

Diese Nummerierung kann prinzipiell zweierlei bedeuten. Erstens könnte eine Reihenfolge von Schritten gemeint sein, die in ihrer Gesamtheit nötig sind, damit aus Brüchen Dezimalbrüche werden. Logisch gesehen könnte es sich dann beim zweiten Schritt nur darum handeln, dass aus einem gewöhnlichen Bruch mit Nenner zehn, hundert, ... eine Kommazahl wird. Aufgrund des in der Folge an der linken Teiltafel entstehenden Inhalts sowie der dokumentierten Interaktionsfolge im Unterrichtsgespräch lässt sich diese Lesart nicht aufrecht erhalten.

Zweitens könnte mit der Nummerierung gemeint sein, dass es verschiedene Möglichkeiten dafür gibt, dass aus Brüchen Dezimalbrüche werden. Diese Lesart steht insofern im Einklang mit dem Unterrichtstranskript, als in der Folge das Dividieren des Zählers durch den Nenner eines Bruchs als andere Möglichkeit der Umformung eines gewöhnlichen Bruchs in einen Dezimalbruch thematisch wird. Identifiziert man die erste dieser beiden Möglichkeiten als syntagmatische Lesart einer nummerierenden Aufzählung und somit als Prozesslogik, so wird einsichtig, dass es sich beim Tafelbild um die Bedeutungsstruktur einer logisch-sachlichen Alternative – also um eine Unterscheidung im Kontext der Sachlogik – handeln muss. In Abgrenzung zur ersten Möglichkeit der Interpretation kann diese Bedeutungsstruktur als paradigmatische Lesart bezeichnet werden.

Angesichts dieser Realität entsteht dann im Zuge der Sinnrekonstruktion des Geschehens unter Beachtung der zeitlichen Ordnung des Entstehens der einzelnen Teile des Tafelbildes die weitere Alternative, dass einerseits zu Stundenbeginn bereits jener Merksatz, welcher die ersten beiden Zeilen der Mitteltafel füllt: *Brüche werden zu Dezimalbrüchen durch Dividieren*, in Gänze zu sehen gewesen sein könnte, dass er andererseits aber auch unsichtbar oder aber nur z.T. sichtbar – etwa nur als erste Zeile oder als erstes Wort – gewesen sein könnte.

Aus dem Transkript (Zeile 39) geht hervor, dass die Lehrerin im Prozess der Erzeugung des Tafelanschriebs ohne weitere Handlung von der linken zur mittleren Teiltafel übergeht. Außerdem (Zeile 121) zeigt sich, dass die zweite Zeile der Mitteltafel erst später angeschrieben wird. Daraus ergibt sich zwingend, dass die Erstformulierung bzw. konkretisierende Illustration des Stundenthemas in schriftlicher Form *Brüche werden zu Dezimalbrüchen* bereits zu Unterrichtsbeginn als Überschrift an der Tafel erschienen sein muss (Zeile 7), während eine Erweiterung des allgemeinen Themas in der Form des Zusatzes *durch Dividieren* (Zeile 121) erst später erfolgt.

Damit stellt sich die Frage nach der konkreten Bedeutung der Nummerierung nun auf ganz neue Weise: Handelt es sich bei der Unterscheidung zweier Arten des Werdens von Dezimalbrüchen aus Brüchen um mehr als nur eine Aufzählung von abstrakten Möglichkeiten? Oder handelt es sich um eine bloße Reihung von Rechenvorschriften, die zwar jeweils in sich ein algorithmisches Ganzes bilden mögen, aber im Kern der Sache nichts miteinander zu tun haben – es sei denn, man würde als Beobachter ihren Zusammenhang ernsthaft darin identifizieren wollen, dass sie beide im Unterricht vorkommen. (Hinter dieser Entscheidung verbirgt sich die Frage nach der Referenz der Beobachtung – Sache oder Sozialität. Letztere Referenz hätte, als Grundentscheidung verstanden, eine Fragmentierung, in logischer Konsequenz sogar eine Atomisierung, des gesamten beobachtbaren Wissens zur Folge, welches in schulischen Curricula vorkommt oder vorkommen kann.) In jedem Falle ist klar: Da nicht eine Abfolge von Teilschritten gemeint sein kann, muss es im Unterricht um verschiedene Möglichkeiten gehen, Brüche in Dezimalbrüche umzuformen.

In diesem Zusammenhang lässt sich die Gesamtheit der ersten drei Beispiele für die Umformung gewöhnlicher Brüche in Dezimalbrüche als Aufgabensequenz deuten. Was zunächst für die Bruchzahlen zwei Fünftel und sieben Achtel als wiederholende Vergewisserung über das bereits Gewusste daher kommt, wird im Falle des gewöhnlichen Bruchs sieben Sechzehntel zum Problem.

Notwendige Bedingungen für Verstehen

Bevor dieses Problem analysiert wird, sollte geklärt werden, worin denn die sachlichen und psychischen Voraussetzungen dafür bestehen, dass die gewöhnlichen Brüche zwei Fünftel und sieben Achtel ohne Probleme in die Dezimalzahlen Null-Komma-Vier und Null-Komma-Acht-Sieben-Fünf umgewandelt werden können.

Eine Unterscheidung sachlicher und psychischer Voraussetzungen ist nicht unproblematisch. In heuristischer Perspektive kann man zunächst nach objektiven und subjektiven Schwierigkeiten der entsprechenden Aufgaben fragen. Dann kommen auf der subjektiven Seite vor allem die Beherrschung der Grundrechenoperationen mit natürlichen Zahlen – im Kern also automatisierte Rechenfertigkeiten – und auf der objektiven Seite ein Grundverständnis der mit der Gestalt einer entsprechenden Aufgabenformulierung verbundenen Begrifflichkeiten Bruch, Dezimalbruch und Umformung in den Blick. Obwohl diese Unterscheidung einer objektiven und einer subjektiven Seite des Problems selbst problematisch ist, ermöglicht sie zunächst eine Annäherung an das Problem der Elementarisierung der zu analysierenden Aufgabe. Eine sachgerechte Ausführung der Umwandlungsprozesse könnte demnach sowohl an Rechenfehlern als auch an Denkfehlern scheitern. Letztere wiederum können nach einer in der kognitiven Psychologie gebrauchten Unterscheidung durch Abweichungen des deklarativen oder des prozeduralen Wissens von der sachgemäßen Repräsentation der Gegenstände erklärt werden.

Diese Art der Unterscheidung vermag zwar zu erklären, welche Wissenslücken und Könnensdefizite für das Scheitern eines Probanden an der entsprechenden Aufgabe verantwortlich sind, sie versagt aber vor der Frage, inwiefern fehlendes Verständnis der Bedeutung eines konkreten Rechenschritts im Gesamtprozess – bzw. der Bedeutung eines bestimmten Teils des Umformungsprozesses für die Gewinnung eines im Ganzen sachgerechten Ergebnisses – ein Verstehen der Aufgabe verhindern können. Zur Beantwortung dieser Frage ist es unausweichlich, eine Perspektive zu rekonstruieren, die einen bestimmten Bestand an kontextgebundenen Regeln bzw. allgemein an Wissen über die beteiligten Objekte auf die Erreichung des entsprechenden Ziels der Umformung zu beziehen vermag. Eine solche innerpsychische Perspektive wäre, was im Kern der Sache eine wiederholbare Abfolge von untereinander formgleichen bzw. von im Kontext formdifferenzierten Schritten zu gewährleisten in der Lage wäre. Die mit der Stabilität dieser Perspektive verknüpfte Frage nach der Einheit des Prozesses bezeichnet genau jenen Punkt, in welchem sich psychologische Speichermodelle von der phänomenologischen Beschreibung eines Erkenntnisakts unterscheiden. In Speichermodellen ist gerade nicht problematisiert, wie die Kontinuität einer Vorstellung als Grundlage eines konkreten Evidenzerlebens möglich ist.

Für die hier zu analysierende Aufgabe der Umformung gewöhnlicher Brüche in Dezimalbrüche bedeutet dies, dass ein Verfahrensschritt wie etwa das im Tafelbild erscheinende Erweitern auf den Nenner zehn an eine Vorstellung vom Ziel des Vorgehens gebunden sein muss – anderenfalls ist ein Verstehen der Aufgabe und des eigenen Vorgehens nicht möglich. Im vorliegenden Fall besteht die entsprechende Vorstellung im mathematischen Inhalt des Begriffs Dezimalbruch: Ein Dezimalbruch ist in allgemeinster Begriffsfassung eine sich syntaktisch aus Zähler und Nenner zusammensetzende Bruchzahl, deren Nenner eine Zehnerpotenz ist. Bezogen auf diese Bedeutung wird die Frage möglich, ob denn die

Brüche zwei Fünftel und sieben Achtel nicht bereits Dezimalbrüche sind. Eine sachgemäß verneinende Antwort ist dann an die Folgevorstellung gebunden, dass fünf und acht als Nenner von zwei Fünfteln und sieben Achteln beides keine Zehnerpotenzen sind.

Im Falle des Kontexts der vorliegenden beiden Aufgaben ist es noch komplizierter. Schüler einer sechsten Klasse verfügen nämlich noch nicht über einen Begriff des Potenzierens und der Potenz als Ergebnis eines Potenzierungsprozesses. Deshalb bleibt der allgemeine Inhalt des Begriffs Dezimalbruch für sie notwendigerweise unprädiziert. Umgekehrt sollen Sechstklässler nach den in allen heutigen Lehrplänen niedergelegten Vorstellungen von der altersgemäßen Entwicklung mathematischer Fähigkeiten und Fertigkeiten aber eine Grundvorstellung von den Zehnerpotenzen und ihrer Entstehung aus der Eins im Prozess der sukzessiven Verzehnfachung haben. Das entsprechende Wissen ist, ohne dass der Begriff der Potenz in seiner ganzen Allgemeinheit zur Verfügung stünde, implizit dann vorhanden, wenn das dekadische Positionssystem in seiner syntaktischen Struktur und seinem Funktionieren verstanden wurde. Zumindest auf intuitiver Ebene würden Schüler dann über den entsprechenden Begriff verfügen. Das Problem besteht dann nicht im bloßen Vorhandensein, sondern in der Einheit dieser intuitiven Vorstellungen. Das aber ist im Kern das Problem, die entsprechende Anschauung zu bezeichnen.

Begriffe ohne Anschauung bleiben leer, Anschauungen ohne Begriff dagegen blind. Deshalb ist die Frage im Fall der vorliegenden beiden Aufgaben eine doppelte: Inwiefern hat einerseits ein Schüler, der die Brüche zwei Fünftel und sieben Achtel auf routinierte Weise in Dezimalbrüche umformt, verstanden, was er da tut? Und gibt es andererseits eine Grundstruktur von Anschauungen, die es im Kern zu sichern vermögen, dass jemand, der im Kontext der konkreten Aufgabe über entsprechende Anschauungen verfügt, zumindest intuitiv versteht, dass er einen Dezimalbruch erzeugt, selbst wenn er nicht über einen allgemeinen Begriff desselben verfügen kann?

Um also zwei Fünftel und sieben Achtel in Dezimalbrüche umwandeln zu können, muss zunächst einmal klar sein, dass es sich noch nicht um Dezimalbrüche handelt. Anderenfalls wäre das Ergebnis aller denkbaren Berechnungen (semantisch) unbestimmt. Diese Voraussetzung aber scheint allein deshalb ins Auge zu springen, weil zwei Fünftel und sieben Achtel als gewöhnliche Brüche keine Kommazahlen sind. Zumindest ist eine solche Begründung aus Schülerperspektive durchaus denkbar und noch nicht einmal unwahrscheinlich. Sie wäre in der Sache ein Ausdruck von zumindest oberflächlichem Verständnis.

Ein Schüler, der so argumentierte, hätte die hier zu analysierende

Aufgabe intern auf eine neue Form gebracht: „Wandle die gewöhnlichen Brüche zwei Fünftel und sieben Achtel in Kommazahlen um!" Um eine entsprechende Prüfungsaufgabe lösen zu können, ist ein solcherart oberflächliches Verständnis der Umformung von in allgemeiner Form gegebenen Bruchzahlen in ganz spezielle Bruchzahlen im Prinzip ausreichend. Im Sinne einer psychischen Voraussetzung reicht es für die Umformung eines gewöhnlichen Bruchs in einen Dezimalbruch aus, dass ein Schüler den syntaktisch aus Zähler und Nenner zusammengesetzten gewöhnlichen Bruch in eine solche Kommazahl umwandelt, für die der entsprechende Dezimalbruch dem Ausgangsbruch gleich ist. Das ist der Performanzaspekt der Umformung. Mathematische Kompetenz jedoch geht tiefer. In sachlicher Hinsicht ist eine solche Umformung nämlich an die doppelte Voraussetzung gebunden, einerseits zu wissen, unter welchen Bedingungen zwei gewöhnliche Brüche im mathematischen Sinne gleich sind und unter welchen nicht, und andererseits einen gewöhnlichen Bruch begrifflich von einem Dezimalbruch unterscheiden zu können. Erstere Voraussetzung führt im Kern auf ein Verstehen dessen, was eine gebrochene Zahl ist, und hängt auf solche Weise mit einem Grundverständnis dessen zusammen, worin – philosophisch gesprochen – das Wesen von Zahlen besteht. Darauf wird noch näher einzugehen sein.

Letztere Voraussetzung dagegen ist von analoger Form wie die Fähigkeit, ein Rechteck von einem Quadrat zu unterscheiden. Die ganze sachliche Schwierigkeit beim Verstehen dieser Voraussetzung zeigt sich in jenem Fall, da einem Schüler ein Quadrat mit der Frage gezeigt würde, ob es sich bei der visuell dargebotenen Figur um ein Rechteck handelt. Ein performanzorientierter Erforscher psychischer Voraussetzungen mathematischer Fähigkeiten würde möglicherweise eine verneinende Antwort als richtig gelten lassen, ein Mathematiklehrer in der Grundschule müsste über die solcherart klare Antwort eines Schülers sogar hocherfreut sein, ein Mathematiklehrer der Sekundarstufe aber sollte im Falle einer verneinenden Antwort zumindest Bauchschmerzen bekommen, und ein Mathematiker kommt nicht umhin, die verneinende Antwort als falsch zu bezeichnen. Der Grund hierfür liegt in der Spezifik konstruktiver Begriffsbildung: Aus mathematischer Sicht handelt es sich beim Rechteck um eine Flächenform mit ganz bestimmten Eigenschaften. Da ein jedes Quadrat über diese definierenden Eigenschaften des Rechtecks verfügt, handelt es sich bei einem Quadrat eben auch um ein Rechteck. In der Sprache der Mengenlehre kann man diese Tatsache so formulieren, dass die Menge aller Quadrate einer Ebene eine Teilmenge der Menge aller Rechtecke derselben Ebene ist.

Für die Beziehung zwischen Anschauung und Begriff zeigt sich also im Falle der Unterscheidung von Quadrat und Rechteck eine widersprüchliche Konstellation. Während die ganzheitlich auf die Gestalt einer Zeichnung bezogene Wahrnehmung eines Quadrats zu dem Urteil führt, dass es sich bei dem Bild gerade nicht um ein Rechteck handelt, muss eine Schritt für Schritt konkrete Relationen ins Auge fassende Wahrnehmung prüfend zu dem Ergebnis kommen, dass es sich bei der Zeichnung eines Quadrats eben auch um das Bild eines Rechtecks handelt. Was oberflächlich gesehen zunächst als widersinnig erscheint, erweist sich bei näherer Betrachtung als logisch unausweichlich.

Bezogen auf die Frage nach dem Unterschied zwischen einem gewöhnlichen Bruch und einem Dezimalbruch sind also zwei Seiten zu unterscheiden: die Konstatierung eines Gestaltunterschiedes einerseits und die Feststellung von Unterschieden in der Sache andererseits. Vor dem Hintergrund der sachlichen Voraussetzungen für ein Verstehen der Umformung gewöhnlicher Brüche in Dezimalbrüche hätte also der Verweis auf die Vorstellung, dass es sich bei zwei Fünfteln und sieben Achteln nicht um Kommazahlen handelt, aus logischer Sicht einen doppelten Boden. Syntaktische und semantische Referenzen wären dann nicht unterschieden. Es ist zwar richtig, dass Kommazahlen Dezimalbrüche sind und gewöhnliche Brüche keine Kommazahlen. Aber in Bezug auf die Frage nach dem Verstehen des Unterschiedes zwischen gewöhnlichen Brüchen und Dezimalbrüchen ergibt diese bloße Verdopplung der Beschreibungsebene noch keine konsistente – sowohl Anschauung als auch Begriff umfassende – Vorstellung von der Sache. Zwar sind die entsprechenden Anschauungen zu Zahlengebilden, die einen Bruchstrich oder ein Komma enthalten, nicht leer, doch die Begriffe Bruch und Dezimalbruch selbst sind als nicht unterschiedene blind.

Die scheinbare Evidenz der Voraussetzung, dass zwei Fünftel und sieben Achtel keine Dezimalbrüche sind, hat ihren Grund also einzig im Unterschied zweier Darstellungsweisen. Ein solcher syntaktischer Unterschied kann zwar als Anzeichen eines semantischen Unterschieds fungieren, in der Sache ist es aber noch kein Unterschied. Aus informationssemantischer Sicht gibt es Unterschiede, die einen Unterschied machen, und solche, die keinen machen. Wenn beispielsweise ein Schüler den Unterschied zwischen den Darstellungen eines Quadrats und eines Rechtecks so interpretierte, dass es sich bei der einen Figur um ein Quadrat handelt und bei der anderen nicht, so hätte er den Begriff des Quadrats intuitiv verstanden. Behauptete er dagegen, dass es sich bei der einen Figur um ein Rechteck handelt und bei der anderen nicht, so hätte er den Begriff des Rechtecks gerade nicht verstanden.

Bezogen auf die Fähigkeit, einen gewöhnlichen Bruch von einem Dezimalbruch zu unterscheiden, bedeutet dies, dass eine interne Paraphrasierung der hier analysierten Aufgabe in die Form *Wandle die ge-*

wöhnlichen Brüche zwei Fünftel und sieben Achtel in Kommazahlen um! zwar eine Vorstellung davon ausdrückt, dass es sich bei Kommazahlen um eine spezifische Darstellung von Dezimalbrüchen handelt, die sich als solche von der Darstellung gebrochener Zahlen in ihrer allgemeinen Form – also von gewöhnlichen Brüchen – syntaktisch unterscheidet, dass aber ein Verstehen dessen, was den Begriff des Dezimalbruchs im Unterschied zum Begriff des gewöhnlichen (oder gemeinen) Bruchs ausmacht, an eine Anschauung von der begrifflichen Spezifik der Dezimalbrüche gebunden ist. Und diese erschöpft sich nicht in der Konstatierung visuell wahrnehmbarer Unterschiede analogen Charakters.

Eine Anschauung von der besonderen Spezifik der Dezimalbrüche im Unterschied zu anders möglichen spezifischen Darstellungen – im alten Ägypten etwa gab es eine einfache Arithmetik der Stammbrüche, die mangels strukturtheoretischer Begrifflichkeit an kodifizierte Tafelwerke (z. B. Tabelle des Ahmes) geknüpft war – muss ein wie auch immer geartetes Bewusstsein der Tatsache umfassen, dass Dezimalbrüche, historisch gesehen, ihre ganze formale Stärke einzig der Erfindung des dekadischen Positionssystems verdanken und im selbstverständlichen Funktionieren ihrer Syntax an ganz bestimmte Struktureigenschaften des Denkens bzw. der Zahlenwelt gebunden sind. Dezimalbrüche sind also nicht nur irgendwelche besonderen Brüche, bei denen man als Schüler glücklicherweise das Problem der Verwechslung von Zähler und Nenner nicht mehr hat, weil die Ziffern nun wieder – wie von den natürlichen Zahlen her gewohnt – sequenziell von links nach rechts zu einer Gesamtbedeutung zusammengefügt werden können. Bei Dezimalbrüchen handelt es sich um wesentlich mehr: Es sind jene im mathematischen Sinne ausgezeichneten Brüche, welche es ermöglichen, die dekadische Positionsdarstellung der natürlichen Zahlen in strukturtheoretischer Weise zu verallgemeinern.

Im Sinne einer Illustration soll das Sachproblem hier zunächst angedeutet werden: In der höheren Mathematik spricht man in algebraischer Hinsicht von Polynomen und bezeichnet mit diesem Begriff die rein syntaktische Seite der entsprechenden Darstellung. In der mathematischen Analysis wird nach Möglichkeiten der Interpretation solcher Ausdrücke gefragt, und in dieser Hinsicht ist bei entsprechenden Objekten dann von konvergierenden oder divergierenden Potenzreihen die Rede. Je nachdem, ob man den Fokus auf diesen oder jenen Aspekt der Sache legt, wird man als Teilnehmer einer Untersuchung entweder mittelbar auf das Feld der Strukturmathematik oder unmittelbar zu einer Untersuchung des Unendlichen geführt. (Beide Arten von Objekten – Polynome wie Potenzreihen – standen übrigens an der Wiege der modernen Mathematik. In beiden stecken mit der Bildung von Linearkombinationen und der Iterativität Grundprinzipien jenes Denkens, das im 20. Jahrhundert nach der Erfindung des Computers die Welt verändert hat.)

Für die weitere Analyse stellt sich nun die doppelte Frage, worin diese Verallgemeinerung in der Sache besteht und ob sie in der hier zu analysierenden Unterrichtsstunde in irgendeiner Weise zum Tragen kommt. Zunächst muss festgehalten werden, dass die Begriffe Dezimalbruch und Kommazahl keineswegs synonym sind. Im Begriff des Dezimalbruchs als einer speziellen Klasse von gewöhnlichen Brüchen sind implizit all jene Grundvorstellungen und darauf aufbauenden logisch-begrifflichen Bezüge enthalten, die eine Bruchzahl zum bedeutungstragenden Teil eines übergreifenden mathematischen Kontexts machen – zu einem inhaltlich bestimmten mathematischen Objekt, das im Rahmen einer Ordnung eine bestimmte Größe hat und mit dem man so rechnen kann, wie es für Quantitäten sinnvoll ist. Der Begriff der Kommazahl dagegen ist ein außermathematischer. Er bezieht sich lediglich auf die äußere Form der graphischen Darstellung gewisser Bruchzahlen. Kommazahlen sind nicht Zahlen in einem mathematischen Sinne, sondern es sind von ihrer inneren Logik her gewissermaßen gegliederte Telefonnummern mit einer Unterscheidung von Ortsvorwahl und Ortsanschluss. Man könnte sagen, dass sich Dezimalbrüche von Kommazahlen auf ebensolche Weise unterscheiden, wie sich im dekadischen Positionssystem dargestellte natürliche Zahlen von nach außermathematischer Logik zusammengesetzten Telefonnummern unterscheiden.

Das Verstehen dieses Unterschieds ist somit zumindest an zwei Voraussetzungen gebunden: an ein Grundverständnis dessen, was gewöhnliche Brüche sind, und an die Fähigkeit, zwischen dem Begriff des Dezimalbruchs und möglichen Darstellungen von Dezimalbrüchen zu unterscheiden. Hinter dieser Fähigkeit steckt im Kern eine differenzierende Wahrnehmung der Syntax und der Semantik sprachlicher Ausdrücke. Eine solcherart differenzierende Wahrnehmung mit ihrem doppelten Fokus auf formale und materiale Bezüge eines Themas aber wäre, was in der allgemeinen Didaktik unter kategorialer Bildung verstanden wird. Im Fall der hier untersuchten Aufgabe handelt es sich in Abgrenzung zu allgemeinem Zahlverständnis um ein spezifisches Verständnis für Darstellungen von Zahlen.

Tiefenstruktur und Gestaltwahrnehmung

Die Frage nach den sachlichen und psychischen Voraussetzungen dafür, dass ein Schüler die Brüche zwei Fünftel bzw. sieben Achtel in die Dezimalbrüche Null-Komma-Vier bzw. Null-Komma-Acht-Sieben-Fünf umformen kann, führte ausgehend von der Unterscheidung einer sachgerechten kognitiven Repräsentation und notwendigen Bedingungen für ein pragmatisches Verstehen des eigenen Tuns auf die Unterscheidung von Performanz- und Kompetenzaspekten und weiter über die Differenz sprachlicher Oberflächen- und Tiefenstruktur in der Sache selbst auf die Unterscheidung von Bruchdarstellungen einerseits und Bruchzahlen andererseits.

Damit stellt sich in der Analyse nun die Aufgabe, jene Tiefenstruktur darzustellen, welche ein Verstehen der Umformungen ermöglicht. Ein solches Verstehen ist begrifflich nicht nur als logische Durchdringung der strukturmathematischen Zusammenhänge gedacht, sondern soll konzeptuell auch die genetische Realisierung eines pragmatischen Grundverständnisses für Zahlen und Größen umfassen – von der Idee her so, wie Piaget die Entwicklung des Zahlbegriffs bei Kindern gefasst hat. Aufgrund der Kompliziertheit des Themas kann die Konzeptualisierung hier nur umrissen und im Sinne eines Prozesses ihrer Realisierung angedeutet werden. Erkenntnisleitend ist dabei der Unterschied von Verstehen und Nichtverstehen in der Sache. Ausgangspunkt einer solchen Darstellung muss die terminologische Differenz von Bruch und gebrochener Zahl sein.

Der Begriff des Bruches ist in seiner semantischen Allgemeinheit so unspezifisch, dass er sich nicht ohne zusätzliche Spezifikation auf einen mathematischen Terminus bringen lässt: Ganz allgemein verbirgt sich hinter diesem Wort die Vorstellung eines Gegenstandes, welcher in irgendeinem näher zu bestimmenden Sinne zu Bruch, also zumindest entzwei gegangen ist. Hinter solcher Bedeutung verbirgt sich zweierlei: einerseits die Vorstellung eines Prozesses, welcher aus einem Ganzen eine Ansammlung von Teilen werden lässt, und andererseits die Vorstellung einer gegenstandsspezifischen Funktionseinbuße. Während diese auf eine Differenz von Qualitäten verweist, referiert jene auf das Vorliegen einer logischen Relation.

Damit aus der allgemeinen Bedeutung des Bruches eine mathematische Bedeutung werden kann, muss also einerseits ein Bruchganzes von seinen Bruchteilen unterschieden sein und andererseits von allen gegenstandsspezifischen Funktionen abgesehen werden können. Erstere Bedingung verweist auf eine Differenzierung der Vorstellung derart, dass Teil und Ganzes im Kontext eines konkreten Gegenstandes unterschieden werden können, letztere Bedingung dagegen auf die Fähigkeit zur Abstraktion von dessen konkreter Gegenständlichkeit. Im Sinne dieser zweiten Bedingung hat man es also mit der paradoxen Anforderung zu tun, sich einerseits einen konkreten Gegenstand vorzustellen und andererseits von allen Merkmalen zu abstrahieren, die diesem besonderen Gegenstand seine Besonderheit verleihen. Der Gegenstand ist hinsichtlich der Frage nach den Bedingungen der Möglichkeit für ein Verstehen von Brüchen im Sinne des mathematischen Begriffs nur insoweit Gegenstand des Interesses, als er als Gegenstand ein Ganzes ist, das aus Teilen besteht.

Damit sind all jene Beziehungen zwischen Teil und Ganzem aus dem semantischen Feld einer bestimmenden Begriffsgenese ausgeschlossen, bei denen sich das Ganze eines Gegenstandes nicht vollständig durch seine Teile repräsentieren lässt. Beispielsweise hat es mathematisch gesehen keinen Sinn, vom Kopf als einem Bruchteil des Körpers zu sprechen oder aber zu fragen, welcher Bruch der Beziehung eines Schuhs zu seinem Schürsenkel entspricht.

Besteht aber ein Gegenstand gänzlich aus mehreren Teilen, dann kann gefragt werden: Ist dieses Ganze mit seinen Teilen ein Bruchgebilde? Handelt es sich also bei dem entsprechenden Gegenstand um ein Objekt, an dem sich Bruchteile auffinden lassen? Die Frage zeigt insofern eine echte Alternative auf, als sie im allgemeinen Fall der Relation von Teilen und Ganzem verneint werden muss. Um Bruchteile handelt es sich nur dann, wenn die Teile untereinander gleich sind. Und da von allen qualitativen Bestimmungen abgesehen werden muss, kann es sich bei dieser Gleichheit nur um eine Gleichheit im quantitativen Sinne handeln. Das aber bedeutet, dass die Teile nicht nur zählbar, sondern in irgendeinem Sinne sogar messbar sein müssen.

Beide Varianten dieser einen mathematischen Frage sind sich zwar ziemlich ähnlich, verweisen aber in ihrer geringfügigen sprachlichen Verschiedenheit auf jenen Punkt, welcher die Differenz von Mathematik und Pragmatik im Kern ausmacht: Die erste Variante geht davon aus, dass sowohl das Ganze als auch die Gesamtheit seiner Teile bereits vorgegeben sind, und die formulierte Frage betrifft dann logisch nur noch dieses gegebene Ganze mit seiner speziellen Unterteilung. Die erwartete Antwort betrifft eine Entscheidung: ja oder nein. Die sinnvoll zu antizipierende Frage, ob es andere Unterteilungen desselben Ganzen mit möglicherweise abweichenden Eigenschaften gibt – beispielsweise ergibt sich im Falle einer verneinenden Antwort intentional fast zwingend die Anschlussfrage nach im Sinne des Bruchbegriffs passenden Unterteilungen – gehört eher zur zweiten Variante. Genau genommen ist in deren Kontext zunächst nur das Ganze eines Gegenstandes vorgegeben, die

Teile jedoch fehlen oder sind zumindest noch nicht benannt.

Während es bei der ersten Fragevariante um eine bloße Identifizierung von Bruchteilen als gleich großen Teilen eines Ganzen geht und dieser Identifizierungsversuch im Prinzip nur deduktiv auf eine vorab gegebene begriffliche Bestimmung – eine Definition – aufbauen kann, handelt es sich im Falle der zweiten Fragevariante um die Aufgabe, das Ganze so zu unterteilen, dass die entstehenden Teile zu Bruchteilen dieses Ganzen werden. Auf der Grundlage einer Anschauung des Gegenstandes wird dann eine Wahrnehmung erfragt, welche als markierende die Teile als Bruchteile des gegebenen Ganzen ausweist. Dieser Aspekt der Sache entspricht im Unterschied zum epistemologischen Aspekt, welcher mit der ersten Fragevariante verbunden ist, dem genetischen Aspekt von Bruchverständnis. Auf diese Weise kann Bruchverständnis intuitiv und im Sinne eines spezifizierten Wissens implizit sein. (Bei einer Identifizierung handelt es sich lediglich um den semantischen Aspekt von Bruchbedeutung: Vergleich einer wahrgenommenen mit einer vorgestellten Bedeutung im Zusammenhang mit einem Urteil. Eine Realisierung von Bruchteilen jedoch ist mit ihrem Handlungsbezug notwendig auf die Vorstellung einer Prozessgestalt verwiesen, die nicht ohne das visuelle Moment eines konkreten Modells für das Ganze sowie entsprechende geometrische Vorstellungen seiner Unterteilungsmöglichkeiten realisierbar ist, und somit kann eine Realisierung von Bruchteilen kaum unabhängig von pragmatischen Kontexten gedacht werden. In solch einem Sinne ist Realisierung notwendigerweise syntaktisch.)

Die mit der vorstellenden oder anschauenden Wahrnehmung zu verknüpfende Markierung aber hat prinzipiell zwei Seiten: eine bildliche und eine sprachliche. Es kann sich mithin bei der Markierung um eine Zeichnung oder eine Bezeichnung handeln. Beide Arten von Markierung müssen, um eine Bedeutung zu tragen, Unterschiede zu einer unstrukturierten Gesamtwahrnehmung des Ganzen erzeugen. Anderenfalls handelte es sich zwar um syntaktische, nicht aber um semantische Markierungen. Bildliche Unterschiede sind nun aber meist in analoger, sprachliche dagegen in digitaler Weise ausgedrückt. Zur kognitionspsychologischen Differenz von interner und externer Repräsentation von Brüchen tritt deshalb die Differenz von analoger und digitaler Darstellung hinzu. Um von einer stabilen internen Repräsentation sprechen zu können, muss beim entsprechenden Individuum ein Bezug sowohl zu analogen als auch zu digitalen Darstellungen feststellbar sein. Darüber hinaus aber muss in der Wahrnehmung eine Synthese von jener Art geleistet worden sein, die Peirce diagrammatisch nennt und die ikonische, indexikalische oder auch symbolische Teile im Rahmen eines Gesamtzeichens zur semantischen Einheit bringt.

Kognitionstheoretische Modellierungen einer solchen Repräsentation, welche die Herstellung der Einheit des Gesamtzeichens nicht in ihr Modell einer Bruchteilbedeutung einbeziehen, gehen notwendigerweise an der Wirklichkeit von Bruchzahlverständnis vorbei. Eine phänomenologische Beschreibung dagegen ist allein deshalb auf dieses Problem verwiesen, weil die Frage nach dem Ziel einer als Folge von Einzeloperationen zu denkenden Handlung das Problem in Form einer zu leistenden Beschreibung des Kontextes mit sich bringt. Das Problem der Synthese ist von gleicher Art wie die Frage nach einer Gestaltwahrnehmung des Gesamtprozesses. Eine solche aber ist zunächst kontextabhängig, und Verstehen kann dementsprechend nur pragmatisch gefasst werden. Weil externe Repräsentationen medial spezifiziert sind und eine potentielle Synthese in der Einheit des Kontexts begründet wird, ist der Begriff der Repräsentation selbst problematisch: Genese von Bruchverständnis lässt sich nicht mit einem Begriff beschreiben, der die Stabilität dessen, was untersucht werden soll, in seiner Bedeutung bereits voraussetzt.

Deshalb reicht es nicht, bei einer pragmatischen Bestimmung des mathematischen Bruchbegriffs auf die Gleichheit der Bruchteile zu verweisen. Diese Bedingung mag zwar die quantitative Seite der Sache ausmachen, der Kern der Sache aber ist ein anderer: Bruchteile ohne ein Bruchganzes sind keine Bruchteile, sondern lediglich eine Ansammlung gleicher Stücke. Damit wird die Einheit des Kontexts, in welchem das Ganze ein Ganzes ist, als entscheidendes Moment fürs Verstehen des mathematischen Bruchbegriffs sichtbar. Zugleich treten epistemologischer und genetischer Aspekt zueinander in Widerspruch, und zwar in folgendem Sinne: In Bezug auf die Teil-Ganzes-Relation ist für den Bruchbegriff eine Vorstellung des Ganzen Voraussetzung, die eine Unterteilung dieses Ganzen in gleiche Teile ermöglicht. Eine solche Vorstellung ist notwendigerweise eine gegenständliche. Auf der anderen Seite handelt es sich bei Gegenständen, die gezählt werden, um Einheiten, die nur dadurch zu zählbaren werden, dass von ihrer Strukturiertheit abstrahiert wird. In diesem Sinne ist das Ganze als quantitative Einheit unteilbar – man könnte sagen: Atom. Um also ein Bruchganzes als Ganzes im quantitativen Sinne ansehen zu können, muss nicht nur von seiner konkreten Gegenständlichkeit, sondern im Grunde auch von dem Umstand abstrahiert werden, dass es aus Teilen besteht. Anders herum, um Bruchteile als Bruchteile erkennen zu können, muss davon abgesehen werden, dass sie Teile (in einem quantitativen Kontext) sind.

In der Mathematikdidaktik unterscheidet man die oben bereits erwähnten Aufgaben zur Identifizierung von Bruchteilen von Aufgaben zu ihrer Realisierung. In letzterem Falle ist der Name eines Bruchteils sprachlich gegeben, das Ganze dagegen bildlich, und die Aufgabe besteht dann darin, solche Bruchteile in das Ganze einzuzeichnen, die dem vorgegebenen Namen entsprechen. Das setzt natürlich ein intuitives Verständnis der Bedeutung voraus. Es setzt aber auch voraus, dass das Ganze in irgendeinem Sinne messbar ist, und die quantitative Einheit, welche in einem solchen Messvorgang sinnvoll zu Grunde gelegt werden muss, um überhaupt eine Zahl als Messergebnis zu erhalten, ist eine andere als die quantitative Einheit des Bruchganzen.

Um also zu verstehen, was ein Halbes ist, muss einerseits gesehen werden, dass es sich um ein Teil eines Ganzen handelt, welches als ein Ganzes aus zwei gleichen Teilen besteht. Ein Drittel dagegen muss als eines von drei gleichen Teilen erkannt werden, die aber nicht nur einfach drei gleich große Teile sind, sondern darüber hinaus auch noch ein Ganzes bilden. Bei zwei Dritteln wird die Schwierigkeit dann insoweit als Konsistenzproblem quantitativer Kontexte sichtbar, als es sich um zwei gleiche Teile handelt, die im größeren Rahmen eines Ganzen einen Teil dieses Ganzen ausmachen, der wiederum aus zwei gleich großen Teilen besteht und durch ein drittes solches Teil zum einen großen Ganzen ergänzt wird. Es handelt sich also bei zwei Dritteln um zwei verschiedene Arten von Ganzheit: einerseits um ein Ganzes, das aus drei Teilen besteht, und andererseits um zwei Teile, die ein Ganzes bilden. Die erste Art Ganzheit ist das Ganze eines Gegenstandes, welcher *aufgeteilt* wird. Die zweite Art Ganzheit ist das Ganze eines Bruchteils, welcher sich aus kleineren Bruchteilen *zusammensetzt*. Und die bereits erwähnte Voraussetzung, dass alle Teile gleich groß sein müssen, um im mathematischen Sinne von Bruchteilen sprechen zu können, hat für beide Arten von Ganzheit jeweils eine andere quantitative Konnotation.

Die Konnotation der Gleichheit von Teilen hat im Falle der ersten Art Ganzheit jene Bedeutung, die oben bereits ausführlich beschrieben worden ist: Als Teile eines gegebenen Ganzen müssen sie einerseits untereinander vergleichbar und andererseits im Rahmen des Ganzen zählbar sein. Der Vergleich der Teile ist im Sinne des genetischen Aspekts von Bruchverständnis eine Gestaltwahrnehmung, also ein Erfassen auf einen Blick. Das Zählen der Teile ist dagegen abhängig von deren visueller Anordnung – hier sind sowohl auf einen Blick erkennende Wahrnehmung als auch sequenzielle Wahrnehmung unter Einschluss von Vorstellungen möglich, welche der Wygotzkischen inneren Rede entsprechen und im Unterschied zu visuellen Vorstellungen sprachlicher Art sind. Ein solche sprachliche Vorstellung tritt aber möglicherweise in Konkurrenz bzw. in Widerspruch zu jener vorgängigen sprachlich vermittelten Vorstellung von der Sache, welche den Gegenstand als Ganzes fixiert und als Vorstellung eines Ganzen diesen überhaupt erst konstituiert bzw. im Gedächtnis erhält. Bruchverständnis im Sinne der ersten Art Ganzheit liegt also dann vor, wenn der Name des Bruchteils und ein Bild des Ganzen als semantisch aufeinander bezogen erkannt werden.

Die Konnotation der Gleichheit von Teilen hat im Falle der zweiten Art Ganzheit dagegen eine andere Bedeutung: Ein Bruchteil ist als Teil eines Ganzen selbst wiederum ein Ganzes, welches als Teil in einer ganz bestimmten Teil-Ganzes-Relation sich auf ein logisch übergeordnetes Ganzes beziehen lassen muss. Als Ganzes niedrigeren logischen Typs besteht ein Bruchteil dann aber selbst aus einander gleichen Teilen, welche über ihre durch Zählbarkeit charakterisierte Beziehung zum Ganzen des Bruchteils hinaus sich in einer analogen Beziehung zum übergeordneten Bruchganzen befinden. Somit liegt eine verdoppelte Beziehung der Teile des Bruchteils vor. Als Teile des Bruchganzen sind sie jene Teile eines Bruchteils, welche eine gleichzeitige Messbarkeit von Bruchteil und Bruchganzem erst ermöglichen. Diese Teile sind das elementare Maß in den Messvorgängen für beide Arten von Ganzheit.

Während die zweite Art Ganzheit in der gleichen Weise entsteht, wie sich natürliche Zahlen aus einer elementaren Einheit namens Eins zusammensetzen, ist die erste Art Ganzheit eine, die durch gleichmäßiges Aufteilen erst in ihre Teile zerfällt. Auf eine formalisierte Prozessvorstellung gebracht, entspricht letztere Teil-Ganzes-Beziehung der Sequenzialität einer Divisionsaufgabe, erstere dagegen der Sequenzialität einer aufzählenden (im Falle einer sequenziellen Wahrnehmung des Bruchteils) oder aber sogar einer simultanen Zahlerfassung (im Falle einer Gestaltwahrnehmung). Für den Fall, dass sich gar beide Arten von Ganzheit augenblicklich – als Gestaltwahrnehmung – konstituieren, muss festgehalten werden, dass es sich um die gleichzeitige intuitive Wahrnehmung zweier unterschiedlicher Gestalten handelt: um eine Doppelgestalt, deren zusammengesetztes Ganzes einen auf analoge Weise zusammengesetzten Teil umfasst.

Bezogen auf die Sprachgestalt des Beispiels zwei Drittel hieße das dann konkret, dass auch diese Gleichzeitigkeit von Gestaltwahrnehmungen in eine nun lexikalisch determinierte Vorher-nachher-Beziehung aufgelöst werden muss. Zuerst ist das Ergebnis der Zahlerfassung in Bezug auf die Wahrnehmung des Bruchteils als eines Ganzen zweiter Art direkt zu benennen – hier sind die Zahlworte für natürliche Zahlen als verfügbare Signifikanten sprachliche Voraussetzung, danach ist die Art der Unterteilung des Bruchganzen mit Hilfe einer spezifischen Wortbildung zu bezeichnen: Einem Zahlmorphem wird das Suffix *tel* angehängt, wobei für die Zahlen ab zwanzig ein Fugen-Es zwischen Zahlmorphem und Suffix auftreten kann. Bei der Zahl drei ändert sich das Stammmorphem (von drei zu *dritt-* mit anschließender Löschung eines der gleichen Konsonantenzeichen), die Zahl zwei dagegen hat eine Bruchteilbezeichnung von anderer Etymologie. (Für eine nähere Untersuchung liegt es nahe, sprachgeschichtlich von einer Ableitung der im Prinzip indeterminierten Bruchteilbezeichnungen aus den entsprechenden determinierten Ordinalzahlen auszugehen, wobei eine semantische Ambivalenz des Genus zwischen maskuliner und neutraler Form auf einen tiefer liegenden Unterschied in den Bedeutungen von der Teil und das Teil verweist: vgl. etwa die semantische Beziehung von Abstraktem und Konkretem in der Gegenüberstellung der Syntagmen der dritte Teil und das dritte Teil.)

Es ist also bis hierher festzuhalten, dass die intuitiv zu realisierende Einheit eines Ganzen, an dem Bruchteile aufgefunden werden können, mit zwei gegensinnigen denotativen Bewegungen verbunden ist: einer differenzierenden und einer synthetisierenden. Die Differenzierung ist sowohl auf die visuelle Wahrnehmung einer gegliederten Ganzheit als auch auf die logisch-hierarchische Anschauung zweier Ganzheiten unterschiedlichen logischen Typs gerichtet. Die synthetisierende Wahrnehmungs- und Vorstellungsbewegung dagegen betrifft sowohl die visuell gestützte Einheit eines sich aus gleichen Teilen zusammensetzenden Ganzen als auch die logisch-sprachliche Synthese einer Bruchteilbezeichnung aus ihren Sprachbestandteilen. Beim Bruchteil eines Ganzen handelt es sich deshalb in genetischer Hinsicht um die widersprüchliche Einheit zweier kontextuell unterschiedener Zahlwahrnehmungsprozesse. Diese unterschiedlichen Arten von Zahlwahrnehmung können nur dann in der Begrifflichkeit eines Bruchteils zur logischen Einheit gelangen, wenn das Ganze ein Bruchganzes ist oder, anders ausgedrückt, wenn die gemeinsamen elementaren Teile von Bruchteil und Ganzem einerseits überhaupt vergleichbar und andererseits auch noch gleich groß sind.

Tiefenstruktur und Zahlbegriff

Bei gewöhnlichen Brüchen, die auch als gemeine Brüche bezeichnet werden, handelt es sich im Unterschied zu Kommazahlen um die aus mathematischer Sicht allgemeinsten Objekte der Bruchrechnung. Im Rahmen eines konstruktiven Aufbaus der Mathematik und speziell eines sukzessiven Aufbaus der Zahlenbereiche entstehen sie aus den in logischer Hinsicht vorauszusetzenden natürlichen Zahlen durch Paarbildung. Bei einem gewöhnlichen Bruch handelt es sich in dieser Allgemeinheit also um nichts anderes als um ein Paar aus zwei bereits bekannten natürlichen Zahlen. Dabei kommt es – ähnlich wie bei der Zusammensetzung von Buchstaben zu Wörtern – auf die Reihenfolge der Zahlen an: Das

Paar zwei-fünf unterscheidet sich vom Paar fünf-zwei nach dem gleichen formalen Prinzip, wie sich die Buchstabenfolgen *an* und *na* hinsichtlich ihrer sprachlichen Bedeutung unterscheiden.

Das Problem bei der mathematischen Konstruktion des Bereichs der gebrochenen Zahlen auf der Grundlage von bereits vorhandenen Zahlen ist dann ein doppeltes. Einerseits kommt es darauf an, eine Kontinuität zu den vorauszusetzenden natürlichen Zahlen und jener Gesamtheit von mit ihnen verbundenen Vorstellungen bezüglich Größe und Ordnung herzustellen, welche den kategorialen Bereich des Quantitativen im Rahmen einer pragmatisch abgesicherten allgemeinen Semantik überhaupt erst konstituieren: Zahlen sind das, was bezogen auf sich selbst eine Größe und bezogen auf anderes eine Größer- oder Kleinerbeziehung auszudrücken vermag. In dieser Hinsicht kommt es also darauf an, Mengenvorstellungen über viel und wenig bzw. Relationsvorstellungen zu größer und kleiner auf Bruchzahlen beziehen zu können. Solche Vorstellungen sind als Grundlage einer Orientierung im spezifischen Bereich des Quantitativen Voraussetzung für einen rationalen Weltzugang überhaupt.

Andererseits sind die natürlichen Zahlen in logischer wie genetischer Hinsicht eine erste Strukturwirklichkeit, welche aus sich heraus den Unterschied von Objekten und Operationen erzeugt. Umgangssprachlich lässt sich das so ausdrücken, dass natürliche Zahlen die ersten mathematischen Objekte sind, mit denen man rechnen kann. Nach dem Vermehren und Vermindern als anschaulich gegebenen und komplementär aufeinander bezogenen Veränderungen gegliederter Ganzheiten ist das Vervielfachen die erste Operation, welche eine Folge quantitativ gleichartiger Vermehrungsakte in der Vorstellung zu einer Ganzheit neuer Ordnung verknüpft. Die damit verbundene Vorstellungseinheit ist auf solche Weise nicht nur ein Stück weit abstrakter, als es Quantitäten im Sinne gegliederter Ganzheiten sind, sondern stellt in qualitativer Hinsicht neue Anforderungen an das Verstehen und an eine sichere Verwendung entsprechender Operationen im quantitativen Kontext. Im allerletzten Absatz von Piagets Untersuchung über die Entwicklung des Zahlbegriffs bei Kindern wird genau dieser Umstand zum Ausdruck gebracht: Indem die Vorstellungen von Zahlen und von Beziehungen zwischen diesen zu einem neuen, operativ erzeugten Vorstellungsganzen werden, entsteht ein abstraktes Zahlverständnis. (Worin die spezifische Leistung einer solchen Synthese besteht, ist am Beispiel des in seiner sprachlich artikulierten Form sehr unübersichtlichen Zahlworts zweihundertfünfunddreißigtausendzweihundertzwei an anderer Stelle beschrieben; vgl. Rosch 2003) Und diese Vorstellungseinheit ist als in sich logisch strukturierte die Voraussetzung dafür, dass mit dem Teilen zum

Vervielfachen eine in ebensolcher Hinsicht komplementäre Operation hinzutreten kann, wie es das Vermindern in Bezug auf das Vermehren bereits war. Sie ist ein wesentliches Entwicklungsmoment für darauf aufbauende Zahlvorstellungen.

Mit den vier Grundrechenoperationen Addition, Subtraktion, Multiplikation und Division hat man also in der Vorstellung eine erste Gesamtheit an operativen Möglichkeiten für den rechnenden Umgang mit jenen mathematischen Objekten, die in pragmatischer und semantischer Hinsicht Quantitäten repräsentieren: für die natürlichen Zahlen als systematisch aufgebaute Strukturwirklichkeit. Um einen neuen Bereich von gebrochenen Zahlen auf der Grundlage dieser auch in syntaktischer Hinsicht vorauszusetzenden alten Struktur aufzubauen, müssen einerseits die Vorstellungen zu Größe und Ordnung und andererseits die operativen Möglichkeiten des rechnenden Umgangs mit den konkreten Zahlobjekten auf den zu konstruierenden Zahlbereich übertragbar sein. Anders ist eine Kontinuität der Vorstellungen vom Quantitativen nicht denkbar. Deshalb ist es aus der Sicht eines gelingenden Zahlverständnisses für Brüche und Bruchteile – wie im vorherigen Abschnitt skizziert – unumgänglich, nicht nur den epistemologischen, sondern auch den pragmatischen Zusammenhang zu den natürlichen Zahlen als einer ersten Strukturwirklichkeit der Mathematik im Denken konkret herzustellen.

Ging Piaget bei seiner Konzeption kognitiver Entwicklung vom Problem der Erkenntnis von Mengeninvarianz sowie der Erhaltung von Quantitäten aus, so ist für eine analytische Durchdringung der Genese eines entsprechenden Zahlverständnisses für Brüche eher ein kontrastives Herangehen über die Differenz zu den vorgängigen Zahlvorstellungen hilfreich. Erst auf der Basis strukturell beschreibbarer Differenz lässt sich nämlich die Frage stellen, woran ein nach sprachpragmatischen Kriterien zu ermessendes Bruchverständnis scheitern kann. (Piaget konnte sich in seinen Experimenten noch auf die Überzeugungskraft von Pragmatik in jenem Sinne berufen, wie die Strukturiertheit der konkreten Kontexte im Handeln konstituiert wird. Bei der Problematisierung von Bruchzahlverständnis muss man sich aber über diese Strukturiertheit von Handlungskontexten hinaus bereits auf ein vorhandenes pragmatisches Zahlverständnis berufen können. Deshalb ist die Feststellung von Differenz logische Voraussetzung einer neuen Synthese im Zahlverständnis.) Grundlage der Beschreibung einer solchen Differenz aber sollte ein pragmatisches Verständnis natürlicher Zahlen sein, so wie Piaget dessen Genese im Detail über Handlungen und Operationen expliziert hat.

Im Kern handelt es sich dabei um folgendes Problem: Wenn einerseits Bruchzahlen dadurch entstehen, dass zwei natürliche Zahlen in einer wohlbestimmten Reihenfolge zusammenkommen, und andererseits der Bereich der natürlichen Zahlen in den neuen Bereich der gebrochenen Zahlen eingebettet sein soll – man also in gewissen Bruchzahlen die natürlichen Zahlen mit ihrer ganzen Strukturiertheit wiedererkennt, auf welche Weise ist es dann möglich, dass eine einzelne natürliche Zahl einem Paar natürlicher Zahlen gleich sei?

Die pragmatische Ordnung der natürlichen Zahlen – und mit ihr die quantitative Strukturierbarkeit der Welt – gründet sich ja auf die Tatsache, dass eins und zwei nicht dasselbe sind. In der sprachlich fundierten Wahrnehmung der Welt als einer Mannigfaltigkeit von Gegenständen ist diese Tatsache im Unterschied von Singular- und Pluralformen überdies in systematischer Weise verankert: für Nomen findet er sich in so gut wie allen bekannten Sprachen wieder. Wenn also dieser für menschliche Wahrnehmung und begriffliche Anschauung so fundamentale Unterschied zwischen einem einzelnen Gegenstand als individuellem Ding und zwei gleichartigen Gegenständen als einer Menge, die sich als mannigfaltige Einheit individueller Dinge, die durch eine gemeinsame Eigenschaft gekennzeichnet sind und erst durch diese Eigenschaft in der Wahrnehmung des Vielen zur begrifflichen Einheit werden, in der konkreten Anschauung sinnlich realisieren lässt, sich auf der logischen Ebene von Zahlen, die ja nach Piagets Ergebnissen gerade die abstrakte Einheit von Zählprozess und Mustererkennung repräsentieren, wiederholt – und in welcher Hinsicht ist die Ansammlung zweier Zahlen abstrakter als die Ansammlung zweier Gegenstände? – dann muss, scheint es, das pragmatisch abgesicherte Zahlverständnis in die Krise geraten. Dann ergibt sich in logischer Hinsicht fast zwangsläufig die Frage, worin denn jenes Gemeinsame besteht, welches den beiden Zahlen so eignet wie das sich nicht verändernde Wurzelmorphem im Singular-Plural-Paradigma eines nicht deklinierten Substantivs, das der gegenständlichen Spezifik eines Gegenstandes entspricht und diesen sprachlich bezeichnet. Oder anders herum gefragt: Was macht das Zahlenmäßige eines geordneten Paars von Zahlen aus?

Eine Antwort findet sich im zunächst einfachen semiotischen Unterschied von Zeichen und Bezeichnetem bzw. generalisiert im komplexen Zusammenhang eines Satzes als kleinster prädikativer Einheit, die ihre semantische Einheit erst in der spezifisch-operativen Synthese von syntaktischer und semantischer Strukturiertheit erlangt. In folgendem Sinne: So wie die verschiedenen Worte im Rahmen eines Satzes zur einen Satzbedeutung werden können und auf diese Weise syntaktisch einen Bogen von den vielen Einzelbedeutungen zur einen Gesamtbedeutung schlagen, so muss auch die qualitative Einheit einer Bruchzahl als Realisierung einer quantitativen Bedeutung aus den jeweils auf konkrete Weise qualitativ realisierten Einzelbedeutungen (den beiden Quantitäten) entstehen können. Die oben formulierte Frage nach dem Zahlenmäßigen eines geordneten Paars von Zahlen nimmt dann die konkretisierte Gestalt einer Frage nach jenen grammatischen Prinzipien an, welche das Ganze eines Satzes im Unterschied zum Ganzen eines Wortes strukturieren.

Dann wird jene Differenz, die in der Linguistik als ontische Differenzierung von Strukturebenen der Sprache die linguistischen Teilgebiete von Phonetik und Phonologie auf der einen und von Syntax auf der anderen Seite hervorbringt, auf dem mathematischen Gebiet von Arithmetik und Zahlbereichserweiterungen als Unterschied zwischen den Strukturprinzipien des dekadischen Positionssystems einerseits und jener bereits beschriebenen Struktur sichtbar, welche das Bruchverständnis konstituiert und oben als widersprüchliche Einheit zweier kontextuell unterschiedener Zahlwahrnehmungsprozesse bezeichnet wurde. Denn bei genauerem Hinsehen sind auch die natürlichen Zahlen in ihrer gewohnten dekadischen Darstellung zusammengesetzt: aus Ziffern. In analoger Weise, wie aus Phonemen die Einheit der Wortbedeutung entsteht, gewinnen die verschiedenen Ziffern innerhalb einer natürlichen Zahl eine einheitliche Zahlbedeutung. Im Rahmen dieser Analogie wird auch jene Spezifik sichtbar, welche Zahlen als zusammengesetzte Wörter ausmachen. Im systematisierbaren inneren Aufbau der Zahlwortbedeutungen aus mindestens fünfundzwanzig Wortbausteinen wird das mathematische Prinzip erkennbar, das die spezifische Einheit einer natürlichen Zahl konstituiert: als logisch-hierarchische Kombination aus vervielfachter Zehnerbündelung einerseits und reihenförmiger Aufzählung andererseits. Und es stellt sich die oben formulierte Frage als Problematisierung der spezifischen Bedeutung des jeweiligen syntagmatischen Zusammenhangs in konkretisierter Form: als Frage nach dem Unterschied etwa zwischen den beiden Zahlwortverbindungen *zweihundert* und *zwei Drittel*.

Bezogen auf das Permanenzprinzip und die Frage, wie es möglich ist, dass ein Zahlenpaar einer einzelnen Zahl gleich sei, wird so der spezifische Unterschied zwischen dem dekadischen Positionssystem und der mathematischen Bedeutung von Brüchen erkennbar: die Wortelemente *zwei* und *hundert* lassen sich als einzeln interpretierte Zahlbedeutungen gedanklich auf gleiche Weise aus ein und derselben Grundeinheit *eins* ableiten, und der einheitliche Prozess dieser Erzeugung ist gerade das Zählen. Im Falle der Wortelemente *zwei* und *Drittel* ist das so nicht mehr möglich. Während es sich bei *zwei* um ein gewöhnliches Kardinalzahlwort handelt, das somit einer gesonderten Wortklasse angehört, ist

Drittel als spezifische Worteinheit ohne Artikel (im Unterschied zu *die Drittel*) die Pluralform eines indeterminierten Substantivs, dessen Singularform *ein Drittel* lautet: in der systematisch ausgedrückten Bedeutung von *mehrere Drittel*. Um *zwei* und *Drittel* auf die gleiche Grundeinheit *eins* zurückzuführen, ist eine semantische Differenzierung des Erzeugungsprozesses für Zahlobjekte notwendig: einem Zählprozess muss eine Teilungsvorstellung gegenübertreten. Letztere unterscheidet sich aber hinsichtlich der Struktur der beteiligten Anschauungen von der Sequenzialität eines Zählprozesses insofern, als bei diesem eine Einheit fixiert ist, die zum sich jeweils verändernden Zwischenergebnis hinzukommt und auf diese Weise das nächste Element in der Zahlenreihe erzeugt, während bei jener eine konkrete und stabile Zahlvorstellung zugleich mit einer Vorstellung vom Ganzen bereits vorausgesetzt werden muss, damit eine Aufteilung dieses Ganzen in die entsprechende Anzahl gleich großer Teile auf einen Blick gelingen kann – anderenfalls werden Bruchganzes und Bruchteil nicht aufeinander bezogen sein.

Im systematischen Rahmen der Gesamtheit an Möglichkeiten, aus einer Einheit zu einer Mannigfaltigkeit von Zahlobjekten zu gelangen, gibt es so zwei verschiedene Wege der syntagmatischen Erweiterung des Bestehenden. Der bereits bekannten Erzeugungssequenz *eins-zwei-drei-vier-fünf-...* steht eine Erzeugungsmöglichkeit nach dem Muster *Ganze-Halbe-Drittel-Viertel-...* gegenüber, und in der auf uneingeschränkte Weise möglichen Kombination von Elementen der ersten mit Elementen der zweiten Sequenz ergibt sich erst die konstruktiv zu konkretisierende Gesamtheit an Bruchbedeutungen.

Eine Bruchzahl ist demgemäß eine als spezifische Konstellation zu realisierende Einheit zweier natürlicher Zahlen, wobei den logisch vermittelnden Ansatzpunkt für den konstruktiven Aufbau der Einheit der gemeinsame Anfang beider Erzeugungssequenzen darstellt: die Zahl eins als *ein Ganzes*.

Bezogen auf die noch immer bestehende Frage, wie es möglich ist, dass ein Zahlenpaar einer einzelnen Zahl gleich sei, kann nun aus informationssemantischer Perspektive, in welcher nach der Bedeutsamkeit oder Nichtbedeutsamkeit von Unterschieden gefragt wird, eine logisch zwingende Antwort formuliert werden: So wie die Zahl eins gerade ein Ganzes ist, das als ungeteiltes keine Unterschiede enthält und der unbestimmte Artikel somit, genau genommen, gar nicht in der Bedeutung eines Zahlworts fungiert, sondern in der Anzeige einer substantivischen Singularform, so bedeuten auch das Zahlenpaar eins-eins und die Einzelzahl eins ein und dasselbe. In Verallgemeinerung dieses Fakts nach der syntaktisch-formalen Seite hin kann sodann konstatiert werden, dass der Unterschied zwischen einem Zahlenpaar und einer Einzelzahl zumindest in jenen Fällen kein echtes Problem sein wird, da das Zahlenpaar aus zwei identischen Einzelzahlen besteht: *ein Ganzes, zwei Halbe, drei Drittel...* Nach seiner semantisch-materialen Seite hin gewendet heißt das, dass in einer auf konkrete Weise vorstellenden Anschauung solcher Einheiten dann kein Konsistenzproblem mehr vorliegen wird, wenn der Widerspruch zwischen dem Fakt, dass das Ganze die Zahl eins als Zahl repräsentiert, und dem Befund, dass beim Zählen der Bruchteile die Zählreihe gedanklich mit dem Formativ eins eröffnet werden muss, nicht mehr als Widerspruch in der Sache empfunden wird. Gestaltpsychologisch lässt sich ein solches Gelingen dann so ausdrücken, dass in der konkreten Anschauung einer gegliederten Ganzheit die Teile und das Ganze gleichermaßen als Gestalten wahrgenommen werden: als Gestaltunterschied innerhalb einer Teil-Ganzes-Beziehung. Und dieser Gestaltunterschied ist im System der Sprache als Singular-Plural-Paradigma von Substantiven bereits in Form einer spezifischen grammatischen Bedeutung realisiert.

Eine Entscheidung über Gleichheit oder Ungleichheit von Ausdrücken, die für Zahlen stehen, hat also Vergleichbarkeit auf semantischer Ebene überhaupt erst zur Voraussetzung. Semantisch-inhaltliche Vergleichbarkeit aber ist nur auf der Grundlage von konkret vorstellbaren Möglichkeiten syntaktisch-formaler Verschiedenheit logisch möglich. So wie Begriffe ohne Anschauung leer bleiben und Anschauungen ohne Begriff blind, erhält Bedeutung ihren Sinn erst als realisierbare sprachliche Gestalt vor einem wahrgenommenen – also zunächst sinnlich gespürten und später dann vorgestellten – Hintergrund an konkretisierter Variabilität. (Und diese ist in Verallgemeinerung des Kantschen Diktums nicht nur auf materiale Bestimmungen beschränkt, sondern betrifft als reflexive Beziehung zur eigenen Wahrnehmung ebenso gut die Welt formaler Gegenständlichkeit als semiologisch geformte. Auch Träume dürften in dieser Hinsicht eine auf dem Unterschied von Gestaltähnlichkeiten und Wahrnehmungsunterschieden fußende formalisierbare Gegenständlichkeit haben: als Zeichen oder als Erinnerung – je nachdem, ob man die entsprechende Realität als syntaktisch im Sinne einer noch nicht manifestierten Bedeutung oder als semantisch im Sinne einer Botschaft über bereits bestehende Bedeutung wahrnimmt.) In der Gestalt einer Zeichenfolge XY ist auf solche Weise der Begriff eines Zeichens als des Allgemeinen der Gestalten X und Y ebenso enthalten wie die Frage nach der Bedeutung des konkreten Gestaltunterschieds der zumindest in der Vorstellung als Gestalteinheiten separierbaren Zeichen X und Y. Letztere Frage kommt als logisch unausweichliche in jenem Fall semantisch-kontextuell zu sich, da es im Zuge einer Interpretation um die Bedeutung einer konkreten Zeichenfolge der Gestalt XX geht. (In einem Gedicht etwa erzeugt die Wiederholung einer Form – z. B. im identischen Reim – notwendigerweise einen assoziativen Raum für neue, noch latente Bedeutung. Bei extensionaler Mengenbildung dagegen wird solch eine Wiederholung als Redundanz interpretiert. Deshalb müssen beide Konstitutionsprinzipien von Bedeutung klar unterschieden werden; Roman Jakobson nennt sie – bezogen auf die Entstehung der Gesamtbedeutung eines Textes – syntagmatische und paradigmatische Textachse.)

Nun wird deutlich: Die Frage nach Gleichheit oder Ungleichheit von zwei in formaler Hinsicht identischen Ausdrücken ist im Kern einer mathematisch aufgefassten Bedeutung gar keine Frage, da Ungleichheit logisch unmöglich ist. Zwar kann es durchaus sein, dass unterschiedlich bezeichnete Objekte gleich sind, aber umgekehrt können im Rahmen eines gemeinsamen Kontexts mit ein und demselben Namen bezeichnete Objekte als formale Objekte prinzipiell nicht ungleich sein. Hierin liegt jener grundlegende Unterschied zwischen mathematischer und pragmatischer Begriffsbildung, welcher die mathematische Logik erst zu einer formalisierbaren macht und im Prozess der Logifizierung pragmatischer Zusammenhänge begriffliche Konsistenz ermöglicht. Mathematik schließt Polysemie prinzipiell aus, während sie in den pragmatischen Kontexten der natürlichen Sprache geradezu eine Bedingung der Möglichkeit von Begriffsdifferenzierung ist und damit von erfahrungswissenschaftlicher Erkenntnis überhaupt.

Deshalb ist in logisch-pragmatischer Hinsicht ein Grundverständnis dessen, was gewöhnliche Brüche sind, ohne ein spezifisches Verständnis für den Unterschied zwischen Zahlen und ihren Darstellungen so wenig möglich wie eine Sprache ohne Worte. Da Worte Bedeutungen besitzen, die einerseits in materialer Hinsicht von einer Vorstellung getragen werden und andererseits in formaler Hinsicht selbst eine Ausdrucksgestalt darstellen, die erinnert und durch weitere Vorstellungen von anderen Ausdrucksgestalten und mit ihnen verbundenen Vorstellungen unterschieden werden kann, erweist sich Bruchverständnis im Sinne eines Verstehens der spezifischen Beziehung von Zahlen innerhalb geordneter Paare als semiotische Grundkategorie einer von Mathematikern oft beschworenen, hier im Sinne einer spezifischen Form von Metakognition begrifflich zumindest aufscheinenden abstrakten Anschauung.

Bezogen auf die Bruchzahl *vier Viertel* etwa heißt Verstehen des Unterschieds von Syntax und Semantik dann, dass die Gleichheitsbeziehung innerhalb des Zahlenpaars vier-vier in Bezug auf die Gesamtbedeutung der Bruchzahl *vier Viertel* wichtiger ist als die Teilbedeutung beider Einzelzahlen: Obwohl es vier sind, ist es eins – ein Ganzes, das aus vier gleichen Teilen besteht. Und sprachlich angezeigt wird diese

Relativierung der quantitativen Bedeutung von Anzahlen, hinter der im Grunde eine begriffliche Negationsoperation steckt, durch das Formativ *tel* als dynamisches Komplement zum die Vervielfachung der dekadischen Einheit anzeigenden Suffix *zig*. Um zu verstehen, was Viertel sind, ist also ein doppeltes Verstehen vonnöten: ein Viertel ist als *ein* Viertel eines von vier gleich großen Teilen, und mehrere *Viertel* bilden nur in jenem Fall ein – ungebrochenes, als natürliche Einheit bestimmtes – Ganzes, wenn vier davon zusammenkommen.

In einem einzigen Satz, der die paradoxe Einheit von Syntax und Semantik für Bruchzahlen prägnant auf eine Formel bringt, lässt sich dieser Sachverhalt dann folgendermaßen formulieren: Bei Vierteln ergeben vier die Eins, bei Fünfteln dagegen fünf. Die darunter liegende Logik der Begriffsbildung wird von der gleichen Art Vorstellung gespeist, die eine Hälfte zum Halben werden lässt: Ob ich mich bei einer Entscheidung in konkretem Kontext nun für die eine oder für die andere Hälfte entscheide, macht in quantitativer Hinsicht keinen Unterschied.

Zur Konstitution von Bruchzahlverständnis

Damit gewöhnliche Brüche in pragmatischer Perspektive tatsächlich als Zahlen wahrgenommen werden, ist eine Vorstellung von ihrer Größe wichtig. Eine solche Vorstellung aber setzt ein dialektisches bzw. abstrahiertes Verständnis von Größe voraus. Die Größe einer Bruchzahl ist nämlich in ihrer Beziehung zur pragmatischen Größe bzw. zum Wert – also zur Quantität von natürlichen Zahlen – eine paradoxe Begriffsbildung: Die adäquate Vorstellung von der Größe einer Bruchzahl ist nichts anderes als ihre Kleinheit – das begriffliche Gegenteil von Größe. Während sich natürliche Zahlen als Ergebnis einer Vervielfachung der Einheit Eins darstellen lassen, ist eine sachgerechte Vorstellung von der Größe eines Bruchteils an ein Aufteilen der natürlichen Einheit gebunden.

So wie in Bezug auf die quantitativen Aspekte von Größe durch das Vermindern eine gegenüber dem Vermehren komplementäre Vorstellung von Größenänderung entsteht, enthält das Aufteilen – wenn es in operativer Hinsicht verstanden und also so verinnerlicht ist wie natürliche Sprache – als zeitlich-logische Umkehrung eines Prozesses von Vervielfachung notwendigerweise eine pragmatische Vorstellung von Verkleinerung der in den Prozess eingebundenen Quantität.

Damit sind Bruchzahlen zunächst als jene Quantitäten beschreibbar, die einerseits kleiner sind als jede natürliche Zahl – im Sinne von Quantitäten aufgefasst, die sich durch sukzessives Vervielfältigen einer Größeneinheit messend darstellen lassen – und andererseits größer als jene besondere Zahl, deren Erfindung die entscheidende Voraussetzung für das dekadische Positionssystem darstellt – die Null.

Bruchzahlen stehen also im pragmatischen Rahmen der Vorstellungen von Größe und Kleinheit zwischen jener natürlichen Einheit, die mit dem Anfang der Zählreihe das unteilbare Ganze des quantitativ repräsentierten Begriffskosmos der natürlichen Zahlenwelt ausmacht, und jenem begrifflichen und symbolisch bezeichneten Nichts, das mit der positiven Bezeichnung seiner materialen Negativität den Gegensatz von Syntax und Semantik in sich vereint.

Deshalb ist es sinnvoll zu sagen, dass Bruchzahlen die Realobjekte der gedanklich ohne allgemeine Beschränkung seiner prozessualen Möglichkeiten fortsetzbaren Aufteilung der Einheit Eins sind, und dass die Fortsetzbarkeit dieses Prozesses als größenpragmatische Umkehrung des durch seine prinzipielle Unbeschränktheit charakterisierten Zählprozesses innerhalb der natürlichen Zahlenreihe eine Vorstellung von unendlicher Kleinheit erzeugen muss. Im Gegensatz zur Unendlichkeit der natürlichen Zahlen, in welcher die Unbeschränktheit des Zählprozesses direkt mit Vorstellungen von der Unbegrenztheit des Quantitativen verbunden ist, ist die Unendlichkeit der Bruchzahlen als Vorstellung unendlicher Kleinheit begrenzt: durch die den Unterschied von quantitativer und qualitativer Bestimmung logisch überschreitende Begrifflichkeit des Nichts – die Zahl Null. So klein eine Quantität auch sein mag, sie ist dennoch notwendigerweise mehr als nichts. (Im antiken Denken waren solche Vorstellungen noch ambivalent. Dem entsprach eine begriffliche Vielfalt von Bezeichnungen: *Atome, Elemente, ...* Demgegenüber war die Vorstellung des Teilens nicht an Zahlen, sondern an Strecken und Proportionen als deren Längenverhältnisse geknüpft.)

In gewisser Weise entspricht diese Vorstellung beschränkter Unbegrenztheit – als begriffliche Formel für die widersprüchliche Einheit von Struktur und Prozess – jener von Hegel in seiner Wissenschaft der Logik niedergelegten Begrifflichkeit der guten Unendlichkeit, die er einer schlechten Unendlichkeit der natürlichen Zahlen entgegensetzt. Wenn also Bruchzahlen in pragmatischer Hinsicht die quantitativen Objekte der unbeschränkten Teilungsmöglichkeit sind, so lassen sie sich als paradoxe begriffliche Einheit von quantitativ-ontischer Struktur und quantifizierend-messendem Prozess auffassen. In der Vorstellung realisiert sich diese Einheit über die paradigmatische Bindung der syntagmatischen Bruchteilreihung *Ganze, Halbe, Drittel, Viertel, Fünftel...* an das Variationsprinzip der Aufgabenfolge *1 : 1, 1 : 2, 1 : 3, 1 : 4, 1 : 5...* – also über die Einbindung der sequenziell determinierten Unbeschränktheit der natürlichen Zahlen in jenes syntaktische Strukturmuster der rechnenden Veränderung von Zahlobjekten, welches semantisch dem Aufteilen entspricht.

Seiner Form nach handelt es sich bei diesem Strukturmuster um ein ebensolches operatives Schema, wie es bei der Bildung grammatisch korrekter Sätze mit Subjekt, Prädikat und Objekt umfassender Syntax dem Spracherzeugungsprozess zu Grunde liegt. Um zu verstehen, wie die Einzelbedeutungen der Worte im Satz eine Gesamtbedeutung ergeben, reicht es also nicht aus, nur syntagmatisch über die Bruchteilreihung *Ganze, Halbe, Drittel, Viertel, Fünftel...* zu verfügen, sondern jedes Element dieser Reihung muss außerdem in den zugehörigen Mikrokontext einer rechnenden Operation eingebettet werden können, etwa: *Ein Fünftel ist das Ergebnis jenes Prozesses, in welchem ein Ganzes in fünf gleich große Teile aufgeteilt wird*. Oder in der schematischen Kurzfassung mathematischer Ausdrucksweise: *Eins geteilt durch fünf ist gleich ein Fünftel*. (Bei letzterem Satz ergäbe sich im Unterschied zu ersterem in einer rekonstruierenden Interpretation allerdings die Frage, ob sein Sprecher den Zusammenhang tatsächlich verstanden hat, oder ob die Äußerung Ergebnis einer sprachpragmatisch nicht abgesicherten Praxis auswendig gelernter Sprachmuster ist.)

Wurden Grundvorstellungen bezüglich der Größe von Brüchen im Sinne oben skizzierter Kleinheit erworben, so besteht das Problem beim pragmatischen Verstehen ihrer Ordnung in Folgendem: Ein Bruchteil als quantitative Realisierung eines Doppelprozesses von gleichmäßiger Aufteilung eines Ganzen und logisch darauf aufbauender Vervielfachung der so gewonnenen elementaren Teile vereint in sich zwei gegensinnige Prozesse von Größenänderung. Während die für eine strukturtheoretisch fundierte Größenpragmatik von Brüchen konstitutive Kleinheit einer Verkleinerung der durch die Zahl Eins repräsentierten natürlichen Einheit entspricht, bringt das Vervielfachen der elementaren Teile *Halbe, Drittel, Viertel, Fünftel...* eine gleichzeitige Vergrößerung der Quantität mit sich. Um also die pragmatische Grundvorstellung der Kleinheit in quantitativer Hinsicht konkret zu bestimmen, müssen Verkleinerung und Vergrößerung aufeinander bezogen werden können.

In paradigmatischer Hinsicht stehen sich dann zwei Reihen, in denen jeweils nur an einer Syntaxposition die sequenzielle Ordnung der natürlichen Zahlen variiert wird, gegenüber. In beiden Reihen ist eine jeweils spezifische Ordnung fixiert, doch sind die beiden Ordnungen unterschiedlich orientiert. In der Bruchzahlsequenz *drei Ganze, drei Halbe, drei Drittel, drei Viertel, drei Fünftel...* etwa bildet sich syntaktisch zwar die Sequenzialität der natürlichen Zahlenreihe ab, doch pragmatisch handelt es sich um die stets von Neuem vorzunehmende gleichmäßige Aufteilung ein und desselben Ganzen. Deshalb entspricht dieser Reihe in sachgerechter Erfassung des Gegenstandes eine Vorstellung von der Art: *Je mehr Leute bei der gerechten Aufteilung dreier ganzer Torten* (oder in metonymischer Verschiebung sogar: *des Staatsschatzes* als einer „historisch gegliederten" Ganzheit) *mit von der Partie sind, desto kleiner fällt der Anteil jedes Einzelnen aus.* Semantisch handelt es sich um die Vorstellung einer quantitativen Verkleinerung. Demgegenüber drückt sich in der Reihung *ein Fünftel, zwei Fünftel, drei Fünftel*... die gleiche Vorstellung quantitativer Vergrößerung aus, die der natürlichen Zahlenreihe zu Grunde liegt und die deshalb in pragmatischer Hinsicht vor allem einem Hinzunehmen des immer Gleichen entspricht – im Unterschied zu den natürlichen Zahlen nun aber einem Hinzunehmen der nicht mehr natürlichen Einheit eines elementaren Bruchteils, im vorliegenden Beispiel eines Fünftels.

Das Problem besteht dann in Folgendem: Ein gewöhnlicher Bruch als geordnetes Paar natürlicher Zahlen, hinter denen sich in größenpragmatischer Hinsicht zwei syntaktisch alternativlos vermittelte Kontexte, eben jene beiden gegensinnig orientierten Typen von Bruchzahlsequenzen, verbergen, hat nur dann eine mit der Größe natürlicher Zahlen vergleichbare eigene Größe, wenn sich das entsprechende Zahlenpaar in Gänze auf eine einzige Zahl, einen in der Vorstellung problemlos realisierbaren quantitativen Kontext, beziehen lässt. Anders ausgedrückt: Die im Zahlenpaar bereits enthaltene natürliche Größenrelation muss in der Vorstellung zum Ausgangspunkt einer in die Pragmatik der natürlichen Zahlen einzubettenden neuen Ordnungsvorstellung werden. Anderenfalls bleibt der Wahrnehmung keine andere Wahl, als mit der den anderen Teil ausblendenden Fokussierung auf einen der beiden Bestandteile des Zahlenpaars eine sachlich nicht angemessene Verkürzung der quantitativen Verhältnisse zu erleiden – eben die konkrete Komplexität eines geordneten Paars von Zahlen zu negieren. Bezogen auf die Syntax des dekadischen Positionssystems entspräche einer solchen Verkürzung etwa die Interpretation des Ziffernpaars 21 als zwei oder eins (oder sogar zwölf). In allen diesen Fällen müsste ein Beobachter des Interpretationsprozesses davon ausgehen, dass der Interpret das dekadische Positionssystem noch nicht verstanden hat.

Bei gewöhnlichen Brüchen als geordneten Paaren natürlicher Zahlen tritt jedoch in Bezug auf das eben erläuterte Beispiel dekadischer Positionsdarstellungen ein strukturelles Novum auf. Positionsdarstellungen von Zahlen entsprechen in ihrem Aufbau den Wörtern einer phonematischen Buchstabenschrift. So wie die aus einem Alphabet je in konkreter Zeichenkombination zu bildenden Grapheme einem einzelsprachlich fixierten Bestand an bedeutungsunterscheidenden Lautmustern – den Phonemen – entsprechen, so entsprechen die Ziffern eines Zahlsystems den endlich vielen Werten unterhalb jener Grenze, an der in syntaktischer Hinsicht eine Bündelung innerhalb der Zahlenreihe einsetzt.

Bei der Interpretation eines aus Einzelziffern zusammengesetzten Zahlzeichens sind dann zwei Probleme zu lösen: Erstens ist die in sequenzieller Hinsicht erste Ziffer als Graphem zu identifizieren, das einem bestimmten Elementarzahlwort auf analoge Weise entspricht wie ein Buchstabe einem Laut. Zweitens muss die von dieser Ziffer eingenommene Position interpretiert werden. Aus beidem ergibt sich beispielsweise innerhalb des Zahlzeichens 2133 die Bedeutung der Ziffer zwei als zweitausend. Entscheidend für die pragmatische Einordnung der Zahl in den Kontext von Größe und Kleinheit ist dann die Bedeutung des Zahlwortbestandteils tausend. Um eine Vorstellung von der Größe einer Ziffernzahl zu erhalten reicht es also, die erste Ziffer zu interpretieren und das entsprechende Grundzahlwort – eines der Zahlmorpheme *zehn, hundert, tausend, Million/Millionen, Milliarde/Milliarden, ...* bzw. eine von deren zulässigen Zusammensetzungen – innerhalb dieser Sequenz einzuordnen. (Zulässig sind prinzipiell nur jene Zusammensetzungen, bei denen an erster Position das Wort einer kleineren Zahl steht als an zweiter Stelle. Weitere Beschränkungen ergeben sich für die Zahlen ab einer Million.)

Mit dem Erlesen eines Zahlzeichens ist also in der Regel bereits eine Vorstellung von dessen Größe oder Kleinheit verbunden. Aber selbst wenn das Erlesen scheitert, kann auf intuitive Weise aus der Gestalt des Zeichens auf dessen Größenordnung geschlossen werden. Das ist so, weil die oben angeführte Reihe der allen Zahlwörtern zu Grunde liegenden quantitativ bedeutsamen Bestandteile sequenziell in Bezug auf Größe geordnet ist: *Früher auftretende Morpheme sind kleiner.* (Dementsprechend repräsentieren innerhalb einer Ziffernzahl weiter links stehende Zeichen eine größere Quantität als alle rechts von ihnen stehenden.) Damit trägt die entsprechende Reihung dasselbe Prinzip von Größenänderung wie die Zählreihe der natürlichen Zahlen: sie ist eine Auswahl aus letzterer. Der Unterschied zwischen beiden liegt nur in der Intensität von Größenänderung, nicht aber in ihrer Orientierung in Bezug auf den antonymischen Gegensatz von groß und klein. Das strukturelle Novum bei gewöhnlichen Brüchen besteht dann darin, dass gerade nicht mehr aus einem einzigen Teil des syntaktischen Ganzen auf die Größe bzw. Kleinheit der Bruchzahl geschlossen werden kann: Der Bruchstrich markiert zunächst nur die Unterschiedenheit zweier Zahlen.

Deshalb muss bei gewöhnlichen Brüchen in jedem Fall die *Größenrelation innerhalb des geordneten Paars natürlicher Zahlen* zum Ausgangspunkt einer pragmatischen Einordnung in die Welt des Quantitativen gemacht werden. Wie bei Positionsdarstellungen natürlicher Zahlen auch ist zunächst die Reihenfolge der syntaktischen Bestandteile wichtig: Jede Vertauschung innerhalb eines Paars, dessen beide Einzelzahlen nicht gleich sind, würde zu einer Veränderung des Werts der Bruchzahl führen.

Sodann werden Vorstellungen zur Paradigmatik der Ordnung innerhalb des nach oben nicht begrenzten Gesamtbereichs der natürlichen Zahlen für die qualitativ neuen Grundvorstellungen von der Größe einer konkreten Bruchzahl wesentlich. Dieser Umstand hängt mit dem Modus der konkreten Einbettung des Ganzen von Bruchteilen in den mathematisch beschriebenen bzw. zu beschreibenden Weltbereich des Quantitativen zusammen. Jenes Ganze, welches in *eine beliebig zu wählende, aber als einmal gewählte fortan in der Vorstellung konstant zu haltende Anzahl X gleich großer Teile* zerfällt, besteht eben aus genau X elementaren Bruchteilen und ist deshalb als gewöhnlicher Bruch X X-tel nicht nur dem natürlichen Zahlenpaar (X; X), sondern eben der natürlichen Einheit eins gleich.

Deshalb markiert der gewöhnliche Bruch X X-tel innerhalb der Bruchteilreihung *ein X-tel, zwei X-tel, drei X-tel, ..., X X-tel, ...* jene Grenze, welche den Inhalt einer Teil-Ganzes-Beziehung innerhalb der sinnvoll zu antizipierenden Bedeutung von Bruchteilen als identische Strukturwirklichkeit konstituiert: Von Bruchteilen als Teil eines Ganzen kann nur in jenem Fall gesprochen werden, da es weniger als X X-tel sind. Anderenfalls wäre die begriffsgenetisch wesentliche Relation von Bruchteil und Ganzem negiert. Der Bruchteil würde dann zum Ganzen, freilich als eine von der natürlichen Einheit verschiedene Größe, während das Ganze – eben diese natürliche Einheit Eins – im wörtlichen Sinne dann der Teil wäre.

An dieser Stelle wird mit dem semantischen Unterschied von Bruchteilen und Bruchzahlen die bereits erwähnte Grunddifferenz von Mathematik und Pragmatik sichtbar. In mathematischer Hinsicht sind im syntaktischen Rahmen eines gewöhnlichen Bruchs beliebige Kombinationen natürlicher Zahlen zulässig, in pragmatischer Hinsicht sind dagegen nur jene geordneten Paare sinnvoll, deren zweite Zahl größer ist als ihr Partner. Das Ganze als zunächst unterteiltes und danach bis zur Vollständigkeit wieder aufgefülltes (Nicht-Mehr-)Teil stellt jenen Grenzfall dar, der den pragmatischen Sinn begrifflich beschränkt.

Immerhin hat sich in der mathematischen Terminologie eine Erinnerung an diese Differenz erhalten: Echt werden jene Brüche genannt, bei denen es sich um Bruchteile handelt. Alle anderen Zahlenpaare repräsentieren – mit einer einzigen Einschränkung: wenn nämlich die zweite Zahl gleich Null ist – sogenannte unechte Brüche. Darauf wird noch genauer einzugehen sein.

Die Paradigmatik der Ordnung innerhalb des nach oben nicht begrenzten Bereichs der natürlichen Zahlen hat danach folgende Form: Bei der Wahrnehmung eines geordneten Paars solcher Zahlen wird auf der Ebene des Unterschieds zwischen beiden Zahlen die gleiche Art syntaktischer Positionsfixierung erwartet wie bei der sequenziellen Wahrnehmung und Interpretation von Ziffern innerhalb einer natürlichen Zahl. Die syntaktische Strukturierung liegt also in verdoppelter Form vor. Damit müssen im Prozess der Interpretation des Zahlenpaars zwei Arten von Unterschieden in ein und demselben Kontext einerseits analogisiert und andererseits auseinandergehalten werden – ähnlich dem Unterschied zwischen Buchstaben und Wörtern in der Schriftsprache. Im Unterschied zur die Sequenzialität der dekadischen Positionsdarstellung natürlicher Zahlen bestimmenden gewohnten Schreibrichtung von links nach rechts werden gewöhnliche Brüche aber mittels der Syntaxelemente *Zähler, Bruchstrich und Nenner* in der internen Orientierung des Sehfeldes von oben nach unten dargestellt.

Auf diese Weise wird eine Analogisierung beider Arten von Unterschied erschwert. Um zusätzlich zum durch den Unterschied der Schreibrichtungen syntaktisch repräsentierten Unterschied zwischen beiden Zahlen deren Einbindung in ein und denselben größenpragmatischen Kontext – eben den einer konkreten Bruchzahl – intern leisten zu können, muss zusätzlich zu dem auf intuitive Weise gelingenden quantitativen Vergleich der beiden natürlichen Zahlen mit ihrer je eigenen inneren Ordnung bedeutungsunterschiedener Ziffernzeichen – welche der beiden Zahlen ist größer, welche kleiner? – die Fixierung dieses konkreten Vergleichsergebnisses im syntaktisch konkret bestimmten Kontext der Bruchdarstellung gelingen. Zur Fähigkeit einer logisch-hierarchischen Interpretation des Unterschieds der Schreibrichtungen – lokal von links nach rechts, global von oben nach unten – muss ein Verstehen der kontextuellen Bedeutung beider Zahlen hinzutreten.

Dieses Verstehen beinhaltet die Erkenntnis, dass es sich in dem syntaktisch zugelassenen Fall, da die obere Zahl größer ist als die untere, pragmatisch gesehen nicht um eine Bruchzahl im bisher explizierten Sinne handelt. Syntax und Semantik müssen also auch hier unterscheidbar sein.

In einer gelingenden Erkenntnis der Bedeutung eines beliebigen Zahlenpaars fließen sowohl Orientierungsfähigkeit bezüglich der Richtungen als auch pragmatische Interpretationsfähigkeit der beiden natürlichen Zahlen – also von *Zähler* und *Nenner* – zusammen. (Hier mag der Grund dafür liegen, dass Mathematiklehrer diese Begriffe so oft betonen; wollte man sie dagegen wörtlich nehmen, so wäre deren relative Beliebigkeit gegeneinander zu konstatieren: Wie der Nenner, so benennt auch der Zähler eine Anzahl im Rahmen einer Ganzheit, und umgekehrt kommt man im Falle der Unübersichtlichkeit, etwa bei komplexen Unterteilungen, nicht umhin, die vom Nenner zu benennende Anzahl von Bruchteilen zu zählen. Erkenntnis ist hier also nicht auf das Verstehen durch Übertragung von einzelnen Wortbedeutungen zu reduzieren.)

Das Zahlenpaar kann dann im logisch-hierarchischen Kontext der Unterscheidung zweier Arten von Ganzheit unter dem Blickwinkel zweier Fallunterscheidungen betrachtet werden: Entweder gelingt die begrifflich-visuelle Identifizierung bzw. Realisierung eines pragmatisch bestimmten mathematischen Bruchteils, oder sie gelingt nicht. Im ersten Fall ist die Bruchzahl als echter Bruch kleiner als (die natürliche Zahl) eins, im zweiten Fall dagegen nicht. Wenn im zweiten Fall Zähler und Nenner übereinstimmen, so ist die Bruchzahl gleich Eins. Wenn nicht, so muss sie als Bruchzahl, die größer als die natürliche Eins ist, interpretiert werden. Um letzteren Fakt zu verstehen, ist eine intuitive Vorstellung jenes Typs von Bruchteilreihung notwendig, welcher die Ordnung der natürlichen Zahlen als syntaktischen Bestandteil semantisch in sich trägt und der im Unterschied zum Aufteilungsprinzip, welches das Bruchverständnis in seiner pragmatischen Spezifik charakterisiert, als Zählprinzip bezeichnet werden kann. Verstehen meint dann eine Einbindung der entsprechenden formalen Objekte in den elementaren Vorstellungsbereich des Quantitativen, welcher durch die natürliche Zahlenreihe bereits sicher repräsentiert ist.

Aufteilungs- und Zählprinzip zusammengenommen repräsentieren so ein Bruchzahlverständnis, das Vorstellungen von der Größe eines gewöhnlichen Bruchs auf jene Größenvorstellungen zu beziehen vermag, die von den natürlichen Zahlen als grundlegendem quantitativem Bereich getragen werden. Die konkrete Verbindung beider Vorstellungskomplexe innerhalb eines neuen Ganzen muss in ihrer Paradigmatik noch genauer untersucht werden, da sie ein weiteres syntaktisches Grundproblem enthält: die Kontextabhängigkeit von Ziffernzeichen. (Diese Kontextabhängigkeit ist prototypisch realisiert in der Zahldarstellung für anderthalb als ein-einhalb oder in Langfassung *ein Ganzes und ein Halbes*.) Zunächst aber kann konstatiert werden, dass bis hierher mit der pragmatisch vermittelnden Unterscheidung echter Brüche von natürlichen Zahlen jene Gelenkstelle in der strukturmathematischen Logik der Bruchzahlen beschrieben worden ist, die das entscheidende syntagmatische Prinzip für die Erzeugung von Größenvorstellungen gewöhnlicher Brüche liefert. Bedenkt man, dass die volle Systematik dieses Wissens auch innerhalb der Mathematik erst seit gut hundert Jahren beschreibbar ist – dank der Syntax und Semantik von Mengenlehre sowie dank dem von Frege logisch geschärften Unterschied beider Seiten von

Sprache, einem Unterschied, der etwa zur gleichen Zeit durch Saussure in die seitdem als semiotisch konzipierte Linguistik eingebracht wurde, dann sollte man sich nicht allzu sehr darüber wundern, dass in der Mathematikdidaktik bisher nur wenig von dieser Art sprachlich manifestierter Struktur- und Prozesslogik angekommen ist: Immerhin sind sprachpragmatische und formalsprachliche Begriffsbildungen wohl in einem ähnlichen Sinne komplementär, wie es Michael Otte im Zuge seiner Überlegungen über das Formale, das Soziale und das Subjektive für andere paradigmatische Wissenselemente konzipierend beschrieben hat.

Von voll entwickeltem Zahlverständnis für Brüche kann auf der Grundlage entsprechender Vorstellungen über dialektische Strukturiertheit nur gesprochen werden, wenn auch für je zwei gewöhnliche Brüche entschieden werden kann, welcher von beiden die größere Zahl darstellt. Und dafür ist zunächst die in Bezug auf den genetischen Aspekt von Bruchzahlverständnis vorrangige Frage zu klären, wann zwei gewöhnliche Brüche gleich groß sind.

Kompetenz und Performanz im Umgang mit Bruchzahlen

Die Frage nach der konkreten Ordnungsbeziehung zweier beliebiger gewöhnlicher Brüche – gestellt nach dem Vorbild der Größenrelationen im Bereich der natürlichen Zahlen – führt in abstrahierender Erweiterung des dargelegten mathematischen Bruchverständnisses auf den Begriff der gebrochenen Zahl. Zugleich ist damit in der Rekonstruktion von Verstehen der zu Anfang gestellten Aufgabe jene Stelle erreicht, an welcher erneut Kompetenz und Performanz bei der Aufgabenbearbeitung unterschieden werden müssen. Es handelt sich um jenen Minidialog am Anfang der Unterrichtsstunde, welcher sich zwischen der Lehrerin und dem Schüler SmO entspinnt in Beantwortung der Frage, die das Thema des Stundeneinstiegs markiert und gleichzeitig mit der ersten Überschrift – die, wie bereits rekonstruiert, lauten muss: *Brüche werden zu Dezimalbrüchen* – das Stundenthema hinsichtlich der Rezeptionsmöglichkeiten durch die Schüler im Ganzen maßgeblich vorstrukturiert: *Wie werden Brüche Dezimalbrüche? (3 sec) Erinnere dich noch mal, was weißt du, Beispiel zwei Fünftel.*

Die Lehrerin, die ihren Arbeitsauftrag in der Form einer zwar individuell – in der zweiten Person Singular – vorgetragenen, aber an alle anwesenden Schülerinnen und Schüler adressierten Frage ausgedrückt hat, ruft nach einer zehn Sekunden währenden Pause, in welcher sie unter anderem die Bruchzahl zwei Fünftel an die Tafel schreibt, eben jenen SmO auf, der nach kurzem Zögern die Dezimalzahl Null-Komma-

Vier als Antwort nennt. Im Sinne einer Performanz verfügt dieser Schüler also über die Fähigkeit, einfache gewöhnliche Brüche wie zwei Fünftel in Dezimalbrüche umzuformen. Der Lehrerin scheint diese Performanz als Fähigkeit, ein in sachlicher Hinsicht richtiges Ergebnis zu erzeugen, aber nicht zu genügen – sie fragt weiter nach: *Und wie kommen wir dahin?*

Im Sinne der linguistischen Unterscheidung von Oberflächen- und Tiefenstruktur sprachlicher Äußerungen zielt die Nachfrage auf jene Art der Umformung, welche der Schüler im Falle der vorliegenden Aufgabe offensichtlich als alternativlos gegeben voraussetzt und möglicherweise als selbstverständlichen Modus der Bearbeitung vergleichbarer Aufgaben ansieht. Die Lehrerin prüft mit ihrer Nachfrage das Verständnis des Schülers: Hätte er die Dezimalzahl Null-Komma-Vier als Wert für den gewöhnlichen Bruch zwei Fünftel lediglich auswendig gelernt, ohne vom Unterschied zwischen gewöhnlichen Brüchen und Dezimalbrüchen auch nur eine Ahnung zu haben, so wäre eine Antwort der Art: *„Man weiß es eben."* zu erwarten. Stattdessen demonstriert SmO mit seiner minimalistisch vorgetragenen Entgegnung, dass er die syntaktische Konvention, gemäß welcher Darstellungen von Dezimalbrüchen als gewöhnlicher Bruch in dekadische Positionsdarstellungen von Dezimalbrüchen umgewandelt werden, im Prinzip kennt. Ob er weiß, was die Konvention bedeutet, ob er also eine Ahnung von ihrer sachimmanenten Motiviertheit hat, bleibt zunächst offen.

Die Antwort *vier Zehntel* lässt erkennen, dass der Schüler beide Darstellungen, die sich syntaktisch in beträchtlicher Weise unterscheiden, als semantisch gleichwertig ansieht – mit einem einzigen Unterschied: Null-Komma-Vier als zuerst genannter Wert entspricht im Verständnis des Schülers offenbar eher dem konkreten Prototyp eines Dezimalbruchs als der gewöhnliche Bruch vier Zehntel, bei dem es sich in terminologischer Hinsicht zwar auch um einen Dezimalbruch, aber der äußeren Form nach nicht um eine Kommazahl handelt. Insofern ist für einen Beobachter nicht zu entscheiden, ob der Schüler die Lehrerfrage intuitiv nicht doch im Sinne einer visuell bestimmten Oberflächenstruktur der Art: *Wie werden Brüche Kommazahlen?* interpretiert und damit den Aufgabentext paraphrasiert hat.

Im Sinne einer Konkretisierung seiner Antwort auf die Frage: *„Wie werden Brüche Dezimalbrüche? (...) Beispiel zwei Fünftel."*, lässt sich der Prozess, in dessen Rahmen der als konkretes Beispiel vorgegebene gewöhnliche Bruch routiniert in einen Dezimalbruch von anderer Syntax umgeformt wird, anhand der Äußerungen von SmO nun als zweischrittige Sequenz mathematisch gleichwertiger Zahldarstellungen in folgender Weise darstellen: *Zwei Fünftel ist gleich vier Zehntel ist gleich Null-*

Komma-Vier. So interpretiert hätte der Schüler nicht nur einen Umformungsprozess ausgeführt, sondern auch – vermittelt über die Aufgabenstellung – eine Vorstellung vom Ziel seines Tuns gehabt: Dann ist nämlich evident, dass es sich aus der Sicht von SmO bei zwei Fünfteln noch nicht um einen Dezimalbruch handeln kann. Vier Zehntel dagegen als vermittelndes Glied der Sequenz zeigt in operativer Hinsicht einen Weg auf, der vom gegebenen Nichtdezimalbruch weg-, zum gesuchten Dezimalbruch in Gestalt einer Kommazahl hinführt. (Es handelt sich somit um eine zielgerichtete Tätigkeit mit konkretisierbarer Bedeutung in jenem Sinne, wie es von der Tätigkeitstheorie – jener Richtung der sowjetischen Psychologie, die im Anschluss an Wygotzkis Konzept der Herausbildung des Denkens aus der inneren Rede als kulturhistorische Schule bezeichnet wird – dargestellt worden ist.)

Wenn klar ist, dass der Schüler im Kontext der Aufgabe eine von der im Gegenstand angelegten Bedeutungsdifferenz her motivierte Handlung vollführt hat, dann ergibt sich aus der Konstatierung eines Sprechakts als Tätigkeit in der sinnstrukturierten Welt die Folgefrage, welche Bedeutung die einzelnen Schritte des Umformungsprozesses für SmO haben. Bezogen auf seine Vorstellungen vom Gesamtprozess handelt es sich um die Frage nach den konstitutiven Elementen sachlichen Verstehens innerhalb jenes Kontexts, welcher im vorvorigen Abschnitt bereits umrissen worden ist. Dann wird zusätzlich zur bereits markierten syntaktischen Konvention – die Bedeutungsgleichheit von Kommazahlen und gewissen gewöhnlichen Brüchen, Dezimalbrüchen eben, betreffend – auf der semantischen Ebene einer Tiefenstruktur jener Problembereich als bisher noch unausgefüllte Lücke in der Beschreibung sichtbar, welcher durch die prinzipielle Frage nach der Gleichheit oder Verschiedenheit zweier gewöhnlicher Brüche bestimmt wird: *Warum handelt es sich bei zwei Fünfteln und vier Zehnteln um ein und dieselbe Zahl?*

Im Unterschied zur syntaktischen Konvention, welche die Bedeutungsentsprechung zweier verschiedener Schreibweisen für ein und dasselbe Objekt im Sinne einer Definition festsetzt, handelt es sich bei der Frage nach Gleichheit oder Ungleichheit zweier Zahlenpaare, die sich an beiden Syntaxpositionen unterscheiden, um ein Problem, das sich auf der für ein adäquates Verständnis der Sache grundlegenden Ebene der mathematischen Bruchzahlbedeutung konstituiert und welches auf diese Weise das oben aufgezeigte Mündigkeitsproblem als Frage nach dem Verstehen des eigenen Tuns und der Entstehung kritischer Urteilsfähigkeit im konkreten Sachkontext betrifft.

Im Spektrum der möglichen Antworten auf die Frage, warum es sich bei zwei Fünfteln und vier Zehnteln um die gleiche Bruchzahl handelt, müssen Kompetenz und Performanz sowie die entsprechende Oberflächen- und Tiefenstruktur der sprachlichen Darstellung des Themas unterschieden werden. Eine mögliche Begründung für die Gleichheitsbehauptung wäre, dass es eine Regel gibt, gemäß welcher sich die Größe eines gewöhnlichen Bruchs nicht ändert, wenn man seinen Zähler und seinen Nenner mit ein und derselben – von Null verschiedenen – natürlichen Zahl multipliziert und die Ausgangswerte für Zähler und Nenner durch die in diesem Prozess erzeugten Werte ersetzt. Eine solche Begründung wäre unmittelbar auf das Handlungsproblem der operativen Erzeugung eines Dezimalbruchs aus einem Nichtdezimalbruch bezogen, etwa im Sinne eines Kochrezepts als Anleitung zur Erzeugung eines gewünschten Ergebnisses aus bestimmten Zutaten. Dann bestünde das Problem bei der Lösung der Aufgabe neben dem Wiedererkennen des Kontexts, in welchem ein gewisses Rezept sinnvoll zur Anwendung kommen könnte, in erster Linie in der genauen und sachangemessenen Reproduktion der Handlungsschritte im Rahmen des Kochrezepts. Die Gesamtheit der entsprechenden Teilschritte trägt auch eine spezifisch-mathematische Bezeichnung: Erweitern eines gewöhnlichen Bruchs (mit einer von Null verschiedenen natürlichen Zahl). Indem die Lehrerin also in Kommentierung der zweiten Äußerung von SmO als Antwort auf ihre Ausgangsfrage: *„Wie werden Brüche Dezimalbrüche?"*, an die Tafel schreibt: *„Brüche werden zu Dezimalbrüchen 1. durch Erweitern auf Nenner 10, 100, ..."*, gibt sie jene (fach-)sprachliche Formel an, welche den Prozess gelingender Performanz beschreibt. Dabei bezeichnet der Bestandteil *durch Erweitern* jenes durch eine syntaktische Regel beschriebene Verändern des Ausgangsbruches, welches seine Größe unverändert lässt, und die zusätzliche Bestimmung *auf Nenner 10, 100, ...* das Ziel des Umformungsprozesses, einen Dezimalbruch zu erzeugen. Letztere Bestimmung ist jedoch insofern eine implizite, als sie ein intuitives Grundverständnis des Begriffs Dezimalbruch bei einem Interpreten der sprachlichen Formel voraussetzt. Über dieses intuitive Verständnis verfügt SmO zweifellos.

Im Sinne einer Begründung der Gleichheitsbehauptung wäre solcherart Performanz jedoch nicht zwingend an Verstehen als das Vorliegen einer mathematischen Kompetenz gebunden: Regeln haben nur in konkretisierbaren Kontexten ihren Sinn, und deshalb können sie sich hinsichtlich der jeweils ausgedrückten Bedeutung in ihrem spezifischen Sinn etwa so unterscheiden wie Oberflächen- und Tiefenstruktur in der Sprache. Eine Beantwortung der Frage, warum es sich bei zwei Fünfteln und vier Zehnteln um ein und dieselbe Zahl handelt, durch eine Begründung der Art: *„... weil sich Brüche durch Erweitern (oder Kürzen) in ihrem Zahlenwert nicht ändern"*, setzt als konkrete Prädikation aber neben der entsprechenden grammatischen Sprachkompetenz zumindest die Einbindung der mathematischen Fachtermini *Brüche, Erweitern, Zahlenwert* sowie *Änderung im Wert* in einen gemeinsamen begrifflichen Kontext voraus. Ein solcher begrifflicher Kontext ist relativ komplex, enthält er doch mit der subtilen sprachlichen Differenzierung zwischen Brüchen und ihrem Zahlenwert implizit jenen Unterschied von Syntax und Semantik der entsprechenden Zahlzeichen, welcher oben bereits als für Zahlverständnis grundlegend aufgewiesen worden war. Darüber hinaus ist mit dem Bezug einer konkretisierbaren syntaktischen Operation, dem Erweitern, zur Frage, ob syntaktische Operationen die Bedeutung des Gesamtzeichens verändern oder nicht, auch der allgemeine Zusammenhang von Syntax und Semantik mathematischer Zeichenketten angedeutet sowie das in dessen terminologischem Zentrum stehende, aus der Allgemeinheit dieses Zusammenhangs abstrahierbare logische Konsistenzproblem sprachlich markiert. Eine so formulierte Begründung würde also die der Frage zugrunde liegende Sache von ihrer formalen Seite her durchaus treffen. Sie wäre ein Ausdruck von Verständnis hinsichtlich der Logik der Sache.

Doch solche Logik allein genügt nicht, um die Sache in ihrem Wesen zu bestimmen: Die Rede von Brüchen und ihrem Zahlenwert enthält im Kern der verwendeten Begrifflichkeit nämlich jenes Problem, welches in philosophischer Tradition unter der Bezeichnung des Unterschieds von Wesen und Erscheinung zu Tage tritt. In Bezug auf Brüche und ihren Wert wäre zu fragen, inwiefern deren Bedeutung eine Realisierung oder ein Ausdruck jenes Wesens ist, welches das Zahlenmäßige schlechthin ausmacht – nämlich: eine Quantität zu sein. Wenn einerseits Brüche einen Zahlenwert haben und andererseits Zahlen über bestimmte Darstellungen verfügen, sind dann solche Zahlenwerte nicht selbst eine Darstellung? Und wenn dem tatsächlich so ist – Darstellung wovon? (Solches Fragen führt zurück auf die bereits bezeichnete Paradoxie der Einheit zweier Zahlen in einer neuen Zahl. Hegel hatte das Problem in der Form dialektischer Einheit von Endlichem und Unendlichem erörtert, vgl. Hegel, *Wissenschaft der Logik 2*, S. 168ff. sowie S. 211ff. Im Kern muss es hier um eine entwicklungspsychologische Bestimmung von Bruchzahlverständnis gehen.)

Im allgemeineren Zusammenhang der Frage nach kategorialer Anschauung, welche sich gerade nicht auf ihre begrifflich-formale Seite reduzieren lässt, erscheint im Unterschied von Syntax und Semantik quantitativer Objekte jener genetische Aspekt auf neue Weise, welcher sich nicht in bloßer Epistemologie erschöpft. (Vgl. dazu Oevermann in Wagner 2001). Im Anschluss an Piagets entwicklungspsychologisch gerahmte Unterscheidung von Klasse und Seriation muss dann in Analogie zur Addition und Subtraktion bzw. Multiplikation und Division natürlicher Zahlen nach der Pragmatik des Operierens – im vorliegenden Fall des Erweiterns von gewöhnlichen Brüchen – gefragt werden: Inwiefern bleibt die Zahl das, was sie ist, wenn sie in ihrer Gestalt verändert wird? (Evidenz etwa im Sinne von Martin Wagenscheins Beispielen zum Verstehen von Physik würde nicht nur den mathematischen Aspekt einer solchen Frage umfassen, sondern auch lebensweltliche Analogien wie etwa einen Bezug zum eigenen Körper und dessen äußerliche Veränderung durch wechselnde Bekleidung; Verstehen des Zahlenmäßigen im Sinne Hegels dagegen wäre rückgebunden an die dialektische Einheit von Qualität und Quantität.)

Die Frage nach der Pragmatik des Erweiterns von Brüchen führt auf die konkrete Bestimmung des quantitativen Zusammenhangs zweier verschiedener Unterteilungen ein und desselben Ganzen: Unter welchen Bedingungen sind zwei gegebene Bruchteile gleich? Diese Konkretisierung der Fragestellung zeigt unmittelbar an, unter welchen Bedingungen einer Realisierung der Vergleich zweier Bruchteile auf offenkundige Weise gelingt: in jenem Fall, da das Ganze mit den beiden Bruchteilen so visualisiert ist, dass aus dem Bild direkt abgelesen werden kann, welches der beiden Bruchteilstücke das größere ist. Um einen solchen Vergleich anstellen zu können, ist es gar nicht nötig, die je konkrete Unterteilung und Zusammenfassung beider Bruchteile im Detail nachzuvollziehen – im Grunde genügt ein einziger Blick, um sich in den Größenverhältnissen zu orientieren.

Ein echtes Problem taucht erst dann auf, wenn mit dem Unterschied zwischen konkreten und symbolischen Operationen die kontextuelle Unterschiedenheit von Pragmatik und Mathematik bzw. die je konkret zu realisierende Einheit der Differenz von Syntax und Semantik eines Zahlzeichens thematisch wird. Am Beispiel der natürlichen Zahlen lässt sich diese Unterschiedenheit folgendermaßen verdeutlichen: Fragt man etwa ein fünfjähriges Kind danach, welche von zwei gegebenen Mengen die größere ist, so wird über die Vorstellung der Mengenkonstanz hinaus seine Antwort dennoch vom Kontext und seinem jeweiligen Vorwissen diesbezüglich abhängen – je nachdem, ob es sich um einen visualisierbaren Kontext handelt oder nicht. Sind beide Mengen in symbolischer Form – etwa lautlich als Zahlwörter – gegeben, und dies verweist dann auf die Kompetenz von Zehnjährigen, so besteht die spezifisch-mathematische Orientierungsleistung darin zu entscheiden, welches der beiden Zahlwörter in der geordneten Zahlwortreihe der natürlichen Zahlen früher auftritt und welches später. Die darin ausgedrückte Unschärfe von Verstehen und Nichtverstehen ist dann an das Problem einer gelingenden Vorstellung vom Gesamtprozess des jeweiligen Zählens gebunden. Eine grundlegende Hilfe dazu bietet die Paradigmatik der Zahlwortbedeutungen – ihr konstruktiver Aufbau: Ein Vergleich von fünfhundert und zweitausend kann allein auf Grund der Vorstellung gelingen, dass Tausender immer viel mehr sind als Hunderter. Handelt es sich um zwei ähnlich klingende Zählwörter, z. B. zweihundert und hundertzwei, so muss die Sequenzialität innerhalb der Zahlwörter mit konkreten Vorstellungen von der Zahlwortreihe verbunden werden können. Dieses Wissen ist insgesamt intuitive Grundlage für ein Verstehen des dekadischen Positionssystems.

Bei Bruchzahlen dagegen taucht in symbolischen Kontexten das neue Problem auf, die gegensinnige Orientierung von Aufteilungs- und Zählprinzip in der Form eines abstrakten Gegensatzes zu denken und im Vorstellungsrahmen einer widersprüchlichen Ordnung konkret aufeinander zu beziehen. Sowohl zwischen den verschiedenen Bruchfamilien *Halbe, Drittel, Viertel, Fünftel, ... , Zehntel, ...* als auch innerhalb einer jeden Bruchfamilie sind die Verhältnisse im Prinzip klar: So wie ein Fünftel größer sein muss als ein Zehntel, so müssen fünf Hundertstel kleiner sein als zehn Hundertstel. Was aber ist der Fall beim Vergleich von zwei Dritteln und drei Vierteln? Einerseits ist nämlich ein Drittel größer als ein Viertel, andererseits sind zwei Teile weniger als drei Teile. Die zunächst abstrakte Widersprüchlichkeit der Ordnung lässt sich im Sinne von solcherart konkretisierter Anschauung dann auf folgende Formel bringen: *Was ist mehr – weniger größere Teile oder mehr kleinere Teile?* Eine allgemeine Antwort wie im Falle der natürlichen Zahlen lässt sich hier nun nicht mehr geben, da alles von der konkreten Größe und Kleinheit der Teile in Bezug auf ihr Weniger und Mehr abhängt. (Es ist in etymologischer Hinsicht interessant, dass sich die für heutiges Wissens- und Kulturverständnis so basalen Grundbegriffe Rationalität (von lat. *ratio*) und Proportionalität (von lat. *pro portio*) genau auf diese Grundbedeutung – ein im Sinne widersprüchlicher Größenkonstellationen quantitativ fixierbares Verhältnis – beziehen.)

Einen festen Grund für diese im Sinne einer abstrakten Unbestimmtheit permanent schwankenden Verhältnisse vermag nun – als konkretisierbare Anschauung, die im Vorstellungskontext eines semantisch fixierbaren Begriffs kategorial ist – nur noch jenes Gleichgewichtsprinzip abzugeben, welches oben als Gelenkstelle für die strukturmathematische Einbindung der natürlichen Zahlvorstellungen in die mathematischen Bruchzahlvorstellungen bezeichnet worden ist. Dabei handelt es sich um die bereits in ihrer Bedeutungsgenese problematisierte Vorstellung, dass ein Ganzes gleich zwei Halben ist, und gleich drei Dritteln, ... , und gleich zehn Zehnteln, ... – dass nämlich jedes dieser Ganzen gleich eins ist. Erst im Rahmen dieser Vorstellung wird aus der Syntagmatik fortgesetzter Aufteilung eines Ganzen die größenpragmatisch grundlegende, neue Paradigmatik der Eins als gleichzeitig aufzuteilendem und zu vervielfachendem Zahlobjekt.

Um die Spezifik dieser Struktur wenigstens anzudeuten, ist ein Wechsel von der Bedeutungsebene des Zahlbegriffs auf die Bedeutungsebene der Zahldarstellungen angebracht. Der kategorialen Neuheit der begrifflichen Vorstellung entspricht dann die Tatsache, dass sich die Gesamtheit aller gewöhnlichen Brüche im Unterschied zur Gesamtheit der natürlichen Zahlen nicht mehr auf einfache Weise als Sequenz schreiben lässt. Um die sequenzielle Gleichzeitigkeit zweier gegensinniger Variationsprinzipien in einem einzigen Bild darzustellen, ist mit der Zweidimensionalität des graphischen Gesamtraums jene Unterscheidung syntaktisch differierender Sequenzialitätsordnungen nötig, welche jedem gewöhnlichen Bruch als einem geordneten Paar von dekadischen Positionsdarstellungen inhärent ist und die zweidimensionale Totalität eines Textes erst zu einer Sequenzialität werden lässt. Um wenigstens kurz in die Erörterung dieses Problems einzusteigen, sei hier zunächst jene Struktur visualisiert, an welcher Georg Cantor – die entsprechende Idee ist unter Mathematikern als Cantorsches Diagonalisierungsverfahren bekannt – mittels einer umkehrbar eindeutigen Zuordnung von natürlichen Zahlen und Bruchzahlen die Möglichkeit demonstriert hatte, die eindimensionale Unendlichkeit eines Zahlenstrahls mit jener zweidimensionalen zur Deckung zu bringen, welche – wie oben aufgezeigt – die Widersprüchlichkeit von sequenziell bestimmter Ordnung syntaktisch enthält:

- ein Ganzes, zwei Ganze, drei Ganze, vier Ganze, fünf Ganze, sechs Ganze, ... ;
- ein Halbes, zwei Halbe, drei Halbe, vier Halbe, fünf Halbe, ... ;
- ein Drittel, zwei Drittel, drei Drittel, vier Drittel, ... ;
- ein Viertel, zwei Viertel, drei Viertel, ... ;
- ein Fünftel, zwei Fünftel, ... ;
- ein Sechstel, ... ;

Im Unterschied zur Cantorschen Problematisierung von Abzählbarkeit des Unendlichen geht es hier jedoch nur um die Frage, wie zwei in quantitativer Hinsicht gegensinnige Orientierungen in der Vorstellung einer neuen Sequenzialität – etwa einem erweiterten Zahlenstrahl – zur Synthese gelangen können. In dieser Hinsicht wird die Paradigmatik der Eins im obigen Schema eines quadratischen Gitternetzes (das entsteht, wenn jedem Syntagma ein Punkt zugeordnet und die Lage von unmittelbar über- und nebeneinander stehenden Syntagmen als topologische Nachbarschaft aufgefasst und durch Striche visualisiert wird) durch jene Diagonale dargestellt, die links oben – bei einem Ganzen – ihren Anfang nimmt und sodann rekursiv ihren nächsten Punkt innerhalb der zweidimensionalen Gesamtheit aller Bruchzahlen erreicht, indem sie zugleich einen Schritt nach unten und einen Schritt nach rechts tut. Alle Bruchzahlen, die durch Gitterpunkte unterhalb dieser Diagonalen repräsentiert werden, sind echte Brüche. Dagegen handelt es sich bei den oberhalb dieser Diagonalen gelegenen gewöhnlichen Brüchen um Zahlen, die selbst wieder als zusammengesetzte Objekte gedacht werden müssen, wenn sie größenpragmatisch innerhalb jener Sequenz eingeordnet werden sollen, welche erst die entwicklungslogisch vorauszusetzende Ordnung der natürlichen Zahlen trägt und deren einfachstes Modell der Zahlenstrahl ist.

Mit der begrifflichen Unterscheidung echter und unechter Brüche ist also nicht nur die Möglichkeit eines Bezuges von Bruchteilen zur als natürliche Einheit fungierenden Zahl eins im Sinne von Teil und Ganzem verbunden, sondern darüber hinaus eine grundlegende Vorstellung von Größenunterschieden für Brüche. In dieser Vorstellung ist die natürliche Zahl eins als obere Schranke für eine echte quantitative Bruchzahlbedeutung auf analoge Weise enthalten, wie es für die Zahl Null als eine untere Schranke bereits zu Beginn des vorigen Abschnitts aufgewiesen worden ist. Echte Brüche sind als Zahlen also deshalb kleiner als Eins, weil sie als Bruchteile im Ganzen der natürlichen Einheit enthalten sind.

Für alle diejenigen gewöhnlichen Brüche, die sich im zweidimensionalen syntaktischen Schema oberhalb der paradigmatischen Diagonalen finden, ist dagegen eine Größenvorstellung bisher nur nach unten hin begrenzt: Sie sind alle größer als Eins und stehen damit unvermittelt neben jenen Quantitäten, welche durch die natürlichen Zahlen ab zwei repräsentiert sind. Diese Vermittlung nun kommt im Rahmen eines unendlichen Prozesses sukzessive folgendermaßen zu Stande: Wenn man zunächst bei zwei Ganzen startet und in obigem Gitternetz einen Schritt nach unten und zwei Schritte nach rechts geht, gelangt man zur Bruchzahl vier Halbe, die in ihrem Zahlenwert genau so groß ist wie die natürliche Zwei. Eine fortgesetzte Wiederholung dieser Operation erzeugt mit den Bruchzahlen sechs Drittel, vier Achtel, fünf Zehntel, ... jene gedachte Linie, welche die größenpragmatisch noch nicht vermittelte Gesamtheit der unechten Brüche, die größer sind als eins, nun abermals in zwei Teile überführt, so wie zuvor bereits die Gesamtheit aller gewöhnlichen Brüche durch die paradigmatische Diagonale der Eins in zwei Teile zerfallen war. Alle Bruchzahlen unterhalb dieser zweiten Linie sind kleiner als die natürliche Zahl zwei, alle oberhalb gelegenen Zahlen dagegen größer.

Der Leser mag sich selbst ausmalen, wie es weiter gehen muss: Im zweidimensionalen syntaktischen Schema der gewöhnlichen oder gemeinen Brüche entstehen ideell so viele Linien, wie es natürliche Zahlen gibt, und jede dieser Linien repräsentiert auf analoge, nun zweidimensional verallgemeinerte Weise eine Klasse von Größenbeziehungen der Art, dass links unten stehende Zahlen kleiner sind als rechts oben stehende. Die Sequenzialität der natürlichen Zahlen aber findet sich als Abfolge der Linien in der gewohnten Ordnung von links nach rechts wieder. (Die mit einem solchen konstruktiven Verfahren verbundene Idee ist in der Mathematik bekannt unter der Bezeichnung eines Dedekindschen Schnittes; in der Geschichte der Mathematik spielte dieses Verfahren eine Rolle im Zusammenhang mit dem Problem, die Existenz von sogenannten irrationalen Zahlen zu rechtfertigen. Damals waren die Mathematiker – pragmatisch gesehen – in einer ähnlichen Lage wie ein heutiges Kind, welches versucht, sich die logische Realität neuer Zahlobjekte zu vergegenwärtigen. In gestaltpsychologischer Hinsicht ist daran interessant, dass die sukzessive Erzeugung der Schnittlinien jener operativen Strukturiertheit analog ist, die die wohlgeordnete Unendlichkeit der natürlichen Zahlen gedanklich erst hervorbringt. Somit handelt es sich wie bereits bei der Gestaltwahrnehmung einzelner Bruchzahlen wieder um eine – nun allerdings nicht widersprüchliche, sondern medial ergänzende – Gestaltverdopplung.) Auf diese Weise wird die operative Einheit des Erweiterns bzw. Kürzens von gewöhnlichen Brüchen als Operation, die den Zahlenwert unverändert lässt, dahingehend auf den Vorstellungsbereich der natürlichen Zahlen bezogen, dass sich für jede Bruchzahl angeben lässt, zwischen welchen beiden, im Sinne der Vorgänger-Nachfolger-Relation benachbarten natürlichen Zahlen die entsprechende Bruchzahl hinsichtlich ihrer Größe zu verorten ist.

Auf solche Weise wandelt sich aber die Struktur des Zahlenstrahls. Aus unendlich vielen Punkten, die als Abbilder der natürlichen Zahlen vermittels ihrer Sequenzialität eine lineare Ordnung bildeten, wird nun eine unendliche Folge von Intervallen, deren Randpunkte für jede Einzelstrecke durch ein Paar benachbarter natürlicher Zahlen repräsentiert werden. Aus linear geordneten Punkten wird eine neue lineare Ordnung von Zwischenräumen, die so aufeinanderfolgen wie die natürlichen Zahlen und deren Ränder gerade durch die bereits bekannte Ordnung gegeben sind. Da alle Zwischenräume als Strecken auf dem Zahlenstrahl einerseits gleich lang sind und andererseits auch noch genau einer Längeneinheit entsprechen, kann die Vorstellung entstehen, dass sich jede Bruchzahl in einen natürlichen und einen echt gebrochenen Anteil zerlegen lässt. Nun wird sichtbar, dass es sich bei der Paradigmatik der Eins, die sich zu den Paradigmatiken der Zwei, der Drei, der Vier, ... verallgemeinern lässt, um jenes Strukturelement von Erkenntnis handelt, das

240

die Grundlage für eine pragmatische Verallgemeinerung der Größenvorstellungen von natürlichen Zahlen bildet.

Auf der Grundlage einer solchen Visualisierung lässt sich nun die Tiefenstruktur, welche ein intuitives Bild von der Gleichheit oder Verschiedenheit zweier Bruchzahlen ermöglicht, folgendermaßen bestimmen: Jede Bruchzahl besteht in formaler Hinsicht aus einem ganzzahligen und einem echt gebrochenen Anteil. Der ganzzahlige Anteil einer Bruchzahl ist eine natürliche Zahl, der echt gebrochene Anteil hingegen lässt sich durch einen Bruchteil jenes Ganzen bestimmen, das durch die natürliche Zahl eins vorgegeben wird. Die echten Brüche sind im Kontext einer solchen formalen Darstellung allgemeiner Bruchzahlen nun jene Objekte, deren ganzzahliger Anteil gleich Null ist – mithin: deren Wert sich voll und ganz aus ihrem echt gebrochenen Anteil konstituiert. (Allein die Sprechweise verdeutlicht, dass es sich bei dieser begrifflichen Vermittlung von natürlichen Zahlen und echten Brüchen um eine dialektische Struktur handelt, die mittels natürlicher Sprache und deren Kontrast zur zweidimensionalen Visualität des Sehfeldes konstituiert wird.) Zwei beliebige Bruchzahlen sind dann in genau jenem Fall gleich groß, da sie sowohl hinsichtlich des einen als auch hinsichtlich des anderen Anteils übereinstimmen. (Die entsprechende semantische Struktur trägt in der Mathematik die Bezeichnung eines geordneten Paares und ist jener visuellen Strukturiertheit analog, die einem aus Buchstaben zusammengesetzten Wort entspricht. Im Unterschied zu Worten einer phonematischen Schrift ist die ideelle Ganzheit eines geordneten Paars von Zahlen jedoch quantitativer Art; eine Synthese zu einer auch lautlich bestimmten neuen Gestalt wird im nächsten Abschnitt noch thematisiert werden.)

Da die Gesamtheit der Bruchzahlen nun in den pragmatischen Größenbereich der natürlichen Zahlen eingebettet ist, besteht ein echtes Problem also lediglich dann, wenn ein Vergleich zweier echter Brüche anzustellen ist. In allen anderen Fällen ist die Größenrelation durch die Ordnung der natürlichen Zahlen und die Vorstellung von der quantitativen Kleinheit der echten Brüche in Bezug auf die natürliche Zahl eins hinreichend charakterisiert.

Echte Brüche aber sind durch entsprechende Unterteilungen ein und desselben Ganzen bestimmt. Die Kompetenz eines Vergleichs zweier echter Brüche setzt dann eine verdoppelte Gestaltwahrnehmung in wiederum verdoppelter syntaktischer Struktur voraus. Die entsprechende Kompetenz eines Vergleichs ist somit auf die Fähigkeit verwiesen, sich zwei Bruchteile im Rahmen ein und desselben Ganzen vorzustellen. Eine solche Vorstellung dürfte in genetischer Hinsicht zunächst visuell bestimmt sein; auf entsprechender Grundlage können flexible operative

Möglichkeiten wie die Übertragung von Größenverhältnissen aus einer Bruchfamilie in eine andere oder die Umkehrung von Größenverhältnissen etwa durch vorgestellte Komplementbildung durch operative Verfeinerung der entsprechenden, sinnvoll eingebundenen Schemata dann zu einer Perfektionierung der fraglichen Kompetenz führen.

Auf solche Weise wird deutlich, dass es sich beim Erweitern und Kürzen von Brüchen lediglich um eine spezifische pragmatische Variante jener allgemeinen Kompetenz handelt, die einen Vergleich zweier beliebiger Bruchzahlen ermöglicht. Tauchen zwei natürliche Zahlen in einem gemeinsamen größenpragmatischen Kontext auf, so ist ein Vergleich auf intuitiver Grundlage an ein Verständnis des dekadischen Positionssystems gebunden. Zahlen, die sich in ihrer Bezeichnung unterscheiden, sind so bereits durch diesen äußerlich wahrnehmbaren Unterschied als verschieden ausgewiesen. Bei Bruchzahlen dagegen entsteht im Rahmen eines vorauszusetzenden Grundverständnisses erst die in größenpragmatischer Hinsicht entscheidende Frage nach Gleichheit oder Verschiedenheit der beiden Quantitäten.

Ausgangspunkt für die Beantwortung dieser Frage aber ist die im Zusammenhang mit der Tiefenstruktur des Bruchzahlbegriffs beschriebene syntaktische Strukturiertheit der Zahlobjekte vor dem Hintergrund der hier vorgestellten größenpragmatischen Verhältnisse. Sollen beispielsweise die Bruchzahlen *zwei Drittel* und *drei Viertel* verglichen werden, so ist dies zunächst unter Fixierung einer konkreten Ganzheit – etwa im Rahmen eines Tortenmodells – möglich; ein Vergleich vermag dann auf visueller Grundlage zu gelingen. Auf einer fortgeschrittenen Stufe könnte dann aber auch so argumentiert werden, dass im Falle von zwei Dritteln mit einem Drittel ein größeres Stück bis zur die Vergleichsgrundlage bildenden Einheit eins fehlt als im Falle von drei Vierteln, dem nur ein Viertel bis zur Ganzheit fehlt: Weil ein Viertel kleiner ist als ein Drittel, sind drei Viertel größer als zwei Drittel. (Die entsprechende Art zu argumentieren bildet die Grundlage für eine Orientierung im abstrakten Raum jener Ganzheit, die als hundert Prozent bezeichnet wird und in der weiteren Entwicklung eines sicheren Verständnisses für Größenpragmatik als das entscheidende Feld für eine Realisierung der hier beschriebenen Kompetenz gelten kann.)

Es bleibt hier lediglich festzustellen, dass bereits eine relativ geringe Vielfalt von visuell gegebenen Vergleichsvorstellungen ausreicht, um im Zusammenspiel mit der oben vorgestellten größenpragmatischen Strukturiertheit der Gesamtheit aller Bruchzahlen, so wie sie sich im einfachen Modell eines Zahlenstrahls darstellen lässt, einen sicheren Vergleich zweier beliebiger gewöhnlicher Brüche zu ermöglichen. In Alltagszusammenhängen treten echte Brüche, deren Nenner acht übersteigt, im Allgemeinen nicht auf. Eine Ausnahme bilden hierbei jedoch die Dezimalbrüche. Auf sie wird im nächsten Abschnitt im Zusammenhang mit ihrer Darstellung als Kommazahl noch näher einzugehen sein.

Eine Unterscheidung von Kompetenz und Performanz im Umgang mit Bruchzahlen führt also im Kern auf die Frage nach dem Bezug eines in der konkreten visuellen Form von Zähler und Nenner syntaktisch gegebenen, semantisch als geordnetes Paar von natürlichen Zahlen zu interpretierenden quantitativen Konstrukts zur natürlichen Ganzheit der Zahl eins. Dieser Bezug ist durch die Einheit zweier in größenpragmatischer Hinsicht gegensätzlicher Operationsprinzipien, des Aufteilens der Ganzheit hin zu neuen Einheiten sowie des Vervielfachens dieser Einheiten, im Rahmen eines umfassenden operativen Ganzen von Zahl-, Größen- und Operationsvorstellungen bestimmt. Begrenzt wird diese Einheit durch die in Form einer Teil-Ganzes-Beziehung repräsentierte Bedingung, dass die Operation des Vervielfachens komplementär auf die vorgängige Operation des Aufteilens bezogen bleibt.

Beim Verstehen dieser Einheit für den konkreten Fall zweier größerer natürlicher Zahlen werden jene Orientierungsfähigkeiten, welche einer operativen Beherrschung des dekadischen Positionssystems zu Grunde liegen, dann auf qualitativ neue Weise thematisch. So setzt ein Verstehen der Zahl *einhundertfünfundneunzig Zweihundertstel* die zwar in sequenzieller Ordnung vorzustellende, aber im Rahmen einer Verstehensoperation gleichzeitige Realisierung dreier Momente voraus: Erstens müssen die natürlichen Zahlen als Zahlwortgestalten erkannt werden. Zweitens müssen sie als Zahlbestandteile eines in konstruktiver Hinsicht größeren Ganzen in ihrer konkreten syntaktischen Ordnung wahrgenommen werden. Drittens schließlich sind sie als aufeinander bezogene Zahlbedeutungen in ihrer konkreten Größenbeziehung im Rahmen der Größenpragmatik natürlicher Zahlen zu interpretieren. Erst aus der sequenziell realisierten Einheit dieser drei Momente kann sich die Folgevorstellung ergeben, dass es sich bei der Zahl um einen echten Bruch handelt, während das Zahlgebilde *zweihundert Einhundertfünfundneunzigstel* die logische Einheit des Ganzen sprengt.

Nun wird folgendes Fazit möglich: Kompetenz im Umgang mit Bruchzahlen besteht in der Fähigkeit, ein entsprechendes Zahlgebilde gedanklich in seinen ganzzahligen in seinen echt gebrochenen Anteil zu zerlegen. Das bereits als Zahlenpaar bestimmte quantitative Gebilde erfährt dadurch eine weitere Binnenstrukturierung seiner Bedeutung. Zusätzlich werden die bis dato eindeutigen Zahlzeichen der natürlichen Zahlenreihe auf eine neue Weise kontextualisiert. Die Eins innerhalb des Zahlzeichens für ein Halbes etwa ist keine Eins mehr, die auf die Ordnung des ganzen Zahlenraums verweisen könnte, sondern nun nur noch ein syntaktisches Zeichen, das die Erinnerung an den Zustand des Ganzen vor Beginn des Prozesses der gleichmäßigen Teilung in zwei Halbe aufbewahrt.

Seine Bedeutung erhält eine solche Erinnerung jedoch erst aus dem zu konkretisierenden logischen Bezug von Teil und Ganzem innerhalb des semantischen Beziehungsgeflechts jenes Bruchteils, in dessen Bezeichnung diese Erinnerung als Wortgrenze noch indirekt enthalten ist: ein Halbes. Die Logik des syntaktischen Zeichengebrauchs drängt demgegenüber auf die Konstitution einer nun auch sprachlich manifestierten neuen Einheit, auf eine Wortbildung von der Art *die Zahl einhalb*. Eine solche Neuschöpfung hat jedoch nur dann die quantitative Bedeutung einer Zahl, wenn ihr Wert – etwa im visuellen Modell eines Zahlenstrahls – zwischen den natürlichen Zahlen Null und Eins eingeordnet werden kann.

In Ergänzung des Strukturelements, welches solcherart als Paradigmatik der Eins in Erscheinung tritt, gibt es jedoch unendlich viele weitere paradigmatische Strukturelemente im quantitativen Gesamtkontext. Was auf dem Zahlenstrahl als Punkt dargestellt ist, lässt sich im zweidimensionalen Schema, welches die Gesamtheit aller syntaktischen Möglichkeiten zur Bildung von Bruchzahlen enthält, wiederum nur linear, als Sequenz denken. Das Beispiel *zwei Ganze – vier Halbe – sechs Drittel – vier Achtel – ...* als sequenzielle Realisierung für eine Paradigmatik der Zwei wurde oben bereits angeführt. Dem Umstand, dass sich die Sequenzialität dieser Struktur von der natürlichen Sequenzialität des Zahlenstrahls unterscheidet, entspricht nun die folgende geometrische Analogie: So wie ein Punkt bestimmt ist als der Ort, an welchem sich zwei nichtparallele Geraden einer Ebene schneiden, so ist die Quantität der Zahl zwei bestimmt als Kreuzungspunkt jener beiden Achsen, die durch das syntagmatische Voranschreiten der Größenvorstellung im Rahmen eines natürlichen Zählprozesses und durch die paradigmatische Ordnung von Gleichheitsbeziehungen innerhalb der Bruchzahlsequenz *zwei Ganze – vier Halbe – sechs Drittel – vier Achtel – ...* gebildet wird. Die Vorstellung von der Quantität einer Bruchzahl entspricht auf diese Weise der organisierenden Bedeutungsstruktur eines Lexikons, das nach paradigmatischen Gesichtspunkten aufgebaut ist. Die Spezifik des syntagmatischen Voranschreitens im Text aber besteht in der Vorstellung quantitativer Vergrößerung. (Diese Vorstellung ist der Veränderung der eigenen Körpergröße im Kindes- und Jugendalter analog.)

In diesem Sinne ist eine gebrochene Zahl nichts anderes als ein Wortnest im Duden. Im Unterschied zu einem Bedeutungsparadigma in der natürlichen Sprache umfasst eine gebrochene Zahl jedoch unendlich viele Repräsentanten. Für die Beschreibung von Kompetenz im Umgang mit Bruchzahlen ergibt sich dadurch ein weiteres Strukturelement, welches letzten Endes für die Konstitution der neuen quantitativen Einheit zweier natürlicher Zahlen im Strukturkontext einer gebrochenen Zahl verantwortlich ist. Dieses Strukturelement betrifft die konkrete Ordnung des Bezogenseins von Aufteilungs- und Vervielfachungsprozess im Rahmen der Einheit einer echten Bruchbedeutung.

Um sich die Bedeutung eines Bruchteils vorzustellen, musste zunächst ein Ganzes aufgeteilt und das dadurch entstehende Element anschließend vervielfacht werden. Eine Vertauschung beider Operationsweisen im konkreten Prozess hätte mit einer Verwirrung der größenpragmatischen Verhältnisse beim Lernenden ein echtes Bruchverständnis verhindert. Damit aber Größenverhältnisse selbst wieder untereinander vergleichbar werden – in ähnlichem Sinne, wie ein Vergleich zweier natürlicher Zahlen intuitiv gelingt – ist eine Aufhebung der eben bezeichneten Beschränkung nötig. So wie im komplementären operativen Bezug des Vermehrens und des Verminderns aufeinander deren Reihenfolge nicht wesentlich ist für ein Verständnis des antonymischen Bedeutungsverhältnisses von mehr und weniger in Bezug auf das jeweilige Ergebnis der quantitätsverändernden Operation, so kommt es auch beim gedanklichen Bezug von Aufteilen und Vervielfachen nicht auf deren Reihenfolge an. Eine solche Erkenntnis erfordert jedoch, dass die Entstehung eines Bruchteils aus einem Ganzen durch Aufteilen auch in syntaktischer Hinsicht in Kontinuität zu jener Operation des Aufteilens oder Verteilens gesehen werden kann, die aus dem Bereich der natürlichen Zahlen bereits bekannt ist und damit eine spezifische Strukturiertheit von Bedeutung umfasst. (Eine entsprechende Kontinuität wurde im vorigen Abschnitt bereits angedeutet; ihre Spezifik bestand jedoch bisher darin, dass sie in logischer Hinsicht durch die Möglichkeit der Realisierung einer Teil-Ganzes-Beziehung beschränkt war.) Die entscheidende Einsicht besteht dann in Folgendem: *Nehme ich im Rahmen eines Ganzen zwei Halbe – also eine Hälfte und ihre andere Hälfte – zusammen, so entsteht mit der natürlichen quantitativen Einheit die gleiche Eins wie im Prozess des gleichmäßigen Aufteilens eines zunächst verdoppelten Ganzen auf zwei gleich große Teile.* In einem operativen Kontext, wie ihn Piaget etwa bei seiner Beschreibung der Entwicklung des Zahlbegriffs beim Kinde zu Grunde legt, müsste sich diese Einsicht in der paradigmatischen Einbindung des Variationsprinzips der Aufgabenfolge *1 : 1, 2 : 2, 3 : 3, 4 : 4, 5: 5, ...* in die seine beiden gegensinnigen Orientierungen gleichzeitig variierende Bruchteilreihung *ein Ganzes, zwei Halbe, drei Drittel, ...* ausdrücken lassen. Im visuellen Kontext aber bedeutet eine solche Einbindung, dass ein Bild mit fünf vergleichbaren Gegenständen kontextabhängig interpretiert werden kann – je nachdem, ob im konkreten pragmatischen Zusammenhang das größere Ganze der fünf Gegenstände oder aber der Einzelgegenstand als natürliche quantitative Einheit angesehen werden muss.

Mathematisch gesprochen besteht die Struktur dieser Einsicht darin, dass die Vervielfachung des Aufgeteilten auf den gleichen Zahlenwert führt wie das analoge Aufteilen des Vervielfachten. In diesem antonymischen Bedeutungsbezug der mathematisch inversen Rechenoperationen Multiplikation und Division nach dem Vorbild von Addition und Subtraktion aufeinander baut sich ein Stück jener begrifflichen Strukturalität auf, welche einerseits Mathematik als konstruktiven Wissenszusammenhang trägt und welche andererseits die Mathematik als eine in der Ordnung ihrer Operationen logische Gesamterscheinung erst mit der konkreten Pragmatik der natürlichen Sprache zu verbinden vermag.

Man kann die Einheit dieser konkret unterschiedenen Sequenzialitäten in der Vorstellung dialektisch nennen und bezeichnete damit eine Erkenntnis von ähnlicher Art wie die Einsicht, dass der Ausdruck *zwei plus drei* denselben visuellen Kontext zu repräsentieren vermag wie der Ausdruck *fünf minus drei* – je nachdem, welche quantitative Referenz am Anfang der Sequenzialisierung im Sinne der Interpretation eines konkreten Weltausschnitts gesetzt wird.

Die konkrete Realisierung dieser Einheit aber hat auf ähnliche Weise mit der intuitiven Wahrnehmung von sprachlich angelegter Struktur zu tun wie das Verstehen eines Satzes als kleinster bedeutungstragender Einheit der Sprache. Die dieser Art von Struktur zugrunde liegende Strukturiertheit muss notwendigerweise eine in logischer Hinsicht zu charakterisierende Tiefenstruktur sein. Pragmatische Logik in solch einem Sinne lässt sich verstehen als konsistente Ordnung von Unterscheidungen, die einen je konkret fassbaren Kontext als semiotische Einheit von Syntax und Semantik umfasst.

Verstehen von Dezimalbruchdarstellungen

Bezogen auf die Frage, welche Strukturelemente notwendig für ein sachadäquates Verstehen der Größenpragmatik von Brüchen sind, lässt sich nun eine neue Einheit beschreiben sowie in ihrer konkreten Bedeutungshaltigkeit als Tiefenstruktur charakterisieren. Diese Einheit entsteht über die zunächst rein syntaktisch in Erscheinung tretende Form einer neuen Zahldarstellung. Diese Zahldarstellung konstituiert sich äußerlich formal als graphische Synthese einer Bruchdarstellung mit der davon unterschiedenen Darstellung einer natürlichen Zahl als größenpragmatisch aufgeladenem Zeichen.

Damit gelangen auf der Darstellungsebene dieses Textes die bisher thematisierten Darstellungsprinzipien von zweidimensionaler Visualität einerseits und sequenzieller Paarbildung andererseits zur in der Anschauung konkretisierbaren Synthese. Im formalen Zeichen für das Zahlwort *anderthalb* sind nämlich zwei Zahlsymbole vereint, die in ihrer konkreten Verbindung einen neuen logischen Kontext bilden: Als in sequenzieller Hinsicht erstes decodierbares Zeichen erscheint eine Eins, die durch ihre Zeichengröße – das ist vor allem die Ausdehnung von oben nach unten – dem auf sie folgenden Bruch einhalb (*ein Halbes*) gleichgestellt ist. Dadurch ist schon visuell auf dem Weg über die Größe des jeweiligen Teilzeichens innerhalb des komplexeren Gesamtzeichens für anderthalb ausgedrückt, dass einerseits beide Einsen nicht von gleicher Bedeutung sind und dass andererseits das Teilzeichen für die natürliche Zahl Eins das in größenpragmatischer Hinsicht bedeutsame Zeichen darstellt, während das Teilzeichen eins innerhalb des Bruches einhalb eine Bruchbedeutung zu konstituieren hat und dementsprechend größenpragmatisch in Richtung unendlicher Kleinheit verweist. So befinden sich Darstellung und Bedeutung auf der Ebene der Konstitution eines Gesamtzeichens aus semantisch autonomen Teilzeichen miteinander in Übereinstimmung.

Aus der Unterschiedenheit beider Teilzeichen ergibt sich in genetischer Hinsicht notwendigerweise die Frage nach der Bedeutung ihrer Verbindung. Hier wird der Unterschied von Bild- und Lautlichkeit als grundlegende Heuristik für die Erkenntnis der Bedeutung von zusammengesetzten Zeichen als ein wesentliches Strukturelement des pragmatisch abgesicherten Verstehens mathematischer Bedeutung sichtbar. Gelingt es nämlich einem Interpreten, das graphisch gegebene Zeichen für anderthalb als *ein Ganzes und ein Halbes* laut zu lesen, so hat er es gemäß den Regeln für die mathematische Interpretation etwa des Syntagmas *fünf und zwei* als Vermehrungsoperation interpretiert. In mathematischer Hinsicht trägt diese syntaktisch auf spezifische Weise gebrauchte Konjunktion die Bedeutung einer Addition der durch sie verbundenen Zahlbestandteile. Allein durch die Sprechweise der Zahl anderthalb als ein Ganzes und ein Halbes sind dann beide Teilzeichen aus diesem operativen Kontext heraus implizit als Zahlbedeutungen charakterisiert.

Während aber etwa die Zahlworte fünf und zwei syntagmatische Bestandteile ein und derselben Zählreihe *eins-zwei-drei-vier-fünf-sechs-sieben* sind und allein dadurch über die visuell vermittelte Assoziation eines Ganzen von sieben Gegenständen, welches aus zwei Teilen entsteht, deren einer fünf Gegenstände und deren anderer zwei Gegenstände umfasst, auf das Element sieben derselben Zählreihe verweisen, müssen die bereits als Schriftzeichen graphisch unterschiedenen semantischen Blöcke ein Ganzes bzw. ein Halbes aber als aus unterschiedlichen größensemantischen Kontexten stammend interpretiert werden. Eine solche Interpretation kann gelingen oder scheitern.

Im misslingenden Fall würde über die Assoziation eines einfachen Ganzen, das aus zwei Halben entsteht, eine falsche Interpretation der Konjunktion *und* vorgenommen: Dann fehlte in der Einheit des Syntagmas *ein Ganzes und ein Halbes* jene in der Vorstellung zu realisierende Unterschiedlichkeit eines Ganzen und eines Halben, welche sich visuell im *Bild eines Ganzen, das seinerseits aus zwei Halben besteht und als Ganzes neben einem dritten Halben liegt,* konkretisieren lässt. Eine entsprechend undifferenzierte, rein assoziative und letztlich nichtvisuelle Interpretation der Konjunktion wäre Ausdruck des Nichtverstehens jener Tiefenstruktur größenpragmatischer Einbettung von Bruchzahlen in Quantitätsvorstellungen, die im vorigen Abschnitt aufgewiesen und charakterisiert worden ist.

Im Unterschied zwischen einer visuell-syntagmatischen und einer nur assoziativen Interpretation des Zeichens für anderthalb wird somit das Problem des Verstehens von Bruchzahlen als doppeltes sichtbar. Es geht dabei in materialer Hinsicht um sachspezifische Probleme der Größenpragmatik von Brüchen und in formaler Hinsicht um die allgemeinpragmatische Regelhaftigkeit bei der Interpretation von Bestandteilen der natürlichen Sprache im Sinne der Syntax mathematischer Operationen. Bezogen auf das Zeichen anderthalb ist also fürs Verstehen der Tiefenstruktur eine kognitive Synthese von Bedeutungskontexten notwendig, die als materiale und formale Vorstellungsinhalte fungieren. Im Sinne von Klafkis Theorie der kategorialen Bildung handelt es sich um die Entstehung eines neuen logisch-begrifflichen Kontexts.

Mit einer solchen Beschreibung sind zwei mögliche Kontextreferenzen verbunden: eine allgemeine und eine besondere. Allgemein kann hier die Frage angeschlossen werden, inwiefern das Problem des Verstehens mathematischer Schreibweisen sich deskriptiv als Problem der syntaktischen Beherrschung bedeutungstragender bzw. bedeutungserzeugender Konvention fassen lässt. Dieser interessanten Frage, die in ihrem Kern auf eine Neuauflage der Diskussion um formale Bildung zielt, kann an dieser Stelle nicht nachgegangen werden. Eine solche Diskussion würde in verallgemeinerter Weise dort anzuknüpfen haben, wo im dritten Kapitel die Problematik abstrakter Anschauung im Zusammenhang mit der Diskussion des mathematischen Mengenbegriffs angedeutet wurde. Hier muss zunächst die Frage nach dem besonderen Strukturgehalt mathematischer Begrifflichkeit beantwortet werden, was im Sinne materialer Gebundenheit des Problems eine Voraussetzung für die Möglichkeit einer ersten Beantwortung der allgemeinen Frage darstellt. Konkret geht es aber nun noch um den kategorialen Unterschied zwischen gewöhnlichen Brüchen und Dezimalbrüchen sowie im Kontext der Unterscheidung von Syntax und Semantik um die Frage nach dem Unterschied zwischen Zahlbegriff und Zahldarstellung für Dezimalbrüche.

Im Sinne der bereits aufgewiesenen Größenpragmatik handelt es sich bei Dezimalbrüchen um Zahlobjekte, die zwar zunächst nur von ihrer äußeren Form her als spezielle Zahlenpaare bestimmt sind, die aber genau so gut auch im Sinne einer Teilmengenbeziehung aus der Gesamtheit aller Bruchzahlen herausgehoben werden können. Mit einer entsprechenden Charakterisierung wären Dezimalbrüche von jenen gewöhnlichen Brüchen zu unterscheiden, in deren nach dem obigen Vorbild ganzzahliger Werte gebildeten Paradigmata allgemeiner Bruchzahlbedeutungen keine Zahlenpaare vorkommen, deren zweite Zahl eine Zehnerpotenz ist.

Der im größenpragmatischen Sinne interpretierte kategoriale Unterschied zwischen einem Dezimalbruch und einem Nichtdezimalbruch kann dann nur in der Möglichkeit bestehen, einen beliebigen Repräsentanten des entsprechenden quantitativen Paradigmas mit Hilfe der die Bedeutung bzw. den Zahlenwert unverändert lassenden Operationen des Erweiterns und Kürzens in jene äußere Form zu überführen, die ihn als Dezimalbruch ausweist. Demzufolge sind Dezimalbrüche kategorial als jene Zahlobjekte bestimmt, bei denen eine entsprechende Umformung möglich ist.

In jenem Fall, da eine entsprechende Umformung nicht möglich ist – und dieser Fall umfasst zumindest all die gewöhnlichen Brüche, deren beide Zahlen einerseits keine gemeinsamen Teiler mehr haben und deren Nenner sich andererseits aus solchen Primfaktoren zusammensetzt, die nicht nur Zweien oder Fünfen sind – besteht das Problem jedoch gerade darin aufzuzeigen, dass alle konkret gegebenen Möglichkeiten des Erweiterns und Kürzens nicht zu jener Gestalt führen, welche die zu Grunde liegende Zahlbedeutung als Dezimalbruch auszuweisen vermag.

Von dieser kategorialen Bestimmung von Dezimalbrüchen ist ihre oberflächliche Bestimmung als Kommazahlen zu unterscheiden. Letztere stellt lediglich eine zusätzliche Konvention hinsichtlich der Schreibweise gewisser gewöhnlicher Brüche dar. Im Sinne der im vorigen Abschnitt aufgewiesenen Tiefenstruktur käme es also bei der Umwandlung von gewöhnlichen Brüchen in Dezimalbrüche – als Voraussetzung für die Erzeugung einer Kommazahl – zunächst darauf an zu bestimmen, welchem paradigmatischen Typ von Bruchzahlbedeutung das fragliche Objekt zugeordnet werden muss. Eine solche Zuordnung aber kann nicht ohne die bereits beschriebene Kompetenz im Umgang mit Bruchzahlen vorgenommen werden.

Nach dem bisherigen Problemaufriss können am Beispiel des Zahlzeichens für *anderthalb* zumindest die folgenden Lesarten unterschieden werden:

1. Ein Ganzes enthält ein Halbes: Es ist aber nicht die eine, sondern die andere Hälfte bezeichnet. (KONKRETION)
2. Ein Ganzes besteht aus zwei Halben: Damit aus einem Halben ein Ganzes wird, muss das andere Halbe hinzugenommen werden. (ERGÄNZUNG)
3. Ein Ganzes wird um ein drittes Halbes vermehrt: Hierbei handelt es sich um zwei Ganze, von denen sich das eine als ein natürliches Ganzes – also eine Einheit – darstellt, während das andere Ganze zwar aus zwei Halben besteht, aber zur Konstitution der Zahlbedeutung nur eines davon beiträgt. (VERDOPPLUNG)

Man kann hier erneut sehen, dass das Problem einer größenpragmatischen Interpretation von gewöhnlichen Brüchen über die Vorstellung relativer Kleinheit hinaus eine Frage nach der Möglichkeit der Zusammensetzung von natürlichen Zahlen und echten Brüchen in der Vorstellung ist. Die ersten beiden Lesarten leisten dies gerade nicht – sie bleiben auf die singulären Kontexte der Genese von Bruchteilverständnis beschränkt. Die dritte Lesart als einzig sachangemessene beansprucht zu ihrer Formulierung dagegen eine sprachliche Komplexität, von der die anderen beiden Interpretationsmöglichkeiten weit entfernt sind.

Im Falle von zwei Fünfteln besteht ein solches Problem schon allein deshalb nicht, weil es sich um einen echten Bruch handelt. Im Falle von anderthalb dagegen bestünde die Schwierigkeit der Aufgabe über ihre größenpragmatische Interpretation hinaus in der Anforderung, ein Halbes durch Erweitern so umzuformen, dass ein Bruch mit einer Zehnerpotenz im Nenner entsteht. Dies wird beispielsweise durch fünf Zehntel geleistet. Damit lässt sich dann anderthalb auf folgende Weise als Dezimalbruch sowie Kommazahl ausweisen: Zum ganzzahligen Anteil Eins kommen fünf Zehntel hinzu; das führt auf die Zahldarstellung Eins-Komma-Fünf.

Umgekehrt lässt sich nun zeigen, worauf es beim Verstehen der Dezimaldarstellung von Brüchen im Sinne einer Interpretation als Tiefenstruktur mit größenpragmatischer Bruchzahlbedeutung im Wesentlichen ankommt: Obwohl die Schreibweise Null-Komma-Vier suggeriert, die Null und die Vier seien von prinzipiell gleicher Bedeutung, so wie fünf und zwei sieben sind, ist das Gegenteil zutreffend – die Null steht als Zahl vor dem Komma für einen natürlichen Zahlenwert, die Vier als

Zahl nach dem Komma trägt dagegen eine Bruchbedeutung. Es handelt sich bei der Bruchdarstellung Null-Komma-Vier also um ein analog aufgebautes Objekt wie im Falle der Bruchzahl anderthalb. Vielen Schülern fehlt beim Umgang mit Dezimalbruchdarstellungen genau diese Einsicht: Das Komma trennt und verbindet syntaktische Einheiten aus unterschiedlichen Objektbereichen.

Insofern handelt es sich bei Dezimalbruchdarstellungen inhaltlich um mehr als bei der Darstellung gewöhnlicher Brüche als geordnetes Paar natürlicher Zahlen: Ein mit Komma geschriebener Dezimalbruch enthält in der sequenziellen Logik seiner Syntax vor dem Komma seinen ganzzahligen Anteil und nach dem Komma seinen echt gebrochenen Anteil. Es handelt sich also bei Kommazahlen im Sinne von Bertrand Russels Typentheorie im Vergleich zu gewöhnlichen Brüchen um Gebilde höheren logischen Typs: Zwar ist auch Null-Komma-Vier ein geordnetes Zahlenpaar; während es sich bei der Null aber tatsächlich um eine einzelne Zahl handelt, verbirgt sich hinter der Vier wiederum ein Zahlenpaar – die (nicht vollständig manifestierte) Sequenz der beiden natürlichen Zahlen vier und zehn.

Als syntaktische Zeichen verweisen Bruchstrich und Komma somit auf Zahldarstellungen von unterschiedlicher Komplexität: Ein Bruchstrich zeigt an, dass in den Kontext des entsprechenden Zeichens zwei natürliche Zahlen eingehen, ein Komma dagegen verweist immer auf mindestens drei natürliche Zahlen. Von diesen drei Zahlen ist aber die letzte unsichtbar.

4.2. Der Gegenstand als Aufgabenfolge im Unterricht

Vor dem Hintergrund der bis hierhin vorgenommenen Darstellung, welche einerseits den genetischen Aspekt von Bruchzahlverständnis als Problem ernst nimmt und andererseits dessen Spezifik auf strukturtheoretische Weise zu beschreiben versucht, lässt sich die von der Lehrerin eingangs als ein konkretes Thema für die Unterrichtsstunde formulierte Frage neu stellen: *Wie werden Brüche Dezimalbrüche?*

Zu unterscheiden sind hierbei die möglichen Darstellungsformen, und zwar sowohl für Brüche als auch für Dezimalbrüche. Damit überhaupt von einem Werden, einem Gestaltwechsel ein und desselben Wesens – hier: des Begriffs der gebrochenen Zahl – die Rede sein kann, muss dieses hinreichend klar bestimmt sein. Im Unterschied zu Darstellungsformen handelt es sich bei Bruchzahlen um Objekte, die in Analogie zu natürlichen Zahlen durch ihre Größe sowie ihre entsprechenden Beziehungen zu allen anderen Zahlen charakterisiert sind.

Im Sinne der Grundvorstellungen des genetischen Strukturalismus ist dann zu fragen, wie aus Brüchen als konkreten Darstellungen für Bruchzahlen, die ihrerseits ebenso Zahlen sind wie die natürlichen Zahlen *eins, zwei, drei, vier, fünf, ..., zehn, ..., hundert, ...* , etwas anderes wird, das sich zwar einerseits von (gewöhnlichen) Brüchen unterscheidet, aber andererseits wie gewöhnliche Brüche auch für konkrete Bruchzahlen steht. Mit anderen Worten, zu konkretisieren ist sowohl die Art des Unterschiedes zwischen gewöhnlichen Brüchen und Dezimalbrüchen hinsichtlich ihrer Form, die sie als je verschiedene Bruchzahldarstellungen ausweist, als auch die Art der Allgemeinheit, die gewöhnlichen Brüchen und Dezimalbrüchen als verschiedenen Bestimmungen für Bruchzahlen in genetisch-differenzierender Kontinuität zum konkreten (intuitiven) Zahlverständnis für natürliche Zahlen (inhaltlich) eignet.

In dieser Hinsicht ist die Antwortsequenz von SmO in Reaktion auf die Lehrerfrage sehr aussagekräftig. Indem er auf den von Lw vorgegebenen gewöhnlichen Bruch zwei Fünftel mit Null-Komma-Vier antwortet, macht er deutlich, dass in seinem Verständnis der Gestaltunterschied zwischen gewöhnlichen Brüchen und Kommazahlen den inhaltlichen Unterschied zwischen Brüchen und Dezimalbrüchen repräsentiert. Mit der Nachfrage der Lehrerin *Und wie kommen wir dahin?* wird daraufhin die Regelhaftigkeit des Prozesses thematisiert, welcher die Vorstellungseinheiten von gewöhnlichen Brüchen und Dezimalbrüchen so miteinander verbindet, dass von einem Werden die Rede sein kann. Dahinter steckt nun offenbar über die erlebte Vorstellung der sinnhaften Überbrückung von Gestaltunterschieden hinaus ein intuitives Verständnis für die bereits in ihrem sachlichen Anspruch formulierte Tatsache, dass einer Beobachtung des Werdens von Formunterschieden ein Verstehen, d.i. ein Bewusstsein für die Richtigkeit von Umformungen der einen Sache in ihrer konkreten Gestalt in die andere Gestalt ebendieser Sache entspricht. So verstanden, steht die auf regelhafte Weise zu überbrückende Unterschiedlichkeit der Formen für eine Kontinuität der Sache – im Sinne von Piagets Konzept der Sachkonstanzvorstellung verstanden. Im Unterschied zu Piaget handelt es sich hier nun jedoch nicht mehr um die Konstanz in der bloßen Wahrnehmung des Sichtbaren, wie sie das verstehende Bezeichnen von Anzahlen oder geometrischen Formen darstellt, sondern um die Vorstellung der Konstanz eines in seiner konkreten Konstruiertheit bereits abstrakten, begrifflich repräsentierten Gegenstandes. Die Evidenz in der Bezeichnung der Sache speist sich nun nicht mehr unmittelbar aus der sinnlichen Wahrnehmung, sondern aus einer wie auch immer latenten Einsicht in die Wohlgeformtheit des Werdens als Ausdruck eines von seinem Anspruch her mathematischen Umformungsprozesses.

Dieser mit seinen Kontexten konkret repräsentierte Zusammenhang enthält eine Richtung des Werdens: aus gewöhnlichen Brüchen entstehen Kommazahlen. Erst durch eine Absicherung der Vorstellung, dass es auch umgekehrt möglich wäre: aus Kommazahlen werden gewöhnliche Brüche, wird die logische Konstanz der Sache zu einer Realität in mathematischem Verständnis. Diese umgekehrte Vorstellung des Werdens wird jedoch in der einleitenden Unterrichtsphase nicht thematisch. Mithin haftet dem von der Lehrerin zugrunde gelegten Verständnis des Werdens etwas Faktisches an. Die Antwort des Schülers SmO auf die Nachfrage von Lw hin bringt zwar deutlich zum Ausdruck, dass er eine klare Vorstellung von der Regelhaftigkeit der Umformung hat, sie lässt aufgrund des unvollständigen Rahmens der vorgängigen Frage jedoch kein Urteil darüber zu, ob er verstanden hat, dass Kommazahlen auch Brüche repräsentieren.

Die vakante Gleichheit der Ausdrücke zwei Fünftel und Null-Komma-Vier in der Sache führt zurück zum Problem, wie es möglich ist, dass ein Zahlenpaar einer einzelnen Zahl gleich sein könne. Erst in einer solchen Interpretation des zu problematisierenden Sachkonstanzzusammenhangs wird die Gestaltunterschiedenheit von gewöhnlichen Brüchen und Dezimalzahlen in der Sache ernst genommen: Schüler, die auf die Frage nach Zähler und Nenner des Dezimalbruchs Null-Komma-Vier mit Null-Vier oder gar Vier-Null antworten, haben mit Sicherheit nicht verstanden, was Dezimalbrüche im Unterschied zu Kommazahlen sind. Ein Verstehen dieses Unterschiedes der Gestalt vor dem Hintergrund der begrifflichen Konstanz der Sache ist erst dann gegeben, wenn die Sequenzialität der Zahlen Null und Vier innerhalb der Kommazahl zunächst analog zur Sequenzialität der Ziffern innerhalb der dekadischen Positionsdarstellung einer natürlichen Zahl gedeutet wird. Dann wird nämlich mit der Unterschiedenheit von Brüchen als Zahlenpaaren und Zahlen als zusammengesetzten Gestalteinheiten die Konstatierung von quantitativ konnotierter Gleichheit erst zu einer impliziten Aussage über den entsprechenden Gestaltunterschied. Und diese besagt dann im Grunde nichts anderes, als dass Gleichheit ein Problem der differenzierten Wahrnehmung unterschiedlicher Gestalten in einem gemeinsamen Kontext ist – also ein Problem der Identifizierung. So wie sich die unterschiedlichen Lautformen innerhalb einer Wortgestalt in der Vorstellung zur Einheit der Bedeutung dieser Klangform transformieren lassen (was mit der sprachdidaktischen Unterscheidung von Rezeption und Produktion dann die Umkehrbarkeit dieser Transformation als Ausdruck von Sprachkompetenz impliziert), kann erst die intuitive Beherrschung des

Unterschieds von Lauteinheiten und Klangformen Ausdruck des Verstehens von differenzierter Bedeutung sein. Ihre Artikulation aber setzt voraus, dass der gemeinsame Kontext zur Realität in der Vorstellung wird bzw. geworden ist, und erst die Systematik des gemeinsamen Kontexts in der Vorstellung vermag eine langfristige intuitive Anschauung, mithin die Stabilität geistiger Formen zu garantieren. Ohne Bedeutung ist langfristig stabile Vorstellung also letztlich nicht zu haben.

Repräsentieren aber Zahlzeichen Quantitäten auf gleiche Weise, wie Klangformen Bedeutung haben, so ist die Umformung eines gewöhnlichen Bruches in eine Kommazahl Ausdruck für den quantitativen Gehalt eines Zahlenpaars. Und dieser Gehalt besteht zunächst in nichts anderem als in ihrer in sequenziell geordnetem Kontext wahrgenommenen Größenbeziehung als Größenrelation. Diese Größenrelation trägt jene Zahlbedeutung, die sich an der Gelenkstelle der begrifflichen Unterschiedenheit von natürlichen Einheiten und echten Bruchbedeutungen konkretisieren lässt. Im Falle des Schülers SmO handelte es sich um die Einsicht in die Entsprechung der Größenrelation zwischen zwei und fünf zur Zahlgestalt von Null-Ganzen. Diese Gestalt einer quantitativen Bedeutung wiederum macht die additive Ergänzung von Null-Ganzen um vier weitere Einheiten, die allerdings nun keine natürliche Quantität, sondern eine zu konkretisierende einheitliche Bruchbedeutung repräsentieren, zu einer sinnvollen Operation. Und die Einheitlichkeit dieser Bedeutung innerhalb der dekadischen Positionsdarstellung einer Zahl markiert das Problem der Spezifik von Dezimalbrüchen.

Wie aber wird aus der einen echten Bruch bezeichnenden Bruchzahl zwei Fünftel jener Dezimalbruch, welcher eben diese Spezifik dekadisch vereinheitlichter Zahlbedeutung trägt? (Immerhin handelt es sich ja bei Brüchen um die Vielzahl an Möglichkeiten, ein Ganzes gleichmäßig in kleinere Einheiten zu teilen und diese dann nach dem Vorbild der natürlichen Zahlen strukturhomolog zu bündeln. Und die Einheitlichkeit der Strukturierung des quantitativen Kontexts ist gerade das eine natürliche Quantität erst ermöglichende Kennzeichen des Kontexts, während die Unterschiedenheit der Bruchfamilien auf die gestaltliche Mannigfaltigkeit des Kontexts gebrochener Zahlen verweist; vgl. oben 4.1.)

Dieses Problem erscheint als übergreifende Motivierung für das konkrete Arrangement der Aufgabenfolge, die gewöhnlichen Brüche zwei Fünftel, sieben Achtel und sieben Sechzehntel in Dezimalbrüche umzuformen: Indem die Lehrerin Bruchzahlen ausgewählt hat, bei denen die vakante Einheitlichkeit dadurch herstellbar ist, dass die Brüche sich auf dem Wege einer Verfeinerung der Unterteilung des Ganzen als Zehntel (aus Fünfteln), Tausendstel (aus Achteln) und Zehntausendstel (aus Sechzehnteln) darstellen lassen, bringt sie implizit die Erwartung zum Ausdruck, dass genau dies immer möglich sei. In Wirklichkeit handelt es sich jedoch um die Ausnahme. Eine solche Verfeinerung der Unterteilung ist nämlich nur möglich, wenn die ursprüngliche Unterteilung eine sehr spezielle Eigenschaft hat: Jene natürliche Zahl, welche durch die Anzahl der elementaren Bruchteile des Ganzen repräsentiert wird, darf durch keine anderen Zahlen als durch Potenzen von zwei, von fünf oder deren multiplikative Zusammensetzungen teilbar sein. Die ersten Zahlen mit dieser Eigenschaft sind gerade zwei, vier, fünf, acht, sechzehn, zwanzig, fünfundzwanzig, zweiunddreißig, vierzig, fünfzig, vierundsechzig, achtzig: alle anderen Zahlen, und im Zahlenraum bis hundert sind das immerhin die fünfundachtzig eben nicht genannten (wenn man von der Eins absieht, die keine echten Bruchteile zeigt, sowie von der Zehn und der Hundert, die bereits Dezimalbrüche repräsentieren), haben diese Eigenschaft nicht. Bei der Mehrzahl der Unterteilungen eines Ganzen wäre es also gar nicht möglich, einen entsprechenden gewöhnlichen Bruch in einen Dezimalbruch umzuwandeln, der in direkter Analogie zu dekadischen Positionsdarstellungen natürlicher Zahlen aufgebaut ist. Das heißt, die von der Lehrerin für ihre Aufgabenfolge ausgewählten gewöhnlichen Brüche repräsentieren nicht die Allgemeinheit des Problems, welches mit dem Werden von Dezimalbrüchen aus gewöhnlichen Brüchen verknüpft ist.

Nimmt man die Frage *Wie werden Brüche Dezimalbrüche?* als Problem ernst, so kommt man nicht umhin einzugestehen, dass von einem gleichsam naturwüchsigen Werden – wie von der Lehrerin unterstellt – keine Rede sein kann. Im Gegenteil, es sind nur ganz bestimmte Brüche, die auf problemlose Weise zu Dezimalbrüchen werden können, während die große Masse der gewöhnlichen Brüche sich gerade **nicht** in jene Kommazahlen umwandeln lässt, die in ihrer syntaktischen Gestalt den natürlichen Zahlen als dekadischen Positionsdarstellungen entsprechen. Eine sachlich richtige Antwort auf die Frage der Lehrerin hätte also zu konstatieren, dass aufgrund der Spezifik von Dezimalbrüchen gar nicht alle Brüche Dezimalbrüche werden könnten.

Wenn die Lehrerin also schlechthin von Brüchen redet, dann kann sie im Kontext der Umformungen, die im Tafelbild unter *1. Durch Erweitern auf Nenner 10, 100...* näher bestimmt werden, gar nicht von allen Brüchen sprechen. Da sie das trotzdem tut, muss davon ausgegangen werden, dass sie entweder selbst nicht um die oben aufgezeigte Einschränkung weiß oder aber dass sie den Blick der Schüler bewusst vom allgemeinen Fall fernhalten will. Die erste Möglichkeit ist ein Ausdruck dafür, dass der Problemgehalt der Eingangsfrage unterboten wird, die zweite Möglichkeit dagegen verweist auf eine spezifisch-didaktische Intention: Um nicht den sicheren Umgang mit Brüchen des speziellen

Falls durch eine Verstehenskrise zu gefährden, würde die Lehrerin dann so tun, als sei das im Tafelbild unter 1. aufgeführte Verfahren allgemeingültig.

Interessanterweise kommt es aber bei der dritten Aufgabe, die darin besteht, sieben Sechzehntel in einen Dezimalbruch umzuformen, im Unterricht zu einer Schwierigkeit ganz anderer Art: Nachdem Lw den Bruch an die Tafel geschrieben hat, wartet sie zunächst elf Sekunden und formuliert dann eine Frage, mit der sie indirekt konstatiert, dass ein Problem vorliegt. Ob es sich um ein Problem der ganzen Klasse oder nur um das Problem eines einzelnen Schülers handelt, ist zunächst nicht zu entscheiden. Zumindest lässt die bereits markierte Eigenart von Lw, an die ganze Klasse adressierte Fragen in der zweiten Person Singular zu formulieren, beide Möglichkeiten zu. Der daraufhin angesprochene SmE antwortet auf die Frage, wo im Moment sein Problem liege, mit der Aussage: *Ähm, dass die Zahl, ähm, größer ist.*

Diese Antwort könnte nun Verschiedenes bedeuten. Sie könnte bedeuten, dass SmE die Bruchzahl sieben Sechzehntel für größer hält als die Bruchzahlen zwei Fünftel und sieben Achtel. Das wäre ein Ausdruck für fehlendes Größenverständnis der genannten drei Bruchzahlen. In diesem Fall wäre es sinnvoll, ihn darauf hinzuweisen, dass sieben Sechzehntel zwar ungefähr genau so groß ist wie zwei Fünftel, aber bedeutend kleiner als sieben Achtel.

Die Antwort könnte aber auch in selektiver Wahrnehmung der gewöhnlichen Brüche auf Teile der entsprechenden Zahlenpaare bezogen sein. Dann würde SmE zum Ausdruck bringen, dass mindestens eine Zahl aus dem Zahlenpaar sieben-sechzehn größer ist als alle in den Zahlenpaaren zwei-fünf und sieben-acht enthaltenen. Dann bliebe jedoch in inhaltlicher Hinsicht unklar, warum das ein Problem sein soll, und man müsste die Aussage dahingehend interpretieren, dass SmE generell Probleme hat, wenn er mit Zahlen, die größer als acht sind, rechnen soll. In dieser zweiten Lesart handelte es sich eindeutig nicht um ein Problem der Klasse mit dem Gegenstand, sondern um ein individuelles Problem des Schülers.

Schließlich kann mit der Aussage auch gemeint sein, dass der Nenner von sieben Sechzehnteln größer ist als die Nenner von zwei Fünfteln und sieben Achteln. Damit brächte SmE zu Ausdruck, dass er zwar den von Lw im Tafelbild festgehaltenen Weg der Umformung („1.") kennt, aber bei sieben Sechzehnteln nicht beschreiten kann. Das heißt konkret, ihm fiele unter den von der Lehrerin an die Tafel geschriebenen Zielnennern („10, 100...") keiner ein, auf den man die Bruchzahl sieben Sechzehntel erweitern könnte.

Eine Analyse der Interaktion zwischen Lw und SmE zeigt, dass einerseits die erste Lesart nicht zutrifft und dass andererseits eine klare Unterscheidung der zweiten und der dritten Lesart auf den Unterschied von Schüler- und Lehrerperspektive führt:

(9 sec) <Lw schreibt „0,875" und „7/16" an die Tafel>
Lw: Dann haben wir einen Bruch, der heißt 7/16. (11 sec) Wo ist denn dein Problem im Moment? (.) SmE?
SmE: Ähm, dass die Zahl, ähm, größer ist.
Lw: Das ist dein Problem?
SmE: Nein, eigentlich nicht.

Der Schüler artikuliert auf diffuse Weise seine mit der Aufgabe verbundenen Vorstellungsschwierigkeiten. Wörtlich sagt er, dass diese Schwierigkeiten aus der Größe der Zahl erwachsen. Das ist vollkommen plausibel, wenn man bedenkt, dass Halbe, Drittel, Viertel, Fünftel, Sechstel und Achtel durchaus im Alltag vorkommen – etwa wenn es darum geht, drei Achtelliter Milch für einen Kuchen abzumessen, dass aber Sechzehntel bereits gerade außerhalb jenes durch den Alltag bestimmten Rahmens für pragmatisch abgesicherte Vorstellungen liegt.

Auf die Gegenfrage der Lehrerin hin, ob die Größe der Zahl das Problem des Schülers sei, antwortet dieser verneinend und negiert damit sich selbst, hatte er doch unmittelbar zuvor noch genau das Gegenteil gesagt. Wahrscheinlich spürt er intuitiv, dass die Größe als mathematische Eigenschaft der Bruchzahl sieben Sechzehntel für ihn nicht das eigentliche Problem ist – sondern der Unterschied zwischen pragmatisch abgesicherten Bruchbedeutungen wie bei Achteln und bloß abstrakten, pragmatisch nicht im Alltag verankerten Bruchbedeutungen wie bei Sechzehnteln. Da die Lehrerin mit ihrer Frage offensichtlich Zweifel daran ausdrückt, die Größe einer Zahl könne ein inhaltliches Problem sein, hält er an seiner Aussage nicht weiter fest. Er artikuliert damit implizit ein Gespür für den Unterschied zwischen verschiedenen Bedeutungsebenen: Was in der Tiefenstruktur des pragmatischen Verstehens von Bruchzahlen ein prinzipielles Problem ist, kann in speziellen Formaspekten der Oberflächenstruktur als Problem unsichtbar sein. So gesehen drückt der innere Widerspruch der Schüleräußerungen eine erste Ahnung von der Eingeschränktheit der beiden bisher gelösten Aufgaben in Bezug auf die Allgemeinheit des noch unsichtbaren Problems aus.

Damit hätte er implizit die Differenz zwischen dem von der Lehrerin zugrunde gelegten Weg („1."), der auf einem formalen Verfahren aufbaut, und seinem eigenen Anspruch auf pragmatisches Verstehen markiert. Im Falle der meisten Brüche, so mag diese Ahnung lauten, gibt es bei der Umformung ein Problem, aber es besteht nicht in erster Linie in der Größe von Zahlen.

Lw: Nö. (..) Das sollte auch kein Problem sein. Wer ist nur entscheidend? (.)
SmE: Die untere Zahl.
Lw: Die untere Zahl. Die heißt nämlich immer noch? (.) Wie heißt denn die 16 immer? Das ist der...
SmE: Nenner.
Lw: Das ist der Nenner. Und warum ist die 16, der Nenner 16, plötzlich ein Problem?
SmE: Weil 16... (5 sec)

Die Lehrerin besteht auf ihrer Sicht der Dinge, die zuallererst die formalen Aspekte der Mathematik betrifft, und verschiebt damit den Fokus der Interaktion weg vom Problem der Pragmatik von Bruchbedeutungen hin zu mathematiksprachlichen Konventionen.

Als sie vor diesem neuen Hintergrund, der nun nicht mehr die zuvor rekonstruierte Sicht des Schülers ausmacht, sondern die terminologische Seite der Mathematik, ihre Frage nach dem Problem von SmE erneuert, setzt dieser zwar zu einer Antwort an, die sich als die Problematik von Sechzehnteln vor dem Hintergrund von Fünfteln und Achteln deuten lässt, vermag aber nicht, das Problem zu benennen. Sein fünf Sekunden dauerndes Innehalten mitten im Satz ist Ausdruck einer Krise der Prädikation.

Im Dialog zwischen Lw und SmE ist nun die allgemeine Frage thematisch, welche Probleme auf dem Weg des Werdens von Dezimalbrüchen aus gewöhnlichen Brüchen prinzipiell auftreten können: eine Frage des Referenzrahmens aller bisher in der Unterrichtsstunde ausgesprochenen Behauptungen sowie implizit zugrunde gelegten Evidenzen zum Thema.

Lw: Du jetzt gerade nicht weißt, wo das gut reinpasst, ne?

Die Lehrerin schlüpft nun in die Schülerrolle, indem sie den von SmE begonnenen Satz vervollständigt: *Weil du jetzt gerade nicht weißt, wo das gut reinpasst, ne?* Sie benutzt nun keine mathematische Terminologie mehr, sondern verfällt – wahrscheinlich aus der Befürchtung heraus, sonst nicht verstanden zu werden – in die anschauliche, aber ungenaue Sprache von Schülern: Aus der Entscheidungsfrage, *ob eine Zahl in eine andere hineinpasst* (mathematisch: Teiler ist), wird die gefühlsnahe Problematik, *ob das gut reinpasst.* Damit hat die Lehrerin dem Schüler ihre eigene Sicht übergestülpt. Sie sagt inhaltlich, das Problem von SmE bestünde darin, dass er nicht weiß, auf welchen Nenner er den Bruch sieben Sechzehntel erweitern kann, damit ein Dezimalbruch entsteht.

Vielleicht hat ja SmE sogar erkannt, dass man sieben Sechzehntel nicht auf Zehntel, Hundertstel und Tausendstel erweitern kann. Wenn dem so ist, dann könnte sich aber selbst im Rahmen des bisher zugrunde gelegten Verfahrens die Frage aufdrängen, bei wie vielen Zahlen man es noch probieren muss. Zumindest könnte die Ahnung entstehen, dass es auch bei allen weiteren Nennern, die angestrebt werden können, scheitern muss. Das vermeintliche Gegenargument, bei sieben Sechzehnteln sei das aber nicht so, hätte zur Voraussetzung, dass man das Ergebnis der Umformung bereits kennt – insofern wäre es aus der möglichen Sicht des Schülers gar kein Gegenargument.

Der Schüler SmE hat möglicherweise intuitiv das Problem erkannt, dass es Bruchzahlen gibt, die sich auf dem bisher beschrittenen Weg gar nicht in Dezimalbrüche umwandeln lassen. Diese Intuition beträfe die Frage nach den Bedingungen der Möglichkeit für den bis hierher auf selbstverständliche Weise zugrunde gelegten Modus des Werdens von Dezimalbrüchen. Die Lehrerin unterstellt ihm dagegen, er hätte gar nicht versucht, den Bruch sieben Sechzehntel auf Zehntausendstel zu erweitern, weil er mit so großen Zahlen nicht rechnen könne. Selbst wenn er es nicht versucht hätte, wäre die Frage: Warum nicht?

Zusätzlich fällt auf, dass Lw mit ihrer Äußerung zwar an das *Weil* von SmE anknüpft, dieser aber die potentielle Aussage auf die Zahl 16 bezogen hatte, wohingegen die Lehrerin sie auf den Schüler bezieht. Statt in der Sache artikuliert sie ihre Äußerung damit in der Sozialdimension und stellt auf diese Weise ein Defizit beim Schüler fest. Indem sie die dritte Lesart der Problembeschreibung zur kommunikativ geltenden macht, rahmt sie den Diskussionsgegenstand so, dass der Eindruck entstehen muss, es handele sich um ein individuelles Problem des Schülers.

SmE: Ja, weil wir so ... man muss da mehr denken.

Der Schüler SmE beharrt dahingegen mit *wir* auf einer Lesart, die das Problem als allgemeines auffasst. Sein Nachsatz *man muss da mehr denken* lässt sich nicht nur in der von Lw aufgefassten Richtung: *Beim Rechnen mit großen Zahlen muss man mehr denken als beim Rechnen mit kleinen* deuten, sondern auch als Konstatierung der Art: *Es gibt Zahlen, da muss man sich mehr Gedanken machen, als wir es bisher taten.* Zumindest hat der Schüler mit dieser Äußerung seine eigene intuitive Problemsicht gewahrt, die sich nun in Präzisierung der zweiten Lesart folgendermaßen ausdrücken lässt: *Wenn man sich nur die in dem gewöhnlichen Bruch sieben Sechzehntel vorkommenden beiden Zahlen anschaut, kann man (intuitiv) daran zweifeln, dass aus diesem gewöhnlichen Bruch ein Dezimalbruch werden kann.*

Lw: Da muss man mehr denken, ja, das ist wirklich ein Problem. {Lachen von Schülern} Ähm, aber ich habe euch schon gezeigt, wenn man so viel denken muss, um die Nenner 10, 100, 1000 oder was raus zu kriegen, was für eine andere Möglichkeit hatten wir denn schon uns angeguckt? Das wissen wir doch. Haben wir damals als Trick bezeichnet, ist ja aber kein wirklicher Trick.
SwH: 7 geteilt durch 16.

Nun unterstellt die Lehrerin dem Schüler SmE, für ihn sei das Denken an sich ein Problem, und macht ihn damit vor der Gruppe lächerlich. Im Sinne der oben formulierten Alternative, dass sie entweder selbst nicht um die Beschränktheit des Verfahrens „1." weiß oder aber den Schülern nur die Kompliziertheit der damit verbundenen Fragen (noch) nicht zumuten will, zeigt sich die Realität der ersten Möglichkeit. Anderenfalls hätte sie in Reaktion auf SmE wahrscheinlich anders reagiert.

An Stelle einer Problematisierung der Sache baut die Lehrerin nämlich ein rein pragmatisches Argument auf, das inhaltlich nichts mit den prinzipiell beschränkten Möglichkeiten des ersten Verfahrens zu tun hat: *Ähm, aber ich habe euch schon gezeigt, wenn man so viel denken muss, um die Nenner 10, 100, 1000 oder was raus zu kriegen, was für eine andere Möglichkeit hatten wir denn schon uns angeguckt? Das wissen wir doch.* Anstatt das im Gegenstand enthaltene Problem ernst zu nehmen, reklamiert die Lehrerin ein Wissen um andere Wege der Umformung, das sie den Schülern bereits gezeigt habe. Das Argument der Geltung dieses Wissens leitet sich nicht aus der Sache ab, sondern legitimiert sich allein dadurch, dass *ich (...)* [es] *euch schon gezeigt* [habe]. Es handelt sich dabei um ein auf der Sozialdimension kommuniziertes Argument, dessen Überzeugungskraft allein in der Behauptung gesehen werden könnte, der Lehrer habe immer recht. Sowohl hinsichtlich der Entstehung kritischer Urteilskraft als Teil von Mündigkeit als auch hinsichtlich einer im Klafkischen Sinne verstandenen kategorialen Anschauung der Sache greift dieses Argument aber zu kurz.

Auch die fragwürdige Äußerung, dass etwas, das früher als Trick bezeichnet wurde, in Wirklichkeit gar keiner sei, könnte bei einem mitdenkenden Schüler durchaus Widerspruch hervorrufen. Freilich ist es plausibel, dass sich der eben lächerlich gemachte SmE nicht mehr für ein Gespräch zur Verfügung stellt. Stattdessen findet sich SwH bereit, das von der Lehrerin eingeforderte Wissen zur Verfügung zu stellen. Ob ihrer Äußerung eine Einsicht in die oben skizzierte Paradigmatik der Eins – als Ausdruck der logischen Verbundenheit von natürlichen und Bruchzahlen – entspringt oder nicht, kann an dieser Stelle noch nicht entschieden werden. Es ist aber eine größere Logik im Sinne des inneren

Zusammenhangs zwischen der durch den Lehrer geäußerten latenten Kritik an der vorherigen Schüleräußerung und einer Bemühung um erwartungsgemäßes Wohlverhalten in der auf die Kritik folgenden Äußerung zu erkennen.

Der weitere Verlauf des Unterrichts besteht darin, dass die Lehrerin nun das aufgetauchte Problem von SwH öffentlich an der Tafel bearbeiten lässt. Die Schülerin konstatiert in Zeile 72 des Transkripts, dass sieben nicht – wörtlich: nullmal – durch sechzehn geteilt werden könne und schreibt auf selbstverständliche Weise dann ein Komma (Zeile 74) an die Tafel. Eine vorausgegangene Bestärkung durch die Lehrerin mag auf der Sozialdimension der Interaktion erklären, warum SwH das tut, auf der Sachdimension dagegen bleibt der in pragmatischer Hinsicht problematische Unterschied zwischen der natürlichen Zahl Null und jenem echt gebrochenen Anteil an der Gesamtgröße der Zahl sieben Sechzehntel unsichtbar. Die Schülerin geht einfach darüber hinweg und erzeugt im Rahmen ihres Rechenverfahrens eine Null, die sie rein syntagmatisch der Sieben hinzufügt, wodurch aus sieben Einern nun sieben Zehner werden. Danach rechnet sie einfach so weiter wie mit natürlichen Zahlen – mit der einen Ausnahme: die bereits einmal hilfreiche Null wird stets von Neuem zum Einsatz gebracht. An dieser Stelle wäre zumindest zwischen einer oberflächlichen Anwendung unverstandener Regeln und tiefgreifendem Verstehen des Divisionsverfahrens zu unterscheiden. Da sich die Schülerin selbst nicht dazu äußert und auch nicht zur Explikation ihres Vorgehens aufgefordert wird, bleibt die Frage nach einem solchen Unterschied an dieser Stelle unentscheidbar.

Während die Schülerin noch an der Tafel rechnet, fordert die Lehrerin bereits die Klasse auf, die Überschrift ins Heft zu übernehmen: *Brüche werden zu Dezimalbrüche(n)*. Sie macht außerdem deutlich, dass der bisherige Verlauf der Unterrichtsstunde aus ihrer Sicht eine Wiederholung war, und dass die an der linken Teiltafel stehenden Notizen für den weiteren Verlauf nicht wichtig seien: *Die linke Seite können wir uns schenken, das haben wir schon ganz oft geübt. Wir konzentrieren uns nur auf die Mitte jetzt.* Damit bringt die Lehrerin ganz klar zum Ausdruck, dass sie in der Sache des Unterrichts kein wirkliches Problem sieht. Während sie aber zur Klasse spricht, ist die an der Tafel rechnende SwH durcheinander gekommen.

In diesem Zusammenhang trifft Lw die Feststellung, die an der Tafel arbeitende Schülerin könne nicht mehr teilen, und verkennt damit selbst den Unterschied der Kontexte, in welchen das Teilen durchgeführt wird: ob im Bereich der natürlichen bzw. im Bereich der gebrochenen Zahlen, macht zumindest einen Unterschied bezüglich des jeweiligen intuitiv zugrunde gelegten Zahlverständnisses. Erst ein Verstehen des Umstands, dass mit dem Komma eine bedeutsame Gestaltgrenze in die sequenzielle Ordnung der erzeugten Ziffernfolge hineinkommt, kann wohl langfristig stabile Prozessvorstellungen bei den Schülern erzeugen. Nach Abschluss dieser alle Sachprobleme implizit negierenden Vorführung zum Thema, wie man es machen muss, um auf das richtige Ergebnis zu kommen, und diesseits der Frage, ob das Rechenergebnis denn richtig ist im Sinne einer Lösung der Aufgabe, sieben Sechzehntel in einen Dezimalbruch umzuwandeln, konstatiert die Lehrerin lediglich:

Lw: Heißt also, durch Dividieren kriegen wir das auch raus. (2 sec) Schreiben wir uns das so. (6 sec) <Lw schreibt „durch Dividieren" an die Tafel>
Lw: Und jeder probiert selber noch eine, die heißt 21/40. (2 sec) <Lw schreibt „21/40" an die Tafel> Der Nenner, wo wir lange nachdenken müssen, wie der SmE gesagt hat, ob wir da 10, 100 oder 1000 besser nehmen, da fangen wir ganz schnell an und dividieren: 21 geteilt durch 40.

Nun kommt der bisherige Unterrichtsverlauf zu sich selbst: Indem die Gesamtgestalt des Geschehens sich schließt, wird die soziale Sinnstruktur des Falles sichtbar. Was nämlich am Beispiel von sieben Sechzehnteln zum Problem und in der konkreten Interaktion durch Lw in der ihr eigenen Weise ausgeräumt wurde, wiederholt sich an der nächsten Aufgabe, die darin besteht, den gewöhnlichen Bruch einundzwanzig Vierzigstel in einen Dezimalbruch umzuformen.

Der kontextuelle Unterschied beider Aufgaben ist hier nur ein äußerlicher. Obwohl bei der vorherigen Aufgabe noch die Frage thematisch war, auf welche Weise es möglich ist, den gewöhnlichen Bruch so zu erweitern, dass ein anderer – diesem in quantitativer Hinsicht gleicher – gewöhnlicher Bruch entsteht, der zudem ein Dezimalbruch ist, wurde diese Frage gar nicht beantwortet. Stattdessen war die zweite Möglichkeit einer Umformung von gewöhnlichen Brüchen zu Kommazahlen, die Dezimalbrüche repräsentieren, über einen bereits bekannten Trick ins Unterrichtsgespräch eingebracht worden, aber die in mathematischer Hinsicht entscheidende Frage an ein tieferreichendes Verständnis der Sache, ob denn das so produzierte Ergebnis tatsächlich gleich dem Ausgangsbruch sei, wurde nicht einmal gestellt. Möglicherweise wird implizit an das im Rahmen der Thematisierung von schriftlichen Rechenverfahren bereits in der Grundschule zu entwickelnde Gestaltwissen angeknüpft, wonach Rechenverfahren in der Mathematik Zusammenhänge bezüglich der systematischen Ordnung von Bestandteilen des dekadischen Positionssystems repräsentieren. Für Dezimalbrüche ist dies aber, wie im vorigen Abschnitt dargestellt, zumindest mit dem Problem des

Verstehens der Spezifik von Zahldarstellungen vor dem Hintergrund der Frage verbunden, welche pragmatisch strukturierbaren Besonderheiten denn einen Bruch zu einer Zahl machen.

In dieser Situation ist also *der Trick* in Gestalt einer Zeile des Tafelbildes implizit bereits eingemeindet. Wie um weiteren Zweifel an der Richtigkeit des Vorgehens auszuräumen, besteht die Lehrerin nun darauf, dass jeder Schüler selbst eine analoge Aufgabe rechnet. Damit ist die Klasse jetzt in einer ähnlichen Situation wie vorhin. Es könnte sein, dass wieder Probleme sichtbar werden – so wie sie von SmE andeutend artikuliert worden waren.

Im Unterschied zur vorigen Aufgabe, die noch mit der ganzen Offenheit der Eingangsfrage *Wie werden Brüche Dezimalbrüche?* gestellt worden war, hält es die Lehrerin nun für notwendig, diese Offenheit von vornherein einzuschränken. Indem sie jenen Schüler SmE, den sie vorhin lächerlich gemacht hat, zum Maßstab für ein rationales Herangehen an die Aufgabe erhebt, negiert sie nicht nur dessen subjektive Problematisierungsmöglichkeiten inbezug auf den mit der Eingangsfrage markierten Gegenstand, sondern setzt ihre eigene Lesart des Problems durch. Dies tut sie, indem sie die Autorität ihrer Lehrerrolle ausnutzt.

Wie wenig dieser Gesprächszug durch sachliche Gründe gestützt ist, wird spätestens dann deutlich, da man die sprachliche Form ihrer einschränkenden Äußerung analysiert: *Der Nenner, wo wir lange nachdenken müssen, wie der SmE gesagt hat, ob wir da 10, 100 oder 1000 besser nehmen, da fangen wir ganz schnell an und dividieren: 21 geteilt durch 40.* Der Referenzpunkt dieser Äußerung, das Subjekt des ersten Hauptsatzes, wird nämlich lediglich durch einen – zudem regelwidrig gebrauchten – Relativsatz attributiv erweitert, eine Prädikation erfolgt jedoch nicht: Der Nenner, der uns lange nachdenken lässt... Was über den Nenner des gewöhnlichen Bruchs einundzwanzig Vierzigstel ausgesagt werden soll, lässt sich der Äußerung nicht entnehmen. Wie vorher der Schüler SmE, so befindet sich nun die Lehrerin in einer Krise der Prädikation. Sie hat nichts zu sagen außer dem, was vorher bereits vom Schüler SmE, der möglicherweise ein ähnliches Sachproblem in der Aufgabe gespürt hatte, real geäußert wurde. Der Unterschied zwischen SmE vorhin und Lw jetzt besteht einzig darin, dass der Schüler eine konkrete Zahl – den Nenner 16 – genannt hatte, während die Lehrerin nur allgemein von dem *Nenner* spricht. Diese Allgemeinheit ist jedoch nicht Ausdruck eines höheren Abstraktionsniveaus, da Lw das allgemeine Problem gar nicht erkannt hat. Als Lehrer, der weiß, was herauskommt – der also das Ergebnis der von ihm gestellten Aufgabe bereits kennt – ist Lw unfähig, gleichzeitig die einem Schüler mögliche intuitive Sicht einzunehmen, der gerade nicht davon ausgeht, dass eine Umformung auf selbstverständliche Weise gelingen muss.

Man sieht also in der Analyse, dass die Gesamtäußerung der Lehrerin logisch in zwei Teile zerfällt. Mit dem ersten Teil: *Der Nenner, wo wir lange nachdenken müssen, wie der SmE gesagt hat, ob wir da 10, 100 oder 1000 besser nehmen*, rekapituliert sie lediglich das gedankliche und kommunikative Geschehen von vorhin, wobei sie dem Schüler ihre eigene Lesart der Sache unterstellt und diese Interpretation fälschlicherweise für eine das Problem ausschöpfende hält. Mit dem zweiten Teil jedoch: *da fangen wir ganz schnell an und dividieren: 21 geteilt durch 40*, gesteht sie indirekt ein, dass die Strategie des Erweiterns einer anderen Lösung des Sachproblems pragmatisch unterlegen ist. Besser als lange über die Möglichkeiten (bzw. die Unmöglichkeit) des Erweiterns auf einen für Dezimalbrüche charakteristischen Nenner wie 10, 100 oder 1000 nachzudenken, sei es, einundzwanzig durch vierzig zu dividieren. Wie um mögliche Zweifel an der Sinnhaftigkeit dieses Vorgehens zu verdrängen und aus dem Kommunikationsraum fernzuhalten, schlägt sie vor bzw. schärfer – fordert sie mit der Autorität ihrer Rolle ein: *da fangen wir ganz schnell an*, als ob Schnelligkeit ein Argument für die sachliche Richtigkeit eines Gedankens wäre.

Die Frage aber, ob beide Lösungsstrategien überhaupt einen sachlichen Bezug zueinander haben, bleibt unausgesprochen und wird von Lw implizit ausgeblendet. Eine gedankliche Vermittlung scheint im Kontext der vorliegenden Unterrichtsstunde unmöglich zu sein. Wichtiger ist, dass alle Schüler *das richtige* Ergebnis *ausrechnen* können.

Ist dann auf dem Wege der bloßen Anwendung dieses neuen Verfahrens zur Umwandlung von gewöhnlichen Brüchen in Kommazahlen Einigkeit über das korrekte Rechenergebnis erzielt worden, so kann auch im Unterricht formal auf dem bisherigen Wege des Stellens und unproblematischen Ausrechnens von Aufgaben nach einem vorgegebenen Rezept fortgefahren werden:

Lw: 0,525. Und jetzt möchte ich wieder jemanden hier vorne haben, der uns das noch mal zeigt und dein Bruch heißt 1/3. (5 sec) < Lw schreibt „1/3" an die Tafel> ich frage mal den SmP, ob der eine Idee hätte auf Erweitern. (4 sec) Dann haben wir aber immer noch auch stehen: Erweitern gilt auch... (4 sec) {Husten} Meinst du? 3 passt nicht. (4 sec) Nö, gut. Kannst du rechnen? Oder SmU möchte.

(5 sec) <SmU geht an die Tafel>

Nun wird das kurz zuvor noch Ausgeblendete auf künstliche – in keinem Bezug zur Eingangsfrage stehende – Weise wieder eingeblendet. Bei einer neuen Aufgabe sollen die Schüler entdecken, dass es bestimmte gewöhnliche Brüche gibt, die sich auf dem Wege des Erweiterns nicht in Dezimalbrüche umformen lassen. Was aber bei sieben Sechzehnteln noch als echtes Problem des Gegenstandes aufschien – als Frage nach den Bedingungen der Möglichkeit des Vorgehens – das vermag im Falle von einem Drittel keine echte Verwunderung mehr hervorzurufen.

Die Lehrerin muss nach ihrem schnellen, das Problem verdrängenden Wechsel von der ersten zur zweiten Möglichkeit der Umformung nun betonen, dass die erste Möglichkeit dennoch ein Weg ist, zum richtigen Ergebnis zu gelangen. Nur weil auf diesem Wege kein Ergebnis in Sicht ist – bei dieser Aufgabe käme ein Mathematiker jetzt wirklich nicht umhin, *mehr zu denken*, denn er müsste sich überlegen, warum das Verfahren des Erweiterns nicht zu einem Dezimalbruch führen kann – beginnt ein weiterer Schüler, an der Tafel nach dem zweiten Weg zu rechnen. Auch hier wird die Frage, ob es überhaupt einen Dezimalbruch geben kann, der genauso groß ist wie ein Drittel, nicht gestellt. Das Vorgehen legitimiert sich einzig aus einer Pragmatik des Machbaren.

In der Folge lenkt die Lehrerin die Aufmerksamkeit ihrer Schüler dann darauf, dass es auch beim zweiten Weg – dem Dividieren des Zählers eines gewöhnlichen Bruchs durch seinen Nenner – zu einer Komplikation kommt. Im Unterschied zum möglichen Sachproblem von SmE handelt es sich bei dieser Komplikation aber nicht um eine Frage an den Gegenstand, sondern lediglich um ein Problem des Verfahrens: Es bricht einfach nicht ab. Da sich die Schüler selbst nicht mehr wundern, sondern nur noch rechnen wie Maschinen, muss die Lehrerin ihre wiederum pragmatisch motivierte Frage stellen, wie lange denn das Dividieren noch fortgesetzt werden soll. Ein Gefühl für die Unendlichkeit als Negation aller konkreten Möglichkeiten, mit dem Verfahren an ein Ende und damit auf ein gültiges Ergebnis zu kommen, das sich in einer Verwunderung über die Verrücktheit des Verfahrens im Falle des gewöhnlichen Bruchs ein Drittel äußern könnte, ist den Schülern an dieser Stelle des Unterrichts verschlossen. Wenn hinter dem Verfahren nur ein Trick steht, dann kann dessen Versagen ja nur bedeuten, dass der Trick bei einem Drittel eben nicht funktioniert – worüber sollte man sich da auch wundern. Es heißt schließlich nur, dass dann ein neuer Trick her muss. Damit lässt sich die erscheinende Fallstruktur folgendermaßen formulieren: Es handelt sich in sozialer wie sachlicher Hinsicht bei dem analysierten Unterricht nur an der sprachlichen Oberfläche um Mathematikunterricht; in der Tiefenstruktur der kommunizierten sachlichen und logischen Bedeutungen handelt es sich dagegen um Trick-Unterricht.

Entsprechend unverstanden muss für die Klasse auch bleiben, was die Lehrerin anschließend unter der Bezeichnung einer *Periode für De-*

zimalbrüche als nicht weiter hinterfragbares begriffliches Konstrukt, als eine spezifische Schreibweise in den Unterricht einführt. Motiviert wird diese Schreibweise von der Lehrerin damit, dass das Ergebnis des vorausgegangenen – in vorliegendem Unterricht willkürlich, also ohne Argument, abgebrochenen – Rechenverfahrens sonst *sehr unmathematisch* aussehe. In Übereinstimmung mit der oben formulierten Fallstruktur sagt die Lehrerin damit implizit, Mathematik sei eine Sache des Aussehens, also einer oberflächlich wahrgenommenen Form der Darstellung.

Es ist bezeichnend, dass gerade an jener Stelle des Unterrichts eine unkontrollierte, überraschende Schüleräußerung zu verzeichnen ist – ein Lachen als Reaktion auf den Begriff *Periode*. Mehrere Schüler erkennen in dem Wort eine Bedeutung wieder, die ihnen offenbar aus Alltagszusammenhängen bekannt ist und demonstrieren auf diese Weise ungefragt einen Anspruch auf logische Zusammenfügung der thematisierten Fachtermini und einer damit zu verbindenden Rationalität der Sprache mit ihrem pragmatischen Alltagsverständnis.

4.3 Zur sozialen Konstitution von Verstehen und Nichtverstehen

Das Problem, wie es möglich sei, dass ein Zahlenpaar ebenso eine Quantität zu repräsentieren vermag wie eine einzelne natürliche Zahl in dekadischer Positionsdarstellung, spielt im vorliegenden Unterricht ganz offenbar keine Rolle. Es geht eher ums Rechnen als ums Verstehen. Dennoch zeigt sich auch in diesem Unterricht ein an der Sache interessiertes Denken von Schülern.

Nachdem die Lehrerin in Form periodischer Dezimalbrüche ein neues mathematisches Objekt eingeführt und keiner der Schüler die Frage gestellt hat, ob und inwiefern es sich bei diesen Periodenzahlen mit Komma um Dezimalbrüche handelt – in jener Bedeutung des Begriffs, welche den Schülern zu Beginn der Stunde noch einmal vor Augen geführt worden war – schafft sie es, die im Prinzip ziemlich bedrohliche Rätselhaftigkeit der neuen Erscheinung auf einfachste Weise zu bannen:

Lw: (...) Ab dem Moment, wo man merkt, dass sich das immer wiederholt, braucht man nicht weiter zu rechnen und man schreibt die erste Ziffer, die man als Wiederholungsziffer feststellt, hin und macht einen Querstrich darauf. Das muss man natürlich jetzt auch irgendwie lesen, und dieser Querstrich, den liest man als Periode. (3 sec) {Lachen von Schülern} Ja (3 sec) auch in der Mathematik gibt es so was. Aber das ist sicherlich einfach nur ein Wort für diese Wiederholung. Aber das ist ja auch da, wo ihr jetzt sagt, in der Biologie auch was, was sich regelmäßig wiederholt. Also wir lesen Null Komma und jetzt müssen wir erst sagen, was uns erwartet: Null Komma Periode drei. (.) Dann weiß jeder, das heißt: 0,3333333. (2 sec) Ein weiteres Beispiel: 2/11. <Lw schreibt „2/11" an die Tafel> (2 sec) Probier aus, ob 2/11 auch so Sachen macht. (57 sec) <Schüler rechnen, Lw geht herum und hilft Schülern> {Gemurmel}

Diese Erklärung der Lehrerin enthält neben der Simplifizierung des Begriffs Periode zwei Ungenauigkeiten. Die erste bezieht sich auf den Unterschied zwischen der im Tafelbild festgehaltenen Rechnung und ihrer Erklärung. Wenn man nämlich beim Berechnen des Quotienten zur Aufgabe *1 : 3* – so wie dem Tafelbild und dem Transkript zu entnehmen ist – drei Dreien als Ziffern erzeugt und diese im Prozess der erwarteten Entstehung einer geschlossenen Dezimalzahl auf die als einzige Ziffer vor dem Komma erscheinende Null folgen, so steht zunächst tatsächlich die Frage im Raum, wie lange denn das Verfahren in dieser Weise noch fortgesetzt werden soll. Computer werden dieses Verfahren in jenem Moment abbrechen, da ihr Arbeitsgedächtnis überfließt, also die nächste Ziffer nicht mehr gespeichert werden kann.

Der Unterschied zwischen einer Maschine und einem Menschen besteht aber gerade darin, dass sich dieser ohne Weiteres vorstellen kann, wie es weitergehen müsste, jene dagegen einfach aufhört zu rechnen. Der spezifische Unterschied liegt also in der Fähigkeit zur Reflexion. Voraussetzung dafür, dass das mechanische Rechenverfahren abgebrochen wird, ist dennoch – in natürlicher Analogie zum Speicherüberlauf der Rechenmaschine – eine Irritation. Sie könnte darin bestehen zu bemerken, dass das Verfahren gar nicht abbrechen kann, beispielsweise aus dem Erleben und Bewusstwerden der ständigen Wiederholung des immer Gleichen heraus. Eine solche Irritation, die im Unterschied zur Maschine den Beginn einer neuen Phase des Umgangs mit dem Gegenstand ermöglicht, führt notwendig in eine Krise der Prädikation.

Eine solche Krise war im bisherigen Verlauf der Unterrichtsstunde an jener Stelle greifbar, da die Lehrerin den an der Tafel arbeitenden Schüler SmU gefragt hatte: *Wie lange machst du das jetzt?* Der Schüler hatte daraufhin nach einem Husten und Räuspern im vollen Einklang mit der Regelhaftigkeit des Rechenverfahrens geantwortet: *Die ganze*

Zeit. Er war noch nicht irritiert, offenbar stand die Frage nach der Sinnhaftigkeit einer endlosen Fortsetzung dieser Praxis für ihn noch nicht. Möglicherweise deutete sein Räuspern bereits eine Ahnung dessen an, was sich mit Abstand als Erfahrung einer Begegnung mit der Unendlichkeit hätte beschreiben lassen.

Die Lehrerin hat nicht abgewartet, bis dieses Thema im Unterricht aufbricht. Ihre nicht am Problem der Sache, sondern an der Planung ihrer problemlosen Entfaltung im bemessenen Zeitrahmen orientierte Entgegnung: *Die ganze Zeit? Wollen wir den Rest der Stunde damit verbringen?* enthält mit der rhetorischen Frage implizit die Behauptung, ein Weiterrechnen sei sinnlos. Indem der Schüler diese Frage mit einem klaren *Nein* beantwortet, macht er lediglich deutlich, dass er diese Behauptung im Sinne eines Aussageinhalts versteht und als Lehrererwartung zu deuten vermag. Eine Erkenntnis in der Sache – etwa eine Analogie zwischen der Unendlichkeit der natürlichen Zahlen und dem Nichtabbrechen des Verfahrens – ist darin nicht enthalten.

Die erste Ungenauigkeit in obiger Lehreräußerung bezieht sich dann auf den Widerspruch der Aussage: *Ab dem Moment, wo man merkt, dass sich das immer wiederholt, braucht man nicht weiter zu rechnen und man schreibt die erste Ziffer, die man als Wiederholungsziffer feststellt, hin und macht einen Querstrich darauf* zur im Tafelbild tatsächlich vollzogenen Praxis. Selbst wenn es der Schüler SmU gewesen wäre, der die Erkenntnis formuliert, dass sich alles nur wiederholt, und nicht die Lehrerin, hätte er frühestens über die dritte Drei einen Strich machen dürfen. Im Tafelbild wird stattdessen so getan, als sei diese Erkenntnis schon bei der ersten Drei möglich gewesen. Worin aber besteht dann die Wiederholung innerhalb des Verfahrens? Es zeigt sich hier, dass die Lehrerin keinen Wert auf reale Erkenntnis legt. Syntax und Semantik klaffen auseinander.

Die zweite Ungenauigkeit besteht im inneren Widerspruch der Vorstellung, dass es im Rahmen der verfahrensgerechten Erzeugung der periodischen Kommazahl *0,333...* unendlich so weitergehen muss, zur abschließenden Behauptung *Dann weiß jeder, das heißt: 0,3333333.* Indem Lw lediglich aufhört zu sprechen, erweckt sie mit ihrer Rede den Eindruck, die periodische Kommazahl würde doch nach der siebten Drei abbrechen. Sie geht so formal vor wie ein Computer. Was angeblich jeder weiß, ist aber gerade nicht das im mathematischen Sinne gültige.

Beide Ungenauigkeiten zusammengenommen verweisen auf den oben bereits benannten Unterschied zwischen der aufgezeigten Sinnstruktur des Unterrichts und jener elementaren Logik des Denkens, die die Mathematik als eigensinnig tradierte Praxis seit Jahrtausenden trägt und diese bis auf den heutigen Tag stets neue, aber immer konsistente

Mikrokontexte hervorbringen lässt.

Die Lehrerin dagegen hat es darauf angelegt, von ihren Schülern immer neue Kommazahlen hervorbringen zu lassen. Ob es sich um Dezimalbrüche handelt, ist nun nicht mehr thematisch. Die zu Beginn formulierte Frage wird ersetzt durch eine Formulierung, die eher Distanz zum Thema ausdrückt: *Ein weiteres Beispiel: 2/11.* <Lw *schreibt „2/11"* an die Tafel> *(2 sec) Probier aus, ob 2/11 auch so Sachen macht.* Was konkret das für Sachen sind, scheint – wie in vormoderner Zeit der Fakt von Regelblutungen – einem Tabu zu unterliegen.

Dennoch lässt sich im Rahmen solch einer Praxis des mechanischen Umgangs mit Bruchzahlen das eigenlogische Denken nicht gänzlich ausschalten. Beim dritten Beispiel der Erzeugung einer periodischen Kommazahl aus einem gewöhnlichen Bruch kommt es nämlich zu einer neuen Störung im geplanten Stundenablauf:

Lw: (...) Einer noch: 5/7. <Lw schreibt „5/7" an die Tafel> (5 sec)
SmP: Immer wenn es eine Primzahl ist, oder?
Lw: Gucken wir später, ja? Mach noch ein paar Beispiele. SmP, gut, du überlegst schon warum das manchmal so oder so ist.
(12 sec) <Schüler rechnen, Lw geht herum>
Lw: Nicht aufgeben, immer weiterrechnen. (40 sec) Nicht nachlassen, immer weiter.
{Lachen von Schülern}
(25 sec) <Schüler rechnen>
SmN: Ich habs.
(30 sec) {Gemurmel}

Den Schüler SmP scheint das Mechanische seines Tuns nicht zufrieden zu stellen – er stellt, statt einfach loszurechnen, spontan eine Frage: *Immer wenn es eine Primzahl ist, oder?* Diese Frage nimmt induktiv auf die bis hierher zu Tage getretene Tatsache Bezug, dass gewöhnliche Brüche beim Versuch, sie in Dezimalbrüche umzuformen, offenbar verschiedenes Verhalten zeigen: bei zwei Fünfteln, sieben Achteln und sieben Sechzehnteln ist das möglich; bei einem Drittel und zwei Elfteln dagegen entstehen neue Objekte.

Der Schüler nimmt mit seiner Frage eine Verallgemeinerung dahingehend vor, dass er die Ergebnisse der letzten beiden Aufgaben nicht im Sinne von Ausnahmen von der zu Beginn des Unterrichts wie selbstverständlich zu Grunde gelegten Regel deutet, alle gewöhnlichen Brüche könnten zu Dezimalbrüchen werden, wenn man nur ein ganz bestimmtes Verfahren anwendet. Im Kontrast zur Lehrerdarstellung, dass die Brüche ein Drittel und zwei Elftel im Unterschied zur Masse der gewöhnlichen Brüche auf dem Weg zur Dezimalbruchform *so Sachen* tun, die eigentlich nicht normal sind, vermutet SmP, diese Erscheinungen seien möglicherweise viel wahrscheinlicher als der bisherige Unterrichtsverlauf nahe legt. Er stellt spontan die These auf, dass in allen jenen Fällen, da *es eine Primzahl ist*, mit *so Sachen* gerechnet werden müsse. Einem Beobachter, der sowohl um die Spezifik von Primzahlen als auch um ihre Unendlichkeit weiß, wird auf diese Weise mitgeteilt, dass von einer Ausnahme keine Rede sein kann. Zugleich wird die Spezifik des mathematischen Gegenstands *Primzahl*, um den sich auch heute noch zahlreiche ungeklärte Fragen drehen, mit der diffusen Rätselhaftigkeit von *so Sachen* assoziativ kurzgeschlossen. Der Schüler artikuliert sich spontan als Forscher.

Die Lehrerin ist von dieser Art Intuition irritiert. Ihre Erwartung geht in die Richtung, dass die Schüler – statt sich selbst Fragen zu stellen und öffentlich nachzudenken – eher blind für sachimmanente Probleme bleiben und deshalb rechnen wie Computer. Sie scheint aber zu spüren, dass sich SmP damit nicht zufrieden geben würde.

Deshalb nimmt sie im Unterricht nun eine Differenzierung vor und stellt dem einzelnen Schüler die Aufgabe, seiner eigenen Frage nachzugehen. Die Masse der anderen Schüler dagegen rechnet weiter und wird von ihr in dieser Praxis noch mehrmals bestärkt: *Nicht aufgeben, immer weiterrechnen. (40 sec) Nicht nachlassen, immer weiter.* Das Lachen von Schülern in diesem Zusammenhang deutet darauf hin, dass einige von ihnen die unfreiwillige Komik dieser Situation sehr wohl erkennen: Ein einzelnes Genie darf selbstverantwortlich nachdenken, alle anderen befinden sich als Zugtiere im Joch eines Rechenunterrichts.

Die Erkenntnis des Schülers SmN, dass auch aus fünf Siebteln eine periodische Kommazahl entsteht – genau wie SmP es vermutet hatte – artikuliert sich mit dem Stolz eines Menschen, der eine Hürde genommen hat: *Ich habs.* Indem er ausdrückt, er hätte das Ergebnis als erster gefunden, sagt er: Ich bin der schnellste Rechner. Außerdem ist er erleichtert darüber, dass das vorher modifizierte Verfahren nun tatsächlich abbricht und zu einem Ergebnis führt. Ihm scheint dies zu genügen. Die Frage, ob es denn vorkommen könne, dass auch dieses modifizierte Verfahren – bei ganz bestimmten Brüchen – endlos fortgesetzt werden muss, stellt er nicht. Die neuen Objekte vermögen es mit ihrer Neuheit nicht, seine Phantasie zu einer Frage nach den Bedingungen ihrer Möglichkeit herauszufordern. Im Sinne dieses Befunds handelt es sich bei dem analysierten Unterricht um eine soziale Veranstaltung, in deren Rahmen die Masse der Schüler zu einem unkritischen Vertrauen in formale Verfahren und deren Ergebnisse in Gestalt numerischer Artefakte erzogen wird.

Diese Sinnstruktur – dass es auf fraglose Weise so ist, wie es ist –

wird von der Lehrerin anschließend kraft der Autorität ihrer Rolle zur gewollten und aus ihrer Sicht offenbar auch wünschenswerten Realität erhoben:

Lw: Und wenn man gar nicht aufgibt und immer weiterrechnet, (2 sec) dann stellt man aber doch irgendwann was fest... (5 sec) Kaum hat man noch daran geglaubt. (4 sec) Die ersten haben schon befürchtet, sie rechnen jetzt bis heute Nachmittag da dran weiter, aber SmA was hast du raus gekriegt?
SmA: Null Komma Periode sieben eins vier zwei acht fünf sieben.
SmP: Ja, genau. (10 sec) <Lw schreibt „Null Komma Periode sieben eins vier zwei acht fünf" an die Tafel>

Nun wirkt die Lehrerin erzieherisch: Mögliche Zweifel am Sinn des Dauerrechnens seien aktiv zu unterdrücken. Einem Schüler, der dieser Erwartung nachkommt, wird dafür versprochen, dass er – gleichsam als Belohnung – irgendwann doch feststellen wird: das modifizierte Rechenverfahren bricht ab.

Dies kann die Lehrerin in sachlicher Hinsicht nur versprechen, weil sie über das exklusive mathematische Wissen verfügt, dass unendliche Dezimalzahlen mit Komma, aber ohne Periode sich umgekehrt nicht in Bruchzahlen umformen lassen – das ist das Wissen um die Dezimaldarstellungen irrationaler Zahlen. Ob sie weiß, wie sich eine solche Umformung für unendliche Dezimalbrüche mit Periode bewerkstelligen lässt, ist aus dem vorliegenden Kontext nicht ersichtlich. Klar ist lediglich, dass ohne ein solches Wissen in sachlicher Hinsicht gar nicht die Rede von unendlichen bzw. nichtabbrechenden periodischen Dezimalbrüchen sein dürfte. Die Gleichheit zweier quantitativer Objekte beinhaltet nämlich gerade die Gültigkeit der doppelten Behauptung, dass sich einerseits das eine Objekt ohne Änderung seiner Größe – also seines Zahlenwertes – syntaktisch formal in das andere Objekt transformieren lässt und andererseits umgekehrt auch das andere Objekt wieder zurück in das eine. In der Reversibilität solcher formaler Operationen als einer grundlegenden Struktureigenschaft des Gegenstandes wie auch einer Fähigkeit des formalen Denkens liegt überhaupt erst die Möglichkeit mathematisch-konstruktiver Begriffsbildung begründet.

Außer dem Schüler SmN sind offenbar auch die Schüler SmA und SmP mittels des Verfahrens zu einem Ergebnis gelangt. Die Antwort von SmA auf die Frage nach diesem Ergebnis ist jedoch ungenau, genau genommen ist sie falsch: Nimmt man die zuvor eingeführte Konvention bezüglich der Sprechweise nämlich ernst, so müsste die zuletzt genannte Sieben auch zur Periode gehören. Dann hätte er eine Periode errechnet, die mit sieben beginnt und mit sieben endet. Erst danach ginge es wieder von vorn los, mit der Sieben am Anfang einer neuen Periode. So wie sich SmA ausgedrückt hat, würden also zwei Siebenen aufeinander folgen. SmP, der das Ergebnis spontan als richtig bestätigt, hat diese Feinheit nicht bemerkt. Die Lehrerin dagegen schreibt einfach an die Tafel, was herauskommen muss, und hat die Ungenauigkeit entweder nicht bemerkt oder bewusst ignoriert. Wieder fallen Syntax und Semantik auseinander. Mögliche Irritationen sollen nicht in den Blick kommen.

Ob diese Sinnstruktur der Lehrerin selbst bewusst ist, führt auf die Frage, auf welchem Wege sie zur von ihr zu vertretenden Fachperspektive auf den Gegenstand gekommen ist. Hätte sie selbst den Gegenstand nur durch Vorführung und Nachahmung gelernt, so wäre ihre Art des Zeigens lediglich eine Reproduktion der latenten Sinnstruktur entsprechender Praxis des Lehrens und Lernens (von Mathematik). Falls nicht, müsste es eine andere Strukturbestimmung für die sichtbar gewordene Besonderheit ihres didaktischen und erzieherischen Handelns geben. Bis hierher ist zumindest festzustellen, dass ein pragmatisches Verstehen des Unterrichtsgegenstands an der Oberflächlichkeit des Zeigens und Problematisierens vor dem Hintergrund einer klaren Differenz von Rechnen als Teil der Oberflächenstruktur und logischer Durchdringung als Suche nach der Tiefenstruktur epistemischer Bestimmungen im Rahmen der Mathematik als einer Praxis konsistenzerzeugender Begriffsarbeit scheitert.

Sie fährt mit einer Erklärung dessen fort, was das Verfahren bei formal-richtiger Anwendung produzieren würde, und versucht auf diese Weise, das bisherige Verständnis des Gegenstandes im Rahmen der Lerngruppe zu konsolidieren. Freilich ist dieses Verständnis nur ein oberflächliches. Anschließend kommt sie aber von selbst auf die von SmP geäußerte Vermutung zurück:

Lw: (...) Der SmP hat gesagt vorhin, wenn ich das richtig gehört habe: aha, periodische Brüche bekomme ich immer, wenn es eine Primzahl ist. Und jetzt haben wir weiter gedacht, nicht, die 5 funktioniert schon mal nicht. (.) Also kann diese Aussage...
SmO: Falsch.
Lw: nicht...
SmP: Aber ich habe, aber ich habe selbst korrigiert.
Lw: Richtig, du hast selbst darüber nachgedacht. Und, ähm, ich könnte dir auch ein Gegenbeispiel liefern, probier du mal, während die anderen schon was anderes machen, 1/9.
SmP: Oh, 1/9.
SmO: Ja wir nicht.
(6 sec) {Gemurmel}

Nun bringt die Lehrerin zum Ausdruck, dass die spontane Vermutung des Schülers sachlich nicht zutrifft. Das nimmt ein anderer – jener Schüler SmO, der zu Beginn des Unterrichts als erster zum Thema *Wie werden Brüche Dezimalbrüche?* befragt worden war – zum Anlass, eine soziale Verwicklung zu erzeugen. So wie sich unmittelbar zuvor SmP mit seinem Kommentar *Ja, genau* in die Rolle eines Sachverständigen und im Kontext von Unterricht damit in die Lehrerrolle begeben hat, so interveniert nun SmO, indem er – die Lehrerin einfach unterbrechend – die Vermutung des SmP als falsch bezeichnet.

Die in diesem Einspruch enthaltene Drastik scheint SmO sehr zu gefallen. So wie es in der Mathematik als Kategorien zur Beurteilung von Sachaussagen nur richtig und falsch gibt – eine Grundlage, die auch bei der Bewertung von Klassenarbeiten im Detail den Maßstab abgibt, so wenig kümmert ihn, ob die von SmP geäußerte Intuition bezüglich der Sache Ausdruck von Originalität im Denken ist oder nicht. Offenbar hat sich SmO darüber geärgert, dass SmP im Unterricht zwischenzeitlich eine Freiheit eingeräumt worden war, von der die Klasse im Ganzen nur träumen kann.

Die von SmO zum Ausdruck gebrachte Drastik wird von SmP verstanden, denn er sieht sich genötigt, die Autonomie seines Denkens zu verteidigen, indem er darauf beharrt, dass Vermutungen nur Vermutungen sind und dass er im Prozess der Überprüfung seiner Vermutung im Rahmen des ihm durch Lw zugestandenen sozialen Freiraums selbständig zu der Einsicht gelangt sei, die Vermutung könne nicht stimmen. Es ist gut möglich, dass sich SmO deshalb so über den Fakt dieses Freiraums geärgert hat, weil er selbst in Erinnerung an das von ihm verantwortete erste Beispiel zwei Fünftel unmittelbar nach dem Äußern der Vermutung durch SmP gewusst hat, dass die Vermutung nicht stimmen kann. Was von der Lehrerin also besonders goutiert wird – der Anspruch eigenständigen Denkens, wäre dann in seinen Augen lediglich ein Ausdruck von Inkompetenz in der Sache.

Dieser Fakt muss auf SmO um so verärgernder wirken, je klarer ihm der Widerspruch zwischen der offiziellen Ebene des von der Lehrerin verantworteten Unterrichtsgesprächs und jener Bedeutungsebene vor Augen steht, die er selbst dominiert haben würde, wenn im Rahmen einer sozial-symmetrischen Gesprächskonstellation der freie Austausch von Argumenten Grundlage für Erklärungen, Vermutungen und Klärungen in der Sache gewesen wäre. So aber ist er durch den Fakt eines gedanklichen Minidialogs zwischen Lw und SmP allein dadurch von einer Gesprächsteilnahme ausgeschlossen, dass er sich (zunächst) an die im Unterricht geltenden Regeln der Gesprächsführung hält.

Indem das zuvor eher spontan aufgetauchte Spezialthema aber erneut – und zwar nun durch die Lehrerin – angesprochen wird, sieht er sich von seiner einstigen regelkonformen Zurückhaltung entbunden. Er provoziert seinen Mitschüler, ihm in impliziter Weise Inkompetenz unterstellend. Er scheint es zu genießen, dass der ihm selbst bereits seit einigen Minuten vertraute Fakt der Falschheit von SmP's Vermutung jetzt offengelegt wird. Möglicherweise sagt er sich: Wenn ich diesem SmP die Wahrheit gesagt hätte, wäre sie in seinem Kopf schon deshalb nicht angekommen, weil ich sie gesagt hätte. Insofern könnte die zusammen mit dem Erstaunen des SmP als Reaktion auf die öffentliche Korrektur seiner vorherigen Aussage aufscheinende Beschämung für SmO eine späte Genugtuung sein.

Eine solche Genugtuung wäre gespeist von der als Widerspruch zwischen den Möglichkeiten eines gelenkten Unterrichtsgesprächs und denen einer freien Sachdiskussion wahrgenommenen Verärgerung über die Oberflächlichkeit der schulischen Behandlung des Gegenstandes. Insofern kann das demonstrative Bekenntnis des SmO zur Gruppe, deren Aufgabe in diesem Unterricht einzig im automatisierten Rechnen besteht, als Verweigerung der Teilnahme am Unterrichtsgespräch gemäß seinen realen Möglichkeiten – also im Sinne eines Protests gegen die in seinen Augen doppelte Ungerechtigkeit, die in der Bevorzugung eines Einzelnen und der gleichzeitigen Niveaulosigkeit der Gesamtveranstaltung besteht – gedeutet werden.

Der Schüler SmO scheint vom Unterricht an dieser Stelle nicht mehr viel zu erwarten. Dennoch bleibt sein Einspruch im Sinne konkreten Protests eher latent. Das Vertrauen in die Sinnhaftigkeit des Geschehens im Ganzen ist offenbar so groß, dass eine Verweigerung der Teilnahme insgesamt nicht anzustehen scheint.

Lw: So, und die anderen: 5/6. <Lw schreibt „5/6" an die Tafel> Aber das ist ja auch keine Primzahl.
SmP: (unverständlich)
Lw: Ja, ist auch schon gleich, ne. (.) Also eine ungerade Zahl, eine ungerade Zahl ist eine Primzahl auch nicht unbedingt, also da müssen wir noch mal gleich mal gucken wie das zusammenhängt. Das kriegen wir aber gleich raus. (.) So, jetzt haben wir 5/6.
SmS: Sollen wir das auch rechnen?

Die Lehrerin ist durch den von SmP eingebrachten und sich von ihrem vorgefassten Plan unterscheidenden Strang an Fragestellungen und möglichen Antworten so aus dem Konzept gebracht, dass sie klar vernehmbar ihre eigene Verwirrung äußert: *Ja, ist auch schon gleich, ne*. Ihr muss aufgefallen sein, dass die vorher gestellte Sonderaufgabe für SmP

– ein Neuntel in eine Dezimalzahl umzuformen – im Rahmen einer logischen Klärung der Fragestellung gegenüber der Aufgabe für alle – fünf Sechstel umzuformen – nichts Neues bringt. Sie gesteht damit indirekt ein, dass ihr Versuch, auf die spontane Frage des Schülers spontan eine sachgerechte Antwort anzuregen, zunächst gescheitert ist. Zwar hat sie in dieser Klasse einen Schüler, der sich für den Gegenstand mehr zu interessieren scheint als die übrigen, sie selbst ist jedoch nicht in der Lage, dieses Interesse auf der Grundlage einer differenzierteren Vorstellung vom Problem tatsächlich mit der Sache zu verwickeln, so wie sie es mit der Sonderaufgabe für SmP versucht hatte. Stattdessen fährt sie fort, den Unterricht als Folge von Rechenaufgaben nach einem vorgefassten Plan zu inszenieren. Sie bearbeitet damit möglicherweise ihre eigene unbewusste Angst vor den logischen Abgründen des Themas. Der Bildungsgehalt der Sache kommt nicht zum Zuge.

Somit kann die anschließende Frage des SmS *Sollen wir das auch rechnen?* nur dahingehend gedeutet werden, dass er – jenseits der gerade stattgefundenen Minidiskussion unter Spezialisten – nicht einmal eine Vorstellung davon hat, um welche inhaltliche Frage der offizielle Unterricht gerade kreist. In der Masse der bloß mechanisch rechnenden Schüler wird damit neben dem moderat protestierenden, eher unterforderten SmO eine andere Stimme vernehmbar: SmS hat sich zwar bisher strikt an die von der Lehrerin erteilten Anweisungen gehalten, ein Verständnis für den Sinn seines eigenen Tuns und damit für die Sache hat er auf diesem Wege aber nicht gewinnen können. Das aber bedeutet, dass sowohl der Anspruch kategorialen Lernens als auch das Ziel einer Erziehung zur Mündigkeit – auf dem Wege einer Ausbildung der Fähigkeit zur kritischen Urteilsbildung – zumindest für diesen Schüler bisher gescheitert sind.

Wie es um die anderen Individuen innerhalb der rechnenden Schülermasse bestellt ist, lässt sich hier nur abschätzen. Er gibt aber keinen wirklichen Grund für die Annahme, dass es ihnen wesentlich anders gehen könnte als jenem SmS, der den Fakt seines Abgehängtseins vom in der Sache zu vollziehenden Gedankengang und eine damit zusammenhängende subjektive Negation von material bestimmter Gegenständlichkeit gerade deutlich zum Ausdruck gebracht hat. Würde dies im Unterricht öfter vorkommen, müsste mit einer langfristig gestörten Beziehung zum Gegenstandsbereich der Mathematik gerechnet werden.

Die Lehrerin scheint solche Schwierigkeiten wohl zu kennen, denn die nun folgenden Interaktionen sind auf die Klärung jener Probleme ausgerichtet, die oben bereits als Widersprüche und Ungenauigkeiten benannt worden sind. Sie arbeitet auf diese Weise am operatorischen Mindestniveau der Schüler, das darin besteht, beim selbst vollzogenen

Rechnen tatsächlich die Wiederholung des Gleichen zu bemerken und das Ergebnis als periodische Kommazahl darzustellen.

Immer noch steht aber das von SmP aufgeworfene Problem, konkrete Bedingungen für das Entstehen der neuen Objekte anzugeben, im öffentlichen Raum. Diese Denklinie wird von Lw in folgender Weise weiter verfolgt:

Lw: (...) Und ein letztes Beispiel und dann denken wir mal in ähm SmP's Richtung weiter: warum ist das manchmal so und manchmal so? (..) 9/55
<Lw schreibt „9/55" an die Tafel>
SmO: Oha.
Lw: Oha.
(11 sec) <Schüler rechnen, Lw geht herum>

Die Lehrerin erklärt nun endgültig die von SmP in den Unterricht eingebrachte Denkmöglichkeit zur offiziellen Sichtweise. Bevor das öffentliche Denken aber *mal in ähm SmP's Richtung weiter* gehen könne, soll noch *ein letztes Beispiel* gerechnet werden. Damit wird indirekt versprochen, dass dieses Beispiel für den Gang des Denkens neue Facetten des Problems liefern wird. An der Reaktion von SmO wird zweierlei deutlich: Einerseits versteht er diese Botschaft und ist damit in sozialer Hinsicht für den Unterricht zurückgewonnen, und andererseits interessiert ihn die Sache tatsächlich. Beide Aspekte zusammen genommen bestätigen zweifelsfrei, dass seine vorherige Weigerung, am Unterrichtsgespräch auf problemorientierte Weise teilzunehmen, im Kern tatsächlich eine Botschaft an die Lehrerin enthielten.

Indem die Lehrerin mit ihrer Entgegnung den eben noch aufmüpfigen Schüler SmO imitiert, bringt sie zum Ausdruck, dass nun sowohl der Protest beendet ist als auch eventuell verbleibende Gründe dafür nicht bestehen: Bis auf die spontane Vermutung von SmP wäre demzufolge alles nach Plan gelaufen, und das sei gut so. SmO ist damit offenbar zufrieden.

Dennoch entsteht bei einem Beobachter die Frage nach sachlichen Gründen für dieses Ansinnen der Lehrerin. Und in dieser Hinsicht zeigt sich, dass bis auf den vorgefassten Plan der Lehrerin keinerlei sachliche Gründe bestehen, eine Betrachtung der von SmP artikulierten Frage aufzuschieben: Auch das letzte Beispiel wird diese Frage vor dem Hintergrund des im bisherigen Unterricht verdrängten Sachproblems nicht beantworten können. Es ging der Lehrerin mit ihrer Entgegnung auf SmO also lediglich um eine Klärung auf sozialer Ebene – möglicherweise um Erziehung.

Rückblickend lässt sich der Zwischenfall dann folgendermaßen beschreiben: Der vom Schüler wahrgenommene Widerspruch zwischen seinem eigenen Anspruch auf Verstehen in der Sache und der sozialen Ausgestaltung des Unterrichts durch die Lehrerin wird von dieser nicht als Einforderung eines Bildungsgehalts interpretiert, sondern lediglich als Bedrohung der sozialen Veranstaltung wahrgenommen. Diese Bedrohung ist zunächst abgewendet. Dennoch bleibt die Lage aufgrund der Tatsache, dass die Frage des SmP noch ungeklärt im Raum steht, angespannt. Deshalb soll die Quelle des abgewehrten Protests – jener nun beruhigte SmO – wenig später aktiv ins Unterrichtsgespräch einbezogen werden:

Lw: (...) SmO, was hast du denn raus gekriegt?
SmO: Ähm, Null Komma ähm eins Periode sechs drei.
SmP: Hab ich doch gesagt, Lw.
Lw: eins Periode sechs drei. Das heißt 6 3 6 3.
<Lw schreibt dabei „Null Komma eins Periode sechs drei" an die Tafel>
(2 sec)
Lw: Da habe ich (gar / da) nicht richtig geguckt wahrscheinlich bei dir.
(2 sec) {Lachen}

Nun ist es der vormals durch die Lehrerin mit einer Möglichkeit zur Autonomie ausgestattete Schüler SmP, der sich in den entstehenden Minidialog zwischen Lw und SmO einschaltet. Sein Einspruch wirkt an dieser Stelle infantil. Ohne die substanzielle Ebene eines Sachproblems muss die verdeckte Auseinandersetzung zwischen SmO und SmP lediglich wie eine Streitsituation unter Geschwistern erscheinen – ein Konkurrieren um mütterliche Zuwendung.

Entsprechend subtil in sozialer Hinsicht erscheint auch die Reaktion der Lehrerin auf den Einspruch. Weder zerstört Lw die entstandene Beziehung zwischen sich und SmP und hält damit die im ersten Minidialog konstituierte Ebene scheinbaren gemeinsamen Nachdenkens über das Problem aufrecht, noch spricht sie den ehemals protestierenden SmO daraufhin an, was er denn über die von SmP aufgeworfene Frage denke, die nun als offizielle Sichtweise den aktuellen Gegenstand des Unterrichts abgibt. Auf diese Weise gelingt es ihr, die Expertenrolle des Lehrers auch gegen den Fakt aufrecht zu erhalten, dass sie kurz vorher mit der eigenen Verwirrung indirekt ein Scheitern in der Sache eingestanden hat.

Die in ihrer Reaktion auf die Beziehungsforderung von SmP ausgedrückte Ironie – seht her, so geht man mit einem Superschlauen um, wenn man allzu sehr bedrängt ist – wird von einem Teil der anderen Schüler durchaus verstanden, wie das Lachen anzeigt. Die Lehrerin hat ihre zwischenzeitlich bedrohte Autorität wieder hergestellt. Doch nun wird von ihr als Lehrerin erwartet, dass sie wie angekündigt das Geheimnis um SmP's Frage lüftet. Diese im sozialen Rahmen des Unterrichts allgemein erwartete Problemaufklärung hat folgende Ausdrucksgestalt:

Lw: Wenn wir jetzt die vier Fälle, die wir durchgespielt haben, noch mal angucken, dann erkennen wir glaube ich ganz deutlich (.) eins, zwei, drei Gruppen. Was für drei Gruppen können wir unterscheiden? (4 sec) Die ersten Brüche, die wir durch Division umgewandelt haben, haben zu welchem Ergebnis geführt? (3 sec) Gott sei dank, kann ich da nur sagen.
SmN: Zu ganz normalem.
Lw: Die ... was heißt für dich normal, SmN?
SmN: Ja kein, keine Periode.
Lw: Also irgendwann waren wir mal fertig. Konnte man den Stift weglegen. Wir nennen diese Dezimalbrüche abbrechend.
(6 sec) <Lw schreibt „abbrechende Dezimalbrüche" an die Tafel>

Die Lehrerin resümiert nun aus ihrer Sicht das gesamte bisherige Geschehen seit Beginn der Unterrichtsstunde. Die an verschiedenen Stellen aufgebrochenen Widersprüche zwischen dieser Sicht und anderen möglichen Sichtweisen auf den Gegenstand – in vorliegendem Unterricht den Schülersichten von SmE, SmP, SmO und SmS – wurden bereits aufgezeigt. Während die rekonstruierte mögliche Sicht von SmE mit seiner in Form eines Prädikationsproblems nicht zur Sprache gekommenen Verständnisfrage direkt zum Kern des Sachproblems geführt hätte – ob nämlich alle gewöhnlichen Brüche zu Dezimalbrüchen werden können, betreffen die anderen von der Lehrersicht abweichenden Schülersichten (SmP, SmO und SmS) eher die prinzipielle Frage nach dem Sinn der auf dem zweiten Weg möglicher Umformung von gewöhnlichen Brüchen in Kommazahlen konstituierten Praxis von Denken oder Rechnen.

Für die Lehrerin als planende und diesen Plan ausführende Instanz steht eher das Sequenzierungsproblem im Raum: Was kommt zuerst, was kommt danach, wie wird der Übergang gestaltet? Deshalb ist die von SmS eingebrachte Sichtweise der Ahnungslosigkeit in Bezug auf den Gegenstand die adäquate, zur Lehrersicht passende Lesart des Geschehens aus Schülersicht. Dies freilich nicht in jener als direkte Entsprechung gedachten Weise der Übereinstimmung, wie sie im Rahmen des Sender-Empfänger-Modells für menschliche Kommunikation bereits oft als Lehr-Lern-Kurzschluss kritisiert worden ist, sondern auf komplementäre Art: Indem die Lehrerin ihre eigenen Lesarten als auf selbstverständliche Weise gültige Deutungen in die Gestaltung des sozialen Geschehens einbringt, macht sie genau diese Sicht zur Grundlage der Bewertung des Gegenwärtigen und Antizipation des Kommenden. Ein Schüler wie SmS, der den Sachzusammenhang des Geschehens nicht in so differenzierter Weise versteht wie SmP oder SmO, ist deshalb genötigt, ganz auf eine eigene Problemsicht zu verzichten, wenn er merkt, dass sich diese Sicht logisch nicht mit der Lehrersicht vereinbaren lässt. Diese Schülerreaktion ist selbst zutiefst pragmatisch: Ein Gesprächsteilnehmer, der im Rahmen einer Diskussion nicht versteht, was ihm sein Gegenüber in sachlicher Hinsicht mitteilt, wird sich zunächst mit einer Nachfrage bezüglich des als unverstanden Wahrgenommenen vergewissern. In dem Augenblick, da er vom Gesprächspartner aber in sozialer Hinsicht die Botschaft erhält, dass die Sachfrage hinreichend geklärt sei, hat er eine Entscheidung zu treffen – entweder bringt er durch Festhalten am Thema eine abweichende Sicht zum Ausdruck und zeigt sich damit als Person, oder er schweigt im Sinne eines Ausdrucks von Höflichkeit und denkt sich, was auch unwillkürlich bzw. vorbewusst möglich ist, seinen Teil. In letzterem Fall wird vor dem Hintergrund der Voraussetzung, dass soziales Geschehen prinzipiell als sinnvoll aufgefasst wird, die Frage nach der Attribution der Ursache für das Nichtverstehen virulent: Liegt sie beim Gesprächspartner oder beim nicht verstehenden Interpreten? Im vorliegenden Kontext des Schülers SmS besteht die Komplementarität deshalb darin, dass einer unterstellten Autorität der Lehrerrolle eine interne Negation hinsichtlich der eigenen Sachkompetenz des Schülers entspricht.

Eine solche Attribution ist als stets kontingente aber auch anders möglich. Diese Möglichkeit ist an ein pragmatisches Minimum an Selbstvertrauen und Unterstellung eigener Sachkompetenz – zumindest was die kritische Beurteilung fremder Behauptungen betrifft – gebunden. Im Kontext der vorliegenden Unterrichtsstunde wird diese Möglichkeit durch den Schüler SmO repräsentiert. Sein bisher aus der Logik des Unterrichtsverlaufs heraus rekonstruiertes Verhalten zeigte die Bedrohung auf, welcher die Person der Lehrerin und damit die ihr pragmatisch zunächst unterstellte Autorität eines Experten ausgesetzt ist, sobald Zweifel an der Sachhaltigkeit dieses Expertentums aufkommen. Eine solche Interpretation vermag zu erklären, warum die Lehrerin in sozialer Hinsicht so subtil auf den verdeckten Streit zwischen SmO und SmP reagiert hat: Da es sich offensichtlich um zwei Schüler mit hohem Selbstvertrauen und altersbezogen überdurchschnittlicher mathematischer Sachkompetenz handelt, stand für sie viel auf dem Spiel. Dann hätte sie mit sozialer Kompetenz kompensiert, was ihr an Sachkompetenz – gemessen am Bildungsanspruch der beiden Schüler – in der Situation gefehlt hat.

Deshalb ist nun die Frage, wie die Lehrerin mit dem von SmP aufgeworfenen Problem konkret umgeht, von besonderem Interesse. Auf welche Weise gelingt es ihr, den bereits deutlich gewordenen Widerspruch zwischen der Tiefenstruktur des Gegenstandes und seiner Darstellung an der sprachlich-kommunikativen Oberfläche des Unterrichtsgeschehens so zu integrieren, dass für keinen der Schüler bzw. für die Lerngruppe im Ganzen der in Erscheinung getretene, unter den vorliegenden Bedingungen jedoch nicht einzulösende Bildungsanspruch an den empirisch zu beobachtenden Unterricht diesen sprengt?

Indem die Lehrerin von *vier Fällen* spricht, *die wir durchgespielt haben*, verleiht sie dem Unterrichtsverlauf nachträglich den Anschein einer in ihm waltenden Systematik. Zugleich nimmt sie eine Neubewertung der vielen Schülern ganz sicher als stupide erscheinenden Rechnerei vor, indem sie dem Geschehen ein spielerisches Moment zuschreibt. Tatsächlich aber kann von solch einem Moment nur für einen einzigen Schüler – nämlich SmP – und mit Einschränkungen vielleicht auch für seinen Diskussionsgegner SmO die Rede sein. Allen anderen Schülern wird hier die formale Automatisierung von Rechenfertigkeiten als etwas verkauft, was es nicht ist: Spiel mit Zahlen. Um tatsächlich Spiel sein zu können, hätte die Beschäftigung mit gemeinen Brüchen zwecks ihrer Umformung zu Kommazahlen, die Dezimalbrüche repräsentieren sollen, aber eines konkreten pragmatischen Kontexts bedurft. Wie bereits am Beispiel des Schülers SmS aufgezeigt wurde, kann davon aber keine Rede sein. Das einzige spielerische Moment mag für Schüler wie SmS im Genuss der möglicherweise nicht bewusst vollzogenen Beobachtung bestanden haben, wie es Lw in sozialer Hinsicht gelungen ist, sich sowohl gegen SmP als auch gegen SmO zu behaupten.

Mit ihrer Rede von vier Fällen nimmt die Lehrerin direkt Bezug auf das Tafelbild. Unter den ersten Fall subsumiert sie offensichtlich die Brüche zwei Fünftel und sieben Achtel, die beide auf dem Wege des Erweiterns in Dezimalbrüche umgeformt worden sind. Den zweiten Fall scheinen für sie die Brüche sieben Sechzehntel und einundzwanzig Vierzigstel zu bilden: Auch diese Brüche könnten zwar prinzipiell durch Erweitern in eine Dezimaldarstellung umgewandelt werden, im Unterricht wurde jedoch ein anderes Verfahren praktiziert – das schriftliche Verfahren der Division zweier natürlicher Zahlen zur Erzeugung einer Dezimalzahl mit Komma. Alle anderen betrachteten Brüche führten im Prozess der Anwendung eines modifizierten Divisionsverfahrens auf neue Objekte: unendliche Dezimalzahlreihen mit Komma und Periode. Inwieweit es sich bei diesen Objekten überhaupt um Zahlen handelt, wurde im Unterricht nicht geklärt.

Mit ihrer Differenzierung zweier weiterer Fälle nimmt die Lehrerin gedanklich vorweg, was im Lehrbuch (Mathematik 6. Braunschweig: Westermann 1998, S. 125) bereits abgedruckt ist. Dort wird über die erste Differenzierung zwischen abbrechenden und periodischen Dezimalbrüchen hinaus innerhalb der Klasse der periodischen Dezimalbrüche terminologisch weiter differenziert: Es werden reinperiodische Dezimalbrüche, bei denen die Periode sofort nach dem Komma beginnt, von gemischtperiodischen Dezimalbrüchen unterschieden, bei denen eben das nicht der Fall ist.

Diese Unterscheidung hat mathematisch gesehen nur unter der Voraussetzung einen Sinn, dass klar ist, inwieweit es sich bei unendlichen Dezimalzahlreihen mit Komma und Periode tatsächlich um Dezimalbrüche handelt. Dezimalbrüche haben als eine ganz spezielle Klasse gewöhnlicher Brüche all jene Eigenschaften und Kontexte, die für Bruchzahlen charakteristisch sind – Größe, Ordnung sowie arithmetische Verknüpfbarkeit untereinander. In der Hinsicht logisch-pragmatischen Verstehens knüpfen diese Bruchzahlen darüber hinaus an die früher erworbenen Vorstellungen zu natürlichen Zahlen und entsprechende Grundbedeutungen des Quantitativen an.

Wenn die Lehrerin also im analysierten Unterricht wie selbstverständlich davon ausgeht, dass die neuen Objekte auf ebensolche Weise Dezimalbrüche seien wie die bereits bekannten endlichen Kommazahlen, negiert sie damit nicht nur die mathematischen Grundlagen des Gegenstandes, sondern auch die Tatsache, dass Zahlvorstellungen genau so wie Vorstellungen von der Welt überhaupt einerseits miteinander verknüpft werden müssen und andererseits logisch und genetisch aufeinander aufbauen.

Sie verfehlt also den Bildungsgehalt ihres Unterrichtsgegenstandes. Dennoch löst dieses Verfehlen pragmatisch herzustellenden Sinns, wie bereits angedeutet, im konkreten Unterrichtsverlauf ein Problem der sozialen Veranstaltung. Indem sie nun ihr Lehrerwissen, über welches die Schüler in aller Regel noch nicht verfügen, mit ihrer Rede von den vier Fällen in die Interaktion einbringt, erzeugt sie in der Sache ein Geheimnis. Zugleich tut sie so, als sei ihr Vorgehen ein genuin wissenschaftliches: Sie schaut nun auf die rätselhaften Objekte mit dem Blick eines Zoologen, der auf eine neue Käferart gestoßen ist. Auf diese Weise gelingt es ihr, mit verbalen Mitteln einen Zusammenhang zwischen den Erfahrungen der Schüler beim versuchten Umformen gewöhnlicher Brüche in Dezimalbrüche und den jeweils erzeugten Ergebnissen herzustellen: Wir haben hier vier Fälle, in denen *ganz deutlich* drei Gruppen zu erkennen sind. Wie kann man diese Dinge benennen, nach welchen Merkmalen unterscheiden?

Auf diese Weise wird die Perspektive weg von der Frage nach dem sachlich-logischen Zusammenhang des eigenen Tuns hin zur bloßen Beschreibung der neuen Objekte gerichtet. Damit aber negiert Lw die pragmatisch-logische Differenz zwischen der Entdeckung einer Erscheinung im erfahrungswissenschaftlichen Kontext und der Erzeugung von etwas Neuem, etwa im Ingenieurwesen. Letzteres ist als Konstruktion zumindest an die Bedingung logischer Konsistenz im Sinne abgesicherter Realität der Teile und des Ganzen gebunden, während erstere mit einem realen Weltausschnitt die Totalität des Gewordenen und somit die gesamte Entstehungsgeschichte der Erscheinung im spezifischen Kontext zur logischen Voraussetzung hat.

Als nach vier Sekunden keiner der Schüler – auch SmP und SmO nicht – auf die Frage der Lehrerin antwortet, spielt sie ihr Lehrerwissen im Sinne einer terminologischen Überlegenheit aus und tritt in einen Dialog mit SmN, jenem Schüler, der im bisherigen Verlauf bereits als Schnellrechner in Erscheinung getreten ist. Ihre Frage: *Die ersten Brüche, die wir durch Division umgewandelt haben, haben zu welchem Ergebnis geführt?*, zielt lediglich auf eine nicht problemhaltige Rekapitulation der thematischen Wiederholung am Anfang.

Entsprechend problemfern fällt auch die Antwort aus. Die durch SmN artikulierte Vorstellung eines Unterschiedes zwischen *ganz normalen* Objekten – den bereits bekannten Dezimalbrüchen – und den eben erst in Erscheinung getretenen neuen ist eine genaue Paraphrase jener Sichtweise auf den Gegenstand, die von der Lehrerin im Unterrichtsgespräch erst konstituiert worden war, der aber SmP mit seiner Vermutung intuitiv und spontan eine andere entgegen gesetzt hatte. (Diese knüpft implizit an die im ersten Teil der Stunde rekonstruierte Ambivalenz in der Wahrnehmung des Gegenstands durch SmE an.) Damit vermag die Antwort von SmN, den von der Lehrerin intendierten Gedankengang als Abfolge von Vorstellungen über den Gegenstand an der zwischenzeitlich aufgebrochenen Problemperspektive vorbei zur offiziellen Lesart des Unterrichts zu machen.

Damit geht der auf Grund des bisherigen Verlaufs rekonstruierte Plan der Lehrerin in folgendem Sinne auf: Zuerst soll gerechnet werden, dann werden mittels dieser Rechnungen neue Objekte eingeführt, und schließlich werden diese Objekte durch Fachbegriffe benannt. Im Sinne dieses Plans stellen die beiden Antworten von SmN eine erwartungsgemäß gelingende Normalisierung des Unterrichtsgeschehens dar. Die oberflächliche Problemlosigkeit dieser Schülersicht ermöglicht es nun – in Kontinuität zur Sicht der Schülerin SwH, die vorher bereits eine Ausblendung der inhaltlichen Frage nach dem inneren Bezug beider Wege einer Umformung von gewöhnlichen Brüchen in Dezimalbrüche zuein-

ander forciert hatte – den Plan der Lehrerin im Detail umzusetzen.
Ihre Erklärung: *„Also irgendwann waren wir mal fertig. Konnte man den Stift weglegen."*, zielt als Illustration eines möglichen Erlebens der Schüler beim Rechnen auf das Bedeutungsmuster einer Tätigkeit, die man möglichst schnell hinter sich bringen will, der man aber letztlich nicht entrinnen kann. Das kurz zuvor noch behauptete spielerische Moment der Berechnungen hat sich nun ganz und gar in eine Semantik der regelgesteuerten Pflichterfüllung verwandelt. Vor dem Hintergrund dieser Beschreibung wirkt die sich anschließende terminologische Festsetzung: *„Wir nennen diese Dezimalbrüche abbrechend."*, fast wie eine Erlösung. Der so erzeugte dramaturgische Effekt geht jedoch auf Kosten der Sachlogik – auch bei Anwendung des modifizierten Verfahrens, als dessen Ergebnis eine Kommazahl mit Periode entsteht, kann man bei erfolgreicher Bewältigung des Algorithmus den Stift weglegen.

Indem die Lehrerin den neuen Fachterminus *abbrechende Dezimalbrüche* an die Tafel schreibt, ist das nicht verstandene Neue dann im Rahmen der Inszenierung des Unterrichts insofern bewältigt, als die Deskription der Objekte mittels der sprachlichen Unterscheidung „abbrechend (ohne Periode) vs. (nicht abbrechend) periodisch" eine in formallogischer Hinsicht vollständige Beschreibung der äußerlich wahrnehmbaren Gestaltvariabilität der entsprechenden Kommazahlen ermöglicht. Die unmittelbar im Anschluss daran eingeführte terminologische Differenzierung *reinperiodischer und gemischtperiodischer Objekte* vermag die damit verbundene Illusion des Verstandenhabens noch zu vertiefen.

Der inhaltliche Bruch zwischen solch einer Sicht auf den Gegenstand und jener Sicht, die der Schüler SmP zwischenzeitlich vertreten hatte, bleibt jedoch im Rahmen einer Sinnstrukturiertheit des Gesamtgeschehens bestehen. Zwar wird sich die Lehrerin in der Folge noch bemühen, diesen nach bestem Wissen und Gewissen zu überbrücken – mehr als eine Ahnung von der zwingenden logischen Realität mathematischer Zusammenhänge vermag sie den Schülern aber nicht zu vermitteln. Deshalb ist ihr schließlich offiziell an den Schüler SmP gerichtetes Lob für seine Anregung eher als Eingeständnis des eigenen Scheiterns zu werten:

Lw: (...) Und wenn man dann genau das rausbekommt, was wir brauchen, SmP und du das ganz alleine angeregt (hast), das finde ich richtig gut. Das war jetzt Mathematik, nicht mehr nur Rechnen. (..) Gut, wir üben diese verschiedenen Darstellungsformen und ihr solltet dann auch jedes Mal dazuschreiben, was ihr für einen Dezimalbruch dabei entdeckt und zwar auf der der Seite 125 die Nummer 4. Und was wir hier nicht schaffen, machen wir zu Hause.

Der Bruch zwischen dem durch SmP artikulierten Verständnis der Sache und der Entwicklung einer offiziellen Unterrichtssicht auf den Gegenstand ist also eine soziale Ausformung des widersprüchlichen Verhältnisses von spontan aufscheinendem Bildungsanspruch und dauerhaft wirkendem Sachzwang zur Aufrechterhaltung von Routine im institutionellen Rahmen schulischer Erziehung.

5. Pragmatisches Verstehen als didaktisches Grundproblem – Theoriebildung auf empirischer Grundlage

5.1. Didaktische Aufgabenanalyse und die Rekonstruktion von Lernprozessen

Überblickt man den bisherigen Gedankengang im Ganzen, so mag zum einen die Kluft zwischen dem im ersten Teil skizzierten bildungstheoretischen Konzept und den verschiedenen, in den drei Fallstudien zum Vorschein gekommenen Teilproblemen auffallen. Als Ausdruck einer prinzipiellen Differenz von Theorie und Praxis wird dieser Befund angesichts der unendlichen Mannigfaltigkeit der Welt und insbesondere des unüberschaubaren Reichtums menschlicher Möglichkeiten den mit theoretischer Pädagogik vertrauten Leser nicht mehr verwundern als ihr Gegenstand selbst, der in dauernder Veränderung seiner Beziehung zur Welt in ihren allgemeinsten, regesten und freiesten Aspekten begriffene Mensch.

Zum anderen jedoch mag die latente Kontinuität zwischen dem v.a. in 1.1. und 1.2. bestimmten konzeptuellen Problem pragmatischen Verstehens im Rahmen institutionalisierter Lernprozesse und jener Linie auffallen, welche sich als durch alle drei Fallstudien hindurch ziehende in einer prinzipiellen Widersprüchlichkeit entsprechender Praxis äußerte und die Fallrekonstruktionen dahingehend bestimmte, dass es bereits im Versuch, die jeweils aufgefundenen Probleme in ihrer Spezifik zu benennen, keine Alternative zu Formulierungen gab, welche mittels Konzeptualisierung divergierender Seiten sozialer Wirklichkeit die konkrete Herstellung einer widersprüchlichen Einheit im Prozess auf den Begriff zu bringen suchten.

Dabei ist anzumerken, dass die in der Rekonstruktion begrifflich hergestellte Einheit, in der Selbstbeschreibung des Vorgehens immer schon eine Beobachtungsperspektive, in den drei Fallstudien von unterschiedlicher Allgemeinheit ist. Die in 2.1. konstituierte und in 2.2. ausgeschärfte Perspektive betrifft ein Grundproblem menschlicher Kommunikation. Der Unterschied von Verstehen und Nichtverstehen bedeutet in diesem Fall nicht weniger als die konkrete Möglichkeit und die daran zu knüpfende Bereitschaft, an entsprechend thematisch gebundener Kommunikation teilzunehmen. Pragmatisches Verstehen meint hier also die Realisierung grundlegender pragmatischer Axiome menschlicher Verständigung. Die Überwindung von Missverständnissen ist somit auf Bedingungen der Möglichkeit für die Teilnahme an Unterrichtskommunikation bezogen. Im sozialen Setting ist dies immanent markiert. Ohne gelingende Realisierung von Verstehen wäre hier eine aktive Teilnahme an erkenntnisbezogenen Formen menschlicher Praxis per se unmöglich.

Der in 3.1. konstituierte Fall unterscheidet sich davon insofern, als es dort nicht um das Verstehen der den Unterricht bestimmenden Gegenstandsstruktur im Sinne eines Problems geht, sondern um eine weitgehende Erschließung dieses Gegenstands selbst. Dabei ist zu Beginn der analysierten Interaktionssequenz das pragmatische Verstehen des Problems durch die Schülerin bereits vorausgesetzt. Was die Schülerin nicht versteht, ist lediglich die Sachstruktur. Diesem Nichtverstehen entspricht zunächst ein kognitiver Konflikt. In der Tiefenstruktur des Gegenstandes entspricht ihm eine Ambivalenz von Bedeutungen, die Teil der von der Schülerin noch nicht erkannten Sachstruktur ist. In sozialer Hinsicht jedoch ist allen Anwesenden klar, dass die Schülerin vor einer sachlich bestimmten Aufgabe steht, deren Lösung sie zwar nicht kennt, deren Gelingen ihr jedoch im Sinne einer deutlichen Gestalt vor Augen steht. Ohne dieses implizite Wissen wäre der Interaktionsverlauf, in dessen Rahmen es zu einer krisenhaften Zuspitzung im Denken und Fühlen der Schülerin kommt, undenkbar. Der Unterschied von Verstehen und Nichtverstehen betrifft in diesem Fall also die Erschließung eines Gegenstandes im Sinne der pragmatisch realisierbaren Möglichkeit, eine als Problem objektivierte Aufgabe zu lösen. Damit deutet pragmatisches Verstehen in diesem Fall auf die klassischerweise für Unterricht zugrunde gelegten Ideale der Erschließung von Gegenständen als Teil kultureller Wirklichkeit.

Von analoger Konstitution ist die in 4.1. zum Gegenstand möglicher Erschließung werdende Thematik. Im Unterschied zum zuvor analysierten Fall ist den Schülern hier zunächst keine Problemgestalt des Unterrichtsgegenstandes zugänglich. Die pragmatischen Gelingensbedingungen für dessen Erschließung aufzuzeigen, ist folgerichtig das eigentliche Thema dieser Fallrekonstruktion. In deren Verlauf wird deutlich, dass diese Gelingensbedingungen auf die Konstitution von Grundfragen der auf einen Gegenstandsbereich eigener Logik zu beziehenden Erkenntnis gerichtet sein müssen, um ein pragmatisches Verstehen des Gegenstandes im engeren Sinne, der Umformung von gewöhnlichen Brüchen mit Zähler und Nenner in die spezifische Gestalt von Dezimalzahlen, tatsächlich realisieren zu können. Legt man hier das gleiche Ideal der tiefgehenden Erschließung einer Sache wie im vorherigen Fall zugrunde, so deutet pragmatisches Verstehen also auch in diesem Fall auf die Erschließung kultureller Wirklichkeit. Dass eine solche Vorstellung gelingender Erschließung hier aber im Kontrast zum in 3.1. konstituierten Problem erscheinen mag, liegt nicht so sehr am Unterschied zwischen den jeweiligen sozialen Settings, individualisierte Nachhilfe im privaten Raum im zweiten versus Schulunterricht in einer leistungshomogenisierten Lerngruppe im dritten Fall, wie an den kulturgeschichtlich fassbaren Implikationen immanenter Konstitution des Gegenstandes respektive den Bedingungen seiner Erschließung: Während es bei der zweiten Fallrekonstruktion um ein in Begriffen der Alltagswelt formulierbares Problem geht, erfordert das Verstehen der immanenten Struktur von Bruchzahlen sowie deren Konkretisierung in verschiedenen Darstellungen eine Totalität pragmatisch zu realisierenden Sinns, die auf die spezifische Sequenzialität mathematischen Fachtexts verweist. Der Unterschied von Verstehen und Nichtverstehen meint in diesem Fall also die pragmatische Realisierung jener Ansprüche, die erst seit der Aufnahme des Gegenstandsbereichs Bruchrechnung in die offiziellen Lehrpläne der allgemeinbildenden Schule selbst Teil der sozialen Wirklichkeit sind. Pragmatisches Verstehen betrifft hier also die Möglichkeiten und Grenzen, ein spezifisches Fachwissen auch in pragmatischer Differenz zu Alltagsvorstellungen auf eine Weise zum Gegenstand von Erschließung zu machen, dass dieses Wissen sich in Gestalt seiner spezifischen Konstitution – v. a. logischer Konsistenz und voller inhaltlicher Bestimmtheit des Denkens – von historisch konkurrierenden Wissensformen, Meinen, Glauben bzw. Mythos und Fiktionalität, abheben lässt. Es geht hier also letztlich um pragmatisches Verstehen von Mathematik als Teil kultureller Selbstvergewisserung im Rahmen moderner Gesellschaft.

Eine didaktische Analyse der Voraussetzungen von Unterricht zu den in allen drei Fällen thematisierten Gegenständen führt, so lässt sich das Ergebnis der Fallrekonstruktionen resümieren, zu drei unterscheidbaren Perspektiven. So wie gelingende Vermittlung im ersten Fall zunächst auf Sprachverstehen gerichtet ist, wird die allgemeine Pragmatik von Prozessen des reziprok aufeinander bezogenen Lehrens und Lernens als Gesamtheit von Gelingensbedingungen deutlich, welche einen im weitesten Sinne pädagogischen Rahmen für entsprechende Interaktionen konstituieren. Die Bedingungen der Möglichkeit pragmatischen Verstehens sind solcherart notwendig für gelingende pädagogische Praxis überhaupt.

Im zweiten Fall sind die Gelingensbedingungen pragmatischen Verstehens spezifischer. Da es hier vorrangig um die Bedingungen individueller Gegenstandserschließung geht, kann ein Erfolg entsprechender Bemühung daran bemessen werden, inwiefern es dem Lehrenden gelingt, den Gegenstand selbst in seiner sachlogisch unstrittigen Gestalt zur Geltung zu bringen. Diese Gestalt zu erkennen ist dann kein Problem, wenn der Gegenstand als Teil der Welt unmittelbar zugänglich ist. Die Bedingungen der Möglichkeit pragmatischen Verstehens sind solcherart Bedingungen für das Aufzeigen der anschaulich fassbaren Struktur von Lehrgegenständen. Diese Bedingungen werden traditionellerweise als Erkenntnisgegenstand didaktischen Denkens aufgefasst.

Im dritten Fall jedoch mögen die Gelingensbedingungen pragmatischen Verstehens auf den ersten Blick diffus erscheinen. Dass dem nicht so ist, wird erst deutlich, wenn die Einheit des Gegenstandes in seiner doppelten inhaltlichen Bezüglichkeit – einerseits auf die elementare und somit evidente Verfasstheit menschlicher Beziehung zur Welt und andererseits auf die spezifische Konstitution von Gegenständen mathematischen Denkens – in der Vorstellung realisiert wurde. Die Bedingungen der Möglichkeit pragmatischen Verstehens sind solcherart konstitutiv für das Verstehen von Mathematik im Rahmen von Prozessen, die auf allgemeine Bildung zielen. Hier ist also das Ich-Welt-Verhältnis von Unterricht selbst im gesellschaftlichen Rahmen thematisch. Erschließung als Gelingensvorstellung hat hier die Doppelgestalt von sequenzieller Gegenstandskonstituierung einerseits und Aufzeigen dieses Gegenstandes andererseits. In Analogie zum Sprachverstehen kann letzteres nur reziprok zur immanenten Konstituierung dieses Gegenstandes in seiner jeweiligen, logisch-pragmatisch bestimmten Form gedacht werden. Insofern bleibt die gelingende Realisierung von Ich-Welt-Verhältnis auch in diesem Fall an Bedingungen geknüpft, die sich an erfolgreichem Zeigen im Sinne einer didaktischen Sequenzierung erschließenden Denkens zu orientieren haben. Empirisches Gelingen in der Totalität seiner pragmatisch fassbaren Bedingungen wäre also auch hier, in Analogie zur zweiten Fallrekonstruktion, im Rahmen von Protokollen sozialer Wirklichkeit noch zu erschließen. Bis dahin bleibt das Scheitern kulturell anspruchsvoller, weil tiefgehender Vermittlung zu konstatieren.

Der theoretisch fassbare Überschuss aller drei Fallrekonstruktionen im Ganzen besteht jedoch in etwas anderem als diesem negativ formulierten Ergebnis. Er betrifft die Antizipation von Bedingungen der Möglichkeit für eine Erschließung von anspruchsvollen Gegenständen schulischer Vermittlung. War noch in der Konstitutionsphase moderner Allgemeinbildung Didaktik in ihrem Kern als Bildungslehre aufgefasst und erst später als Theorie der Lehrplaninhalte von Theorien der Vermittlung als weitgehend methodischer Problematisierung unterschieden worden, so zeigen die drei Fallrekonstruktionen in ihrem jeweiligen, oben aufgezeigten Kontrast bezüglich der pragmatischen Gelingensbedingungen von Gegenstandserschließung, worin das theoretische Defizit dieser spätestens seit Ende der zwanziger Jahre des zwanzigsten Jahrhunderts gängigen Unterscheidung von Inhalten und Methoden besteht. Dieses betrifft das Verhältnis von Didaktik und Bildungstheorie bezüglich ihrer theoretisch-grundbegrifflichen Fundierung.

Während Didaktik in ihrer auf Inhalte und Methoden gleichermaßen bezogenen Fassung von der prinzipiellen Machbarkeit, also einer Herstellbarkeit der Erschließung im Rahmen von durch Organisation und Interaktion zu treffenden Vorkehrungen für praktisches Gelingen ausgeht, betont Bildungstheorie die Unverfügbarkeit dieses Gelingens im prinzipiell bestimmten Rahmen der Konstitution menschlicher Erkenntnis. Diesem Schisma von Grundvorstellungen entspricht spätestens seit fünfzig Jahren eine Aufspaltung der Gesamtdisziplin in allgemeine und Schulpädagogik. Damit einher ging die gesamtgesellschaftliche Ausprägung von vorwiegend auf die Entwicklung von Technik und Technologie bezogenen Gelingenshoffnungen. Aufgeklärt sind diese aber nur insofern, als dem Bemühen um Herstellbarkeit prinzipiell auch ein Wissen um Legitimität bzw. Legitimierungsbedürftigkeit der Entwicklung entspricht. Und genau an dieser Stelle hat, so zeigen die drei vorgelegten Fallstudien, eine Kritik des im Rahmen von Schulpädagogik etablierten didaktischen Denkens anzusetzen.

Gelingende Vermittlung ist heute nur noch als Teil sinnstrukturierter Welt denkbar. Deshalb kann auch keine Bemühung um konkrete Erzeugung von Vermittlung auf Verstehensansprüche verzichten. Inwiefern ein Verstehen von Gegenständen im Unterricht aber nun gelingen bzw. scheitern kann, ist selbst in hohem Maße bestimmungsbedürftig. Zwar zeugt die breite Anerkennung des Angebots-Nutzungs-Modells im Rahmen empirischer Unterrichtsforschung mittlerweile von einem gewachsenen Problembewusstsein bezüglich der logisch-pragmatischen Möglichkeiten sozialer Realität von Schule, welche in der Antizipation von Lehr-Lern-Szenarien mit im Wesentlichen durch konkretes Scheitern von Erschließung bestimmten Ergebnissen ihren Ausdruck finden, jedoch wird über diese Art sozialer Wirklichkeit bisher noch kaum systematisch im Rahmen einer Erschließung der jeweiligen Sinnstruktur sozialer Praxis diskutiert.

Deshalb könnten die vorliegenden Fallstudien zum pragmatischen Verstehen verschiedener Gegenstände von Lehre und Lernen eine Anregung dahingehend bieten, wie das Gelingen von Vermittlung im Unterricht prinzipiell gedacht werden kann. Eine solche Auffassung von Gelingen steht von vornherein im Spannungsfeld pragmatischer Strukturierungsbedingungen und pädagogischer (prinzipiell ethisch vermittelter) Ansprüche im Rahmen moderner Gesellschaft. Eine methodische Gestalt solcher Auffassung ist die im forschungslogischen Rahmen der vorgestellten Fallrekonstruktionen implizit praktizierte didaktische Aufgabenanalyse.

Deren Prinzip ist so einfach wie pragmatisch folgenreich: Ausgehend von der mit entwickelter Sprachkompetenz vorauszusetzenden Fähigkeit zur intuitiven Realisierung der Tiefenstruktur sprachförmiger Äußerungen wird zunächst die Frage nach den Möglichkeiten für Bedeutungsgebung einer sprachlich-konkret vorliegenden Aufgabe gestellt. Hierbei liegt der Akzent auf einer vollständigen Beschreibung dieser Möglichkeiten im Einklang mit den die Sprache konstituierenden grammatischen Regeln und pragmatischen Bedeutungen. Auf diese Weise wird der Lerngegenstand einer Aufgabe bestimmbar. Eventuelle Mehrdeutigkeiten verweisen auf dessen Problemcharakter. Zugleich gerät die Ausdrucksgestalt der Aufgabe als ein konkreter, sequenziell realisierter Zusammenhang von Bedeutungselementen in den Blick. Der sich solcherart konstituierende Blick auf den Gegenstand kann also durchaus eine Problemwahrnehmung umfassen. Wie voraussetzungsreich bereits ein Verstehen der Bedeutung scheinbar einfacher Sätze ist, wurde unter 1.3. in einer Beispielanalyse demonstriert. Im Kern dieses theoretischen Teils einer didaktischen Aufgabenanalyse findet sich demgemäß das Problem, die interpretierende Operativität der Psyche eines potentiellen Aufgabenbearbeiters bis in jene Tiefe zu rekonstruieren, die durch den jeweiligen pragmatischen Zusammenhang der Aufgabenbearbeitung nahe gelegt wird. Eine solche Rekonstruktion des objektiven Sinngehalts einer Aufgabe stellt sich also insgesamt in den Kontext jener didaktischen Perspektive, welche mit der Unterscheidung von Inhalten und Methoden ihrer Erschließung versucht, die Thematisierung von Gegenständen in Unterrichtsprozessen zu antizipieren.

Im Unterschied zur präskriptiv getönten Vorstellung der Machbarkeit handelt es sich beim theoretischen Teil einer didaktischen Aufgabenanalyse jedoch lediglich um ein Gedankenexperiment. Das Experimentelle darin findet seine Spezifik in der Frage nach den objektiv-regelhaft bestimmten Bedeutungsmöglichkeiten sprachlich verfasster Artefakte und stützt sich somit auf keine andere Normativität als pragmatische Bedeutungen und die immanente Logik der zu analysierenden Sache im Rahmen kultureller Praxis. Eine Vergegenwärtigung dieser Praxis kann allerdings durchaus an spezifische Fachperspektiven als deren Bestandteil geknüpft sein.

Solche Vorstellungen von Erschließung sind jedoch mit der Analyse von empirischen Aufgabenbearbeitungsprozessen zu konfrontieren. Dabei ist das empirische Datum stets Teil eines Protokolls sozialer Wirklichkeit. Deshalb vermag die Sequenzanalyse solcher Protokolle einen Blick auf die wirkliche Verfasstheit der im sozialen Kontext konkretisierten Aufgaben zu entwickeln. Der empirisch gestützte Realismus eines solchen Blicks unterscheidet sich aber nun sowohl vom präskriptiven Ideal einer Klafkischen didaktischen Analyse im Rahmen der Unterrichtsvorbereitung von Lehrern als auch von der methodisch selbstverordneten Blindheit interpretativer Unterrichtsforschung, solange diese keine Vorkehrungen zur theoretischen Erschließung der Problemstruktur von Gegenständen empirischen Unterrichts trifft. Deshalb ist eine solche Perspektive sowohl eine didaktische im Sinne ihres jeweiligen Gegenstandsbezugs als auch eine interpretativ-empirische im Sinne der Bindung an Protokolle sozialer Aufgabenbearbeitungspraxis. Inwiefern darin die Erkenntnis der Möglichkeiten und Grenzen konkreter, sowohl Gegenstände als auch Lernende betreffender Prozesse der Vermittlung im Sinne gelingenden oder scheiternden pragmatischen Verstehens mit inbegriffen ist, sollte durch die drei Fallrekonstruktionen deutlich geworden sein.

Demgemäß scheint es pragmatisch tatsächlich einen Unterschied zu machen, ob sich Lehrende um interaktiv konkretisierbares Verstehen bei ihren Schülern bemühen, oder ob sie die Gegenstände möglicher Erschließung lediglich als ein Angebot für die anwesenden Lernenden ansehen, eine erkenntnisbezogene Perspektive anzunehmen und sich im Rahmen entsprechender Praxis selbst um deren Erschließung zu bemühen. Dieser Unterschied wurde vor allem bei der ersten Fallrekonstruktion deutlich. Demgemäß besteht nicht nur eine prinzipielle Spannung zwischen der impliziten Voraussetzung didaktischen Denkens, die Erschließung vorab ausgewählter Gegenstände planen und antizipieren, letztlich herstellen zu können, und der bildungstheoretischen Einsicht in die Unverfügbarkeit gelingender Vermittlung im Rahmen der Ermöglichung spezifischer Ich-Welt-Beziehung als Ausdruck allgemeinster, freiester und regster Wechselwirkung, sondern die Frage, ob eine solche allgemeine Vermittlungsperspektive überhaupt in den Wahrnehmungsbereich Lernender gerät, ist selbst konstitutiv für die Möglichkeit pragmatischen Verstehens anspruchsvoller Gegenstände durch anwesende Lernende. Und da deren Anwesenheit in einem Interaktionszusammenhang, dessen Ziel im Lehren und Lernen bildungsrelevanter Gegenstände besteht, letztlich nur durch eine solche Möglichkeit legitimierbar ist, wird hier das logisch-pragmatische Defizit von Angebots-Nutzungs-Modellen für den Bereich individuell verpflichtender Institutionalisierung allgemeiner Bildungsprozesse deutlich.

Eine Bemühung um pragmatisches Verstehen von Gegenständen auf Seiten der Lernenden setzt also ein entsprechendes Bemühen um das Verstehen der Schwierigkeiten von Lernenden im Rahmen solcher Erschließung voraus. Die Möglichkeit der Erschließung selbst ist eine pragmatische Gelingensbedingung pädagogischer Praxis. Diese Möglichkeit muss unter Umständen durch Lehrende erst hergestellt werden, da ihre Wahrnehmung durch Lernende im Rahmen sozialer Praxis prinzipiell kontingent ist. Als solche ist sie, in theoretischer Hinsicht im Sinne einer Aufklärung der pragmatischen Gelingensbedingungen für Aufgabenbearbeitungsprozesse, aber auch und gerade an die Erschließung potentiell problematischer Gegenstände gebunden. Damit wird sie zum konstitutiven Bestandteil didaktischer Aufgabenanalyse.

5.2. Verstehen in sachlicher und sozialer Hinsicht

In diesem Abschnitt soll versucht werden, die Ergebnisse vor allem der ersten Fallrekonstruktion mit Blick auf die Bedingungen der Möglichkeit menschlicher Erkenntnis unter der in 1.1. und 1.2. skizzierten Perspektive zu vertiefen. Eine solche Bemühung erscheint insbesondere angesichts der im folgenden Abschnitt 5.3. zu ziehenden Schlussfolgerungen in Bezug auf die konkreten empirischen Möglichkeiten der Erforschung von Lernprozessen, die für allgemeine Bildung konstitutiv sind, notwendig. Deshalb wird zunächst ein begriffliches Gerüst für pragmatisches Verstehen, wie es sich im Zuge dieser Fallrekonstruktion beim Versuch, dem empirischen Material interpretativ gerecht zu werden, in der Vorstellung der Interpretationsinstanz konstituiert hat, im Überblick dargestellt, bevor im Anschluss daran dessen Möglichkeitsbedingungen, so wie sie im empirisch konkreten Prozess durch die Interpretation sichtbar wurden, nochmals in den Blick genommen werden.

Verstehen als sprachpragmatischer Aspekt menschlicher Interaktions- und Kommunikationsmöglichkeiten markiert eine echte Unterscheidung. Versucht ein Beobachter, den entsprechenden Unterschied am empirischen Material zu verstehen, so ist er auf eine Differenzierung des sozialen Geschehens hinsichtlich dessen Sach- und Sozialdimension angewiesen. Jegliches kommunikative Verhalten hat einen Inhalts- und einen Beziehungsaspekt. Pragmatisch gelingendes soziales Geschehen bezeichnet in solchem Zusammenhang die Möglichkeit, die Konstitution von konkreter Einheit in den je unterschiedlich bestimmten Verstehensaspekten einer Folge von empirisch gegebenen Sprechakten zu rekonstruieren. Die entsprechende Einheit ergibt sich dabei für einen Beobachter aus dem im jeweiligen Kontext zu präzisierenden Bezug der sprachlich ausgedrückten Bedeutung einer Äußerungsfolge zur konkretisierbaren Erwartung des Rezipienten, welche sich ebenso wie das kommunikative Verhalten eines Sprechers sowohl in sachlicher als auch in sozialer Hinsicht explizieren lässt.

Die sozial realisierte Einheit pragmatischen Verstehens umfasst also zumindest die beiden potentiell widersprüchlichen Aspekte eines intuitiven Verständnisses für ausgedrückte Bedeutungen einerseits und eines grundlegenden Einverständnisses mit der Tatsache ihrer Thematisierung andererseits. Der erste Aspekt verweist auf die Fähigkeit des Verstehenden, die hinsichtlich möglicher Bedeutung wahrgenommene und als solche implizite Strukturiertheit eines auf konkrete Weise sinnlich gegebenen Gegenstandes in der eigenen Vorstellung so nachzubilden, dass die wesentlichen Strukturmomente des bezeichneten Signifikats in Übereinstimmung mit im Rahmen von Kultur objektivierten Regeln imaginativ realisiert sind. Die zugrunde gelegte Unterscheidung ist hier eine objektive bzw. als prinzipiell objektivierbar aufzufassende Möglichkeit.

Der zweite Aspekt dagegen verweist auf den Fakt des Vorhandenseins eines symbolisch vermittelten Zeichens im sinnstrukturierten Möglichkeitsraum des Sozialen und bezeichnet die für jede Psyche, welche Teil von Sozialität wird, unvermeidliche Operation der Positionierung in Bezug auf den thematisierten Gegenstand und den Fakt seiner Thematisierung. Dieser Aspekt wäre in Abgrenzung zum ersten als ein auf das Treffen einer Entscheidung bezogener und damit subjektiver, im Ganzen nicht objektivierbarer Aspekt pragmatischen Verstehens zu bezeichnen. Gleichwohl wäre auch ihm angesichts der Tatsache, dass menschliches Verhalten als Teil sinnstrukturierter Praxis angesehen wird, eine prinzipielle Motiviertheit zu unterstellen. Damit ist er in der konkreten Interaktion als Ausdruck jener Instanz anzusehen, die zum einen darüber wacht, welche unterscheidbaren Momente die aktuelle Wirklichkeit des Wahrnehmenden ausmachen und ob diese eine Bedrohung der entsprechenden Psyche darstellen, und zum anderen momentan daran beteiligt ist, die aktuelle Wahrnehmung im Rahmen eines psychischen Systems in Übereinstimmung mit dessen Geschichte so zu konstituieren, dass dieses als Einheit prozessual mit sich übereinstimmt. Diese Instanz muss dabei im Sinne eines unbewussten Willenszentrums prinzipiell unsichtbar, d. h. außerhalb der durch die Wahrnehmung konkret gebundenen Aufmerksamkeit bleiben. In Krisensituationen, wenn die Automatismen der Wahrnehmung nicht mehr problemlos greifen, wird sie indes wahrnehmungs- und auf dieser Basis dann interaktionsbestimmend. Als prinzipiell funktionserhaltende wäre sie somit gleichermaßen als gegen Widerstände wirkendes Aktivitätszentrum für die Hinwendung zum Problem zuständig als auch für die mögliche Abwendung, sprich den Abzug der Aufmerksamkeit von ihm. Die Grundform dieses zweiten Aspekts pragmatischen Verstehens ist deshalb die Unterscheidung von akzeptierender Wahrnehmung eines Gegenstandes und dessen aktiver Ablehnung. Zwischen beiden Polen möglicher Realisierung von pragmatisch konkretisierter Bedeutung ist jene Konstitution einer kommunikativen Perspektive zu verorten, welche sich in der Rekonstruktion für die Schülerin S2 als im lerntherapeuthischen Kontext Neue und somit mit den ihn tragenden Regeln noch nicht Vertraute gezeigt hat. Ihre Reaktion auf den für sie zunächst unverständlichen Gegenstand besteht darin, dass sie versucht, aus ihrer Wahrnehmung des Ganzen irritierende Details auszublenden, um auf diesem Wege zu einer verständlichen Gesamtgestalt zu finden. Dem entspricht im Lehr-Lern-Kontext eine Veränderung der Aufgabe und im Zusammenhang damit die vom Lehrer eingebrachte Frage nach der möglichen Legitimierung einer solchen Veränderung. Gemäß der Lehrersicht ist eine solche Veränderung nicht als willkürlicher Austausch des konkreten Gegenstandes durch einen anderen akzeptabel, sondern lediglich als veränderte Sicht auf denselben Gegenstand. Darin ist nun ein Prinzip erkennbar, welches Wirklichkeitsorientierung genannt werden mag: So wie die relevanten Momente im Ich-Welt-Verhältnis nicht einfach dadurch verschwinden, dass man sich zeitweilig von ihnen abwendet, ist es im Rahmen von Lernprozessen unter einer Perspektive allgemeiner Bildung nicht sinnvoll, einen problematischen Gegenstand einfach durch einen unproblematischen zu ersetzen. Was dagegen sinnvoll ist, wäre eine Umorientierung im Rahmen der eigenen Beziehungen und eine damit zu ermöglichende veränderte Sicht auf die problematische Sache.

Eine solche Umorientierung aber hätte analog zur bereits aufgezeigten Differenzierung pragmatischen Verstehens in eine sachliche und eine damit korrespondierende soziale Seite nun ebenfalls zwei unterscheidbare Perspektiven: Zum einen wäre hier zu erwarten, dass die Schülerin nach dem Muster der vom Lehrer vorgeschlagenen Erschließung des Mikrokontexts jenes für sie noch unverständlichen Details ihre Perspektive auf die Sache, den konkreten Aufgabentext mit der für sie aktuell unbekannten Maßeinheit, dahingehend erweitert, dass sie das referenziell unbestimmte Detail sachlich bestimmt: durch Konkretisierung der Bedeutung der Maßeinheit und deren anschließende Übertragung in einen referenziell bestimmbaren Zusammenhang. Hierauf zielt der sachbezogene Vorschlag des Lehrers.

Zum anderen wäre unter einer Gelingensperspektive pragmatischen Verstehens zu erwarten, dass die Schülerin von ihrer Erwartung, im Kontext der Erschließung von Wirklichkeit ausschließlich unmittelbar verständlichen Gegenstandsgestalten zu begegnen, insoweit abrückt, als die Wirklichkeit in ihrer konkreten Erscheinung neben Bekanntem eben auch Unbekanntes enthält. Verstehen der Aufgabe in sozialer Hinsicht hieße dementsprechend, sich den Gegenstand der Aufgabe im Sinne eines Problems zu Eigen zu machen. Unter einer solchen veränderten Perspektive wäre die Unverständlichkeit von Details dann nicht mehr auf den Wunsch bezogen, die Details aus der Wahrnehmung auszublenden, sondern umgekehrt auf konkret zu antizipierende Versuche, sie als konkrete Bestandteile des Wahrgenommenen zu bestimmen. Solcherart Bestimmung wiederum ist als zweifache antizipierbar: einerseits als Wunsch, prinzipiell Unbekanntes kennen zu lernen, und andererseits als Vermutung, wie und worin es bestimmt werden könnte. Beides zusammen kann als typisch für das Kennzeichen von Phantasie im Umgang mit der Welt in ihrer unerschöpflichen Mannigfaltigkeit von möglichen Bestimmungen gelten.

Letztlich ist es langfristig wohl nur auf eine solche Weise denkbar, Wirklichkeit in den objektiv verfassten Seiten ihrer Konstitution so entgegen zu treten, dass tatsächlich von gelingender Vermittlung im Rahmen eines individuellen Ich-Welt-Verhältnisses gesprochen werden kann. Pragmatisches Verstehen eines in seiner Problematik erscheinenden Gegenstandes ist dementsprechend vermittelt über eine semantische Operation, die sich als Perspektivenwechsel bezeichnen lässt. Die Einbindung der Semantik in den Zusammenhang von bereits als vertraut aufgefassten Sichtweisen im Rahmen von Sozialität, die sich als pragmatische Bedeutungen bezeichnen lassen, wäre dementsprechend notwendig für ein Gelingen des psychischen Operierens im sozialen Rahmen. Analog wäre dann die von einer innerpsychischen Instanz bestimmte Zu- oder Abwendung zu Momenten der Wirklichkeit im konkreten Rahmen der Wahrnehmung nur durch eine Haltung der Erfahrungsoffenheit in Verbindung mit der tiefgehenden Überzeugung zu realisieren, die Welt sei sowohl in ihren Grundgestalten erkennbar als auch in ihrer Unbestimmtheit und Bestimmungsbedürftigkeit prinzipiell bestimmbar. Letzten Endes ist dies die Überzeugung, menschliche Wahrnehmung und Sprache seien aufeinander bezogen so konstituiert, dass sich beide miteinander in Einklang bringen lassen.

Aus der eben rekonstruierten Gelingenserwartung heraus wird es möglich, sich die pädagogische Dimension der Lehrersicht in ihrer ganzen Kompliziertheit zu vergegenwärtigen: Wenn nämlich die Schülerin ein Detail des wahrgenommenen Zusammenhanges, in welchem der Gegenstand erscheint, auszublenden versucht, um ihre subjektive Gelingenserwartung einer detaillierten Entsprechung von antizipierter Bedeutung und wahrgenommener Gestalt zu realisieren, dann ist dies Ausdruck des Operierens jener Instanz, welche über die Funktion der Psyche in der Einheit ihrer Ich-Welt-Beziehung wacht, und jeder Anschluss, welcher es der Schülerin zumutet, sich dieses Detail dennoch zu vergegenwärtigen, muss sie in problematischer Zuspitzung ihres Ich-Welt-Verhältnisses objektiv in eine Krise stürzen. Deshalb ist jeder Lehrer angehalten verantwortungsbewusst zu entscheiden, ob und inwiefern er seinen Schülern ein solches Wirklichkeitsverhältnis auf Dauer zumuten kann und will. Umgekehrt: Soll das Ich-Welt-Verhältnis auf längere Sicht im Sinne allgemeinster, freiester und regester Wechselwirkung subjektiver und objektiver Verfasstheit des In-der-Welt-Seins gelingen, so ist eine statische Sicht im Rahmen der Entsprechung von Wahrnehmung und Bedeutungsgebung von vornherein an das wiederholte Scheitern solcher Beziehung als Beziehung zum Ganzen geknüpft. Wirklich pädagogisch kann also nur eine Sicht auf das aktuelle Schülerproblem einer Wahrnehmung und Bestimmung von etwas Unbekanntem sein, die einerseits die Bestimmungsbedürftigkeit im Sinne einer pragmatischen Notwendigkeit mit der Bestimmbarkeit im Sinne einer prinzipiell auf Erkenntnis gerichteten Möglichkeit des Menschen zu verbinden vermag und andererseits eine solche Bestimmbarkeit auch ein Stück weit zu konkretisieren in der Lage ist. Kontinuität und Erweiterung des Verhältnisses müssen in einer Gelingenserwartung miteinander vermittelbar sein.

Wie ist eine solche Vermittlung möglich, wenn die unbewusste Perspektive der Schülerin auf den Gegenstand sich in einer gewissen Grundgestalt von Problemvermeidung konkretisiert? Zumindest kurz- oder sogar mittelfristig wäre auf solcher Grundlage lediglich eine Konservierung von Nichterschlossenheit des bezeichneten Weltausschnitts denkbar. Zwar könnten andere Gegenstände an seiner Stelle thematisiert werden, im Falle ihres Problematischwerdens ist aber immer damit zu rechnen, dass sich die sichtbar gewordene vermeidende Beziehungsgestalt reproduziert. Deshalb ist die Realisierung einer spezifischen Totalität in der Beziehung der Schülerin zum fraglichen, vom Gegenstand einer Aufgabe getragenen Weltausschnitt das eigentliche Ziel der Interaktionen, und die damit verbundene Gelingenserwartung konstituiert als ganze eine durch die Schülerin in den problematischen Details zu konkretisierende Erwartung pragmatischen Verstehens des Gegenstandes. Pragmatisches Verstehen wäre somit dadurch gekennzeichnet, dass es in seiner Gesamtgestalt im Sinne einer Beziehung zum Gegenstand als auch in allen seinen relevanten Details die gleiche grundlegende Gelingenserwartung für Wahrnehmung und Bestimmung von Gegenständlichkeit zugrunde legte.

Demgegenüber tritt das Moment der freien Auswahl von Sinnperspektiven im Rahmen sozialer Praxis in konkreter Behandlung der aus einer prinzipiellen Unbestimmtheit resultierenden Mannigfaltigkeitsgestalt der Welt zeitweilig zurück. Eine solche Perspektive ist typisch für Situationen, in denen im Unterschied zur Allgemeinheit von Weltaneignung im Rahmen von Sozialisation spezifische Erwartungen thematisch sind, wie sie etwa ethische Fragen oder Erkenntnisprobleme betreffen. Die Vorstellung einer allgemeinen Sozialisation zum menschlich Guten oder zur Perspektive von Welterkenntnis ist deshalb nicht haltbar, weil die damit strukturell zu antizipierende Überwindung von Krisensituationen prinzipiell nicht ohne eine Spezifik von Problemlösung im Zusammenhang mit Entscheidungsbedürftigkeit unter ungewissem Ausgang vorstellbar ist. Freie Auswahl von Perspektiven setzt die Möglichkeit des Gelingens entsprechender Praxis voraus. Wo dieses nicht mehr ohne Weiteres antizipierbar ist, wird auch die prinzipielle Autonomie von Lebenspraxis sukzessive eingeschränkt.

Die Perspektive, in deren Rahmen sich pragmatisches Verstehen konkretisieren lässt, ist damit prinzipiell eine doppelt bestimmte. Zum einen muss die Erschließung eines entsprechenden Gegenstands subjektiv gelingen können, die Sache also sowohl als einer Erschließung würdig als auch ihr zugänglich erscheinen. Zum anderen ist eine Überwindung von Bestimmungsbedürftigkeit im Rahmen konkreten Bestimmens an die Objektivierbarkeit von Gelingen im Rahmen der Gestaltung sozialer Praxis gebunden. Damit geht die Bestimmung von Gelingensbedingungen prinzipiell über subjektive Wünschbarkeit und die in der Phantasie zwar antizipierte, aber weitgehend gestaltlos bleibende oberflächliche Erschließung hinaus.

Deshalb wird die Wohlgeformtheit entsprechenden sozialen Geschehens auch durch die empirische Reziprozität sprachlich ausgedrückter Interaktionsperspektiven bestimmt. Eine pragmatische Analyse hat somit, wie im zweiten Kapitel geschehen, die Realisierung von Tiefenstruktur in der Sprachgestalt des zu erschließenden Gegenstands auf Seiten von Lehrer und Schüler vor dem Hintergrund von deren spezifischer Perspektivendifferenz zu rekonstruieren. Dabei ist die mögliche Differenz von artikulierten Laut- und Wortsequenzen einerseits und den dadurch ausgedrückten logisch-begrifflichen Zusammenhängen im sozialen Möglichkeitsraum andererseits zu erschließen. Im gelingenden Fall von Vermittlung kommt die Bedeutung von sprachlicher Oberflächenstruktur mit der syntaktisch konkret zu realisierenden Tiefenstruktur, wie die Fallrekonstruktion aufgezeigt hat, in einer dialogischen Folge von Sprechakten zur Deckung. Auf diese Weise wird konkrete pragmatische Bedeutung erschlossen. Die Komplexität der solcherart erschlossenen Bedeutung aber lässt sich nur über die sequenzielle Realisierung der aneinander anschließenden dialogischen Versuche von Bestimmung im

Rahmen einer Folge von sukzessiver Zustimmung oder Ablehnung aus der Perspektive eines thematischen Gesamtzusammenhangs heraus ausdrücken. Pragmatisch gesehen besteht das entscheidende Merkmal von Dialogizität hier in dem strukturkonstitutiven Umstand, dass alle konkret realisierten Zustimmungen und Ablehnungen die Gesamtgestalt der Interaktionsfolge unter einer Geltungsperspektive thematisieren. Komplexität ist damit nicht Merkmal eines äußerlich bestimmten Gegenstands, sondern relatives Maß der Erschließungsbedürftigkeit eines Problemzusammenhangs hinsichtlich der als Lösung bestimmbaren Gesamtgestalt einer Menge strukturkonstitutiver Details. In dieses Maß geht einerseits eine entsprechende Distanz von sprachlicher Oberflächen- und Tiefenstruktur im Sinne der zu einer generativen Umwandlung notwendigen Operationen ein. Andererseits aber ist dieses Maß auch Ausdruck der pragmatisch zu objektivierenden Differenz zwischen den Sichten von Schüler und Lehrer auf den Gegenstand. Als solches ist es auf eine gewisse Folge von Entscheidungen über die Gültigkeit sachbezogener Propositionen im Kontext der gedanklichen Konstitution einer Gelingensgestalt im Sinne von Erschließung des Gegenstands bezogen.

5.3. Bildungsprobleme in Lernprozessen

Im Verlauf des bisherigen Gedankenganges wurde das Problem des Verstehens im Unterricht zunächst theoretisch bestimmt und sodann im empirischen Kontext aus der je spezifischen Perspektive dreier Fälle heraus im Rahmen von Fallrekonstruktionen konkretisiert. Dabei zeigte sich, wie unter 5.1. dargestellt, dass das Grundproblem pragmatischen Verstehens, so wie es bildungstheoretisch bestimmt und methodologisch präzisiert worden war, im Detail nochmals durch unterschiedliche Problematiken konstituiert wird.

An erster Stelle ist die allgemeine pädagogische Problematik von Verstehen als Bedingung der Möglichkeit für die Teilnahme an Unterricht als einer im weitesten Sinne erkenntnisbezogenen Praxis vom eher spezifischen Problem der Didaktik zu unterscheiden, welches darin besteht, die immanente Struktur von Gegenständen wahrnehmbar und so die damit zusammenhängende Problemgestalt einer Sache bestimmbar zu machen. Pragmatisches Verstehen ist allein deshalb pädagogisch grundlegend für alle Interaktionen zwischen Lehrern und Schülern, weil ohne die Voraussetzung, dass Verständigung prinzipiell möglich sei, weder ein Dialog über Generationengrenzen hinweg noch auch die Erschließung von Gegenständen im Rahmen entsprechender Interaktionen auf irgendeine Weise vorstellbar ist. Trotz solcher Evidenz mag die Bestimmung des Problems im konkreten Fall ob ihrer unerwarteten Details und der damit einhergehenden Fragilität und Kompliziertheit gelingenden Verstehens verwundern.

Diese Verwunderung dürfte zu einem nicht unerheblichen Teil aus dem Kontrast zur alltäglichen Erfahrung resultieren, welcher gemäß die Verständigung unter sprachkompetenten Personen prinzipiell kein Problem darstellt. Wenn es nun im Unterricht, wie die Fallrekonstruktionen zeigen, im Kontext der Erschließung von Gegenständen anders ist, so verweist dies erst einmal auf die soziale Spezifik dieser Veranstaltungen. Sie besteht darin, dass Gegenstände nur dann überhaupt als Thema für den Unterricht in Frage kommen, wenn sie geeignet erscheinen, die Schüler für einen ganzen Weltausschnitt in der spezifischen Verfasstheit seiner Wirklichkeit zu sensibilisieren und perspektivisch zu öffnen. Eben in dieser Möglichkeit liegt der Bildungsgehalt einer Sache. Zugleich wird verständlich, warum der problemlose sachliche Austausch über einen solchen Gegenstand ohne jegliche Verstehensprobleme gar nicht die Regel von dessen Thematisierung sein kann: Wenn nämlich tatsächlich etwas erschlossen werden soll, dann kann vorab die Erschlossenheit des Gegenstandes für die Schüler respektive der Schüler für den Gegenstand nicht gleichermaßen vorausgesetzt sein. Entweder der Gegenstand ist als ein zu erschließendes Problem kenntlich, oder die Schüler müssen erst in eine solche Wahrnehmung versetzt werden, dass eine Erschließungsbedürftigkeit von etwas vorliegt. Gerade weil die allgemeine pädagogische Problematik gelingenden Verstehens konstitutiv für Unterricht ist, muss dessen spezifische didaktische Gestaltung pädagogisch konstituierbar sein. Dieses Ergebnis hat, wie im Abschnitt 5.2. herausgearbeitet wurde, vor allem die erste Fallrekonstruktion erbracht.

Im Sinne von pragmatischen Gelingensbedingungen lässt sich so die Erfahrung engagierter Pädagogen bestätigen, dass tiefgreifendes Verstehen nur aus der sukzessiven Abgrenzung, Bestimmung und anschließenden Einbindung entsprechender Gegenstände in den Gesamtzusammenhang aktueller Weltvorstellung und pragmatischen Sinnbezuges zu gestaltender Lebenspraxis heraus realisierbar ist. Demgemäß wird die Überwindung eigener Wahrnehmungshemmung umso leichter gelingen, je klarer der Kontrast zwischen einer als pragmatisch sinnvoll zu antizipierenden Gestalt und der als Unverständlichkeit erscheinenden Unbestimmtheit vorstellbar ist. Damit aber ein Lernender die Klarheit solcher Vorstellung entwickeln kann, sind eigene Urteile nötig. Die in grundlegenden ihrer Momente autonome Lebenspraxis ist voll von solchen

Urteilen, und damit das entsprechende Potential eigener Erfahrung auch im Unterricht zur Wahrnehmung und perspektivisch zur Geltung kommen kann, sind von Lehrerseite aus zumindest spezifische kommunikative Vorkehrungen, letztlich aber wohl die Gesamtgestalt einer pädagogischen Aufmerksamkeit für das Ungewisse, Doppelbödige nötig. Von daher vermag sich die zunächst überraschende, in ihren Details unerwartet reichhaltige Kompliziertheit von Verständigung zu erklären, so wie sie in der ersten und zweiten Fallrekonstruktion sichtbar wurde.

In diesen beiden Fällen konnte das Gelingen pragmatischen Verstehens am empirischen Material rekonstruiert werden. Im zweiten Fall, wo es sich um das Problem des Verstehens eines mathematischen Sachzusammenhangs handelte, wurde zudem deutlich, wie sehr sich einerseits die Vorstellung gegen eine Wahrnehmung eigener, spezifisch realisierter Bedeutungsoptionen sträuben kann und wie wichtig deshalb in solchem Fall die Möglichkeit ist, entsprechende Optionen auf eine Weise medial zu realisieren, dass bereits über eine Veräußerlichung des Denkens mit seinen wesentlichen Teilen von impliziter Bedeutungsstruktur eine Wahrnehmung dieser Struktur und in der Folge eine Abgrenzung von den fehlerhaften Bedeutungen per eigenem Urteil ermöglicht wird. Die Tiefenstruktur des Gegenstandes machte es in diesem Fall notwendig, klar zwischen der Sprache der Beschreibung – dem der Schülerin prinzipiell bereits vertrauten algebraischen Formalismus – und der Sprache des zu modellierenden Objektzusammenhangs zu unterscheiden. Erst aus der subjektiv realisierten Möglichkeit solcher Unterscheidung heraus konnte sie am Ende des Erschließungsprozesses selbst eine sprachliche Synthese leisten, in welcher mathematische Fachsprache und pragmatisch gelingende, intuitiv realisierte Sicht auf das Ganze des Sachzusammenhangs nicht mehr im Widerspruch zueinander stehen. Diese zunächst sprachliche Synthese der beiden, jeweils formal respektive material verfassten Seiten des Problems der Aufgabe stellt aber nun in logisch-pragmatischer Hinsicht eine kategoriale Synthese in dem von Klafki entworfenen Sinne dar. Indem die Schülerin nämlich ohne längeren zeitlichen Übergang fähig ist, nicht nur das erste, sondern sogar noch ein weiteres, zwar insgesamt komplexeres, aber im Kern analog konstituiertes Problem selbstständig zu lösen, hat sie die intuitive Realisierung einer kategorial neuen Sicht auf quantitativ bestimmte Sachzusammenhänge unter Beweis gestellt.

Umso interessanter erscheint nun die Frage nach der Spezifik des Vorgehens, wie es durch den Lehrer in diesem Fall realisiert wird. Unter solcher Perspektive geht es um das grundlegende Problem, die Verfasstheit von Lehr- und Lernprozessen, welche in ihrem Wesen als Bildungsprozesse bestimmbar sind, in pragmatischer Hinsicht zu charakterisieren. Hierbei ist die zweite Fallrekonstruktion besonders interessant, weil in ihrem Rahmen der in der ersten als Problem sichtbar gewordene allgemeine pädagogische Bezug kein Grundproblem bezüglich pragmatischen Verstehens aufweist und sich somit die Frage nach der didaktischen Spezifik des Vorgehens immanent stellt.

Bei genauerer Betrachtung werden hier nun zwei Momente unterscheidbar. Zum einen ging die Initiative für eine Thematisierung ganz besonderer mathematischer Aufgaben von der Schülerin aus. Sie hatte vorab ein besonderes Interesse an einer gewissen Sorte von Aufgaben, prinzipiell ging es ihr um den Versuch einer Bewährung des eigenen Wissens und Könnens in einem Kontext von überschaubarer Ungewissheit. Deshalb konnte evidenterweise von einem konkreten Arbeitsbündnis zwischen der Jugendlichen und ihrem erwachsenen Verwandten ausgegangen werden.

Zum anderen aber ergriff auch der Erwachsene insofern die Initiative, als er sein Wirken nicht auf ein formales Abarbeiten von Mathematikaufgaben nach feststehendem Lösungsplan beschränkte, sondern auf ganz spezifische Weise seine Initiative in den Interaktionskontext einbrachte.

Somit kamen zwei prinzipiell unterscheidbare Momente in ein und demselben sozialen Kontext zusammen: Eine Schülerin wollte sich in ihrer frei verfügbaren Zeit auf einen bevorstehenden schriftlichen Test im Rahmen schulischen Mathematikunterrichts vorbereiten, und ein offenbar mathematisch interessierter Erwachsener wurde insofern spontan pädagogisch tätig, als er sich nicht mit diesem engen, alltagspraktisch motivierten Rahmen zufrieden gab. Im Unterschied zur ersten Fallrekonstruktion war hier also von vornherein nicht die soziale Verstehensgestalt einer Beziehung zum Gegenstand als Problem thematisch, sondern eine Sache selbst wurde auf der Grundlage von Neugier, deren pragmatische Verfasstheit noch näher zu charakterisieren sein wird, der Gegenstand einer unmittelbaren Problemwahrnehmung.

Dadurch, dass die pragmatische Konstituierung des Problemlösungsprozesses kein prinzipielles Problem darstellte, könnte die Vermutung entstehen, der gesamte Interaktionszusammenhang sei in Bezug auf sein pädagogisches Gelingen unbedenklich. Einzelne seiner Teile zeigen nun aber deutlich die Krisenhaftigkeit des Geschehens auf, und in der Rekonstruktion entsprechender Strukturmomente wurde deutlich, dass deren jeweilige Auflösung im konkret konstituierten sozialen Kontext durch pragmatisch spezifische, sowohl sach- als auch sozialbezogene Handlungsoptionen erst realisiert wurde.

Diese Konstellationen lassen sich folgendermaßen resümieren: Indem der Erwachsene eine Aufgabe zum Gegenstand macht, die von der

Schülerin nicht ohne weiteres gelöst werden kann, sprengt er den sozialen Rahmen jener Erwartungen, auf welchen das Arbeitsbündnis zwischen ihm und der Schülerin beruhte. Damit bringt er seine jugendliche Verwandte im Rahmen eines Lehr-Lern-Kontextes bewusst oder unbewusst in eine Situation, in der sie mit einem Gegenstand überfordert ist. Deshalb muss er in der weiteren Folge der Interaktionen auch die Verantwortung dafür tragen, dass entsprechende Komplikationen aufgelöst werden. Gelänge ihm dieses nicht, so hätte er wohl zu einem nicht unmaßgeblichen Teil jenes Vertrauen, welches die Schülerin in ihn und seine Fachkompetenz gesetzt hatte, als sie ihn um Hilfe ersuchte, verspielt. Insofern befindet auch er sich in einer Situation, in welcher die Beziehung zu seiner Verwandten – zumindest aber seine Selbstachtung – auf dem Spiel steht.

In zunächst hypothetischer Übertragung auf die pragmatische Konstellation von Lehrern handelt es sich dabei – bezogen auf die Entwicklung von Professionalität im Rahmen einer Berufsbiographie – um eine Situation mit Prüfungscharakter, um eine konkret konstituierte und somit spezifische Ernstsituation. Durch diesen Ernstcharakter wird eine spezifische Spannung zwischen der Perspektive des Erwachsenen als Fachmann auf mathematischem Gebiet und einer Thematisierung des Gegenstandes unter jenem Bildungsanspruch konstituiert, den er selbst in den sozialen Kontext eingebracht hat. Somit ist es diese Spannung, welche für eine Lehrtätigkeit, wie sie sich heute in den festen curricularen Rahmenbedingungen institutionalisierter schulischer Praxis zu realisieren hat, nicht selbstverständlich zu sein scheint.

Dementsprechend verwickelt gestaltet sich die Interaktion an jener Stelle, da die Prädikationskrise der Schülerin in einer Äußerung von Nichtverstehen in sozialer Hinsicht kulminiert und der Erwachsene sich genötigt sieht, konkrete CDs in den Kontext der Problemlösung einzuführen. Mit dieser Handlung gelingt es ihm nun nicht nur, den konkreten Interaktionsrahmen im Sinne eines Arbeitsbündnisses zu bewahren, sondern er vermag zudem noch die sachlichen Voraussetzungen für einen selbständigen Erkenntnisprozess auf Seiten der Schülerin zu legen, indem er ein medial repräsentiertes Modell des Sachzusammenhangs in den pragmatischen Zusammenhang einbringt, welches es der Lernenden ermöglicht, zwischen der Sprache ihrer Problemlösung und der Objektsprache des Sachzusammenhangs zu differenzieren.

Strukturell hat man es hier also mit einem Prozess zu tun, der am Anfang durch sein in pragmatischer Hinsicht zwangloses Zustandekommen charakterisiert ist, in seinem weiteren Verlauf aber eine krisenhafte Ausprägung erfährt und aus sehr spezifischen Gründen nicht abgebrochen wird. Aufseiten der Schülerin wären hier wohl die jenem institutionalisierten Kontext entstammenden Erwartungen zu nennen, durch dessen allgemeine und verbindliche soziale Wirksamkeit das Zustandekommen der Interaktionssequenz im weitesten Sinne motiviert ist. Aufseiten des Lehrers aber ist festzustellen, dass zwei prinzipiell widersprüchliche Arten von Motivierung in eine konkrete Vermittlung eingetreten sein müssen: Zum einen bringt er als fachlich Gebildeter die Sache in ihrer Kompliziertheit und somit in einer sowohl anregenden, als auch erschließungsbedürftigen Gestalt ins bereits konstituierte Gespräch ein. Dies verweist auf Ziele gesellschaftlicher Vermittlung dieser Sache. Zum anderen aber wird er spontan kreativ beim Versuch, die bereits wahrnehmbar gewordenen Fähigkeiten der Schülerin in maximalistischer Weise auf ihre Möglichkeiten und Grenzen hin zu befragen. Dabei gerät er mit möglichen Grenzen der Vermittlung an seine eigenen Grenzen. Letztere Seite seiner latenten Intentionalität ist zwar nicht ohne Weiteres in Begriffe institutionalisierter Praxis zu bringen, zumindest wird hier aber deutlich, dass es sich mit einem „Habitus von Erfahrungshunger" um eine Gesamtgestalt von Ich-Welt-Beziehung handeln muss, die sich wohl noch am ehesten durch professionelle Habitus künstlerischer oder wissenschaftlicher Praxis und entsprechend in bildungstheoretischen Begriffen fassen lässt.

Was hier an noch unerklärtem Rest im skizzierten theoretischen Rahmen pragmatischen Verstehens verbleibt, ist die Spezifik seiner kreativen Intervention. Diese kann nur als didaktische bezeichnet werden. Im Unterschied zu allgemeinen Konzepten didaktischer Diskurse ist dabei jedoch deren hochgradige Elaboriertheit sowohl in Bezug auf den Gegenstand der eingebrachten Aufgabe als auch in der Beziehung zum Lernenden zu betonen. Zur sich aufdrängenden Frage nach einer möglichen Konstitution entsprechenden Potentials siehe 5.1. im Zusammenhang mit dem Umstand, dass Aufgaben insofern spezifischer sind als Gegenstände, als sie an letztere Fragen zu stellen vermögen, und dass umgekehrt Gegenstände in der Allgemeinheit einer vorgegebenen Gestalt in pragmatischer Hinsicht prinzipiell bestimmungsbedürftig sind. Zur Analyse des fallspezifischen Gegenstandes mag hier auf 3.1. hingewiesen sein. Insgesamt lässt sich aber festhalten, dass zu einem Verständnis dieses Restes die spezifische Beziehung didaktischer und ethischer Konstellationen im größeren Rahmen der gleichermaßen sachlichen wie sozialen Konstitution von Interaktionsfolgen, welche durch entsprechende Merkmale von Dialogizität ausgezeichnet sind, tiefer zu analysieren wäre.

Vergleicht man die Ergebnisse der dritten Fallrekonstruktion, die sich auf die konkreten Bedingungen pragmatischen Nichtverstehens im Rahmen schulischen Mathematikunterrichts beziehen, mit denen der ersten und vor allem der zweiten, so ist erneut die sachliche von der sozialen Dimension des entsprechenden Lehr-Lern-Geschehens zu unterscheiden. In sachlicher Hinsicht bezieht sich das Geschehen auf einen Gegenstand, der – dies wurde in 4.1. aufgezeigt – hinsichtlich sprachpragmatischen Verstehens sehr anspruchsvoll ist. Die Initiative, in welcher sich ein entsprechender Anspruch manifestiert, geht hier auf die Lehrerin zurück. Sie bringt am Anfang der Stunde jenes Erkenntnisproblem in Gestalt einer Frage zur Sprache, auf welches ein Schüler zunächst ambivalent und somit implizit problemadäquat reagiert, das im Verlauf des Geschehens dann allerdings nicht tiefgreifend thematisiert wird. Im Unterschied zur zweiten Fallrekonstruktion sind es nun aber zwei Schüler, die einen spezifischen Anspruch pragmatischen Verstehens in den Unterricht einbringen und im Verlauf der Interaktionen einige Zeit an ihm festhalten. Der Lehrerin dagegen sind in ihrer Auseinandersetzung mit der Sache Grenzen gesetzt, die sich in sozialer und in sachlicher Hinsicht auf je unterschiedliche Weise manifestieren.

In sachlicher Hinsicht wird deutlich, dass die Lehrerin die von ihr selbst eingebrachte Frage nicht in ihrer ganzen logischen Tiefe versteht. Das verweist zumindest auf ihre Ausbildung bzw. auf das entsprechende schulische Curriculum. Dennoch hatte sie im Unterrichtsverlauf versucht, den Fragen der Schüler nachzugehen. Der Horizont dessen war jedoch ein vorstrukturiertes Ergebnis im Sinne von Lehrbuch-Wissen, welches der Tiefenstruktur des Gegenstands nicht adäquat ist. Hätte die Lehrerin nun ernsthaft versucht, den Fragen der Schüler nachzugehen, wäre sie höchstwahrscheinlich, ähnlich dem Erwachsenen im zuvor analysierten Fall, in eine potentiell krisenhafte Situation geraten. Demgegenüber half ihr die Planung der Unterrichtsstunde wie des Curriculums insgesamt, eine solche Krise von vornherein dadurch zu vermeiden, dass thematisch gebundene Zielformeln den im Unterricht zu realisierenden Wissenshorizont begrenzen. Zur impliziten Legitimation solcher Begrenzung aber dienen ihr jene Schüler, die den Unterrichtsgegenstand sowohl in sachlicher als auch in sozialer Hinsicht nicht verstehen und deshalb vorgeblich vor zu hohen Anforderungen geschützt werden müssen. Auf diese Schüler ist die alltagsbezogene Motivierung einzelner Schritte bei der Darstellung des Gegenstandes im Unterricht zugeschnitten; und ihr Einverständnis (bzw. das Einverständnis ihrer Eltern...) mit dem Vorgehen insgesamt bildet letztlich die Legitimationsbasis für eine Entfaltung des Gegenstandes in Kategorien des äußerlichen, nur rechnenden Umgangs mit ihm.

In sozialer Hinsicht gerät die Lehrerin dadurch in eine potentiell krisenhafte Situation, dass einer der Schüler, die im Unterricht zeitweise ein Bildungsinteresse an den Tag legen, die festen Regeln der Unterrichtsgestaltung – in erster Linie die Asymmetrie der pragmatischen Situation eines Unterrichtsgesprächs – zumindest implizit in Frage stellt. Auf solche Weise sieht sich die Lehrerin zur Wahrung ihrer Autorität genötigt. Indem sie den entsprechenden Schüler mittels einer auf spezifische Weise ausgedrückten sozialen Anerkennung wieder ins Unterrichtsgeschehen einbindet, bearbeitet sie eher ein soziales als ein sachliches Problem. Ihre soziale Reputation als Spezialist in der Sache wird dadurch gewahrt, dass sie nach dem Vorbild einer Darstellung des Gegenstandes im Lehrbuch einen Lernhorizont für die Klasse als Ganze konstituiert, der zum einen aufgabenförmig und zum anderen auf jene Schüler zugeschnitten ist, die an den Gegenstand keine Fragen in sachlicher Hinsicht haben.

Zu betonen ist hier wieder die fallspezifische Widersprüchlichkeit von Sach- und Sozialdimension der Reaktionen der Lehrerin in beiden analysierten Situationen. In der ersten ist die soziale Dimension insofern kein Problem, als sie lediglich einen Witz macht und auf diese Weise versucht, einen Schüler, der aus ihrer Sicht sachlich ganz falsch liegt, aus seiner falschen Sichtweise herauszuholen. Würde der Schüler erkennen, dass diese seine Sicht dem Gegenstand tatsächlich nicht angemessen wäre, so wäre das Ganze kein Problem, und er könnte mitlachen. Das pragmatische Misslingen liegt hier also – wie bereits erörtert – in der das Problem zunächst verkürzenden und später gänzlich entsorgenden Sachperspektive der Lehrerin. Dass sich das Problem des Gegenstandes jedoch nicht so leicht entsorgen lässt, zeigen die sich in der Folge entspinnenden Interaktionen zweier Schüler. Insofern lässt sich sagen, dass der Gegenstand „in einer spezifischen Fachöffentlichkeit" nach wie vor (latent) thematisch ist.

Dieser Umstand aber wird nur dann deutlich, wenn zuvor das Sachproblem des Gegenstandes in der ganzen Tiefe seiner logischen Konstitution rekonstruiert wurde. Deshalb erscheint es eher verwunderlich, dass die Schüler überhaupt etwas vom faulen Zauber der vorgeblichen, aber nicht wirklichen Erschließung des Gegenstands ahnen. Wie ist das zu verstehen? Handelt es sich um Hochbegabte, die als solche manchmal bereits schlechthin als mögliches Problem gelingenden Unterrichts angesehen werden, weil ihre spezifische Sachkompetenz nicht mit einer „allgemeinen Sozialkompetenz" in Einklang zu bringen ist?

In einer Perspektive kategorialer Bildung, deren Gelingen, wie die vorherige Rekonstruktion gezeigt hat, in einer kontextspezifischen Synthese formal und material bestimmter Strukturproblematik antizipierbar ist, müssen in pragmatischer Hinsicht auch jene Strukturmomente aufgehoben sein, welche durch die logischen Bestimmungen der Konsistenz ihre spezifische Gelingensgestalt gewinnen. Wenn aber dem materialen

Problem gegenüber offene Schüler einen Gestaltbruch in der Darstellung der Sache ahnen, sind sie unbewusst mit einer Entscheidung der Art konfrontiert, wie sie oben durch den Unterschied zwischen einer als pragmatisch sinnvoll zu antizipierenden Gestalt und der als Unverständlichkeit erscheinenden Unbestimmtheit als Verstehensproblem in pragmatischer Hinsicht qualifiziert wurde. Hier ist Gelingen nur dahingehend möglich, dass Unbestimmtheit eine Bestimmung als Unsinn erfährt; anderenfalls stünde die Konsistenz der Ich-Welt-Beziehung in ihrer Gesamtgestalt zur Disposition.

Insofern wird einerseits die Hartnäckigkeit „betroffener Schüler" nachvollziehbar, andererseits aber auch die ganze Krisenhaftigkeit der empirischen Konstellation des Unterrichts. Im Falle einer gestalttypischen Unverständlichkeit thematisierter Gegenstände hängt also ein an der Oberfläche der Sachdimension wahrnehmbares soziales Gelingen der Veranstaltung ganz an der Möglichkeit, entsprechende sachbezogene Irritationen auszublenden. Im Sinne der für die Fallrekonstruktion einer Problemerschließung im therapeutischen Kontext gefundenen begrifflichen Formel – siehe 2. Kapitel – wäre hier festzuhalten, dass die Einheit von Sozial- und Sachdimension nicht an den Möglichkeiten der Schüler scheitert, eine gelingende Beziehung zum Gegenstand zu realisieren, an ihrem Verstehen in sozialer Hinsicht also, sondern an dem gleichermaßen sachlich wie sozial bestimmbaren Scheitern einer auf tiefgehender Erschließung begründeten Beziehung der Lehrerin zum Gegenstand. In der Konsequenz dessen sind dann weitere Probleme sozialen Nichtverstehens auf Schülerseite antizipierbar, die sich als geahntes Verstehen des eigenen Nichtverstehens in sachlicher Hinsicht vergegenwärtigen lassen.

Von hier aus wird die kontrastive Grundgestalt des in der zweiten Fallrekonstruktion sichtbar gewordenen Lehrerhandelns in ihrer ganzen Spezifik deutlich. Wenn der entscheidende Unterschied zwischen den in beiden Fällen rekonstruierten sozialen Sinnstrukturen in der grundsätzlichen Beziehung der jeweiligen Lehrer zu den thematisierten Gegenständen besteht, dann hätten nicht nur schulpädagogische, sondern auch unterrichtstheoretische Versuche, das Problem weiter zu denken, an dieser Stelle anzusetzen. In Bezug auf das bildungstheoretische Konzept pragmatischen Verstehens kann in dieser Hinsicht – vgl. dazu die strukturtheoretische Bestimmung am Ende von 5.2. – zumindest festgestellt werden, dass reziprok zu dem zu rekonstruierenden Nichtverstehen von Schülern, wie es zum Ausgangspunkt der Überlegungen im Rahmen der vorliegenden Arbeit gemacht wurde, auf Lehrerseite ein Verstehen bzw. Nichtverstehen fraglich wird, welches nicht nur in Beziehung zum Gegenstand zu sehen ist, sondern auch als für entsprechende Gelingenserwartungen typisches in der Möglichkeit einer Antizipation des Scheiterns pragmatischen Verstehens auf Schülerseite notwendig thematisch wird, und zwar sowohl in sachlicher als auch sozialer Hinsicht. Der Fokus entsprechender Fallrekonstruktionen hätte also auf allgemeinen (pragmatischen) Aspekten individueller Lernprozesse, sofern in ihnen die unter einer Bildungsperspektive unvermeidlichen Verstehensprobleme strukturkonstitutiv sind, sowie im Zusammenhang damit auf der für die Lehrgegenstände spezifischen didaktischen Perspektive zu liegen, wie sie für Aufgabenanalysen auf pragmatischer Grundlage typisch ist. Diesbezüglich scheint kein Weg an der Rekonstruktion von Bildungsproblemen über eine materiale und formale Erschließung der Tiefenstruktur entsprechender Gegenstände vorbei zu führen.

Anhang

1. Transkript zum zweiten Kapitel

Bruchköbel, am 11.02.2005, 16.30-16.50 Uhr. (Lerntherapeutischer Kontext.)

„Welche Wassermenge liefert eine Heilquelle a) täglich, b) monatlich, c) jährlich bei einer Ausschüttung von 200 hl pro Stunde?" (Die Aufgabe liegt in schriftlicher Form vor.)

L: Band läuft. Ja, ich sag mal, fünf Minuten sollte jeder selber nachdenken und versuchen das zu lösen, die Lösung aufzuschreiben, okay?
(15sec.)
S1: Ha ell. (Lachen)
L: Ha el, ha ell, also die Kette kann nicht gemeint sein, nee? In Frankfurt gibt's sone Supermärkte.
S1: Hundert Meter vielleicht.
L: Ich hab die och vor mir hier, ha ell, weißt du was ha ell ist, S2?
S2: (Lachen)
L: Nee? Aber ell is doch...
S1: Liter!
L: Liter, genau Liter. Und ha davor ist so was wie bei Metern, irgendwie so Zusatz, ne, vielleicht Kilometer, gibt's ja, und ha heißt hecto, Hectoliter.
S1: Ah.
L: Kennt ihr das?
S2: Ja.
L: Und hecto ist wirklich das Hundertfache. Ein Hektoliter sind hundert Liter.
S1: Also sind zweihundert Hektoliter äh eintausend äh Liter? Oder nicht? (Lachen)
L: Ah, jetzt die nächste Frage. Zweihundert Hektoliter. Also ich hab hier n Zettel
S2: Können wir nicht einfach Liter hinschreiben?
L: Na, die Aufgabe ist erstmal gegeben, denn wenn du das umrechnen kannst, die Hektoliter in Liter, dann klar, dann spricht da nix dagegen. Aber ist das deine Frage gewesen?

S2: Nee, ich wollt, ach so.
S1: Nee, nein, ich wollt eigentlich einfach nur wissen wie viel 200 Hektoliter in Liter sind.
L: Na das Hundertfache. Oder?
S1: Also zweitausend.
L: Zweitausend ist das das hundertfache von zweihundert?
S1: Nein, zwanzigtausend.
L: Zwanzigtausend ist das hundertfache, genau.
S1: Gut.
(4sec)
L: Noch Fragen? S2?
S2: mhmh.
L: Nee. Gut.
(17 sec.)
S2: Können wir uns doch eigentlich einfach aussuchen, oder? Können wir doch auch raten, sozusagen.
L: Tja, irgendwas, wenn du radest, wenn du das richtig rätst, hast du Glück gehabt, wenn du falsch geraten hast, hast du Pech gehabt. Das ist jetzt natürlich **deine** Strategie, so entscheidest du dich selbst. Wie machst dus sonst immer...
S1: Is aber ganz schön blöd die Aufgabe.
L: im Matheunterricht, oder im Leben? Was ist das für eine Aufgabe?
S2: Ne blöde Aufgabe.
L: Ne blöde Aufgabe (lachen) äh, vierte Klasse.
S2: hm
S1: Na ja, für uns eher, glaub ich, elfte Klasse. (Lachen)
L: Aber bin ganz deiner Meinung. Is ne Aufgabe, die ist boah.
S1: Aja, dann müssens Wunderkinder sein, vierte Klasse, sone blöden.
L: Aja, aber wir sind zu dritt, das ist unser Vorteil. Also ich sehe ihr beide, sozusagen, habt noch nicht angefangen, ja, zu rechen.
S1: Nee.
L: Hats irgend n Sinn, S2, oder S1, hast du irgend ne Idee?
S1: Des is S2 (lachen)
L: (Lachen) Dankeschön (lachen). S2, also so zu raten, weiß ich nicht. Hast du irgend eine Idee.
S2: Na da muss man ja nichts mehr selbst rechen, da steht ja a, be oder ce. Kann man ja einfach ankreuzen.
L: Na dann guck mal, dann mach, genau, mach sozusagen was du für richtig hälst. Und S1 du machst auch was du für richtig hälst. Eine Minute Zeit, ja? In ner Minute reden wir dann.
(10 sec.)

S1: Aber das ist ja scheiß, äh, ist ja blöd, wenn ich jetzt ein, welche Wassermenge liefert eine Heilquelle jährlich bei einer Ausschüttung von zweihundert Hektoliter
S2: Also, das heißt dann eher pro Stunde, also täglich, monatlich, jährlich?
S1: Genau. Ja aber das ist ja doof, weil hier steht ja nur zweihundert Hektoliter **pro Stunde**. Und man weiß ja nicht wie viel jährlich. Da müssen wir dann
L: mhmh
S1: tausend mal rechen bis dann auf eine, bis wir dann jährlich kommen oder täglich oder monatlich.
L: Ja, das ist ne Matheaufgabe. Tausend mal rechnen würde viel zu lange dauern, aber gut, das versteh ich. Und du, ähm S2, verstehst gar nicht was hier los ist. Denkst sozusagen man muss sich entscheiden, a oder be oder ce.
S2: Ja, ich würd schon sagen ...
L: Wer wird Millionär, welche Antwort ist richtig, a, be oder ce?
S2: mhmh
L: Dann kreuz an, was das richtige ist.
S1: Also das heißt also wenn ich jetzt ähm a täglich, welche Wassermenge liefert eine Heilquelle täglich bei einer Ausschüttung von zweihundert Hektoliter pro Stunde oder heißt das, gehört das nur dann zu der ce?
S2: Ja.
L: Aha.
S1: Die ist unlogisch, die Aufgabe.
S2: Da hätte man einen Punkt machen sollen und dann danach groß schreiben.
L: Okay, also eigentlich sind das mehrere Aufgaben.
S1: Das sind vier, fünf, sechs Aufgaben.
S2: Stimmt.
L: Dann machen wir jetzt erst mal eine Aufgabe draus, eine Aufgabe S2, mach mal eine Aufgabe draus, die du verstehst.
S2: Äh, ja, also ce ist pro, pro Stunde werden zweihundert ha ell, ähm also rausgetan.
L: hmhm
S2: Und dann, ja, wie viel sind täglich, da muss man erst mal zusammenrechnen, vierundzwanzig mal zweihundert würd ich jetzt sagen.
L: Wie viel wird täglich, ja, was?
S2: Und dann noch geteilt durch

L: rausgetan meinste? Bleiben wir jetzt noch bei der Frage. Das wäre jetzt sozusagen ich sag mal Frage a. Aufgabe a.
S1: Hmhm.
L: Aufgabe a. Kannst du die versuchen noch mal in einen Satz zu formulieren? Die Aufgabe?
S2: Ja wie viel, wie viel Liter, also ha ell, werden...
L: Aber das ist ja kein Satz!
S2: ausgeschüttet.
L: Okay. Wunderbar. Siehst du die gleiche Frage, S1, in dieser Aufgabe?
S1: Ja.
L: Gut, dann ist das die erste Aufgabe, sozusagen Aufgabe a, nennen wir sie mal Aufgabe a. Damit starten wir jetzt, fünf Minuten zum Rechen.
(54 sec.)

2. Transkript zum dritten Kapitel

Sonntag, der 22.02.04 zwischen 13 und 14 Uhr, Berlin.

Ein Verwandter übt mit zwei Mädchen (12 und 9 Jahre alt) für bevorstehende Leistungsüberprüfungen in der Schule (für einen Mathematiktest zu Ungleichungen und Sachrechnen mit der älteren, für ein thematisch gebundenes Diktat auf der Basis von Lexik aus dem Übungsheft mit der jüngeren). Als bei einer Mathematikaufgabe sachliche Schwierigkeiten zu verzeichnen sind, schaltet er ein Aufnahmegerät ein.

S: Läuft's jetzt?
L: Das läuft. Fangen wir an.
S: Hm.
L: Also, Paul und Lena haben CDs, hm, zusammen dreißig. Lena hat sechs CDs mehr als Paul. Und dazu eine Frage formuliert: Wieviele CDs hat jeder?
S: [ein Wort unverständlich] Ell [mehrere Worte unverständlich].
L: Tja, nun sind wir bei dem komischen Ix. Also Ell ist klar.
S: Ja.
L: Das haste dir gut ausgedacht. Ell ist Lena, ist das der Name von Lena, oder was ist Ell?
S: Ja.
L: Der Name von Lena?

S: Ja.
L: Einfach nur ein Buchstabe, also Ell-Punkt. Und Peh ist Paul.
S: [gleichzeitig mit der gleichlautenden Phrase von L.] Paul.
L: Und was ist Ix?
S: Die CDs, hm.
L: Wie, die CDs, welche CDs?
S: Na ja, [eine Sekunde Pause] die Lena mehr hat.
L: Die Lena mehr hat. Schreib mal auf, irgendwohin! Ix gleich...
S: Die Lena mehr hat.
L: die Lena mehr hat, hmhm. Ell ist'ne Person, ein Mädchen, und Peh...
S: Ja.
L: ist auch'ne Person.
S: Ja.
L: Das ist ein Junge. Und Ix, ist das auch'ne Person, oder?
S: Nein, das sind die CDs [ein Wort unverständlich].
L: Die CDs?
S: Die Lena mehr hat!
L: Ach, Ix sind CDs.
S: Ja.
L: Also man hat jetzt hier zwei Menschen und CDs.
S: Ja.
L: Und weisst du auch, wieviele CDs? Weil CDs sind's ja immer mehrere, ist ja nicht nur eine CD.
S: Na, na ja dreißig.
L: Dreißig CDs. Na dann schreib mal auf. Das sind also die CDs, statt die CDs könntest du also auch schreiben dreißig CDs.
S: Na, aber dreißig CDs, die Lena mehr hat?
L: Also das ist nicht damit gemeint, hm.
S: Ja.
L: Was meinst'n da?
S: Na, die sechs CDs.
L: Die sechs CDs. Dann schreib mal hin: die sechs CDs, die sie mehr hat. Und was ist hier oben Ix, was bedeutet das da? Was sind das da, sind das auch CDs? Bei der Ungleichung?
S: Nein, das weiß man ja nicht.
L: Weiß man nicht, aber was iss'n das da, Ix?
S: Das größer was...
L: Das ist'n Buchstabe, nh, der drittletzte Buchstabe vom Alphabet.
S: Ja.
L: Und bedeutet der auch was?
S: Nein. Den weiß man ja nicht was...

L: Der bedeutet noch nicht mal x, xyz-ksüts bedeutet der noch nicht mal. Aber irgendwas muss der doch bedeuten, sonst würde man das doch nicht hinschreiben, man schreibt doch nicht irgendwelchen Quatsch dahin!
S: Na ja, man muss eben herausfinden, das der, was der heißen soll.
L: Hm, was denn zum Beispiel? Hast du dafür mal...
S: Na, neun.
L: Neun zum Beispiel. Aha, was iss'n neun? Ist das'ne Person, oder sind das CDs? Oder ist das...
S: Nein, das ist'ne Zahl...
L: 'ne Zahl! Aha! Ne-neun ist'ne Zahl, und was für'ne Zahl könnte da noch stehen?
S: Zehn.
L: Zehn, aha, also alle die, die du hier unten hingeschrieben hast, also alle, die größer sind als acht.
S: Ja.
L: Und du hast es sogar so aufgeschrieben, mit so'nem komischen Intervall, von acht, alle Zahlen von acht bis unendlich. Und siebzehn Halbe zum Beispiel mit dabei und einundvierzig Fünftel ist dabei, aber vierzig Fünftel ist nicht mehr mit dabei, also Ix kann nicht vierzig Fünftel sein, aber einundvierzig Fünftel kann es sein.
S: Ja.
L: Also Ix ist'ne Zahl. Und was ist Ix hier? Ist das Ix hier auch'ne Zahl, oder ist es was anderes?
S: Es ist auch'ne Zahl.
L: Auch'ne Zahl, genau. Und, welche Zahl?
S: Äh, sechs.
L: Genau, Ix gleich sechs! Also das, was du hier hingeschrieben hast, bedeutet einfach Ix gleich sechs. Ix gleich sechs. Insofern, hast du's eigentlich schon gelöst, oder? [eine Sekunde Pause] Also Ix hast du jetzt ausgerechnet...
S: Hähä, ja.
L: Aber hat das was mit deiner Frage zu tun? Die du gestellt hast? [zwei Sekunden Pause] Aber kannst du die Frage jetzt beantworten?
S: Nein.
L: Denn das Ix hast du ja jetzt ausgerechnet.
S: Trotzdem kann ich die Frage nicht...
L: Genau. [Unverständlich] also sogar, das Ix hat, sozusagen, mit der Frage erstmal noch nichts zu tun. [zwei Sekunden Pause] Dann sollten wir weiter überlegen. [Räuspert sich] Können wir uns vielleicht mit Ell und Peh noch irgendwas behelfen? [zwei Sekunden Pause] Ell, denn hier steht Ell ist gleich Lena?

S: [eine Sekunde Pause] Ell ist eben Lena.
L: Ell ist die Person Lena, und Peh ist die Person Paul.
S: Ja.
L: Hat das was mit CDs zu tun?
S: Nein.
L: Eigentlich nicht, ne. Also haben wir's hier'n bisschen komisch festgelegt, Ell ist gleich Lena...
S: Na ja, aber...
L: Kann man ja schreiben, aber, ist ja gar keine Zahl, Ell ist ja gar keine Zahl, ne, man hat ja hier mit Ell irgendwie gerechnet, ne, hier unten. Wenn da ein Gleichheitszeichen steht, dann hat das ja irgendwas mit'ner Rechnung zu tun, und wenn das aber nun 'ne Person ist, dann müsste man ja auch mit'ner Person rechnen, also: "Lena, geh mal aus'm Zimmer raus", erst war Lena da, jetzt ist sie nicht mehr da, jetzt kann man nicht mehr mit ihr rechnen, jetzt ist sie draußen.
S: Na man könnte ja irgendwie'ne Gleichung aufstellen...
L: Aber, das ist jetzt die Frage...
S: Aber Ell plus Peh sind ja dreißig!
L: Ach Ell plus Peh sind dreißig? Was bedeutet'n das?
S: Na, dass die beiden zusammen dreißig haben.
L: Ach, dass beide zusammen dreißig haben. Aber, wenn du das mal wörtlich nehmen würdest, Ell plus Peh gleich Liebe, oder so, das ist ja ganz ganz was anderes.
S: Aber Lena plus Paul sind dreißig CDs.
L: Was ist'n plus?
S: Lena und Paul haben dreißig CDs!
L: Haben CDs. Aha, und was ist dann Ell? [eine Sekunde Pause] Ist das Lena, oder hat das irgendwas mit Lenas CDs zu tun?
S: Mit Lena!
L: Ell ist Lena? Also Ell ist der Anfangsbuchstabe von Lena, und wenn...
S: Ja!
L: du das schreibst, Ell gleich Lena, dann ist das doch die Person, aber die Person hat CDs, aber die hat ja auch Kuscheltiere, und die hat ja auch...
S: Aber darum geht's hier gar nicht.
L: Darum geht's hier gar nicht, genau. Also müssten wir wahrscheinlich, [ein Wort unverständlich] also Ell gleich Lena, das ist'n bisschen zu wenig, ne, [eine Sekunde Pause] was hat'n das mit Lena zu tun, dieses Ell, wenn da steht Ell plus Peh gleich dreißig, dann hat das doch was ganz Bestimmtes mit Lena zu tun. Dann ist das doch

nicht Lena als Ganzer, als ganze Person mit ihrer Mutter und, ähm, dem Hund ihrer Schwester oder so, sondern, äh, der Katze ihrer Oma, sondern Ell ist gleich, was'n von Lena? Alles, von ihr?
S: Die CDs.
L: Ach die CDs von Lena. Genau, dann schreiben wir das mal auf. Schreib mal das hier'n bisschen auf. Ell ist gleich? [fünf Sekunden Pause] Also ist Ell jetzt nicht mehr'ne Person, sondern Ell sind jetzt CDs.
S: Ja.
L: Das ist immer noch keine Zahl, Ell.
S: Na, die muss ich ja erstmal ausrechnen.
L: Was ist denn gemeint? Hier oben hast du ja auch alles gehabt, erst war Ix, waren die CDs, und dann sind wir dazu gekommen, dass Ix gar nicht die CDs sind, sondern?
S: Sechs.
L: 'Ne Zahl, ne. Was iss'n das, sechs, was iss'n das für'ne Zahl?
S: Sechs? Was soll denn das...
L: Was hat denn das für'ne Bedeutung gehabt, wie biste denn darauf gekommen?
S: Na, weil die sechs CDs mehr hat.
L: Ach mehr, sechs CDs mehr, wie in der Aufgabe. Also, das war die Anzahl, ne, die, der CDs, die Lena mehr hat.
S: Ja.
L: Und hier, bei Ell?
S: Das sind auch die sechs CDs mehr.
L: Zum Beispiel. Könnten wir ja oder irgendwas sagen, das sind sozusagen die CDs, die Lena hat. Wenn man sie abzählt.
S: Ja.
L: Wenn man sie abzählt, dann kriegt man hier als Ergebnis, vom, vom Zählen?
S: Wie?
L: Also, ich hol hier mal die CDs aus'm Regal. Warte mal, wieviele CDs sind's jetzt, zähl mal.
S: Eins, zwei, drei, vier, fünf, sechs, sieben, acht, neun, zehn, elf. Elf.
L: Elf? Dann zähl mal nochmal, das können ja noch nicht alle sein, hier, [mehrere Worte unverständlich].
S: [mehrere Worte unverständlich] dreizehn, vierzehn, fünfzehn, sechzehn, siebzehn, achtzehn, neunzehn, zwanzig, [mehrere Worte unverständlich].
L: Sechsundzwanzig? Da fehlt noch was. Hier haste noch welche.
S: Siebenundzwanzig, achtundzwanzig.
L: Ohu!

S: Neunundzwanzig, dreißig.
L: Hier, noch eine! Steht ja noch im Regal.
S: Einunddreißig.
L: Einunddreißig? Noch mehr? [eine Sekunde Pause] Wie viele brauchst'n noch?
S: Na, gar keine mehr, ich hab ja schon alle.
L: Was iss'n mit der, willste die nich haben, gefällt die dir nicht?
S: Nein, das sind ja bloß...
L: Aha! dreißig, es geht ja nicht darum, ob einem sowas gefällt, sondern, warum nur die?
S: Nur die dreißig.
L: Die dreißig? Das ist die Anzahl der CDs, dreißig, weil es in der Aufgabe so, weil die Leute sich das so ausgedacht haben, ne. Wir wollen ja die Aufgabe lösen, von den Leuten, hat ja nischt mit unseren CDs zu tun, die hier im Regal stehen, das ist einfach noch'n bisschen was anderes, okay, und was ist das hier, Ell oder Peh, oder was ist das jetzt hier, was da auf'm Tisch steht?
S: Fh, das ist Ell plus Peh.
L: Ell plus Peh? Gut, und was ist jetzt Ell, und was ist Peh, von dem, was hier steht?
S: Na, weiß ich noch nicht.
L: Ach weiß ich noch nicht. Na okay, hm, also was steht da, Ell ist, das sind die CDs von Lena, und Peh?
S: Die CDs von Paul.
L: Gut, okay. [zwei Sekunden Pause] Was hast du jetzt hier gemacht? In der nächsten Zeile?
S: Na, ich hab, ich wollte...
L: Ach, das ist schon durchgestrichen, ne?
S: Ja.
L: Dann blätter mal vor, neue Seite, dann wollen wir nochmal neu überlegen. [fünf Sekunden Pause] [unverständlich] [sieben Sekunden Pause] Aus den umliegenden Dörfern strömt das Volk heran.
S2: Soll ich den ganzen Satz schreiben?
L: Hm, erstmal die erste Hälfte, ja?
S2: Ja.
L: Aus-den-um-lie-gen-den-Dörfern, [vier Sekunden Pause] strömt das Volk heran.
S2: [ein Wort unverständlich]
L: Pass auf, wir sind das Volk, ich bin Volker! [vier Sekunden Pause] Der Mensch, der das gesagt hat, heisst Müller, aber ist nicht unser Nachbar, wohnt in Marzahn, also wohnte in Marzahn, jetzt wohnt er woanders. Wollen wir mal aufschreiben, wie der Name geschrieben

wird, mein Freund Volker, ich zeig dir mal'ne Ansichtskarte, die der mir geschrieben hat, [sieben Sekunden Pause].
S2: Die kenn ich. [acht Sekunden Pause]
S: Jetzt hab ich's.
L: Jetzt hast du's?
S: Ja.
L: Oh, na dann erzähl mal.
S: Also. Wie vorhin, dreißig ist gleich Ell plus Peh, also das heißt, dass Lena und Paul zusammen dreißig CDs ha...
L: Genau! Klar, versteh ich.
S: Und, äh, dann überleg ich mir, nehmen wir erstmal sechs, was Ell wäre...
L: Jah.
S: Ell wäre ja die CDs von Paul plus sechs mehr.
L: Aha, weil Paul, und noch sechs dazu...
S: Das sind sechs...
L: ...dann kommt man auf die Anzahl von Lena.
S: [zeitgleich mit der gleichlautenden Phrase von L.] von Lena.
L: Genau.
S: Dann setz ich hier für das Ell in meiner Gleichung das Peh plus sechs ein. Also würde es heißen, dreißig ist gleich Peh plus sechs plus Peh.
L: Ach ja.
S: Dann mach ich, dann fassen wir die beiden Peh zusammen, das wären dann, also dreißig ist gleich zwei Peh plus sechs.
L: Ja.
S: Und dann weiter, so wie'ne normale Gleichung, minus sechs...
L: Da hab ich aber mal'ne Frage. Warum kann man denn das überhaupt machen, minus sechs? Also ich weiß es leider nicht, aber...
S: Nein, also. Also weil hier ein Plus steht...
L: Ja.
S: ...muss man immer die umgekehrte Rechenoperation nehmen...
L: Aha! Die Umkehroperation.
S: Ja.
L: Genau...
S: ...und dreißig, ich hab jetzt, ich hab jetzt hier nochmal die Zwischenschritte aufgeschrieben, also wir hatten dreißig minus sechs ist gleich zwei Peh, aber ich hab das gleich ausgerechnet, dreißig minus sechs...
L: Hm, jaja.
S: ...vierundzwanzig...
L: Genau.

S: ...hier...
L: Hmhm.
S: ...ist gleich zwei Peh.
L: Hm.
S: So, und weil hier eigentlich ein Mal stehen würde, aja, und nehmen wir auch wieder, und davon die umgekehrte Rechenoperation...
L: Ach, Klasse.
S: ...durch zwei.
L: Ja.
S: Vierundzwanzig durch zwei ist gleich Peh, und vierundzwanzig durch zwei ist zwölf, also zwölf ist gleich Peh.
L: Aha.
S: Aber da Lena mehr hat, müssen wir noch zwölf plus sechs, und das sind achtzehn, und das ist Lenas [ein Wort unverständlich] ...
L: Ell.
S: ...CDs.
L: Und zusammen isses tatsächlich dreißig.
S: Ja.
L: Klasse! Mensch, herzlichen Glückwunsch! Du hast die Testaufgabe bestanden

3. Schülernotizen zum dritten Kapitel

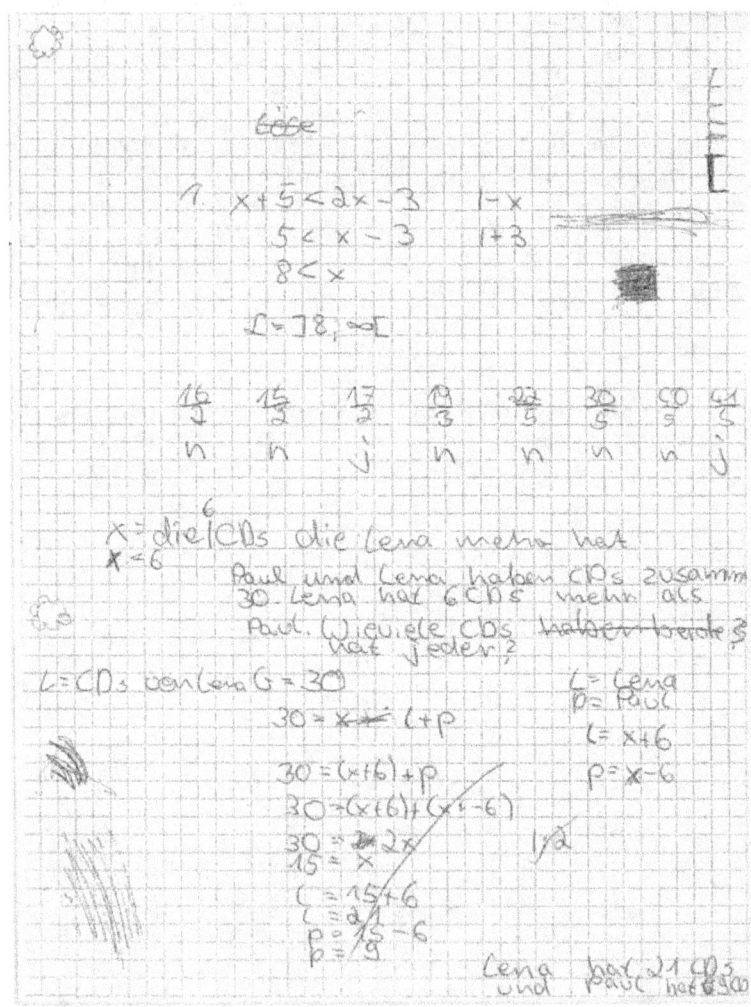

$G = 30$ L=CDs von Lena
                   p=CDs von Paul

$30 = L + p$ $L = p + 6$

$30 = p + 6 + p$
$30 = 2p + 6$ $|-6$
$24 = 2p$ $|:2$
$12 = p$
$12 + 6 = L$
$18 = L$

Lena hat 18 CDs und Paul 12!

Antwort: Es sind 14 grüne, 9 rote u. 7 blaue Tonnen.

Auf der Straße stehen Mülltonnen: Grüne, Rote, Blaue insgesamt 30. Es sind 5 grüne Tonnen mehr als rote, aber nur 2 rote mehr als blaue!

$G = 30$ g = grüne Müll.
$30 = g + r + b$ r = rote Müll.
$30 = r + 5 + r + r - 2$ b = blaue Müll.
$30 = 3r + 3$ $|-3$ $g = r + 5$
$27 = 3r$ $|:3$ $b = r - 2$
$9 = r$
$9 + 5 = g$ $14 = g$ $9 - 2 = 6$ $7 = b$

4. Skizze des Tafelbildes zum vierten Kapitel

Tafelbild der Stunde

1. Durch Erweitern auf Zehner, Hunderter... $\frac{2}{5} = \frac{4}{10} = 0{,}4$ $\frac{7}{8} = \frac{875}{1000} = 0{,}875$	Brüche werden zu Dezimalbrüchen durch Dividieren $\frac{7}{16} = 7:16 = 0{,}4375$ $\frac{70}{64}$ $\frac{60}{45}$ $\frac{120}{112}$ $\frac{80}{80}$ $\frac{0}{0}$ $\frac{21}{40} = 0{,}525$ abbrechende Dez. $\frac{5}{7} = 0{,}714285$ rein-periodisch $\frac{1}{3} \cdot 1:3 = 0{,}333...$ $\frac{10}{9} = 0{,}\overline{3}$ $\frac{10}{9}$ $\frac{9}{10}$ $\frac{2}{11}$	gemischt-periodisch $\frac{5}{6} = 0{,}8333...$ $= 0{,}8\overline{3}$ $\frac{9}{55} = 9:55 = 0{,}1\overline{63}$

5. Transkript zum vierten Kapitel (mit Lehrbuchauszug)

[Der Abdruck des folgenden Unterrichtstranskripts erfolgt mit freundlicher Genehmigung des Archivs für pädagogische Kasuistik Frankfurt; Namen wurden anonymisiert – Datensatz Nr. 1]

Unterrichtstranskript

Titel des Unterrichtstranskripts: **Mathematik, 6. Klasse, A-Kurs**

Signatur des Transkriptes: **Transkription einer Mathematikstunde** an einer Haupt- und Realschule in einer 6. Klasse
Fach: Mathematik
Stundenthema: Dezimalbrüche
Datum der Aufnahme: 09.03.2005

Schulform: Haupt- und Realschule mit Förderstufe Klasse: 6, A-Kurs
1 . Stunde Beginn und Ende der Stunde(n) laut Plan: 7.45 Uhr – 8.30 Uhr
Liste der Teilnehmer: Lehrerin, 21 Schüler: 13 m und 8 w

Beginn und Ende der Aufnahme: 7.47 Uhr–8.30 Uhr Aufnahmemedium:

Diktiergerät

Projektkontext: SPS WS04/05
bei der Aufnahme Anwesende: Lehrerin, 21 Schüler, I. S.
transkribiert durch: I. S.

Datum der Transkription: 02.04.2005

ca. Dauer pro Minute Aufnahme: 8 Minuten
korrigiert durch: P. E.
Datum der Korrektur: 15.04.2005

ca. Dauer pro Minute Aufnahme: 3 Minuten

1   Lw: Guten Morgen
2   Klasse: Guten Morgen, Lw.
3   (6 sec)
4   Lw: Unser Thema immer noch Dezimalbrüche und wie
5   Dezimalbrüche entstehen, wollen wir uns noch mal
6   angucken.
7   (17 sec) <Lw schreibt Überschrift an die Tafel>
8   Lw: Und die Frage ist: Wie werden Brüche Dezimalbrüche?
9   (3sec) Erinnere dich noch mal, das weißt du, Beispiel 2/5.
10   (10 sec) <Lw schreibt „2/5" an die Tafel>
11   Lw: SmO
12   SmO: Ähm...0,4.
13   Lw: Und wie kommen wir dahin?
14   SmO: 4/10
15   Lw: Erweitern auf 4/10 und dann 0,5. Das heißt also: 1....
16   (4 sec){Gemurmel} Ach, gut. <Lw verbessert an der Tafel „0,5"
17   zu „0,4"> 1. Durch...SmN
18   SmU: Ähm...Erweitern.
19   Lw: Durch Erweitern. Aber nicht einfach irgendwie Erweitern.
20   Sondern? SmB.
21   SmB: Auf eine 10er oder auf eine 10er, 100er, 1000er Zahl.
22   Lw: Auf...
23   SmB: 100er
24   <Lw schreibt „1. Durch Erweitern auf Nenner 10, 100..."an die
25   Tafel>
26   Lw: Auf Nenner 10, 100 usw. Dann machen wir das noch mal.
27   (3 sec) <Lw schreibt „7/8" an die Tafel>
28   Lw: 7/8 SmP
29   SmQ: Ähm, das geht in die, die 8 geht in die 100 125-mal
30   und das wären dann

31　Lw: Aber das kann ja gar nicht sein, dass die 8 in die 100
32　125
33　<Lw wird von SmQ unterbrochen>
34　SmQ: Äh, in die 1000 meine ich. (3sec) Und dann 125 mal 7 ist
35　ähm (5 sec) 875.
36　(3 sec) <Lw schreibt „875" an die Tafel>
37　Lw: Und der Dezimalbruch?
38　SmQ:　0,875
39　(9 sec) <Lw schreibt „0,875" und „7/16"an die Tafel>
40　Lw: Dann haben wir einen Bruch, der heißt 7/16. (11 sec) Wo
41　ist denn dein Problem im Moment? (.) SmE?
42　SmE:　Ähm, dass die Zahl, ähm, größer ist.
43　Lw: Das ist dein Problem?
44　SmE:　Nein, eigentlich nicht.
45　Lw: Nö. (..) Das sollte auch kein Problem sein. Wer ist nur
46　entscheidend? (.)
47　SmE:　Die untere Zahl.
48　Lw: Die untere Zahl. Die heißt nämlich immer noch? (.) Wie heißt
49　denn die 16 immer? Das ist der…
50　SmE: Nenner
51　Lw: Das ist der Nenner. Und warum ist die 16, der Nenner 16,
52　plötzlich ein Problem?
53　SmE:　Weil 16…
54　(5 sec)
55　Lw: Du jetzt gerade nicht weißt, wo das gut reinpasst, ne?
56　SmE:　Ja, weil wir so…man muss da mehr denken.
57　Lw: Da muss man mehr denken, ja, das ist wirklich ein Problem.
58　{Lachen von Schülern} Ähm, aber ich habe euch schon gezeigt,
59　wenn man so viel denken muss, um die
60　Nenner 10, 100, 1000 oder was raus zu kriegen, was für eine andere
61　Möglichkeit hatten wir denn schon uns angeguckt? Das wissen wir
62　doch. Haben wir damals als Trick bezeichnet, ist ja aber kein
63　wirklicher Trick.
64　SwH:　7 geteilt durch 16.
65　Lw: Ich rechne das, was da vorne steht: 7 geteilt durch 16.
66　Und das macht jetzt mal einer von euch. (3sec) Wer? (.)
67　SwH:　du hast es vorgeschlagen, dann mache es mal.
68　SwH:　Soll ich vorkommen?
69　Lw: Ja.
70　(6sec) <SwH geht an die Tafel>
71　Lw: Und sage uns, was du machst, damit es alle mitbekommen.

72	SwH:	7 geteilt durch 16 geht 0-mal.
73	Lw:	Hmhm.
74	SwH:	Komma, dann kommt…dann können wir eine Null nehmen: 70
75	geteilt durch 16 sind ähm…	
76	(7sec)	
77	Lw: Na, wie viel oft, ungefähr? Mach mal einen Vorschlag.	
78	(12 sec) Dreh dich mal rum, da wissen es schon welche.	
79	SwH:	SmB
80	SmB: 4-mal	
81	(5 sec)	
82	Lw: 4-mal. SmB?	
83	SmB:	64
84	(5 sec)	
85	Lw: Ähm, wo schreibst du denn das hin 64? Schreibe das mal	
86	richtig darunter.	
87	SwH:	Ach so.
88	Lw: Musst du doch da unter die 70 schreiben, ne? (4 sec) 64.	
89	Strich darunter. (11 sec) Na, eben hattest du die 64.	
90	SwH:	48
91	Lw: 3 mal 16 (.)48. (9 sec) Die Anderen nehmen schon mal ihr	
92	Heft.	
93	(8 sec) <Schüler holen ihre Hefte heraus>	
94	Lw: Rechne noch mal. Von 8 bis 10 sind es 2 und 1 gemerkt. (8	
95	sec) Während SwH das zu Ende rechnet, schreibt ihr jetzt	
96	mal die Überschrift: Brüche werden zu Dezimalbrüche. Die	
97	linke Seite können wir uns schenken, das haben wir schon	
98	ganz oft geübt. Wir konzentrieren uns nur auf die Mitte	
99	jetzt. Äh, SwH, ha ha halt halt halt halt halt. Wenn	
100	du die 12…du kannst nicht mehr teilen, oder? Wenn du	
101	die 12 jetzt rausgekriegt hast, holst du dir als erstes?	
102	SwH:	Null
103	Lw: Eine Null. (9sec) Und die 16 in die 120? (..)SmC, weißt	
104	du wie oft? Schätze mal.	
105	SmC: 7-mal.	
106	Lw: 7-mal. SwH, probiere mal mit 7-mal.	
107	(9 sec)	
108	SwH:	112
109	Lw: 112 jawohl. Das heißt… (4 sec) und aus dem	
110	unerschöpflichen Vorrat holst du jetzt erst (xxxx) Null	
111	(5sec)16 in die 80…	
112	(9 sec){Husten}	

113 Lw: SmN.
114 SmN: 5-mal
115 Lw: 5-mal (5 sec) und 5 mal 16 ist genau?
116 (4 sec) {Gemurmel}
117 Lw: 80, ja.
118 SmD: Lw, die Rechnung auch?
119 Lw: Heißt also, durch Dividieren kriegen wir das auch raus.
120 (2 sec) Schreiben wir uns das so.
121 (6 sec) <Lw schreibt „durch Dividieren" an die Tafel>
122 Lw: Und jeder probiert selber noch eine, die heißt 21/40. (2
123 sec)<Lw schreibt „21/40" an die Tafel> Der Nenner, wo wir
124 lange nachdenken müssen, wie der SmE gesagt hat, ob wir
125 da 10, 100 oder 1000 besser nehmen, da fangen wir ganz
126 schnell an und dividieren: 21 geteilt durch 40.
127 SmB: Lw, ähm, sollen wir hier das Beispiel da auch
128 abschreiben?
129 Lw: Wenn du willst, aber du kriegst ja jetzt auch ein eigenes
130 Beispiel.
131 (25 sec) <Schüler rechnen; Lw schaut bei den Schülern>
132 Lw: Das kriegt man relativ leicht heraus, wenn man sich die
133 Nullen ein bisschen wegdenkt. (.) Man da große Zahlen
134 hat.
135 (35 sec) <Lw geht weiter herum>
136 Lw: Jemand schon ein Ergebnis? {Gemurmel} (4 sec) SwJ?
137 SwJ: 0,525
138 (3 sec) <Lw schreibt Ergebnis an die Tafel>
139 Lw: 0,525.
140 {Gemurmel} (4 sec)
141 SmR: Habe ich auch raus.
142 SmP: Ich auch.
143 S?: Ich auch
144 Lw: 0,525. Und jetzt möchte ich wieder jemanden hier vorne
145 haben, der uns das noch mal zeigt und dein Bruch heißt
146 1/3. (5 sec) <Lw schreibt „1/3" an die Tafel> ich frage
147 mal den SmP, ob er eine Idee hätte auf Erweitern. (4 sec)
148 Dann haben wir aber immer noch auch stehen: Erweitern
149 gilt auch…(4 sec){Husten} Meinst du? 3 passt nicht. (4
150 sec) Nö, gut. Kannst du rechnen? Oder SmU möchte.
151 (5 sec) <SmU geht an die Tafel>
152 Lw: SmU sagst – das schreiben wir mit jetzt, ja – SmU sagt,
153 was er macht. (4 sec) Und die anderen gucken mal. Der SmU
154 schreibt.

155 <SmU schreibt „3:1" an die Tafel>
156 SmU: Geht nicht 1 durch 3, da muss ich ähm eine Null dazu -
157 das ist falsch, was ich geschrieben habe.
158 Lw: Ja, das glaube ich doch auch, dass du da was falsch
159 geschrieben hast.
160 <SmU verbessert an der Tafel „1:3">
161 Lw: Aha, wir teilen den Zähler durch den Nenner, weil da ist
162 der Bruchstrich. So, hier –
163 SmU: Wir schreiben eine Null davor.
164 Lw: Weil, und das musst du hinschreiben die 3 in die 1…
165 SmU: Ähm Null mal reingeht.
166 Lw: Hinschreiben.
167 SmU: Die Null, ähm, da müssen wir eine Null aufschreiben, ähm…
168 Lw: Und dann eine Null aus dem großen Vorrat und deshalb hast
169 du auch das Komma gesetzt, weil du jetzt den Vorrat
170 angreifst.
171 SmU: Die 3 passt in die 10, ähm, 3-mal rein.
172 Lw: Hmhm.
173 (6 sec) <SmT schreibt an die Tafel>
174 SmU: Und die, dann müssen wir wieder eine Null vom Vorrat
175 nehmen.
176 Lw: Hmhm.
177 SmU: (xxxx) ist 3-mal
178 Lw: Ja.
179 SmU: ( )
180 Lw: Wie lange machst du das jetzt?
181 {Husten, Räuspern}
182 SmU: Die ganze Zeit.
183 Lw: Die ganze Zeit? Wollen wir den Rest der Stunde damit
184 verbringen?
185 SmU: Nein.
186 (5 sec) {Husten}
187 Lw: Hat irgendjemand da eine andere Lösung oder sollen wir
188 dem SmT jetzt mal einfach sagen, er kann jetzt mal
189 aufhören? (..) Ja, SmT. Weil die ganze Zeit bringst du ja
190 jetzt gar nichts Neues, du rechnest ja immer das Gleiche,
191 das heißt, du rechnest schon gar nicht mehr.
192 <SmU setzt sich hin>
193 Lw: Gut(..) Drei, drei, drei. Was wir jetzt machen könnten,
194 wir könnten hier so drei Pünktchen hinten dran machen.
195 Das sieht aber sehr unmathematisch aus und deshalb macht

196 der Mathematiker wieder mal eine Kurzschreibweise. Wie so
197 oft, gibt es ja Vereinbarungen zwischen den Mathematikern
198 und zwar, wenn man erkennt, dass sich hier eine Ziffer
199 immer immer wiederholt, dann darf man über die erste, die
200 sich wiederholt, so einen Querstrich machen. <Lw schreibt
201 „Null Komma Periode drei" an die Tafel> Und das bedeutet
202 jetzt: 0,3333 und nur noch Dreier und zwar so lange man
203 will. Das hört überhaupt so nie mehr auf. (2 sec) Ab dem
204 Moment, wo man merkt, dass das sich immer wiederholt,
205 braucht man nicht weiter zu rechnen und man schreibt die
206 erste Ziffer, die man als Wiederholungsziffer feststellt,
207 hin und macht einen Querstrich darauf. Das muss man
208 natürlich jetzt auch irgendwie lesen, und dieser
209 Querstrich, den liest man als Periode. (3 sec) {Lachen
210 von Schülern} Ja (3 sec) auch in der Mathematik gibt es
211 so was. Aber das ist sicherlich einfach nur ein Wort für
212 diese Wiederholung. Aber das ist ja auch da, wo ihr jetzt
213 sagt, in der Biologie auch was, was sich regelmäßig
214 wiederholt. Also wir lesen Null Komma und jetzt müssen
215 wir erst sagen, was uns erwartet: Null Komma Periode
216 drei. (.) dann weiß jeder, das heißt: O,3333333. (2 sec)
217 Ein weiteres Beispiel: 2/11. <Lw schreibt „2/11" an die
218 Tafel> (2 sec) Probier aus, ob 2/11 auch so Sachen macht.
219 (57 sec) <Schüler rechnen, Lw geht herum und hilft Schülern>
220 {Gemurmel}
221 Lw: Und raus, SmT, hast du was raus? (.) Nein? (2 sec) SwI.
222 SwI: 0,1 ähm Null Komma Periode eins acht.
223 Lw: Weil du hast was ausgerechnet? 0,…
224 SwI: Eins acht. Und das geht halt so weiter.
225 Lw: Und dann sind wir wieder bei 1 und wieder bei 8 und
226 wieder bei 1 und so weiter. (.) Null Komma Periode eins
227 acht. Einer noch: 5/7
228 <Lw schreibt „5/7" an die Tafel> (5 sec)
229 SmP: Immer wenn es eine Primzahl ist, oder?
230 Lw: Gucken wir später, ja? Mach noch ein paar Beispiele. SmP,
231 gut, du überlegst schon warum das manchmal so oder so
232 ist.
233 (12 sec) <Schüler rechnen, Lw geht herum>
234 Lw: Nicht aufgeben, immer weiterrechnen. (40 sec) Nicht
235 nachlasen, immer weiter.
236 {Lachen von Schülern}
237 (25 sec) <Schüler rechnen>

238 SmN: Ich habs.
239 (30 sec) {Gemurmel}
240 Lw: Und wenn man gar nicht aufgibt und immer weiterrechnet,
241 (2 sec) dann stellt man aber doch irgendwann was fest...(5
242 sec) Kaum hat man noch daran geglaubt. (4 sec) Die ersten
243 haben schon befürchtet, sie rechnen jetzt bis heute
244 Nachmittag da dran weiter, aber SmA was hast du raus
245 gekriegt?
246 SmA: Null Komma Periode sieben eins vier zwei acht fünf
247 sieben.
248 SmP: Ja, genau.
249 (10 sec) <Lw schreibt „Null Komma Periode sieben eins vier
250 zwei acht fünf" an die Tafel>
251 Lw: 7 1 4 2 8 5 und dann kommt wieder eine 7 und zwar eine 7
252 mit der gleich – auf den gleichen Rest wie oben schon
253 mal. Und dann können wir aufatmen {Ausatmen}Dann haben
254 wir doch in der Tat eine Periode, auch wenn sie sehr lang
255 ist. (2 sec) Gibt es also unter Umständen auch schon mal.
256 (.) Der SmP hat gesagt vorhin, wenn ich das richtig
257 gehört habe: aha, periodische Brüche bekomme ich immer,
258 wenn es eine Primzahl ist. Und jetzt haben wir weiter
259 gedacht, nicht, die 5 funktioniert schon mal nicht. (.)
260 Also kann diese Aussage...
261 SmO: Falsch.
262 Lw: nicht...
263 SmP: Aber ich habe, aber ich habe selbst korrigiert.
264 Lw: Richtig, du hast selbst darüber nachgedacht. Und, ähm,
265 ich könnte dir auch noch ein Gegenbeispiel liefern,
266 probier du mal, während die anderen schon was anderes
267 machen, 1/9.
268 SmP: Oh, 1/9.
269 SmO: Ja wir nicht.
270 (6 sec) {Gemurmel}
271 Lw: So, und die anderen: 5/6. <Lw schreibt „5/6" an die
272 Tafel> Aber das ist ja auch keine Primzahl.
273 SmP: ( )
274 Lw: Ja, ist auch schon gleich, ne. (.) Also eine ungerade
275 Zahl, eine ungerade Zahl ist eine Primzahl auch nicht
276 unbedingt, also da müssen wir noch mal gleich mal gucken
277 wie das zusammenhängt. Das kriegen wir aber gleich raus.
278 (.) So, jetzt haben wir 5/6.
279 (6 sec)

280 SmS: Sollen wir das auch rechnen?
281 Lw: Ja, wäre schön.
282 (47 sec) <Schüler rechnen, Lw geht herum> {Gemurmel}
283 Lw: Erste Ergebnisse sehe ich. (.) Sag mal…sag mal was du
284 ausrechnest mit noch ein paar Ziffern hintendran. Lassen
285 wir mal diese Periodesprechweise weg, gucken es uns genau
286 an, SwH, was hast du rausgekriegt?
287 SwH: 0,83333333
288 Lw: 0,83333.
289 SwM: Warum mit vier, das geht doch auch mit weniger?
290 LW: Wer wiederholt sich? Welche Ziffer wiederholt sich?
291 SmN: Die 3
292 Lw: Nur die 3. Und wo machen wir den Periodenstrich drüber?
293 (2 sec) SwF?
294 SwF:Über die 3
295 Lw: Über die Ziffer, die sich wiederholt. Und das ist die 3.
296 0,8 und dann erst setzt die Periode ein: Null Komma acht
297 Periode drei. Und ein letztes Beispiel und dann denken
298 wir mal in ähm SmP`s Richtung weiter: warum ist das
299 manchmal so und manchmal so? (..) 9/55
300 <Lw schreibt „9/55" an die Tafel>
301 SmO: Oha.
302 Lw: Oha.
303 (11 sec) <Schüler rechnen, Lw geht herum>
304 Lw: Einen Moment zum Rechnen.
305 (2 min 37 sec) <Schüler rechnen, Lw geht herum>
306 Lw: Irgendwas stimmt hier nicht. Müssen wir zusammen machen.
307 (45 sec) <Lw geht weiter herum>
308 Lw: Und (.) wie schaut`s? (4 sec) Liegt es an den großen
309 Zahlen, (die) jetzt, dass ihr da nicht zurande kommt?
310 Müssen wir irgendwann mal wieder Teilen üben, ne?
311 Irgendwo ein bisschen, aber es kommt. Wir rechnen
312 demnächst auch mal wieder Mal und Geteilt, dass wir das
313 üben. SmO, was hast du denn raus gekriegt?
314 SmO: Ähm, Null Komma ähm eins Periode sechs drei.
315 Lw: Null Komma –
316 SmP: Hab ich doch gesagt, Lw.
317 Lw: eins Periode sechs drei. Das heißt 6 3 6 3.
318 <Lw schreibt dabei „Null Komma eins Periode sechs drei" an die
319 Tafel> (2 sec)
320 Lw: Da habe ich (gar/da) nicht richtig geguckt wahrscheinlich
321 bei dir.

322 (2 sec) {Lachen}
323 Lw: Wenn wir jetzt die vier Fälle, die wir durchgespielt
324 haben, noch mal angucken, dann erkennen wir glaube ich
325 ganz deutlich (.) eins, zwei, drei Gruppen. Was für drei
326 Gruppen können wir unterscheiden? (4 sec) Die ersten
327 Brüche, die wir durch Division umgewandelt haben, haben
328 zu welchem Ergebnis geführt? (3 sec) Gott sei dank, kann
329 ich da nur sagen.
330 SmN: Zu ganz normalem.
331 Lw: Die…was heißt für dich normal SmN?
332 SmN: Ja kein, keine Periode.
333 Lw: Also irgendwann waren wir mal fertig. Konnte man den
334 Stift weglegen. Wir nennen diese Dezimalbrüche
335 abbrechend.
336 (6 sec) <Lw schreibt „abbrechende Dezimalbrüche" an die Tafel>
337 Lw: Abbrechende Dezimalbrüche, weil irgendwann kann man den
338 Stift hinlegen und die Ambition beruhigt abbrechen. (2
339 sec) Dann kann das Neue, das Erstaunliche: Es gibt
340 welche, die wiederholen sich, gleich vom ersten Moment an
341 immer wieder. Sie sind periodisch. (2 sec) Die da drüben
342 auch periodisch, aber hier setzt die Periode sofort nach
343 dem Komma ein. Man nennt sie rein-periodisch.
344 (9 sec) <Lw schreibt „rein-periodisch" an die Tafel>
345 Lw: Und weil wir hier eine Mischung haben, auch ein bisschen
346 wie der SmN sagte normal und ein bisschen periodisch,
347 nennt man sie gemischt-periodisch. Schreib dir die
348 Begriffe…
349 (10 sec) <Lw schreibt „gemischt-periodisch" an die Tafel>
350 Lw: Schreib dir die Begriffe zu den Beispielen dazu, dass ihr
351 sie wenigstens mal irgendwann gehört habt. (5 sec) Und
352 dann denken wir ähm SmP Frage noch mal weiter, warum sind
353 manche Brüche abbrechende Dezimalbrüche, warum gibt es
354 die, die rein-periodisch sind und woran liegt es
355 letztlich, dass ich so eine gemischt-periodische
356 Dezimalzahl herausbekomme. (3 sec) SmP, sage uns deine
357 erste Idee noch mal.
358 SmP: Ähm, dass ich eine periodische, ähm gemischt-periodische
359 mit einer Primzahl.
360 Lw: Primzahlen hast du als erstes gesagt. Ähm weil, denke ich
361 mal, an der Tafel auch Primzahlen standen. Hast aber
362 selbst ein Gegenbeispiel gefunden.
363 SmP: Die 5

364 Lw: Die 5 (4 sec) Die anderen, noch eine andere Idee? (11
365 sec) Ich muss sagen, der SmP hat es schon eigentlich
366 schon ganz gut entdeckt. Genau, SmP so ist es nämlich.
367 Oder hat jemand anderes noch was Besseres? (2 sec) Nö (.)
368 es sind Primzahlen, die 3, die 7, die 11 (..) aber nicht…
369 (4 sec) {Gemurmel}
370 SmQ: Die 6
371 Lw: Das würde ja schon gar nicht in diesen Satz passen. (.)
372 Ja, sage ich zum SmP, Primzahlen ist okay, aber nicht (3
373 sec) nicht die (.) welche Primzahl hat er denn selbst
374 ausgeschlossen?
375 SmO: Die 5
376 Lw: Nicht die 5 (2 sec) wann entstehen denn gemischtperiodische?
377 (14 sec) SmO?
378 SmO: Wenn man die Brüche mit anderen Zahlen kombiniert.
379 (5 sec) {Gemurmel}
380 Lw: Wenn man sie mit anderen Zahlen - wenn man wen mit
381 anderen Zahlen kombiniert?
382 SmO: Zum Beispiel die 6 mit der 3
383 Lw: Also in der 6 steckt diese 3 (..) aber auch die 2 und wo
384 gehört die 2 denn normal hin, wenn sie ein Bruch ist? Wo,
385 in welche Abteilung gehören Halbe? Ein halbes, drei
386 Halbe, fünf Halbe, sind die abbrechend, rein-periodisch
387 oder gemischt-periodisch?
388 SmC: Abbrechend
389 Lw: Halbe sind abbrechend. (2 sec) Drittel sind (..) rein
390 periodisch. Und wenn ich eine Mischung aus ein bisschen
391 abbrechend, das wäre die 8 und ein Stück periodisch,
392 deshalb werden die gemischt. Und was ist hier los?
393 (5 sec) <Lw zeigt auf „9/55" an der Tafel>
394 Lw: Was, warum die 55? (5 sec) Was ist eine 55?
395 SmQ: Eine Primzahl
396 Lw: Seit wann denn das? Das sieht man ja wohl so deutlich wie
397 nur was, dass das keine Primzahl ist 55.
398 SmN: Geht mit der 11
399 Lw: Und aber auch?
400 SmN: 5
401 Lw: Mit der 5, und weil sie mit der 11 geht, ist sie irgendwo
402 periodisch. (.) Und weil sie mit der 5 geht, ist sie
403 irgendwo auch ein Stück weit nicht periodisch. Und wenn
404 man dann genau das rausbekommt, was wir brauchen, SmP und
405 du das ganz alleine angeregt, das finde ich richtig gut.

406 Das war jetzt Mathematik, nicht mehr nur Rechnen. (..)
407 Gut, wir üben diese verschiedenen Darstellungsformen und
408 ihr solltet dann auch jedes Mal dazuschreiben, was ihr
409 für einen Dezimalbruch dabei entdeckt und zwar auf der
410 der Seite 125 die Nummer 4. Und was wir hier nicht
411 schaffen, machen wir zu Hause.
412 SmD: Die ganze 4?
413 Lw: Die ganze 4.
414 (7 sec) <Schüler beginnen zu rechnen>
415 Lw: Und wer noch nicht ganz weiß wie; Finger hoch, ich komme.
416 (37 sec) <Einige Schüler melden sich, Lw geht zu diesen>
417 Lw: Ja, wir sind an einem wunderbaren Punkt, wo wir ganz viel
418 geteilt üben. (..) Das ist ein bisschen zu kurz gekommen
419 in den letzten Wochen und Monaten.
420 (2 min 9 sec)
421 Lw: Man kann auch Kürzen, ja kann man. (2 sec) Aber was kürzt
422 du denn? (zu SmE)
423 (23 sec)
424 Lw: Das sind jetzt alle gemischt. Das kann ähm abbrechend
425 sein, kann rein-periodisch oder gemischt-periodisch sein.
426 (17 sec) Oh, ich sehe immer noch Leute, die ¼ ausrechnen.
427 Wann lernen wir denn mal unsere Vokabeln bitte?
428 SmD: Morgen.
429 Lw: ¼ sind immer noch? (3 sec) 0,25 auswendig gewusst.
430 (7 sec)
431 SmO: Kann man auch kürzen, wenn es geht?
432 (7 sec) <Lw geht zu SmO>
433 Lw: Man darf auch nach wie vor kürzen. (2 sec) Kommt darauf
434 an, ob das weiterhilft. (4 sec) Kannst du kürzen, hast du
435 den großen Vorteil, dass die Zahlen kleiner werden zum
436 Rechnen. Aber das dir…na ja gut. Hättest du noch sogar
437 noch weiter kürzen können, aber egal was du jetzt machst,
438 es geht immer…ah ja 1 durch 3. (8 sec) Ja, und der SmP
439 hat nicht gekürzt und da könnt ihr ja mal Ergebnisse
440 vergleichen nachher.
441 (1 min 48 sec)
442 Lw: SwH hast du schon aufgegeben? Dann müssen wir mal die
443 Hausaufgaben sagen. (2 sec) SwH schlägt mal die
444 Hausaufgaben vor. (2 sec) {Lachen von Schülern} Was wärst
445 du bereit zu machen? (3 sec) Die a haben wir schon
446 geschafft? (3 sec) {Gemurmel} Also, Minimum was man
447 machen muss, ist von der 4 von jeder Reihe die Hälfte.

448 (.) Wenn man dann im Rechenfieber ist, kann man auch -
449 von jeder Reihe a, b, c und d jeweils die Hälfte ist
450 Pflicht. Wer noch mehr machen will zu Hause, kann den
451 Rest dann weiterrechnen.
452 (37 sec) {Gemurmel} <Schüler beginnen einzupacken>
453 Klingeln. Ende der Stunde.

zusätzliche Informationen:
Unterrichtsfächer der Lehrperson: Mathematik und Englisch
Dienstjahre: 34
Anzahl der Schüler: 13
Anzahl der Schülerinnen: 8
Sonstige Auffälligkeiten:
als Anhang:

- Sitzplan incl. Sprecherkürzeln
- Skizze des Tafelbildes
- Kopie des Schulbuchauszuges (Mathematik 6, 1998, Westermann, Braunschweig, S.125)
- Kopien ausgewählter Arbeiten von folgenden Schülern: SmD, SmN, SmU

Mathematik 6, 1998, Westermann, Braunschweig

Periodische Dezimalbrüche 125

Einen Bruch kann man in einen Dezimalbruch umwandeln, indem man den Zähler durch den Nenner dividiert.
Dabei entsteht ein **abbrechender Dezimalbruch** oder ein **periodischer Dezimalbruch**.

Abbrechender Dezimalbruch:

$\frac{3}{8} = 3 : 8 = 0{,}375$

$\frac{3}{8} = 0{,}375$

Periodischer Dezimalbruch:

$\frac{5}{11} = 5 : 11 = 0{,}4545\ldots$

$\frac{5}{11} = 0{,}\overline{45}$

(*Lies:* Null Komma Periode vier fünf)

$2\frac{1}{3} = 2{,}\overline{3}$

4 Forme in einen Dezimalbruch um.

a) $\frac{4}{9} \quad \frac{2}{11} \quad \frac{1}{4} \quad \frac{4}{12} \quad \frac{7}{11} \quad \frac{21}{40} \quad \frac{12}{33} \quad \frac{17}{40} \quad \frac{4}{89} \quad \frac{10}{22}$

b) $\frac{13}{15} \quad \frac{7}{12} \quad \frac{9}{16} \quad \frac{3}{22} \quad \frac{11}{18} \quad \frac{18}{75} \quad \frac{11}{15} \quad \frac{14}{36} \quad \frac{45}{66} \quad \frac{4}{55}$

c) $\frac{25}{18} \quad \frac{37}{25} \quad \frac{7}{24} \quad \frac{73}{90} \quad \frac{23}{27} \quad \frac{5}{9} \quad \frac{7}{36} \quad \frac{38}{120} \quad \frac{59}{24}$

d) $11\frac{14}{33} \quad 2\frac{13}{21} \quad 1\frac{29}{41} \quad 4\frac{11}{16} \quad 25\frac{9}{11} \quad 6\frac{14}{72} \quad 8\frac{3}{7}$

$\frac{5}{6} = ?$

$5 : 6 = 0{,}833\ldots$
$\underline{0}$
50
$\underline{48}$
20
$\underline{18}$
2
$\ldots$

$\frac{5}{6} = 0{,}833\ldots = 0{,}8\overline{3}$

Periodische Dezimalbrüche heißen **reinperiodische Dezimalbrüche**, wenn die Periode sofort nach dem Komma beginnt.
Periodische Dezimalbrüche heißen **gemischtperiodische Dezimalbrüche**, wenn mindestens eine Ziffer nach dem Komma nicht zur Periode gehört.

5 Setze im Heft jeweils das richtige Zeichen (>, <, =) ein.

a) $0{,}\overline{5} \: ▉ \: 0{,}55$ b) $4{,}35 \: ▉ \: 4{,}3\overline{46}$ c) $0{,}\overline{4} \: ▉ \: \frac{4}{9}$ d) $\frac{7}{20} \: ▉ \: 0{,}35$

$2{,}3\overline{7} \: ▉ \: 2{,}377$ $0{,}75 \: ▉ \: 0{,}\overline{7}$ $\frac{5}{16} \: ▉ \: 0{,}312$ $5\frac{7}{11} \: ▉ \: 5{,}6\overline{3}$

$0{,}75\overline{6} \: ▉ \: 0{,}\overline{7}$ $3{,}\overline{18} \: ▉ \: 3{,}189$ $4\frac{3}{11} \: ▉ \: 4{,}\overline{2}$ $20{,}\overline{5} \: ▉ \: 20\frac{4}{7}$

6 Ordne die Dezimalbrüche der Größe nach. Beginne mit dem größten Dezimalbruch.

a) $0{,}\overline{4} \quad 0{,}42 \quad 0{,}\overline{42} \quad 0{,}4\overline{2} \quad 0{,}44$ b) $0{,}\overline{9} \quad 0{,}9 \quad 0{,}99 \quad 0{,}09 \quad 0{,}0\overline{9}$

c) $16{,}16 \quad 16{,}\overline{16} \quad 16{,}061 \quad 16{,}160$ d) $0{,}77 \quad \frac{7}{9} \quad \frac{8}{11} \quad 0{,}73 \quad \frac{3}{4}$

7 Runde die periodischen Dezimalbrüche auf die zweite Stelle nach dem Komma.

a) $0{,}\overline{6}$ b) $0{,}5\overline{3}$ c) $4{,}\overline{28}$ d) $1{,}\overline{72}$ e) $0{,}2\overline{36}$ f) $7{,}04\overline{9}$ g) $11{,}9\overline{16}$ h) $0{,}\overline{1}$ i) $5{,}\overline{9}$

Literatur

A: auf die im Text Bezug genommen wird

Akademie der Pädagogischen Wissenschaften der Deutschen Demokratischen Republik (Hrsg.): Methodik Mathematikunterricht. 2. Aufl. Berlin 1975.

Barrow, John D.: Warum die Welt mathematisch ist. Frankfurt/M.; New York; Paris 1993.

Bauersfeld, Heinrich (Hrsg.): Fallstudien und Analysen zum Mathematikunterricht. Hannover; Dortmund; Darmstadt; Berlin 1978.

Blankertz, Herwig: Die Geschichte der Pädagogik: von der Aufklärung bis zur Gegenwart. Wetzlar 1982.

Buck, Günther: Lernen und Erfahrung – Epagogik. Zum Begriff der didaktischen Induktion. 3. Aufl. Darmstadt 1989.

Chatzidimou, Dimitrios: Die praktische Relevanz des sokratischen Prinzips. Diss. Frankfurt/M. 1980.

Chomsky, Noam: Aspekte der Syntax-Theorie. Frankfurt/M. 1969.

Chomsky, Noam: Geist und Sprache. Frankfurt/M. 1973.

Cernigovskaja, T. V. und V. L. Deglin: Problema vnutrennego dialogizma (nejrofisiologiceskoje issledovanije jazykovoj kompetencii). In: Jurij M. Lotman (Hrsg.): Struktura dialoga kak princip raboty semioticeskogo mechanizma. Tartu 1984, S. 33-44.

Combe, Arno und Werner Helper: Pädagogische Professionalität. Untersuchungen zum Typus pädagogischen Handelns. Frankfurt/M. 1996.

Copei, Friedrich: Der fruchtbare Moment im Bildungsprozess. 5. Aufl. Heidelberg 1960.

Daniels, Harry: Vygotsky and Pedagogy. London; New York 2001.

Diederich, Jürgen: Didaktisches Denken. Eine Einführung in Anspruch und Aufgabe, Möglichkeiten und Grenzen der allgemeinen Didaktik. Weinheim; München 1988.

Diederich, Jürgen und Heinz-Elmar Tenorth: Theorie der Schule. Ein Studienbuch zu Geschichte, Funktionen und Gestaltung. Berlin 1997.

Dörner, Dietrich: Problemlösen als Informationsverarbeitung. Stuttgart; Berlin; Köln; Mainz 1976.

Frege, Gottlob: Funktion, Begriff, Bedeutung. Fünf logische Studien. 6. Aufl. Göttingen 1986.

Fritz, Annemarie, Gabi Ricken und Siegbert Schmidt (Hrsg.): Rechenschwäche: Lernwege, Schwierigkeiten und Hilfen bei Dyskalkulie. Weinheim; Basel; Berlin 2003.

Führer, Lutz: Mathematikunterricht nach dem 7. Schuljahr – warum eigentlich für alle? In: Neue Sammlung 38 (1998), S. 489-511.

Gruschka, Andreas: Wie Schüler Erzieher werden. Studie zur Kompetenzentwicklung und fachlichen Identitätsbildung in einem doppeltqualifizierenden Bildungsgang des Kollegschulversuchs NW. Wetzlar 1985.
Gruschka, Andreas: Negative Pädagogik – Einführung in die Pädagogik mit kritischer Theorie. Wetzlar 1988.
Gruschka, Andreas, Cordula Hesse-Lenz, Hildegard Michely-Weirich und Hedwig Schomacher: Aus der Praxis lernen. Arbeitsbuch für die Ausbildung in Erziehungsberufen. Berlin 1995.
Gruschka, Andreas: Didaktik – das Kreuz mit der Vermittlung. Elf Einsprüche gegen den didaktischen Betrieb. Wetzlar 2002.
Gruschka, Andreas: Empirische Bildungsforschung – das muss keineswegs, aber das kann die Erforschung von Bildungsprozessen bedeuten. Oder: Was lässt sich zukünftig von der forschenden Pädagogik erwarten? In: Pädagogische Korrespondenz (Heft) 32 (Sommer 2004), S. 5-35.
Gruschka, Andreas: Auf dem Weg zu einer Theorie des Unterrichtens. Frankfurter Beiträge zur Erziehungswissenschaft Bd. 5. Frankfurt 2005.
Grzesik, Jürgen: Operative Lerntheorie. Neurobiologie und Psychologie der Entwicklung des Menschen durch Selbstveränderung. Bad Heilbrunn 2002.
Günther, Gotthard: Erkennen und Wollen. Ein Beitrag zu einer kybernetischen Theorie der Subjektivität. Unveröffentlichtes Manuskript, o.O. 1999.
Günther, Gotthard: Identität, Gegenidentität und Negativsprache. Unveröffentlichtes Manuskript, o.O., o.J.
Hegel, Georg Wilhelm Friedrich Hegel: Werke in zwanzig Bänden. Bd. 5/Bd. 6. Wissenschaft der Logik I/II. Frankfurt/M. 1969.
Heink, G. und W. Reitberger (Hrsg.): Untersuchungen zum Verständnis des Bruchzahlbegriffs. Bad Salzdetfurth 1990.
Heymann, Hans Werner: Allgemeinbildung und Mathematik. Weinheim; Basel 1996.
Hilgard, Ernest R. und Gordon H. Bower: Theorien des Lernens (2 Bd.e). Stuttgart 1971.
Hoffmann, Michael H.G. (Hrsg.): Mathematik verstehen? Semiotische Perspektiven. Hildesheim; Berlin 2003.
Holzkamp, Klaus: Lernen. Subjektwissenschaftliche Grundlegung. Frankfurt/M. 1993.
Jantzen, Wolfgang und Birger Siebert (Hrsg.): Ein Diamant schleift den anderen. Evald Vasil'evic Il'enkov und die Tätigkeitstheorie. Berlin 2003.
Jakobson, Roman: Linguistik und Poetik. In: Roman Jakobson: Poetik. Ausgewählte Aufsätze 1921-1971. Frankfurt/M.1979, S. 83-121.
Kant, Immanuel: Werke Bd. 2. Kritik der reinen Vernunft. Köln 1995.
Katzenbach, Dieter und Olaf Steenbuck (Hrsg.): Piaget und die Erziehungswissenschaft heute. Frankfurt/M.; Berlin; Bern; Bruxelles; New York; Wien 2000.
Klafki, Wolfgang: Didaktische Analyse als Kern der Unterrichtsvorbereitung. In: Die Deutsche Schule 50 (1958) Heft 10, S. 450-471.
Klafki, Wolfgang: Das pädagogische Problem des Elementaren und die Theorie der kategorialen Bildung. 2. Aufl. Weinheim 1963.

Klafki, Wolfgang: Studien zur Bildungstheorie und Didaktik. Weinheim 1963.
Klafki, Wolfgang: Zum Verhältnis von Didaktik und Methodik. In: Zeitschrift für Pädagogik 22 (1976), S. 77-94.
Klieme, Eckhard, Joachim Funke, Detlef Leutner, Peter Reimann und Joachim Wirth: Problemlösen als fächerübergreifende Kompetenz. Konzeption und erste Resultate aus einer Schulleistungsstudie. In: Zeitschrift für Pädagogik 47 (2001), S. 179-200.
Klieme, Eckhard: Kreatives Problemlösen im Mathematik- und Naturwissenschaftsunterricht. In: Pädagogisches Handeln 6 (2002) H. 3, S. 229-236.
Kornmann, Reimer, Anette Frank, Claudia Holland-Rummer und Hans-Jürgen Wagner: Probleme beim Rechnen mit der Null. Erklärungsansätze und pädagogische Hilfen. Weinheim 1999.
Leont'ev, Aleksej Alekseevic: Psycholinguistische Einheiten und die Erzeugung sprachlicher Äußerungen. Ismaning 1975.
Leont'ev, Aleksej Alekseevic: Grundfragen einer Theorie der sprachlichen Tätigkeit. Stuttgart; Berlin; Köln; Mainz 1984.
Leont'ev, Aleksej Alekseevic: Jazyk i recevaja dejatel'nost' v obs'ej i pedagogiceskoj psichologii. Izbrannye psichologiceskie trudy. Moskva; Voronesh 2004.
Luhmann, Niklas und Karl Eberhard Schorr: Zwischen Intransparenz und Verstehen. Fragen an die Pädagogik. Frankfurt/M. 1986.
Luhmann, Niklas: Soziologische Aufklärung 4. Beiträge zur funktionalen Differenzierung der Gesellschaft. 2. Aufl. Opladen 1994.
Luhmann, Niklas: Gesellschaftsstruktur und Semantik. Studien zur Wissenssoziologie der modernen Gesellschaft Bd. 4. Frankfurt/M. 1999.
Maier, Hermann und Fritz Schweiger: Mathematik und Sprache. Zum Verstehen und Verwenden von Fachsprache im Mathematikunterricht. Wien 1999.
Meggle, Georg (Hrsg.): Handlung, Kommunikation, Bedeutung. Frankfurt/M. 1993.
Menze, Clemens: Wilhelm von Humboldts Lehre und Bild vom Menschen. Ratingen 1965.
Nelson, Leonard: Die sokratische Methode. Vortrag, gehalten am 11. Dezember 1922 in der Pädagogischen Gesellschaft in Göttingen. 3. Aufl. Göttingen 1931.
Neuweg, Georg Hans: Könnerschaft und implizites Wissen: zur lehrlerntheoretischen Bedeutung der Erkenntnis- und Wissenstheorie Michael Polanyis. Münster; New York; München; Berlin 1999.
Oevermann, Ulrich: Fallrekonstruktionen und Strukturgeneralisierung als Beitrag der objektiven Hermeneutik zur soziologisch-strukturtheoretischen Analyse. Unveröffentlichtes Manuskript. Frankfurt/M. 1981.
Oevermann, Ulrich: Zur Sache. Die Bedeutung von Adornos methodologischem Selbstverständnis für die Begründung einer materialen soziologischen Strukturanalyse. In: Ludwig von Friedeburg und Jürgen Habermas (Hrsg.): Adorno-Konferenz 1983. Frankfurt/M. 1983, S. 234-289.

Oevermann, Ulrich: Adorno als empirischer Sozialforscher im Blickwinkel der heutigen Methodenlage. In: Andreas Gruschka und Ulrich Oevermann (Hrsg.): Die Lebendigkeit der kritischen Gesellschaftstheorie. Dokumentation der Arbeitstagung aus Anlass des 100. Geburtstages von Theodor W. Adorno, 4.-6. Juli 2003 an der Johann Wolfgang Goethe-Universität, Frankfurt am Main. Wetzlar 2004, S. 189-234.

Oevermann, Ulrich: Über die Vor- und Nachteile von typischen Daten der sogenannten quantitativen Bildungs- und Sozialforschung. Unveröffentlichtes Manuskript. Frankfurt/M. April 2004.

Ohlhaver, Frank und Andreas Wernet (Hrsg.): Schulforschung - Fallanalyse - Lehrerbildung. Diskussionen am Fall. Opladen 1999.

Otte, Michael: Das Formale, das Soziale und das Subjektive. Eine Einführung in die Philosophie und Didaktik der Mathematik. Frankfurt/M. 1994.

Peirce, Charles Sanders: Phänomen und Logik der Zeichen. Frankfurt/M. 1983.

Peirce, Charles Sanders: Die Festlegung einer Überzeugung. In: Pragmatismus. Ausgewählte Texte von Charles Sanders Peirce, William James, Ferdinand Canning Scott Schiller und John Dewey. Stuttgart 1975, S. 61-98.

Piaget, Jean: Urteil und Denkprozess des Kindes. Düsseldorf 1972.

Piaget, Jean und Alina Szeminska: Die Entwicklung des Zahlbegriffs beim Kinde. Jean Piaget – Gesammelte Werke, Bd. 3. Studienausgabe. 2. Aufl. Stuttgart 1994.

Piaget, Jean und Bärbel Inhelder: Die Entwicklung des inneren Bildes beim Kind. Frankfurt/M. 1979.

Puchnatschow, J. W. und J. P. Popow: Mathematik ohne Formeln. Moskau; Leipzig; Jena; Berlin 1985.

Rauin, Udo: Sequenzierung von Unterricht und Lernwege von Schülern. Eine empirische Untersuchung am Beispiel der Einführung rationaler Zahlen im Mathematikunterricht der 6. Jahrgangsstufe. Phil. Diss. Frankfurt/M.; Hildesheim; Bad Salzdetfurth 1992.

Rosch, Jens: Dyskalkulie. Phänomenologie eines modernen kulturellen Unbehagens am Beispiel des dekadischen Positionssystems. In: Pädagogische Korrespondenz (Heft) 31 (Winter 2003/04), S. 5–24.

Rosch, Jens: Aufgabenanalyse als Methode der Bildungsforschung – ein mikrologischer Zugang zum Problemfeld von Didaktik und Lernen. In: Sibylle Rahm, Ingelore Mammes und Michael Schratz (Hrsg.): Schulpädagogische Forschung Bd. 1. Unterrichtsforschung – Perspektiven innovativer Ansätze. Innsbruck; Wien; Bozen 2006, S. 167-186.

Ruf, Urs und Peter Gallin: Sprache und Mathematik in der Schule: auf eigenen Wegen zur Fachkompetenz. Seelze 1998.

Searle, John R.: Sprechakte. Ein sprachphilosophischer Essay. Frankfurt/M. 1973.

Sergejev, V. M.: Struktura dialoga i „neklassiceskije" logiki. In: Jurij M. Lotman (Hrsg.): Struktura dialoga kak princip raboty semioticeskogo mechanizma. Tartu 1984, S. 24-32.

Spencer-Brown, George: Laws of Form. Gesetze der Form. 2. Aufl. Lübeck 1999.

Strunck, Hanns-Joachim: Die Bedeutung internaler Lernvoraussetzungen im Mathematikunterricht der Sekundarstufe am Beispiel ausgewählter Lerneinheiten. Ein Beitrag zu lernpsychologischen Implikationen von Ansätzen zum genetischen Mathematikunterricht. Diss. Frankfurt/M. 1983.

Wagenschein, Martin: Phänomene sehen und verstehen: genetische Lehrgänge. Stuttgart 1980.

Wagenschein, Martin: Verstehen lehren: genetisch, sokratisch, exemplarisch. 7. Aufl. Weinheim; Basel 1982.

Wagenschein, Martin: Die Sprache zwischen Natur und Naturwissenschaft. Marburg 1986.

Wagenschein, Martin: ... „zäh am Staunen". Pädagogische Texte zum Bestehen der Wissensgesellschaft. Zusammengestellt und herausgegeben von Horst Rumpf. Seelze-Velber 2002.

Wagner, Hans-Josef: Objektive Hermeneutik und Bildung des Subjekts. Mit einem Text von Ulrich Oevermann: „Die Philosophie von Charles Sanders Peirce als Philosophie der Krise". Weilerswist 2001.

Weinrich, Harald: Sprache in Texten. Stuttgart 1976.

Wernet, Andreas: Einführung in die Interpretationstechnik der objektiven Hermeneutik. Opladen 2000.

Wernet, Andreas: Hermeneutik – Kasuistik – Fallverstehen. Stuttgart 2006.

Whitehead, Alfred North: Wissenschaft und moderne Welt. Frankfurt/M. 1988.

Wolter, Helmut und Hans-Peter Tuschik: Mathematische Logik, kurzgefasst. 2. Aufl. Mannheim 2002.

B: weiterführende Literatur

Adorno, Theodor W.: Ästhetische Theorie. Frankfurt/M. 1973.

Adorno, Theodor W.: Negative Dialektik. 8. Aufl. Frankfurt/M. 1994.

Artelt, Cordula, Anke Demmrich und Jürgen Baumert: Selbstreguliertes Lernen. In: Deutsches PISA-Konsortium (Hrsg.): PISA 2000. Basiskompetenzen von Schülerinnen und Schülern im internationalen Vergleich. Opladen 2001, S. 271-298.

Austin, John Langshaw: Zur Theorie der Sprechakte (How to do things with Words). 2. Aufl. Stuttgart 1998.

Bateson, Gregory: Ökologie des Geistes. Anthropologische, psychologische, biologische und epistemologische Perspektiven. 6. Aufl. Frankfurt/M. 1996.

Baumert, Jürgen, Eckhard Klieme, Manfred Lehrke und Elwin Savelsbergh: Konzeption und Aussagekraft der TIMSS-Aufgaben aus der Mittelstufenphysik. In: Die Deutsche Schule 92 (2000), S. 102–115 sowie 196–217.

Begemann, Ernst: Lernen verstehen – Verstehen lernen: zeitgemäße Einsichten für Lehrer und Eltern. Frankfurt am Main; Berlin; Bern; Bruxuelles; New York; Wien 2000.

Blankertz, Herwig: Bildung im Zeitalter der großen Industrie. Pädagogik, Schule und Berufsbildung im 19. Jahrhundert. Hannover; Berlin; Darmstadt; Dortmund 1969.

Bodenheimer, Aron Ronald: Warum? Von der Obszönität des Fragens. Stuttgart 1984.
Chomsky, Noam: Studien zu Fragen der Semantik. Frankfurt/M.; Berlin; Wien 1978.
Dawydow, Wassili: Arten der Verallgemeinerung im Unterricht. Logisch-psychologische Probleme des Aufbaus von Unterrichtsfächern. Berlin 1977.
Deleuze, Gilles: Das Bewegungs-Bild. Kino 1. Frankfurt/M. 1997.
Deleuze, Gilles: Das Zeit-Bild. Kino 2. Frankfurt/M. 1997.
Derbolav, Josef: Erkenntnis und Entscheidung. Philosophie der geistigen Aneignung in ihrem Ursprung bei Platon. Wien; Stuttgart 1954.
Deutsches PISA-Konsortium (Hrsg.): PISA 2000. Basiskompetenzen von Schülerinnen und Schülern im internationalen Vergleich. Opladen 2001.
Diederich, Jürgen und Karl Christoph Lingelbach (Hrsg.): Erfahrungen mit schulischen Reformen. Eine Sendereihe des Hessischen Rundfunks über Innovationen im Bildungswesen nach dem Ende der „großen Reform". Kronberg/Taunus 1977.
Döring, Klaus Wolf: Lehr- und Lernmittel. Zur Geschichte und Theorie unter besonderer Berücksichtigung der Arbeitsmittel. Diss. Frankfurt/M. 1969.
Döring, Klaus Wolf (Hrsg.): Lehr- und Lernmittelforschung. Weinheim; Berlin; Basel 1971.
Eberle, Gerhard und Reimer Kornmann (Hrsg.): Lernschwierigkeiten und Vermittlungsprobleme im Mathematikunterricht an Grund- und Sonderschulen. Möglichkeiten der Vermeidung und Überwindung. Weinheim 1996.
Ehlich, Konrad und Jochen Rehbein (Hrsg.): Kommunikation in Schule und Hochschule: linguistische und ethnomethodologische Analysen. Tübingen 1983.
Erpenbeck, John: Motivation. Ihre Psychologie und Philosophie. Berlin 1984.
Freud, Sigmund: Psychoanalyse. Ausgewählte Schriften. 3. Aufl. Leipzig 1990.
Freudenthal, Hans: Vorrede zu einer Wissenschaft vom Mathematikunterricht. München; Wien 1978.
Freudenthal, Hans: Mathematik als pädagogische Aufgabe (2 Bd.e). Stuttgart 1973.
Führer, Lutz: Wurzeln, Mathematik und Nostalgie – Bedenkliches zum mathematischen Wagenschein. Vortrag zur Wagenschein-Gedächtniswoche, gehalten am 2.12.1996 in Frankfurt am Main. Unveröffentlichtes Manuskript.
Gadamer, Hans-Georg: Platos dialektische Ethik und andere Studien zur platonischen Philosophie. Hamburg 1968.
Girmes, Renate: [Sich] Aufgaben stellen. Seelze 2004.
Große, Cornelia S.: Lernen mit multiplen Lösungswegen. Münster; New York; München; Berlin 2005.
Gruschka, Andreas: Erkenntnis in und durch Unterricht. Empirische Studien zur Bedeutung der Erkenntnis- und Wissenschaftstheorie für die Didaktik. Wetzlar 2009.

Günther, Gotthard: Idee und Grundriss einer nicht-Aristotelischen Logik. Die Idee und ihre philosophischen Voraussetzungen. 2. Aufl. Hamburg 1978 (1. Aufl. 1959 mit dem Zusatz „Erster Band" im Titel).

Günther, Gotthard: Beiträge zur Grundlegung einer operationsfähigen Dialektik (2 Bd.e). Hamburg 1976/1979.

Habermas, Jürgen und Niklas Luhmann: Theorie der Gesellschaft oder Sozialtechnologie – Was leistet die Systemforschung? Frankfurt/M. 1971.

Hafner, Heinz und Alexander Schwarz (Hrsg.): Semiotik und Didaktik: Festschrift für Otto Keller zu seinem 65. Geburtstag. Bern; Berlin; Frankfurt/M.; New York; Paris; Wien 1991.

Hegel, Georg Wilhelm Friedrich Hegel: Werke in zwanzig Bänden. Bd. 3. Phänomenologie des Geistes. Frankfurt/M. 1986.

Hegel, Georg Wilhelm Friedrich Hegel: Werke in zwanzig Bänden. Bd. 10. Enzyklopädie der philosophischen Wissenschaften im Grundrisse III. Frankfurt/M. 1986.

Herzog, Walter: Zeitgemäße Erziehung. Die Konstruktion pädagogischer Wirklichkeit. Studienausgabe. Weilerswist 2006.

Hessische Beiträge zur Schulreform: Weniger ist mehr. Erfahrungsberichte aus dem mathematischen Unterricht. Beiheft zum Abschlussbericht des Mathematikausschusses. 3. Reihe Heft 22, o.O. 1950.

Hentig, Hartmut von: Platonisches Lehren. Probleme der Didaktik dargestellt am Modell des altsprachlichen Unterrichts Bd. 1. Stuttgart 1966.

Heydorn, Heinz Joachim: Zu einer Neufassung des Bildungsbegriffs. In: Heinz Joachim Heydorn: Bildungstheoretische und pädagogische Schriften 1971-1974. Frankfurt/M. 1980, S. 56-145.

Heymann, Hans Werner: Bildungstheorie und Didaktik. Zur Dynamik des Spannungsfeldes zwischen allgemeiner und fachbezogener Didaktik. In: Die Deutsche Schule, 5. Beiheft 1999, S. 206-215.

Hildebrandt, Kurt: Platon. Logos und Mythos. 2. Aufl. Berlin 1959.

Horkheimer, Max und Theodor W. Adorno: Dialektik der Aufklärung. Philosophische Fragmente. Leipzig 1989.

Husserl, Edmund: Philosophie der Arithmetik. Hamburg 1992.

Husserl, Edmund: Logische Untersuchungen. Zweiter Band. Untersuchungen zur Phänomenologie und Theorie der Erkenntnis. I. Teil. 5. Aufl., Tübingen 1968.

Iljenkow, Ewald: Die Herausbildung der Psyche und der Persönlichkeit: Ergebnisse eines Experiments. In: Demokratische Erziehung 3 (1977) Heft 4, S. 410-419.

Il'enkov, Evald Vasil'evic: K voprosu o prirode myslenija (na materialach nemeckoj klasiceskoj dialektiki). Dissertacija na soiskanie ucenoj stepeni doktora filosofskich nauk. Unveröffentlichtes Manuskript, Moskva 1968.

Jakobson, Roman und Krystyna Pomorska: Poesie und Grammatik. Dialoge. Frankfurt/M. 1982.

Jakobson, Roman: Semiotik. Ausgewählte Texte 1919-82. Frankfurt/M. 1988.

Johann, Michael: Eine empirische Theorie des Zahlbegriffs. Frankfurt/M.; Berlin; Bern; Bruxelles; New York; Wien 1999.

Jungwirth, Helga und Götz Krummheuer (Hrsg.): Der Blick nach innen: Aspekte der alltäglichen Lebenswelt Mathematikunterricht Bd. 1. Münster; New York; München; Berlin 2006.
Kant, Immanuel: Kritik der praktischen Vernunft. 3. Aufl. Leipzig 1989.
Kant, Immanuel: Kritik der Urteilskraft. Stuttgart 1963.
Kelly, George A.: Die Psychologie der persönlichen Konstrukte. Paderborn 1986.
Klagenfurt, Kurt: Technologische Zivilisation und transklassische Logik. Eine Einführung in die Technikphilosophie Gotthard Günthers. Frankfurt/Main 1995.
Krummheuer, Götz: Narrativität und Lernen. Mikrosoziologische Studien zur sozialen Konstitution schulischen Lernens. Weinheim 1997.
Krummheuer, Götz und Birgit Brandt: Paraphrase und Traduktion: partizipationstheoretische Elemente einer Interaktionstheorie des Mathematiklernens in der Grundschule. Weinheim; Basel 2001.
Krummheuer, Götz: Der mathematische Anfangsunterricht. Anregungen für ein neues Verstehen früher mathematischer Lehr-Lern-Prozesse. Weinheim; Basel 2002.
Krummheuer, Götz: Wie wird Mathematiklernen im Unterricht der Grundschule zu ermöglichen versucht? – Strukturen des Argumentierens in alltäglichen Situationen des Mathematikunterrichts der Grundschule, in: Journal für Mathematikdidaktik 24 (2003) Heft 2, S. 122-138.
Langfeldt, Hans-Peter und Lothar Tent: Pädagogisch-psychologische Diagnostik Bd.2. Anwendungsbereiche und Praxisfelder. Göttingen; Bern; Toronto; Seattle 1999.
Lenné, Helge: Analyse der Mathematikdidaktik in Deutschland. 2. Aufl. Stuttgart 1975.
Leontjew, Alexejew Nikolajew: Probleme der Entwicklung des Psychischen. Frankfurt/M. 1973.
Leont'ev, Aleksej Nikolaevic: Tätigkeit, Bewusstsein, Persönlichkeit. Stuttgart 1977.
Lorenz, Jens Holger (Hrsg.): Mathematik und Anschauung. Köln 1993.
Lotman, Jurij M.: Die Struktur literarischer Texte. München 1972.
Lotman, Jurij M.: O Semiosfere. In: Jurij M. Lotman (Hrsg.): Struktura dialoga kak princip raboty semioticeskogo mechanizma. Tartu 1984, S. 5-23.
Lotman, Jurij M.: Vnutri mysljascich mirov. In: Jurij M. Lotman: Semiosfera. St. Peterburg 2000, S. 149-390.
Lotman, Yuri M.: Universe of the Mind. A Semiotic Theory of Culture. Bloomington; Indianapolis 2000.
Lietzmann, W.: Riesen und Zwerge im Zahlenreich. 8. Aufl. Leipzig 1969.
Lyons, John: Noam Chomsky. München 1971.
Maier, Hermann und Jörg Voigt (Hrsg.): Interpretative Unterrichtsforschung. Köln 1991.
Maier, Hermann und Jörg Voigt (Hrsg.): Verstehen und Verständigung. Arbeiten zur interpretativen Unterrichtsforschung. Köln 1994.

Marten, Rainer: Der Logos der Dialektik. Eine Theorie zu Platons *Sophistes*. Berlin 1965 (Habil.schrift Freiburg/Br. 1962/63).

McNeill, David: Der Spracherwerb. Psycholinguistische Untersuchungen. Düsseldorf 1974.

Meyenbörg, Jörg: Entwurf einer Didaktik der Kinder- und Jugendliteratur für die Sekundarstufe I. Beiträge zur Debatte um ihre Eigenständigkeit. Frankfurt/M.; Berlin; Bern; Bruxelles; New York; Oxford; Wien 2000.

Meyer, Hilbert: Zehn Merkmale guten Unterrichts. Empirische Befunde und didaktische Ratschläge. In: Pädagogik 55 (2003) Heft 10, S. 36-43.

Miller, Max: Kollektive Lernprozesse. Studien zur Grundlegung einer soziologischen Lerntheorie. Frankfurt/M. 1986.

Mittelstraß, Jürgen: Die Rettung der Phänomene. Ursprung und Geschichte eines antiken Forschungsprinzips. Berlin 1962 (Diss. Erlangen-Nürnberg 1961).

Nelson, Leonard: Ausgewählte Schriften. Studienausgabe, herausgegeben und eingeleitet von Heinz-Joachim Heydorn. Frankfurt/M. 1992.

Posner, Michael I.: Kognitive Psychologie. München 1976.

Platon: *Menon*. Übersetzt und herausgegeben von Margarita Kranz. Stuttgart 1994.

Platon: *Menon oder über die Tugend*. Übersetzt und erläutert von Otto Apelt. Hamburg 1951.

Platon: *Protagoras*. In: Gunther Eigler (Hrsg.): Platon. Werke in acht Bänden. Erster Band. Darmstadt 1977, S. 83-217.

Prange, Klaus: Bauformen des Unterrichts. 2. Aufl. Bad Heilbrunn/Obb. 1986.

Quine, Willard Van Orman: Wort und Gegenstand (Word and Object). Stuttgart 1980.

Quine, Willard Van Orman: Die Wurzeln der Referenz. Frankfurt/M. 1989.

Rahm, Sibylle, Ingelore Mammes und Michael Schratz (Hrsg.): Schulpädagogische Forschung (2 Bd.e). Bd. 1: Unterrichtsforschung. Perspektiven innovativer Ansätze. Innsbruck; Wien; Bozen 2006.

Rompe, Robert und Hans-Jürgen Treder: Zählen und Messen. 2. Aufl. Berlin 1988.

Rosch, Jens: "Kerschensteiners Starenhaus" – was ein „klassisches pädagogisches Beispiel" lehrt. Staatsexamensarbeit. Berlin August 1998.

Rosch, Jens: Mathematik zwischen Dressur und Verstehen. Phänomenologie einer unbehaglichen fachkulturellen Antiquiertheit am Beispiel geometrischer Berechnungen bei PISA. In: Pädagogische Korrespondenz (Heft) 34 (Winter 2005/06), S. 52-74.

Rosch, Jens: Kerschensteiners Starenhaus. Eine Fallstudie zur Problematik projektorientierten Unterrichts. Opladen; Farmington Hills 2009.

Ruf, Urs und Peter Gallin: Dialogisches Lernen in Sprache und Mathematik Bd. 1. Austausch unter Ungleichen: Grundzüge einer interaktiven und fächerübergreifenden Didaktik. Seelze-Velber 1998.

Ruf, Urs und Peter Gallin: Dialogisches Lernen in Sprache und Mathematik Bd. 2. Spuren legen – Spuren lesen: Unterricht mit Kernideen und Reisetagebüchern. Seelze-Velber 1998.

Rumpf, Horst: Scheinklarheiten. Sondierungen von Schule und Unterrichtsforschung. Braunschweig 1971.
Rumpf, Horst: Die übergangene Sinnlichkeit. Drei Kapitel über die Schule. München 1981.
Rumpf, Horst: Diesseits der Belehrungswut. München; Weinheim 2004.
Rumpf, Horst: Was hätte Einstein gedacht, wenn er nicht Geige gespielt hätte? Gegen die Verkürzungen des etablierten Lernbegriffs. Weinheim; München 2010.
Schelling, Friedrich Wilhelm Joseph: Über das Wesen der menschlichen Freiheit. Stuttgart 1964.
Schelling, Friedrich Wilhelm Joseph: Bruno oder Über das göttliche und natürliche Prinzip der Dinge. Ein Gespräch. Leipzig 1989.
Schmidt, Siegbert: Rechenunterricht und Rechendidaktik an den Rheinischen Lehrerseminaren im 19. Jahrhundert. Eine Studie zur Fachdidaktik innerhalb der Volksschullehrerausbildung an Lehrerseminaren, 1819-1872. Köln; Wien 1991 (Habil.schrift)
Schnelle, Helmut (Hrsg.): Sprache und Gehirn. Roman Jakobson zu Ehren. Frankfurt/M. 1981.
Schrankel, Philipp S.: Interaktionen im Mathematikunterricht – Schüler und Lehrer als „Fälle". In: Dietlind Fischer (Hrsg.): Fallstudien in der Pädagogik. Aufgaben, Methoden, Wirkungen. Bericht über eine Tagung des Comenius-Instituts Münster, 14.-16. September 1981 in Bielefeld-Bethel. Konstanz-Litzelstetten 1982, S. 122-145.
Schulz, Andrea: Lernschwierigkeiten im Mathematikunterricht der Grundschule. Berlin 1995.
Seiler, Thomas Bernhard: Begreifen und Verstehen. Ein Buch über Begriffe und Bedeutungen. Darmstadt 2001.
Sobisiak, Günter: Die didaktische Analyse. Untersuchungen über ihre Prinzipien und Funktionen in der Relation von Schule und Erwachsenenbildung. 3. Aufl. Rheinfelden; Berlin 1996.
Stenzel, Julius: Studien zur Entwicklung der Platonischen Dialektik von Sokrates zu Aristoteles. 3. Aufl. Darmstadt 1961 (1. Aufl. 1917).
Trautmann, Matthias (Hrsg.): Entwicklungsaufgaben im Bildungsgang. Wiesbaden 2004.
Wagenschein, Martin: Erinnerungen für morgen: eine pädagogische Autobiographie. Weinheim; Basel 2002.
Wessel, Horst: Logik. 3. Aufl. Berlin 1989.
Wiesemann, Horst: Mathematik ist Herrenwissen. Prozessmethoden der Didaktik. Hamburg 2001.
Wohlrab-Sahr, Monika: Biographie und Religion: zwischen Ritual und Selbstsuche. Frankfurt/M. 1995.
Zahnd, Daniel W.: Kognitive Strategien und Leseleistung. Zum Zusammenhang von Leseschwierigkeiten und Aufmerksamkeitsverhalten. Frankfurt/M.; Berlin; Bern; Bruxelles; New York; Oxford; Wien 2000.

Frankfurter Beiträge zur Erziehungswissenschaft

Fachbereich Erziehungswissenschaften der
Goethe-Universität Frankfurt am Main

Reihe Monographien:

Matthias Proske
Pädagogik und Dritte Welt
Eine Fallstudie zur Pädagogisierung sozialer Probleme
Frankfurt am Main 2001

Thomas Höhne
Schulbuchwissen
Umrisse einer Wissens- und Medientheorie des Schulbuchs
Frankfurt am Main 2003

Thomas Höhne/Thomas Kunz/Frank-Olaf Radtke
Bilder von Fremden
Was unsere Kinder aus Schulbüchern über Migranten lernen sollen
Frankfurt am Main 2005

Wolfgang Meseth
Aus der Geschichte lernen
Über die Rolle der Erziehung in der bundesdeutschen
Erinnerungskultur
Frankfurt am Main 2005

Elke Wehrs
Verstehen an der Grenze
Erinnerungsverlust und Selbsterhaltung von Menschen mit
dementiellen Veränderungen
Frankfurt am Main 2006

Matthias Herrle
Selektive Kontextvariation
Die Rekonstruktion von Interaktionen in Kursen der
Erwachsenenbildung auf der Basis audiovisueller Daten
Frankfurt am Main 2007

Iris Clemens
Bildung – Semantik – Kultur
Zum Wandel der Bedeutung von Bildung und Erziehung in Indien
Frankfurt am Main 2007

Nils Köbel
Jugend – Identität – Kirche
Eine erziehungswissenschaftliche Rekonstruktion kirchlicher Orientierungen im Jugendalter
Frankfurt am Main 2009

Marianne Weber
Anfänge und Übergänge
Bildungsentscheidungen der Grundschule
Frankfurt am Main 2010

Meron Mendel
Jüdische Jugendliche in Deutschland
Eine biographisch-narrative Analyse zur Identitätsfindung
Frankfurt am Main 2010

Reihe Kolloquien:

Frank-Olaf Radtke (Hrsg.)
Die Organisation von Homogenität
Jahrgangsklassen in der Grundschule
Kolloquium anläßlich der 60. Geburtstage von Gertrud Beck und Richard Meier, Frankfurt am Main 1998

Frank-Olaf Radtke (Hrsg.)
Lehrerbildung an der Universität
Zur Wissensbasis pädagogischer Professionalität
Dokumentation des Tages der Lehrerbildung an der
Johann Wolfgang Goethe-Universität, Frankfurt am Main 1999
(vergriffen)

Heiner Barz (Hrsg.)
Pädagogische Dramatisierungsgewinne
Jugendgewalt. Analphabetismus. Sektengefahr
Frankfurt am Main 2000

Gertrud Beck, Marcus Rauterberg, Gerold Scholz, Kristin Westphal (Hrsg.)
Sachen des Sachunterrichts
Dokumentation einer Tagungsreihe 1997–2000
Frankfurt am Main 2001
Korrigierte Neuauflage 2002

Brita Rang und Anja May (Hrsg.)
Das Geschlecht der Jugend
Dokumentation der Vorlesungsreihe Adoleszenz: weiblich/männlich?
im Wintersemester 1999/2000
Frankfurt am Main 2001

Dagmar Beinzger und Isabell Diehm (Hrsg.)
Frühe Kindheit und Geschlechterverhältnisse
Konjunkturen in der Sozialpädagogik
Frankfurt am Main 2003

Vera Moser (Hrsg.)
Behinderung – Selektionsmechanismen und
Integrationsaspirationen
Frankfurt am Main 2003

Gisela Zenz (Hrsg.)
Traumatische Kindheiten
Beiträge zum Kinderschutz und zur Kindesschutzpolitik aus
erziehungswissenschaftlicher und rechtswissenschaftlicher
Perspektive
Frankfurt am Main 2004

Tanja Wieners (Hrsg.)
Familienbilder und Kinderwelten
Kinderliteratur als Medium der Familien- und Kindheitsforschung
Frankfurt am Main 2005

Micha Brumlik und Benjamin Ortmeyer (Hrsg.)
Erziehungswissenschaft und Pädagogik in Frankfurt –
eine Geschichte in Portraits
Frankfurt am Main 2006

Argyro Panagiotopoulou und Monika Wintermeyer (Hrsg.)
**Schriftlichkeit – Interdisziplinär – Voraussetzungen,
Hindernisse und Fördermöglichkeiten**
Frankfurt am Main 2006

Dieter Katzenbach
**Vielfalt braucht Struktur – Heterogenität als Herausforderung für
die Unterrichts- und Schulentwicklung**
Frankfurt am Main 2007

Reihe Forschungsberichte:

Thomas Höhne/Thomas Kunz/Frank-Olaf Radtke
**Bilder von Fremden – Formen der Migrantendarstellung als der
„anderen Kultur" in deutschen Schulbüchern von 1981–1997**
Frankfurt am Main 1999 (vergriffen)
http://www.uni-frankfurt.de/fb/fb04/personen/radtke/Publikationen/Bilder
_von_Fremden.pdf

Uwe E. Kemmesies
Umgang mit illegalen Drogen im 'bürgerlichen' Milieu (UMID)
Bericht zur Pilotphase
Frankfurt am Main 2000 (vergriffen)

Oliver Hollstein/Wolfgang Meseth/Christine Müller-Mahnkopp/
Matthias Proske/Frank-Olaf Radtke
**Nationalsozialismus im Geschichtsunterricht
Beobachtungen unterrichtlicher Kommunikation**
Bericht zu einer Pilotstudie
Frankfurt am Main 2002 (vergriffen)
http://www.uni-frankfurt.de/fb/fb04/personen/radtke/Publikationen/
Forschungsbericht_3_Nationalsozialismus_im_Geschichtsunterricht.pdf

Andreas Gruschka/Martin Heinrich/Nicole Köck/Ellen Martin/
Marion Pollmanns/Michael Tiedtke
**Innere Schulreform durch Kriseninduktion?
Fallrekonstruktionen und Strukturanalysen zu den Wirkungen
administeriell verordneter Schulprogrammarbeit**
Frankfurt am Main 2003

Andreas Gruschka
Auf dem Weg zu einer Theorie des Unterrichtens
Die widersprüchliche Einheit von Erziehung, Didaktik und Bildung in der allgemeinbildenden Schule
Vorstudie
Frankfurt am Main 2005

Frank-Olaf Radtke/Maren Hullen/Kerstin Rathgeb
Lokales Bildungs- und Integrationsmanagement
Bericht der wissenschaftlichen Begleitforschung im Rahmen der Hessischen Gemeinschaftsinitiative Soziale Stadt (HEGISS)
Frankfurt am Main 2005

Benjamin Ortmeyer
Die geisteswissenschaftliche Pädagogik und die NS-Zeit
(Vier Teilbände im Schuber)
Teil 1: Eduard Spranger und die NS-Zeit
Teil 2: Herman Nohl und die NS-Zeit
Teil 3: Erich Weniger und die NS-Zeit
Teil 4: Peter Petersen und die NS-Zeit
Frankfurt am Main 2008

www.ingramcontent.com/pod-product-compliance
Lightning Source LLC
Chambersburg PA
CBHW051804230426
43672CB00012B/2621